Imagine a City

A Pilot Sees the World

Mark Vanhoenacker

グッド・フライト、グッド・シティ

パイロットと巡る魅惑の都市

マーク・ヴァンホーナッカー

関根光宏　三浦生紗子　訳

早川書房

グッド・フライト、グッド・シティ

——パイロットと巡る魅惑の都市

IMAGINE A CITY
A Pilot Sees the World
by
Mark Vanhoenacker

Translated by
Mitsuhiro Sekine and Isako Miura
First published 2024 in Japan by
Hayakawa Publishing, Inc.
This book is published in Japan by
arrangement with
Peters, Fraser and Dunlop Ltd.
through The English Agency (Japan) Ltd.

装幀／吉村 亮（Yoshi-des.）
本文デザイン／吉村 亮・石井志歩（Yoshi-des.）
カバー写真／©Atsushi Malta/SEBUN PHOTO/amanaimages
©xPACIFICA/Alamy/amanaimages

初めての都市のために

Contents

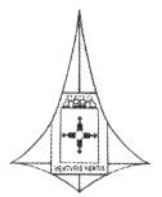

訳注は小さめの〔　〕で示した。

CITY OF MEMORY

記憶の都市

ピッツフィールド、アブダビ

ピッツフィールド

一九八七年、秋

一三歳。ある日の放課後。私は自分の部屋で机に向かっていた。窓から外に目をやると、私道を挟んで車庫が見える。秋も深まり、外はもうかなり暗い。窓の隅には霜が降り、外では雪がちらついている。

振り返って部屋を見まわすと、ドレッサーの上にライトアップ機能のついた地球儀がある。立ち上がってそこまで行き、スイッチを入れた。すると、薄暗がりのなかで地球儀が青く光り、宇宙に浮かんでいるかのような輝きを放ちはじめた。

机に戻って左手で鉛筆をもち、先端を方眼紙の上に置く。私は飛行機や都市が大好きだ。だから、いつものように鉛筆で簡単な世界地図を描いてみる。それからどこかの都市を起点にして、そこと別の都市をつなぐ線を書き入れる。今日はどこを起点にしようか。

鉛筆を置いて、部屋のなかをもう一度ぐるりと見まわしてみる。ドレッサーの上にも、机の上にも、本棚の上の古いスヌーピーのぬいぐるみの隣にも、飛行機のプラモデルがある。緑と白のロッキード・トライスターに、ほぼ真っ白なマクドネル・ダグラスDC-9。ごく最近組み立てたグレーのDC-10には、転写シール（デカール）があまりうまく貼れていない。もっと上手にできたはずなのに、このデカールは貼るのが厄介だ。ボウルに水を張って、台紙とシール部分がはがれやすくなるまで水に浸けておかないといけない。そのあと、シールが破れないように気をつけながら胴体や尾翼に貼る。すぐに乾いて丸まってしまうこともある。私は本当に飛行機のプラモデルを組み立てるのが好きなのだろうか。ときどきそんな疑問を抱く。もしかしたら、できあがった飛行機を眺めるのが好きなだけなのかもしれない。

　このシリーズのプラモデルの目玉商品は、青と白のパンナム航空カラーのボーイング747だ。私はこの日から二〇年ほどたった一二月の夜に、プラモデルではなく本物の747を、ロンドンから香港までパイロットとして初めて操縦することになる。飛行前の点検をするため、フライトの一時間前に機体のまわりをぐるりと歩く。そして、六階建てのビルほどの高さがある、まるで船の帆のような垂直尾翼を見上げたとき、このボーイングのプラモデルを思い出すのだ。それだけでなく、机の近くにあるこの窓や、いまや別の誰かが住んでいるこの家から見える風景も。

　方眼紙に視線を落とす。さて、どこを起点にしよう……？

　南アフリカのケープタウンがいいかもしれない。岬（ケープ）のある町（タウン）だ。そこは、マサチューセッツ州内陸部の高台にある小さな都市、ピッツフィールドから遠く離れたところにある。私が生まれたピッツフィールドでは、ケープタウンというと、ほとんどの人はその名前しか知らない。

　あるいは、インドのどこかの都市から始めてみるのもいい。たとえばニューデリー。インドの首都で、ドレッサーの上にある地球儀では星印がついている。

　または、リオデジャネイロ。この都市の名前は、はるか昔の新年の始まりの日に、探検家が湾を川と勘違いしたのが由来だとされている。はたしてそれが本当のことなのか、少しのあいだ考えをめぐらせてみる。もしかしたら、その昔、私がリオデジャネイロという都市名が大好きだと言ったとき、父がそう説明してくれたのかもしれない。父はアメリカのニューイングランド地方に移り住む前に、ブラジルで何年も暮らしていたことがある。だからよく知っているのだろう。

そろそろ、一日の仕事を終えた父が帰宅する時間だ。車のエンジン音が吸い込まれてしまう雪のなか、父が慎重に運転するグレーのシボレー・ステーションワゴンの真っ赤なテールランプが窓の下に見えるはずだ。それまでもう少し待つことにしよう。父が帰宅したら、一階に下りていって、〝一月の川の街（リオデジャネイロ）〟の話をしてくれないか頼んでみよう。

リオを起点にするのもいいかもしれない。たしか、前にもそうしたことがある。でも、今日は雪の日だ。だから、これから描く空のルートは、どこか寒い都市から始めたほうがいい。たぶん、ボストンかニューヨークから。

ボストンは私の故郷からいちばん近い大都市で、マサチューセッツ州の州都でもある。私の両親もそこで出会った。ピッツフィールドの東にあり、車で行けば二時間半。年に一度か二度、学校の行事や家族のドライブで、日帰りで出かけることがある。たとえば、科学博物館や水族館、それに私のお気に入りの超高層ビルに行くこともあった（私が大好きなものはたいてい色がブルーで、そのビルもそうだった）。展望デッキから東の方向にボストンの空港が見え、発着する飛行機のパイロットの声を無線受信機で聞くことができる。

よし、ボストンにしよう。まずはボストンから始めよう。

でも今日の目的地は、実在する都市ではなく架空の都市だ。七歳ぐらいから、私はよくそんな空想をして楽しんでいた。都市の場所はそのときどきで変わり、名前も変わる。ただし、それがどこにあろうとどんな呼び名だろうと、私にとってはいつも同じ都市だった。

悲しいときや心配事があるときに、私は空想の都市に出かける。あるいは、自分自身の好きでないところを考えたくないときにも同じようにする。たとえば、私は「ｒ」をうまく発音できない。だから、マーク（Mark）という自分の名前も含めて、発音するのが難しい単語がたくさんある。自分が同性愛者であることになんとなく気づきはじめた時期も、その考えから逃れるために空想の都市に出かけた。そのころ兄と一緒に参加していた青年会があって、その集会はピッツフィールドの教会の二階で定期的に開かれていた。数カ月前、その青年会で「人間形成」をテーマとするセッションがあり、表だって人に聞きにくい質問をカードに書いて提出するという課題が出された。各自が書き終えたカードをリーダーの一人が回収すると、それから数分後に、私が書き込んだ質問がグループ内で読み上げられた――「ゲイでなくなる方法はありますか？」。リーダーは少し考え込んでから口を開き、「自分にはわからない」と言った。それから彼は、私の質問に直接答える代わりに、でもそれは自分自身を受け入れるようになるのと関係があるんじゃないかな、と私のほうを見ながら続けたのだ。そのあと彼が何を言い出すのかわからずに怖くなった私は、視線をそらし、いつもの空想の都市の明かりに目を向けたのだった。

　特別なことが何もないときでも、私は好んで空想の都市に出かける。たとえば、洗いものや落ち葉掃除のように、楽しくないことをしているとき。授業中に退屈して先生の話の筋を見失ってしまったとき。深夜に家じゅうが真っ暗で静まりかえっているなか、目がさえて眠れないとき。そんな夜、部屋の窓から外に目をやると、空は真っ青で、雪がちらつきはじめている。ふたたびベッドに横になって目を閉じ、空想の都市のビルの谷間に同じ雪が降っているようすを想像するのだ。

　どうやら父が帰ってきたようだ。車のライトがガレージの扉を照らしている。私はベッドから起きあがり、また鉛筆を手にした。地図の上に小さな丸を二つ描き、それぞれに都市名を書き込む。そしてその二つの丸を曲線でつないでから、一階に下りた。

アブダビ

グロリア・ゲイナーの「恋のサバイバル」という曲を、不安定な音程で歌っていた若い女性が、歌いおえるとマイクを置いた。

数分すると、今度はジェーンという名の、肩までかかる茶色い巻き毛の中高年の女性がマイクを手にする。私はカラオケで歌うのが大の苦手だ。それなのに、熱狂的といえるほどのカラオケ好きでもある。ジェーンがステージに上がると、私はできるだけ大きな声援を送った。

ジェーンは、この日、私が乗務したロンドン発のフライトの客室乗務員(キャビンアテンダント)の一人だった。彼女が担当したのは、フライトデッキに最も近い前方のキャビン。日が沈むころ、私たちはトルコの黒海沿岸上空を飛んでいた。すると、私と機長がいるフライトデッキにジェーンがやってきた。次の機内食を提供するまでの休憩時間に、私たちとおしゃべりするためだ。そのあと、二人分の濃いお茶をもってきてくれた。そのときはちょうど、バグダッドのぼんやりした緑色の明かりが、私の右肩の後ろまで広がるサイドウィンドウ全体を照らしていた。その後、湾岸地帯上空で降下しはじめ、光り輝く都市の上を次々に通り過ぎる。都市のようにも見える石油コンビナートをいくつも越えて飛びつづけていると、ジェーンがまた戻ってきた。そしてようやくアブダビ国際空港に着陸すると、今度はターミナル内で、私たちは飛行中に見た景色について語り合った。ついさっき、海岸沿いに広がる砂漠の大都会の上空をゆっくりと旋回し、方向転換してロンドンの方角に機首を向けて着陸したとき、この都市はまるで、休暇で訪れたビーチで見る天の川のように見えたのだ。

でもその会話からは、そのあと食事に行った店でジェーンが歌いはじめたときに何が起こるかを予想することはできなかった。彼女の歌声はとても豊かで、その場の空気ががらりと変わったように思えた。私と同じテーブルにいる友人や同僚たちは、ジェーンが歌いはじめるといっせいに黙り込み、彼女のほうを向いて、その声だけでなく身振りまで完璧なことに驚いた。ジェーンは、コードレスマイクなのにケーブルをさばくような仕草をしたり、聴衆の誰かと目を合わせたかと思うと、次の瞬間には、照明の光のなかに現れたミューズに手招きされているかのように、スモーキーな光を見上げたりもする。

ジェーンが二曲目にジョン・レノンの「イマジン」を歌いはじめた。私はスマートフォンを手にして、動画を撮って私のパートナーに送ることにした。ジェーンが歌いおわると、まわりの客が歓声をあげる。マイクを次の人に手渡したジェーンは、お祭り騒ぎのような歓迎と、信じられないという表情に迎えられながらテーブルに戻ってきた。同僚たちは我が事のように自慢げなようすだ。ジェーンは、若いころにラスベガスでショーガールとして働いていたことがあると笑顔で言った。そのあとイギリスに戻って結婚したが、それから何十年かたったとき、知らない世界を見てみようと決心したのだという。

しばらくして、私たちは滞在先のホテルに戻った。私の部屋は二五階ぐらいの高層階にあった。すでにかなり遅い時間だったが、ロンドンとの時差のせいですぐには眠れそうにない。ほぼ床から天井まである窓に歩み寄り、先ほどまで閉めるのに苦闘していたカーテンを今度は開けてみる。窓ガラスに映るベッドや小型冷蔵庫が、ガラスの向こうの夜景と重なって見える。なるべく夜景だけが見えるように、ライトをいくつか消してみよう。

それでもまだ室内のものが反射している窓越しに外の景色を眺めながら、ずいぶん前にアブダビを訪れる決心をしたときのことを思い返してみる。両親は、私が一六歳のときに離婚し、父はそれから数年後に再婚した。私は高校を卒業すると大学進学のためにピッツフィールドを離れることになった。その大学はピッツフィールドの東の丘を越えたところの町にあり、自宅からは一時間ほどしか離れていなかった。その後、私は大学院に進学するためにイギリスに渡った。さらに二年がたち、研究のためにケニアに行くことが決まると、出発前にピッツフィールドの母を訪ねてみることにした（父は、私がイギリスにいるあいだにピッツフィールドの古い家を売り払い、南に下ったノースカロライナ州ローリーに再婚相手とともに引っ越していた）。ピッツフィールドでの最終日、母はバスターミナルまで一緒に来て、私を笑顔で見送ってくれた（いま思い返すと、悲しんでいると思われたくなくて無理をしてくれたのだと思う）。こうして、アフリカへの私の初めての旅の第一歩はピッツフィールドからのバスの旅で始まった。そして翌日の夜遅く、飛行機の乗り継ぎでアブダビに降り立ったのだ。

それまで、アラビア半島は言うに及ばず、そもそも中東に足を踏み入れたことはなかった。このときのアブダビ滞在はわずか数時間の予定だったが、私はその旅を心待ちにしていた。飛行機に乗ったり、遠く離れた都市に出かけたりすることを長年夢見てきた人ならきっと、こんな高揚した気持ちになるはずだ。ジェット機のウィンドウに顔を押しつけたときに見えた黄色いライトの雨。着陸直前のファイナルアプローチ。飛行機から降りるときに感じたすさまじい熱風。曲線的な天井に貼られた完璧に近いブルーのタイル。そして驚いたのは、通路沿いの広告に使われているアラビア語だ。じつに独特な文字だった。

結局、私をケニアに導いてくれた大学院での研究は、エアライン・パイロットになりたいという思いが明確になった時点でやめることにした。そしてパイロットになるのに必要な資金を貯めるため、初めてボストンに移り住み、経営コンサルタント会社で働きはじめた。それから三年後にはイギリスに引っ越し、オックスフォードに近いキドリントンでパイロットの訓練コースに参加する。そのあと、ヒースロー空港に近い一軒家で共同生活をしながら、パイロットとしてのキャリアをスタートさせた。最初の数年は、エアバスのナローボディ機で短距離路線を担当し、ヨーロッパじゅうの都市を行き来した。そのあと、幼いころから操縦するのを夢見ていた旅客機、ボーイング747のパイロット養成訓練を受け、世界各地の大都市へのフライトに一一年にわたって乗務することになった。ところがその間、アブダビへのフライトは一度もなかった。

最近になってようやく、ボーイング787型機の飛行訓練を受け、この新しい中型ジェット機でアブダビまでのフライトを担当するようになった。すでに何度か、パイロットとしてこのルートのフライトを経験している。アブダビでは、通常は二四時間ほどのダウンルート、つまり現地滞在がある。睡眠をとり、操縦マニュアルの改訂箇所をチェックしたり、翌月のフライトスケジュールの希望（ヨハネスブルグ、チェンナイ〔旧マドラス〕、それともまたアブダビ？）を提出したりするには十分な時間だ。音楽を聴いたり、ポッドキャストの最新のエピソードに耳を傾けたりしながら運動し、同僚と一緒に、あるいは一人で街に出かけることもできる。

滞在している高層ホテルの上層階から通りを見下ろす。湾岸諸国の多くの都市は、人々が海岸沿いに小さな居住地を形成して暮らしてきた長い歴史をもっている。だが、大都市としての歴史は浅い。

大きな通りには店が立ち並び、二〇階建てぐらいのアパートメントやオフィスビルも見える。その通りは、こんなに遅い時間でもまばゆいばかりの光に包まれ、平行に走る通りには戸建てのような建物がヘリンボーン模様をつくりながら密集している。ホテルの上層階にある私の部屋から見ると、とても温もりのある場所に感じられる。少し離れたところには超高層ビルがいくつもあり、多くは屋上に信号灯（ビーコン）が取り付けられている。その赤い光のあいだにジグザグの道が見える。まるでこの都市をつくった人たちの署名（サイン）のようだ。

あくびが出たので、そろそろベッドに入る時間かもしれない。でも、アブダビの街はまだ眠りそうになく、通りには人や車が行き来している。湾岸諸国の都市ではよくある光景だ。夏の夜は日中と比べるとはるかに過ごしやすく、とくに断食月（ラマダーン）のあいだは、日没後にようやく人の動きが活発になるように思える。超高層ビルや工事用のクレーンが、互いになんとかコミュニケーションをとろうとしているかのごとくきらめいているのが、ここからも見える。ゲイの人物が登場する物語として私が初めて読んだ、デイヴィッド・レーヴィットの長篇小説『失われしクレーンの言葉』が思い浮かぶ。たしか、私が一八歳のとき、友人がこの本をくれたのだ。その友人はゲイの登場人物についてはほとんど触れなかった。その題名を見た私は、この本は鳥にまつわる物語で、おそらく日本が舞台だと思った。日本では、鶴（クレーン）は飛行機の尾翼に描かれるほど大切にされている鳥だと知っていたからだ〔日本航空（JAL）のロゴマーク〕。でも実際には、部屋の窓から工事現場のクレーンを見つめる小さな子どもの話だった。『失われしクレーンの言葉』という題名は、彼がクレーンの音や動きを言葉として捉えるようになったことに由来している。

スマートフォンをチェックしてみる。今日のピッツフィールドは晴れているようだ。パートナーのマーク（じつは私たちは名前が同じだ）は、私が送った動画を気に入ってくれた。同僚が歌う姿を撮影したものだ。航空気象アプリを立ち上げてみると、ヒースロー空港では強い南西の風が吹いている。まだ眠らないなら、シャツにアイロンでもかけようか。ヒースローに戻るフライトのためにそのシャツに袖を通すまでには丸一日近くあるが、いまのうちに準備をすませてしまおう。丁寧にアイロンをあてて、ハンガーにかけてクローゼットに吊るした。肩章と名札も所定の位置に取り付ける。ボールペンは、胸のポケットの横の小さな縦型ポケットに挿す。そうしておけば、フライトの際にチェックすべき項目の一つを減らせる。

アイロン台の脚を開いて固定し、プラグを電源コンセントに差し込もうとしたとき、窓際の机に目がいって思わず立ち止まった。窓の向こうで光り輝く高層ビルを背景に、シルエットになっていたからだ。それを見て急に、子どものころに自分の部屋の窓際にあった机を思い出した。同時に、その部屋で空想したり描いたりした架空の都市がいくつも頭に浮かんだ。

私はそのまま机の前に行き、腰を下ろした。机の上には〝キブラ〟、つまりメッカの方向を示す矢印が描かれた金属製の小さなプレートがある。このマークがあるおかげで、アブダビからロンドンへの帰路に通る大圏航路（地球上の二点間を結ぶ最短距離のルート）で最初に向かうべき方角を推定できる。その方角は、アブダビからピッツフィールドまで飛ぶパイロットがいるとしたら、最初に向かうことになる方角とそれほど大きなちがいはない。

机に座って思い出したことがあった。そういえば、都市というものが自分にとってどんな意味をもっているのかを書いてみたいと、何年も前から思っていたのだ。

生まれ故郷の小さな都市から始まった旅を記録しておきたい。子どものころに想像していたより千倍も魅力的な、実在する多くの都市への旅を。そしてそれを書きながら、自分自身についてありのままを伝えたい。それは簡単なことではないかもしれない。でも、かつてはどうしてもそこから出たかった故郷のピッツフィールドになぜ深い愛着を感じるのかを理解するには、それが唯一の方法なのだ。

この本を書く理由はほかにもある。ほとんどのパイロットは自分の仕事を愛している。だから、定年退職の時期がきたと告げられても、その事実を素直に受け入れようとしない傾向がある。私は、フライトに明け暮れる日々が終わりを迎えたとき、それまで見た都市について、できるだけ覚えておけるようにしたいと思っている。それに、パイロットを引退するまでの期間、そうした都市のどんなところがいちばん好きだったのかを、家族や友人たちとだけでなく、これまであまり旅行する機会がなかった読者、あるいはパイロットのように途方もない頻度であちこち飛びまわれるわけではない読者のみなさんに伝えたいと考えている。

途方もない頻度。まさにそのとおりだ。長距離フライトに携わる現代のパイロットは、多くの都市に実際に行ったことがある。つまり歴史上、誰もしたことのない経験をしているのだ。ときどき私は、都市化された文明の未来像が私の目の前で現実のものになりつつあると感じることがある。パイロットになって二〇年、さまざまな都市に行った経験は、空を飛ぶこと自体への愛着とはまた別に、私にとって深い喜びの源になっている。

私たちパイロットは、一回のフライトで何十もの都市の上を通過する。とくに印象深いのは、日没後の時間だ。たとえば、そこに大きな空港がなければ、航空図なしではその土地の名前を言い当てられないような街が眼下に見える。明らかに静かに眠っているその街が発する光は、イギリスの詩人、コールリッジの作品に登場する舟乗りを思い起こさせる。その光は「夜のように、土地から土地へ」と移動するのだ。それはまた、はかなさや孤独――どこかの星から地球の周回軌道上にやってきた観察者なら、宇宙の特徴の一つである生物発光の一種とみなすはずのものが有する孤独感――を想起させる。別のフライトでは、シベリアやナイジェリアやイランの夜の空を飛行しながら、はるか下方にぼんやりとした明かりが集まっているのを見て、逆にそのあたたかさや懐かしさに心を打たれる。もしかしたら私はいま、ピッツフィールドでの子ども時代に経験した、とびきり平和な夕べを見下ろしているのかもしれない。そんなことを考えて心を動かされるのだ。

それから私たちは高度を下げる。それが夜明けの時間帯と重なれば、航路の下に広がる荒野や農地、居住に適さない険しい地形、何千キロも続く大海原を、ふたたび太陽が照らす。おそらく歴史上、最も大きな都市の一つであり、何世紀にもわたって発展してきた都市が、今朝のこの時間、つまり私たちのフライトの最後の二〇分間にコックピットのウィンドウの向こうで次第に大きくなっていく。目覚めつつある街路が織りなす地図のような風景が目の前に広がるのだ。

無事に着陸したあと、私たちはそれぞれ自分流の都市体験を繰り返し、深めていく。滞在（しかもかなり多くの都市で！）は、通常は短時間だが、かなり頻繁にある。滞在中は休息をとる義務があるので気を抜かずに過ごすが、時間は自由に使える。まったく気ままに旅行するときのようなわけにはいかないので、ときどきありがたく感じる程度だが、好奇心や滞在時間に合わせてそれなりのことはできる（長距離フライトのパイロットの場合、現地での滞在は通常は二四時間で、七二時間を超えることはない）。

こうして毎年、繰り返し都市を訪れていると、不思議なことに都市同士が親密な関係をもちはじめる。実際にいくつかの都市では、この親密さがとても強く感じられ、錯覚を起こしそうになる。自分はここで生まれたわけではない、ここは私の土地ではないと、自分に言い聞かせなければならない事態によく陥るのだ。

たとえば、ロサンゼルス。子どものころ、最初はその名前〔もとはスペイン語で「天使たち」の意〕に想像力をかきたてられ、いつか行ってみたいと思っていた。７４７の操縦訓練を受けて以来、私はこの都市を定期的に訪れるようになった。それから何年かはフライトがなく、その後また訪れたとき、ここに降り立つのは何回めだろうかと思った。一五回めぐらいだろうか。ところが、日誌を確認してみると三九回めだった。いまでは五〇回を超えている。ということはつまり、計算上(一回の滞在を四八時間とするが、もっと長く滞在することもあった)、私はこの都市で三カ月以上を過ごしたことになる。ロサンゼルス滞在中に、注文したコーヒーを待っているときや交通渋滞に巻き込まれたりしたときには、自分がずっとここで暮らしているような気分になるのは難しいことではなかった。

一時的な滞在を終えると、空港から飛び立つ。世界のどこかの街角でロサンゼルスからやってきた人に出会ったら、私は興奮気味に話しかけるかもしれない。すてきな名前が冠された大都会を知っているという共通点があるからだ。とはいえ、私はあまりにも多くの都市に同じような感覚を抱いている。だから、この話はロサンゼルスに限ったことではないのかもしれない。

ブラジルのサンパウロも、わざわざ日誌を確認するまでもなく、数えきれないほど訪れたことのある都市だ。イビラプエラ公園で散歩をしたり、ランニングをしたり。パウリスタ通り近くのカフェやビュッフェスタイルのレストランの窓際の席に座って、道行く人を眺めながら何時間も過ごしたものだ。南米の巨大都市で腕時計のベルトを交換するという冒険をするためだけに、本来なら自宅の近くで交換できるのをわざわざ先延ばしにしたりもした。カトリック大聖堂や、エンパイア・ステート・ビルディングに似た高層ビルの展望デッキ、未知のフルーツや魚がたくさん並べられた市場、〝イスタシオン・ダ・ルス(光の駅)〟というすばらしい名のターミナル駅を訪れたりもした。サンパウロでは、自分の地元にいるときと同じように確かな足取りで、でもなかばいら立ちながら、階段や通行人の多い歩道で旅行者を追い抜いたりした。そしておそらく、その日の午後に、私はサンパウロから飛び立つ。そして数日後、どこか別の場所で、自分がまた同じような足取りで歩いていることに気づくのだ。

初めてムンバイ（旧ボンベイ）に着陸したとき、つまり私が初めてインドの土地を踏んだとき、滞在時間は二四時間しかなかった。もちろん、とてもわくわくしていたが、初めて訪れた都市、初めて訪問した国で、しかも初日に、自分が立てた予定に焦りを感じていないことに驚いてもいた。そんな気分でいられるのは、望むと望まざるとにかかわらず、自分がこれからムンバイを繰り返し訪れるであろうと知っているからだとしばらくしてわかった。しかも毎回、短時間の滞在とはいえ時間の許すかぎり自由に街を探索できるし、この街を好きになるかどうかも自分で決められる。また、自分の地元にいるかのように振る舞うことだって少しはできる。あるいは反対に、モンスーンの時季で雨が降っていたり、疲れていたり、見逃したくないテレビ番組があったりしたときには、自分がどこか別の街にいると思い込むことだってできる。

こんなふうに何年にもわたって都市を経験して、明らかになったことが三つある。一つは、個々の都市から感じられる親密さ（錯覚とはいえ）が、自分のなかで地球という都市惑星（アーバン・プラネット）全体を覆い尽くさんばかりに徐々に拡大していること。もしいま、ある都市に行ったことがあるかと質問されたら、行ったことのない都市なんてないという思いが、一瞬だけ頭に浮かぶかもしれない。

そうした印象を拭い去るのは大切なことだと思う。というのも、パイロットだからといってどこにでも行けるわけではないからだ。国連は二〇一八年に、人口一〇〇〇万人以上の都市のリストを発表した。五四八の都市がリストアップされていた。そのうちのいくつかの都市では、市内だけの人口がカウントされているのに対して、別の都市ではもっと広い都市圏の人口が計上されていた（都市にとって最も意味のある境界を定めることが難しいのは、法的な用語でも日常的な言葉でも都市を定義するのが難しいのと同じだ)。父と義理の母が暮らしているところからそれほど遠くないノースカロライナのケーリーという町は、ピッツフィールドの四倍の面積がある。ちなみにマサチューセッツ州では、タウンミーティングによる直接民主制が採用されている場合は〝町(タウン)〟、市政委員会とおそらく市長によって統治されている場合は〝市(シティ)〟となる。一方、イギリスでは、市の認可には王室が関与し、一般にイギリスの市(シティ)には大聖堂が一つある。ただし、私のパートナーの故郷であるサウサンプトン[シティ・オブ・サウサンプトン]には、なぜか大聖堂はない)。

そうした疑問点はさておき、国連のこの五四八の大都市のリストを見たとき、あることを発見して驚いた。フライトで行ったことはあるものの、空港の外には出たことのない都市や、ほかの都市を訪れたついでに行ったり、私的な旅行で訪れたりしたところを含めたとしても、私はこのリストの四分の一ほどの都市にしか行ったことがないのだ。

たとえ訪れたことのある都市だとしても、それらは都市を代表するサンプルにはならない。というのも、リストのうち約六〇の都市がインドにあるからだ。初めてムンバイを訪れた朝以降、何年にもわたって何十回も訪れたにもかかわらず、私にとってインドは、まだ少し知っている程度の国なのだ。実際、私はインドの五つの都市に行ったことがあるだけだ。トリッシュール(旧トリチュール)、セーラム、ティルチラーパッリや、そのほかの何十もの都市は、私にとっては名前さえ知らない街であり、それを知ったときにはショックを受けた。また、五四八の都市のうちの一二〇以上が中国にある。そのなかで私が行ったことがあるのは四つだけだ。

そうした数字は、このアーバン・プラネットの人口がますます増えていることを明白に示している。人類の半数以上が都市で暮らしていて、二〇五〇年までに三分の二が都市で暮らすようになると推定されている。同時に都市には、異種混交的な側面ともっぱら非西洋的な側面がある。長距離フライトのパイロットでさえ、ごくわずかな都市しか経験できないのは、残念でもあり、ほっとすることでもある。

だが、一人一人のパイロットにとって、訪れた都市で遭遇する出来事は圧倒的な驚きでありつづけるかもしれない。だから、パイロットならではの都市との出会いの二つめの影響として次のことが挙げられる。都市との出会いによって、私は都市を地理的にだけでなく、河川や高層ビル、古い城壁など、自分にとって気になる、あるいは意味をもつ特徴をもとに分類するようになったのだ。

深夜一時。ホテルの高層階からアブダビの街を見下ろしながら、空港に着陸して車でここに到着するまでの数時間で何がいちばん印象に残っただろうかと考えてみる。アラブ首長国連邦（UAE）の首都であるこの街は、私がいまいるホテルの上層階から高層ビルがたくさん見えることからもわかるように〝塔の都市〟だ。私の乗務する飛行機がアブダビの空港から発着した時間がすべて夜だったことを考えると〝夜の都市〟とも呼べる。あるいはまた、遠く離れた土地にいてこの街を思い返したときに、あまりに光り輝いた場所だと思えることから〝光の都市〟と呼べるかもしれない。

私は無意識のうちに、都市をこんなふうに分類するようになった。それに気づいたのは、パイロットとして何年も各地を飛びつづけたあとのことだ。なぜそうするようになったのかは、自分でもよくわからない。幼いころ、自分なりの想像上の都市をつくりあげるときに、実在する都市の要素や構造をまねたことが影響しているのかもしれない。あるいは、多くの都市を経験する場合に、そうすることが必要であり、同時に便利でもあったからかもしれない。おそらく私は、少なくとも精神的には、イタロ・カルヴィーノの幻想小説『見えない都市』から着想を得たのだと思う。それは私の愛読書の一つだ。全篇を通して共通の（ある種の数学的な）要素をもとに構成されている。もちろん、〝天使の都市〟〝庭園の都市〟〝帆船の都市〟〝世界を照らす都市〟といった、私たちが都市について語るときに使う説得力ある定型表現がこの小説でも使われている。ところが私は、二〇代のときに同じような都市の描写に出会っている。そのころ、父が書いたものを読んだことがあった。四つの大陸で暮らした父は、人生で出会った数多くの都市という視点から自伝を書いたのだ。たとえば「三六五の教会のある都市」「自転車の都市」といった章タイトルがつけられていた。

　都市をこのように捉えるのは、原典がなんであろうと楽しいに決まっている。何よりすばらしいのは、父がそうしたやり方を好んでいたにちがいないということだ。父は都市ごとの特徴を際立たせる一方で、多くの共通点も明らかにしている。結局のところ、〝塔の都市〟もあれば〝光の都市〟もたくさんあるのだ。

　それぞれの都市は、私たちが最初に想像するよりはるかに多くのものを共有しているのかもしれない。また、私たちは都市を、公園や図書館、交差点、宗教的な場所などが文法的ともいえる一定の法則に従って配置された空間として捉えがちだ。そのことは、パイロットとしての私の旅に長期的な影響を及ぼす三つめの要素を説明するときに役立つかもしれない。年齢を重ねるにつれて私は、世界各地の都市がもつ力、しかも絶えず強まりつづける力に驚くようになった。そこには地球上で最大規模の都市がもつ力や、私がまったく知らない都市の多くがもつ力が含まれている。その力によって、私の思考や感情は生まれ故郷の小さな都市に戻されるのだ。

　私とピッツフィールドとの関係は、複雑でないとは言いがたい。私はピッツフィールドで育ち、自分の本来の姿を隠しながら生きるすべを学び、遠く離れた輝かしい場所を夢見るようになった。たとえば、私自身が悩まされたことに子どもたちが悩むことのない、想像上の完璧な都市。あるいは、「r」の文字のない単語や、私でもなんとか発音できる「r」しかない単語を使って好きな女の子に話しかける方法がある、実在する都市。そして何年かして少し大人になった私は、別の土地で実現するはずの理想の生活とピッツフィールドを結ぶ線に沿って行動した結果、とくに努力しなくても自分自身でいられる（おもにゲイであることを意味しているが、かならずしもそれだけではない）と信じられる都市を夢見るようになった。

ところが私は、ピッツフィールドを離れてからも、自分が感じている生きづらさの多くはなくならないと思い知ることになった。同時に、それにはピッツフィールド自体が関係しているとわかりはじめた。たとえば、愛する家族や友人たち。学校の先生や図書館の司書、ボーイスカウトのリーダーのように、ずっと同じ土地で暮らしている隣人たち。夏のあいだ日本でホームステイをしたり、大学で学んだりするための資金を貯めるのを助けてくれた人たち。たとえば、新聞配達をしていたときに新聞を購読してくれていた人や、ダイナーでアルバイトしていたときにチップをはずんでくれた人たち。そして言うまでもなく、自分で稼いだお金をすべて自分のために貯金するのを許してくれた家庭環境。それに、初めて飛行訓練を受けたときに着陸した滑走路のあるピッツフィールドという街の社会基盤。そして最後に、ピッツフィールドを去るときに使った、整備された道路。その道は、私が子どものころから夢見ていた旅立ちを可能にしてくれた。

両親はすでに他界したが、私はよくピッツフィールドに戻ってくる。大好きな人たちがまだたくさんいて、私にとって大切な場所の多くもそこにあるからだ。長いあいだ、パイロットを引退したらピッツフィールドからほど近い土地で暮らすことを夢見ていた。ほぼ毎日、マークと公共図書館に行ったり、カフェや野生動物保護区に出かけたりする。しかし同時に、ピッツフィールドという街でまた暮らすのがよいとは思えないような気もしている。

私と故郷の都市との関係は、相反する感情が同時に存在しうることを繰り返し教えてくれる。故郷を離れたあとで、私は自分がゲイであることをカミングアウトした。そして、よい友人を見つけ、大好きな仕事を見つけ、パートナーのマークを見つけた。いまピッツフィールドに滞在すると、何かを嫌だと思ったり、それから逃げたいと思ったりすることに関して、自分自身と故郷を混同してしまうのは本能的な行動なのだと思うことがある。しかも、自分自身と故郷のどちらにも、心安らかな感情をもてるとはまったく思えない。中年と呼べる年齢になり、パートナーのマークが隣にいてくれても、私はいまだに、勝手を知った街にいる自分自身に対して自信をもてない。

そして私は、ピッツフィールドから遠く離れたどの都市に行ったときでも、私の都市の捉えかたはいつも、ピッツフィールドを基準に形づくられているのだとわかるようになった。

ときどきこう考えることがある。ピッツフィールドはレンズのようなものだ、と。この街の大きさや性質が、ほかのすべての都市に対する私の見方を決めている。あるいは、いつも持ち歩く地図のようなものだと言ったほうがいいかもしれない。新しい場所に行くたびに開く地図だ。たとえば、インドのベンガルール（旧バンガロール）を散策しようとして、半マイルの距離がどれくらいなのかを知るのに、高校生のときに自宅から学校まで歩いたときのことを思い浮かべた。また、ニューヨークで地下鉄に乗り、階段で地上に出たとき、交差点から見てどの方角が東なのかを知るために、子どものころに自分の部屋から見た外の景色を重ね合わせてみる。

だが、私の人生にとってのピッツフィールドの役割は、最初に覚える言語の役割と似ている。

ほかの場所を理解しようとするときに、かならずよりどころとする場所。たとえば、言語学者が世界の言語を分類したり説明したりするときに特定の言語を基準とするように。私は故郷に対して複雑な思いを抱いている。にもかかわらず、故郷というものがもつこの特徴こそが、とりわけ異質な土地や遠く離れた土地にいるときに、なぜいつもピッツフィールドが私のそばに存在しているのかを説明している気がする。

ある日、私はマレーシアのクアラルンプール国際空港に着陸し、マラッカ行きのバスに飛び乗った。空港のバスターミナルでバスの発着掲示板を見たとき、唯一知っている地名がマラッカだったからだ。日が落ちて空が暗くなってすぐマラッカに到着し、宿に部屋を確保すると、散歩に出かけることにした。細い脇道を歩くとマラッカ川を渡る橋に出た。マラッカ海峡とインド洋の方角を知ろうと、川の流れる方向を確認するために立ち止まる。ほんの数時間前、ロンドンからのフライトでインド洋の北東の端の上空を飛んできたばかりだからだ。

暖かなその夜、マラッカの狭い川の上で立ち止まり、川沿いの遊歩道から発せられた色とりどりの光が油に火がついたかのように川面で明るく揺らめくのを眺めながら、ふと、ピッツフィールドはいま何時だろうかと考えた。そして、そこを流れるフーサトニック川を思い浮かべ、冬になると土手沿いに現れるガラスのような氷のかたまりを思い描いた。さらには、「大都市（メトロポリス）」の語源が「母なる都市（マザー・シティ）」だったことを思い出し、マラッカにいるのに故郷の川のうねりがすぐに思い浮かんだように、故郷というのはあらゆる点で母国語（マザー・タング）のようなものだと思ったりした。

故郷には二度と戻ることはない、と言い張る人がいたとしたら、パイロットとしての長い経験をもとに私は次のように答える。故郷からは決して離れられないのだ、と。イタリアの愛国主義者ジュゼッペ・ガリバルディは、〝永遠の都〟つまりローマを離れることを決意したとき、こんなふうに言って一緒に逃れる人たちを安心させたという――「どこにいようと、そこはローマだ（Dovunque saremo, colà sarà Roma）」。この言葉を最初に読んだときに自分が滞在していた都市のことは、何一つ思い出せない。昔のことなのか、最近のことなのかもわからない。低い建物しかなかったのか、高層ビルがたくさんあったのかもわからない。ホテルの部屋の机に向かっていたのか、地下鉄の座席に座っていたのか、公園の木の下のベンチに腰掛けていたのか、それも覚えていない。唯一わかっているのは、今夜、このアブダビで、真夜中を過ぎた時間にそうしたことをあらためて思い出そうとしながら、自分の故郷に思いを馳せているということだ。

机から立ち上がり、窓辺に歩み寄った。部屋の明かりが反射する窓越しに、高層ビルや道路が見える。カーテンを閉め、歯を磨いてから目覚まし時計をセットし、ベッドに潜り込む。明日は暑くなる前に、早めに一日をスタートしよう。コーヒーを一杯飲んだらすぐに、歩きはじめよう。

CITY OF BEGINNINGS

始まりの都市

京都、ソルトレイクシティ、
ミルトン・キーンズ、カイロ、ローマ

三〇代後半のある日、私はアメリカの詩人、ウィリアム・カーロス・ウィリアムズの叙事詩集『パターソン』と出会った。その序文でウィリアムズは次のように述べている。「一人一人の人間はそれぞれが都市だ。都市のさまざまな側面が――もし創造性をもって構築されたのであれば――みずからの最も内奥の信念を表明するために必要なあらゆる細部から構成されるのと同じ原理に基づいて、一生を開始し、追求し、達成し、最期を迎える」

私は自分自身を一つの都市のようだと思っていたわけではない。でも、人間の一人一人が都市のようだというなら、都市もまた一人一人の人間のようだといえるかもしれない。だから私は、ピッツフィールドについても同じように考えたい。街の電灯は人間の神経のようだし、街の思考回路は八月の午後の路上に揺らめく陽炎（かげろう）のなかで空回りしているかのようだ。そして街の記憶は、一月の凍った湖で、灰色から暗黒に変わる湖水にゆっくりと落ちていく。

都市が人間に似ているとしたら、たとえばメッカとアスンシオン〔パラグアイの首都〕がどちらも〝都市の母（マザー・オブ・シティ）〟として知られ、ケープタウンが〝母なる都市（マザー・シティ）〟として知られているように、都市を「母」と呼ぶことがあるのも理解できる。イギリスの作家キプリングは「ボンベイ市に捧げる」と題する詩のなかで、自分が生を受けた都市について次のように回想している。「私にとっては〝都市の母〟だ／なぜなら私はその門のなかで生まれたからだ」。同じ詩の別の箇所では、人が故郷に抱く特別な思いは、「子どもが母親のガウンに」寄せる思いと似ていると書かれている。

確かにそれは、なぜ私たちが都市のさまざまな側面を人間になぞらえて語るのかを説明している。都市の精神や魂（この考え方は少なくともプラトンの時代からある）、都市の心臓、大動脈、肺、骨格。姉妹。都市は配偶者にさえたとえられる。たとえば、サウジアラビアのジッダは「紅海の花嫁」と呼ばれているし、イタリアのヴェネツィアはその水を愛し（水によって愛され）、毎年、ヴェネツィア総督が結婚指輪を海に投げ入れていた（いまでは市長が指輪を投げ入れている）。そうしたことは、目を閉じて、都市が元気そうに顔を上げている姿を思い描いたり、都市が誕生した日にどんな空だったのかを想像したりするほど、私たちが一つの都市を深く愛していることを示している。

ピッツフィールド

私は、ぬかるんだ校庭を歩きながら中学校をあとにした。私の両親の仲のいい友人ならきっと、私が三歳のときにつぶやいた言葉を思い出していることだろう。感謝祭の祝日、まさにその両親の知り合いの家で神の恵みに感謝していた日に、彼女が座る椅子の近くを歩いていた三歳の私は、「いままででいちばんひどい感謝祭！」と口にしたのだという。

そして一二歳になった私は、今度は「いままででいちばんひどい中学校だ」とつぶやいている。一緒にツリーハウスをつくったり、森を散策したり、ピッツフィールドの線路にコインを置き、貨物列車が通ったあとでそれがどうなったかを見に行ったりした友人のリッチが、コネチカット州に引っ越すことになった。スポーツカーに乗って、ときどき私を射撃に連れて行ってくれるなどかわいがってくれたリッチの父親は、ゼネラル・エレクトリック社で働いていた。ピッツフィールドで最もすばらしい仕事といえば、この多国籍企業で働くことであり、リッチの父親は本社への転勤が決まったのだった。

リッチと離ればなれになってしまうのは寂しい。中学校ではたくましさが求められたが、リッチはまさにたくましい男の子だった。私とちがって、誰からも「オタク」などと呼ばれず、ゲイだといってからかわれたりもしなかった。かりにリッチに発話障害があったとしても、それを話のネタにする生徒はいないだろうし、私がリッチと一緒にいるかぎり、誰も私の発話障害を揶揄したりはしなかった。リッチに対して、日にちと時間と場所を指定して、みんなで殴りかかろうと計画する生徒も一人もいない。今日これから、その計画の被害者になろうとしているのは私だった。

　一日の最後の授業が終わってロッカーからコートを取り出すと、私は北の方角に向かって、注意深い足取りで校庭を歩きはじめた。昨日から胃がきりきりしている。なるようにしかならないと自分に言い聞かせる。以前にも同じような状況に陥ったことがあり、そのときは母に相談した。学校には言わないことを母に約束させると、母は私に正々堂々と戦うことが大切だと言った。

　兄もアドバイスしてくれた。兄が七歳か八歳、私が五歳か六歳のころから数年間、私たち二人は毎日のようにけんかをしていた。父と母はそれを「日課」と呼んでいたが、私たちは本気でけんかしていたわけではない。その〝日課〟は、家のなかで行なわれることもあれば、積もった落ち葉の上や、庭につくった雪山の上で行なわれることもあった。勝つのは決まって兄だ。だから私は、校庭を歩きながら、兄の言葉を思い出していた。「ベストを尽くせ」

　一歩一歩、慎重に進み、校庭の真ん中まで来た。約束の場所に時間どおりに到着したのだ。ところが、私を脅した当の本人はいない。じつは、そのときはまだ私が気づいていないことがあった。この一週間、いや、一ヵ月間、私の生活をすっかり変えてしまったというのに、私を脅した生徒はまず間違いなく、（そのときは本気だったとしても）自分の言ったことを忘れているのだ。

　ほかの生徒ともすれちがったが、そのなかに私を待っているはずの人物はいなかった。振り返らず、走らず、前に進む。一歩、また一歩。そしてとうとう運動場の北の端まで来ると、私はそのまま急な坂道を上りはじめた。

　何分か歩くと、その丘でいちばん高いところにたどり着き、坂道を下りはじめる。ようやく少し楽に呼吸できるようになってきた。家に着くと、キッチンのドアの鍵を開け、通学用のバッグを置く。わが家で初めて買った電子レンジでホットチョコレートをつくり、ボウルいっぱいにドリトス〔トルティーヤ・チップス〕を入れて二階の自分の部屋の机まで運んだ。宿題を始める前に、何も書いていない紙を手に取って、上のほうに架空の都市名を大文字で小さく書き入れる。そして、まるで初めてそうするかのように、郊外を走る線路や二本の滑走路、まっすぐな道路を何本か描いた。

京都

私とデイヴは、少しだけ離して敷かれた布団に横になりながら、たばこの煙を吐き出した。吸っているのはセブンスターという日本のたばこだ。私は「7」という数字が好きだ。ただしそれは、多くの飛行機の名前にその数字が使われているからにすぎない。デイヴの布団と私の布団のあいだにはウォークマンが一つ、畳の上にあり、イヤホンを二人で片方ずつつけている。聴いていたのは、この夏に初めて知ったエニグマだ。たばこの煙で数字の8を描きながら暗い部屋で音楽に耳を傾けていると、吸い終えるまで飛行機雲が宙に漂った。

私は八月の日本にいて、高校のサマー・ホームステイ・プログラムも終わりに近づいている。このプログラムに参加するために二年かけて貯金した。レストランで皿洗いをしたり、氷点下の朝、雪を踏みしめながら新聞配達をしたりしたかいがあった。

このプログラムには十数人の高校生が参加している。そのほとんどが私と同じ一七歳で、ちょうど高校最終学年の新学期を迎えようとしている。何日か東京に滞在し（史上最大の都市だと知って驚いた）、そのあと日本海に面した金沢で一カ月過ごした。参加者はそれぞれ日本のホストファミリーの家にホームステイしている（私のホストファミリーは「マークⅡ」という名前の子犬を飼いはじめたところだった。何年かして大学生になり日本をふたたび訪れたとき、その子犬は、一緒に過ごしたのはほんの数日だったのに生まれてすぐの多感な時期のことを覚えていて、私が家に入ると飛び跳ねて喜んだ）。平日は毎日、全員が語学の授業を一緒に受ける。そしてプログラムが終わりに近づき、私たちは京都へのこの短い旅行に出たのだった。メンバーは、私たち生徒と、引率していたアメリカ人大学院生のメグ。数日前にメグは、私の日誌の最後のほうのページに大きな文字で、しかもアンダーラインまで引いて、ある言葉を書き込んだ。彼女に言わせると、それは私がずっと覚えておくべき言葉だという。「どこに行こうと、あなたはそこにいる」

どういう意味なのか、はっきりとはわからないが、私はこの言葉が好きだ。どこにいたとしても、その場所に意識を完全に向けるようにしなさいという意味だろうか。あるいは、（もしかしたら逆に）どんなに遠くに出かけたとしても、自分自身からは逃れられないということだろうか。

今日は京都で過ごす最初の日なのに、私の意識は遠くピッツフィールドに向きはじめている。私にとっては、数日後にそこに帰るしか選択肢のない場所だ。父と母は去年離婚した。母はピッツフィールドを一度去って、また戻ってきた。父と兄と私が三人で暮らしている家からほんの数ブロックのところに小さな部屋を手に入れたのだ。母は毎晩、ピッツフィールドから南に向かう道路沿いにあるその狭いアパートで、購入したばかりの丸いガラステーブルについて落ち着かないようすで食事をとっている。

一方、父には、結婚を前提として付き合っている人がいる。その人は私にやさしく接してくれるものの、その半分でも私のほうからやさしく接してあげられるようになるまで、まだ何年もかかるだろう。でも少なくともいまは、私とその人とのあいだに飛行機という共通の話題がある。

亡くなった最初の夫が自家用飛行機のパイロットだったのだ。その人はピッツフィールド空港で飛行訓練を受けたという。のちに私が最初の飛行訓練を受けたのも同じ空港だった。彼女自身、空を飛ぶのが大好きで、夫が操縦する飛行機でピッツフィールドからニューヨークまで飛んだときのことなどを話してくれた。そのときに乗っていたのは単発プロペラ機のセスナ172で、ジョン・F・ケネディ国際空港のいちばん長い滑走路に午後八時二分に着陸する許可をもらったそうだ。

私にとって、飛行機の話なら、それがどんな話題でも幸せだ。たとえば、ケネディ国際空港の時間帯別の着陸料（ランディングフィー）の話もしてくれた（八時前なら二五ドルだが、八時を過ぎると五ドルですむ）。しかしそうした話は、両親の離婚が私にとって謎だらけなのと同時に過酷なものだったという事実を変えてくれるわけではない。この夏がそうだったように、ピッツフィールドから離れたことで少しは楽になれた。一時的とはいえ、両親が離婚したことを忘れられる時間をもてたからだ。

ピッツフィールドから遠く離れた日本にいることで、私は自分の故郷をよりくっきりと認識できるようにもなった。ピッツフィールドのような都市が地球上に数えきれないぐらいあることも初めて学んだ。その一方で、生まれた土地の名前というのは自分のなかで永遠に不動のものだとも知った。その昔、地名というのはファミリーネームの一部になったりするなど重要な意味をもっていたのだ。

わかったことがもう一つある。両親にとってピッツフィールドは、故郷と呼べるような場所ではなかったにちがいない、ということだ。とくに父の場合はそうだった。ベルギーの西フランデレン地方にある小さな町に生まれた父は、カトリックの神父になるためにブルージュで養成訓練を受けた。その後、当時のベルギー領コンゴ（現コンゴ民主共和国）に赴き、さらに海を渡ってブラジルの三つの大都市で一〇年にわたって司祭として働いたのだ。

母のピッツフィールドへの旅路は、父と比べると直接的なものだったといえるが、それでも私には信じがたい話だった。母が生まれたのは、ペンシルベニア州の炭鉱地域にある小さな町だ。母の祖父母はすべてリトアニア出身だったが、母はおもに英語を話して育った。でも母は、リトアニア語の単語をたくさん知っていて、必要なときにいつでも使うことができた。若いころ、オハイオ州のシンシナティでカトリック信徒宣教者会に入会し、パリに派遣されることが決まっていた。その後、インドネシアに旅立つ予定になっていたが、宣教者会を退会し、ボストンに引っ越してきたのだという。

長年にわたって信仰の悩みを抱えていた父は、一九六八年の春、ブラジルからベルギーに帰国する途上でボストンに立ち寄った。異人種間の超教派（エキュメニカル）運動を推進する協会の一つから、ボストンのロクスベリーで講演を依頼されていたからだ。父はその講演で、仲間の神父たちとブラジルのサルバドールという都市で推し進めていた社会的・経済的正義に関するプロジェクトについて話した。その講演会に母も参加していて、翌日のディナーに父を招いたのだという。二人は連絡先を交換したものの、母にはすでに付き合っている人がいることを父は知っていた（ただしそれは、父がアメリカ英語の会話に不慣れなせいで生じた誤解だったようだ）。そのため、故郷のベルギーへの旅を再開すれば二度と会うことはないだろうと父は思っていた。

ベルギーに戻った父は、結婚するため司祭職を辞する決心をしたことを伝えるため、ブルージュ教区の司教を訪ねた（「もはや自分自身のものではない人生を送る」ことに弁解の必要はないと父は考えていたという）。それから数カ月にわたって司教はさらに三回の話し合いの場を求め、神の存在を確信させるために「聖トマス・アクィナスが一三世紀に行なった」議論を引き合いに出して引き留めた。それでも決心は翻らなかったと、父はノートに書き残している。

アメリカこそ新しい人生をスタートさせてくれる国だと信じ、母も含めてすでにボストンに友人もできていた（母とはその後も文通を続けていた）父は、ふたたび大西洋を渡った。母がローガン国際空港で父を出迎え、翌年、二人は結婚する。そしてそのままボストンに数年間とどまり、バーモント州バーリントンに移り住んだ。二人はその地で私の兄を養子に迎え入れる。兄が生まれたのはブラジルのジョアンペソアだ。そこは父がブラジルで一〇年を過ごした際に暮らしていた大都市の一つだった（父のノートには「アメリカ大陸最東端の都市」という書き込みがある）。その後すぐに、父はピッツフィールドで職を見つける。バークシャー地方の別の場所には新婚旅行で出かけたことはあったが、二人ともそれまでピッツフィールドを訪れたことはなかった。そうして、ピッツフィールドで最初の冬を越え、春の終わりに私が生まれた。

私がいま滞在している日本には、アトランタ、タンパ、サンフランシスコ、シカゴ、ニューヨークなどからやってきた生徒がいる。日本で知り合った新しい友人のうち、ピッツフィールドについて少しでも知っているのは一人だけだった。それは私にとって、彼らが私の過去を知らないという事実と並んで、自由な気分を味わわせてくれることだった。最近になって克服した発声障害について話す必要がないからだ。彼らのうちの何人かは、私がゲイだとうすうす気づいていたはずだが、そのことを誰一人として、私が過去に経験したかたちで、つまり意図的に侮辱するようなかたちで言葉にすることはない。両親の離婚についても話す必要はないし、故郷での友人関係についてもあまり話す必要はない。私は、そうしたことは生涯ついてまわるものだと、彼らになんとなく伝えるにとどめた。

私はずっと、ピッツフィールドという都市とある程度の距離を置きたいと願っていた。だから、その夢が実現したことで生じた影響は私にとっては予想外のものだった。太平洋を隔てて遠く離れた日本で自分の人生を振り返ってみると、高校や離婚した両親の元に戻ること、それに、そこから出たいとときどき思う都市にまた戻ることに対する不安がある一方で、自分は故郷が大好きだというのも紛れもない事実だとわかった。

この矛盾は、ほかの生徒たちとピッツフィールドについて愛情を交えた冗談を言い合うというかたちで現れた。じつは、この夏のあいだずっと、ピッツフィールドを揶揄するのは私の〝得意技〟になっていた。以前にはないことだった。たとえば、山を越えてピッツフィールドに入るにはパスワードが必要で、特別な査証（ビザ）もないといけないなどと言ったりした。ブロンクスからやってきた新しい女性の友人はそれを聞いて笑い、「握手をするときも特別なやり方があるんじゃない？」と言った。「そのとおり」と私は答え、本当は方言もあるけど、たぶんそれで話したら何を言っているのかまったくわからないと思う、と付け加えた（この時点で私は、訳のわからないことまで冗談ネタにできるようになっていた）。

この夏にできた友人のなかで、デイヴとはとくに仲がいい。デイヴは私とほぼ同じぐらい飛行機が好きで、とても愉快な人物だ。二人でいると笑い声が絶えない。グループのなかで誰かとペアを組む必要があるとき、たとえば語学の授業やバスに乗るとき、旅館に泊まるためにルームメイトを決めないといけないようなときには、デイヴとペアを組む。カリフォルニア出身のデイヴがカリフォルニアについて話し、私はピッツフィールドについて話す。互いに気の利いた言いまわしを使って説明することもあれば、実際にどんな場所なのかをぎこちなく説明することもある。たとえば、丘陵地帯の景色や、初雪が降るときのこと。兄が起きがけに悪さをするときのこと。

あるいは、話しても信じてもらえないようなクレイジーなことをする仲間たちについて。

静かな旅館のこのほぼ真っ暗な部屋でウォークマンから次の曲が聞こえてくると、私とデイヴはまたたばこに火をつけた。そのとき私は、ピッツフィールドのクラスメートの一人を思い出し、彼の妹の言葉を思い浮かべた。キッチンでおしゃべりしながらみんなでリッツのクラッカーを食べているときに、彼女は母親に、私のことをゲイだと思うと言ったのだ。彼らの母親は、私の肩に片手を置くと、安心させるためなのかこう言った。「気にしないで。本当にそうだと思っていたら、うちに泊めると思う？」

京都のこの旅館で突然、ピッツフィールドで聞いた言葉が浮かんだ。「どこに行こうと、あなたはそこにいる」。それを不名誉なことと呼ぶべきかどうかはまだわからないが、いまは別のことについて考えたいと思っている。

私がつくった架空の都市ではないにしても（私はもう一七歳なので、架空の都市は心のなかにしまっておくべき子どもっぽいことだと感じている）、ここは京都だ。この地に到着する前、山に囲まれた街の地図をよく調べ、川の流れや、寺院や神社がものすごく密集しているようすを頭に入れようとした。メグによると、「京都」という地名は外国人にはあまりぴんとこないかもしれないが、日本語の二つの漢字の意味はとてもわかりやすいのだという。つまり〝みやこ〟と〝都市〟だ。さらに私は、京都の歴史にも興味をそそられた。同時に、地球が誕生してからこの地には都市がなかった期間のほうがずっと長かったという事実にも。京都には始まりの日はあったのだろうか？

布団に横になって天井を見上げると、旅行ガイドブックの折りたたみ式地図に描かれている簡単なスケッチが見えたような気がした。たばこを吸うたびに空中で煙が渦を巻く。ときどき、自分がどこにいるのかわからなくなってくる。ディヴが何かを話し、私は頭上に京都の地図を思い浮かべる。都市そのものが私の答えを待っているかのようだ。

二人がたばこを吸う音しかしない。この部屋に天井がなく、屋根もなかったらと想像してみる。そうしたら、私たちが吐き出す煙は日本の空に輝く星々を煙に包んでしまうだろう。あるいは、私も煙と一緒に空に昇っていき、街の明かりや自分たち自身を見下ろすようすを想像してみる。布団に横たわる二人。その布団は畳の上にじかに敷かれている。もしここが自宅なら、床の上に靴があってもおかしくない。ディヴが自分の友だちについて話しはじめた。話題はその友だちのガールフレンドのこと。ほぼ暗闇のこの空間にいれば、私たちは誰にでもなれ、どこにでも行ける。

ソルトレイクシティ

ロンドン、北大西洋、グリーンランド、それにカナダの上空を二〇〇〇マイルほど飛行し、数時間後に私たちは闇のなかロサンゼルスに到着する。

いまは夕暮れとほぼペースを合わせるかたちで飛んでいて、操縦席のウィンドウの横幅いっぱいに、大陸を二つに分けるロッキー山脈が広がっている。ちょうどワイオミング州の上空だ。数分前、コックピットの右側からイエローストーン国立公園が見え、そのあとグランド・ティトンの山並みが視界に入った。この山脈には、誇張して描かれたかのような鋭い峰々が連なっていて、視界の良好なボーイング747の窓から見ても現実のものとは思えない。

コロラド州が視界に入ってくると、自分が無意識のうちにジョン・デンバーの「ロッキー・マウンテン・ハイ」のメロディーをハミングしていることに気づいた。しかもひどい音程だったのですぐにハミングをやめ、機長の耳に私の声がじかに届くインターコムがオフになっていることを確認した。機長と副操縦士はほぼ同じぐらいの時間、操縦を担当する。ただし機長は、機体と乗務員の管理者として、副操縦士より重い管理責任と最終的な法的権限をもっている。

私が子どものころ、父はマサチューセッツ州政府のピッツフィールド事務所で働いていた。本庁は州の東端のボストンにある。だから、ボストンからかかってくる電話が父にとって最も緊張するものだったのも、私にはよく理解できた。それに、州都は州内最大の権力の座であり、州の西端に位置するピッツフィールドから距離が離れているからといって、その力が弱まるわけではなかった。夕食の準備をしたり、仕事について私があれこれ質問するのを聞いたりしているときでも、ボストンから連絡があれば父はため息とともに電話に出た。

ボストンという都市にはそれ自体の独自の欲求があり、遠く離れたところにいる人たちにさえ指令を発する力があるという考えは、高校時代に私がボストンについて学んだなかで最も印象的なことと重なり合うものがあった。すなわち、ボストンという都市と、それが独立を手助けした国家はどちらも〝丘の上の町〟、つまり清教徒（ピューリタン）の一人であるジョン・ウィンスロップが聖書の山上の垂訓に見いだしたイメージと同一のものとして考えうるということだ。

「あなたがたは世の光である。山の上にある町は、隠れることができない。」〔『新共同訳　新約聖書』マタイによる福音書五章一四節、日本聖書協会〕

ティーンエイジャーのころの私は、父が会議に出席したり眼科に通ったりし、自分でもすでに数えられないほど訪れていたボストンという身近な都市がこのような威厳ある言葉と結びついているのが信じられなかった。

のちにボストンで暮らすようになった私は、どこにでもあるようなこの愛すべき大都市が、まだ見ぬ都市や想像上の都市、とりわけ、私たちが信じたり望んだりする究極の完璧さを備える隠喩的・聖的な都市と結びつけられていることに少しがっかりした。とくに、ボストンのかつての地名である〝トライマウンテン〟の元になった三つの丘のうちの二つが削られて平らにされ、もう一つも（灯台の丘（ビーコン・ヒル）というぴったりな名前がつけられていたにもかかわらず）かなり低く削られてしまっているのを知ったときにはなおさらだった。ボストンでは、あえぐように走る旧式の、しかも永遠にやってこないように思える地下鉄をあまりにも長く待ったあと、ディストピアのようなコンクリートの広場を横切って職場に向かおうとすると、突風に吹き飛ばされそうになることがある。そんなとき、〝丘の上の町〟というすてきな呼び名はあまり慰めにはならなかった。

現在地はワイオミング州南西部の上空。ボーイング７４７の機首の右前方にソルトレイクシティが見えはじめている。実際に行ったことはないが、機上から見る機会はよくある。できればいつの日か訪れてみたい。人類史上初めてその地を訪れた人の目に、その谷がどう映ったのか。いまは、それについて考えるのが正しい時間の使い方のように思える。彼らは、数千年後にモルモン教徒〔末日聖徒イエス・キリスト教会会員〕たちがそうしたのと同じように、東からではなく北西からやってきた可能性がある。あるいは私の飛行機が今晩この谷の上空に進入したのと同じように、北東からやってきたのかもしれない。

空から見たソルトレイクシティは、街の光やその光に道を譲る地形、もしくはそこだけ突如として雪が積もっていないことで見分けられる。パイロットはナビゲーションシステム上で、ソルトレイク国際空港を示す丸の近くにクールブルーの文字で表示される〝ＫＳＬＣ〟という空港コードを簡単に認識できる。ユタ州の低地を覆う暗闇のなか、最初に街の輝きが視界に入ったときに、街の赤と黄色の格子パターンを空港コードと同じぐらいはっきりと見分けられるようになりたいと思っている。

地球規模で見ると、ソルトレイクは都市としては新しい部類に入る。モルモン教の開拓者たちは、創立者であるジョセフ・スミスが遠く離れた地で描いた〝シオンの地図〟を参照しながらこの都市を築いた。スミスはその地図に次のような指示を書いていた。「広場がこのように設置されたら、別の広場も同様に設置する。そのようにしてこの末日の世界を満たすこと」。ソルトレイクは「新エルサレム」とも呼ばれ、「聖者の都市」としても知られている。後者はリチャード・フランシス・バートンの著書のタイトルにもなっている〔*The City of the Saints*〕。バートンは一九世紀のイギリスの高名な探検家であり、私たちのボーイング747の下で光り輝いている入植地に乗合馬車でやってくると、自分にとって既知の聖地リスト（メンフィス、ベナレス、エルサレム、ローマ、メッカ）に新たな聖地を一つ加えた。

西に沈んでいく太陽の光と、翼の下に集まる光のあいだに挟まれた今宵、私はソルトレイクシティをこう呼ぶことにしたい――〝高い都市〟〝新しい都市〟〝赤く染まる頂上の都市〟、そして〝私が見たなかで最も目立つ都市〟。その東側を守る山々を覆う深紅に染まった雪の上空を飛び、数分後には、光を放つ市街のほぼ真上で機体を旋回させる。これから二〇〇年、二〇〇〇年のあいだ、この都市で暮らす子どもたちはモルモン教第二代大管長ブリガム・ヤングの言葉を学びつづけるにちがいないと、容易に想像できる。その言葉は、私たちの眼下に見える谷間をヤングが初めて見た瞬間に発したものだとされている。「十分だ。ここが私たちに適した場所だ」

ミルトン・キーンズとカイロ

すっかり居眠りをしていた。二〇代の私がイギリスで暮らしはじめたのはほんの数カ月前だ。半分空っぽの都市間バスのなかでようやく目覚めたとき、空はすでに暗くなっていた。私は戸惑ってしまった。というのも、街なかを走っていると直線的な道路や現代的な建物、広々とした空間が続き、とてもアメリカらしい風景に見えたからだ。一瞬、じつは自分は大西洋を渡っていないのではないか、と錯覚してしまった。

家に帰ったら、バスで居眠りをしてしまいとんでもないところで目覚めた話を、ハウスメイトにしてみよう。それがミルトン・キーンズだと知ったら、彼はきっと少し冷めた感じで笑うはずだ（その冷笑が私に向けられるものなのか都市に向けられるものなのかはわからない）。ミルトン・キーンズの人口は二五万人ほど。あとで調べてみたところ、一九六〇年代後半にできた新しい都市だということがわかった。

新しい都市。彼は私にそう言った。事実上の新しい都市だと。それを聞いて、大学の授業で読んだベネディクト・アンダーソンの『想像の共同体』を思い出した。そのなかでアンダーソンは、この種の新しい都市の名前についても言及していた（その授業に関して、いま思い出せることはほかにない）。たとえば、ニューヨーク（オランダ植民地ニューアムステルダム）、ニューオーリンズ（フランス植民地ヌーベルオルレアン）、ニューロンドンなど。これらの聞き慣れた都市の名前が一、二ページにまとめて出てきたとき、私はそれまで各都市について個別に考えたことがないと気づいた。

それから数年後にパイロットになると、ハウスメイトが言った「新しい都市」という言葉が不意に、しかも頻繁に思い浮かぶようになった。たとえば、自分が操縦するジェット機が雲のなかを通り抜け、北米の西海岸沿いにゆったりと広がる大都会の上空に差しかかり、平行に伸びる道路が見えたときなどに。同じ週に、私はその都市より何倍も古く、建物が密集したアジアの巨大都市から戻ったばかりだった。その最初期の姿については、神話的な話しか残っていなかったり、誰も知らなかったりするような都市だ。

しかし、〝新しい都市〟という考えが私の心を揺さぶるのは、明らかに新しくつくられた街が古代都市の近くにあったり、その一部を形づくっていたりするのを上空から目にしたときだ。たとえば、澄みきって乾燥した冬の夜のフライトでナイル川沿いを飛んでいるとき。大都市カイロのなかで電子回路のように光る、あるいは購入したばかりのクリスマス・イルミネーションを試しに点灯したときのように光る新しい都市を紅茶をすすりながら見たときに。あとで確認したところ、そこはニュー・カイロと名付けられていた。そのほかにも、ニュー・ヘリオポリスという街もある。〝一〇月六日〟や〝五月一五日〟という最近生まれたばかりのようなユニークな名前がつけられた都市もある。その名前からは、それが歴史的な出来事の記念日を意味しているということより、街路のパターンがとても目新しいことのほうが簡単に想像できる。

ローマ

ひんやりとした二月の朝。パートナーのマークとバチカン市国にいて、サン・ピエトロ広場をぐるりと散策している。マークは写真を撮り、私は一人で石畳のなかに埋め込まれた楕円形のマークを見てまわった。それは風の配置図であり、そこにはシロッコ、トラモンターナ、ポネンテといった、それぞれ異なる方角から吹く風や、季節によって吹き方が異なる風の名前が書き込まれている。

方位磁針のように配置されたこれらのマークは、「ウィンドローズ」と呼ばれる風配図を図案化したものだ。空港の設計者は、風配図を見ながら滑走路を適切に配置する。そしてパイロットは、空港の天候パターンに慣れるためにそれを利用する。コックピットのタブレットに表示される風配図には、たとえば私がローマを飛行しているときに注意しながら通過したり避けたりするような、冬将軍的な突風はいちいち表示されない。でも、風がどのような方角から吹いてくるのかが、何本もの直線や円、円弧で科学的かつ美しく表示される。

広場を散策しおえると、私とマークはその場に立ち止まった。ピッツフィールドの方角を思い浮かべてみる。見たところ、私の故郷に特有の風と同じ風はどうやらここでは吹かないようだ。さらに、還俗した元神父である父がこの広場やその上にあるバシリカ様式の聖堂について私に語ったはずのことにも思いを馳せる。この聖堂では、ローマ教皇の口から「ローマ市と世界へ」という言葉が定期的に発せられている。

私の両親はどちらも数年前に他界した。それでも、私とマークはバークシャーとピッツフィールドをよく訪れる。少なくともそこには「バークシャー・ギャング（バークシャーの仲間たち）」がいるからだ。私が育ったファミリーのあいだでは、自分たちをそう呼んでいる。私の親の世代のメンバーには、私のおば――「いままでで、いちばんひどい感謝祭！」――や、おじたちがいる。私にとってはきょうだいのような存在の、彼らの子どもたちもいる。四つの家族のうち三つは、互いに通りを隔てただけ、あるいは隣同士でずっと暮らしている。父と離婚した母は、晩年に健康状態や経済状態が悪化して一人暮らしができなくなると、私のおばの家で暮らしていた。私が四〇代後半になったいまでも、クリスマスや感謝祭、誰かの誕生日のような日に私たちはファミリーで集う。そんな機会に古くからのメンバーと会うと、とても和やかで安心した気持ちになれる。ときどき私は、自分の両親がそこにいないのはたんに少し席を外しているからではないことを忘れてしまったりもする。

〝バークシャー・ギャング〟のメンバーのうち、私の親の世代のほぼ全員が、かなり信仰深い環境で育った。父に加えて何人かが神父や修道女になっている（途中で辞めた人もいる）。通常の近所づきあいや、同じような年代の子どもがいることに加えて、そうした宗教的な環境で育ったことによって親密さが増し、私たちは大きなファミリーの一員となったのだ。

両親やその友人たちが教会生活を送る（その多くはいまでは教会から距離を置いている）のを見ながら育った私は、父がボストンの上司について話していたのと同じように、彼らがときどきローマについて話題にしているのを聞いて心を動かされた。それはたとえばこんな言葉だった。「ローマがそれを許すはずがない」「そうだな、ローマはバランスをとる必要があるな」。それを聞いて、ローマという都市も人のようなものだと思うようになった。

大人になってピッツフィールドから離れ、パイロットの職に就くと、ローマ行きのフライトも数多く経験するようになった。フライトコンピューター上でローマの緯度を確認するのは楽しい。ローマのほうがかなり暖かいものの、ピッツフィールドとローマの緯度は1度以内の差しかない。ローマに飛ぶとき、通常はロンドンのヒースロー国際空港を離陸して南東に向かう。その後、イギリス海峡の上空のどこかで、イギリスの最後の航空管制官にさよならを伝える。そしてまだ上昇中にもかかわらず、今度はフランスの最初の管制官に話しかける。それから雪を抱いたアルプスの険しい山々を眼下に見つつ、紅茶を片手にスイスの管制官に話しかける。そして最後はイタリアの管制官だ。私たちはイタリア半島西岸のすばらしい景色を眺めながら、少しずつ降下を始めることになる。無事にローマに着陸すると、地上を走行して駐機し、シャットダウンのチェック作業を完了させる。もしこの〝永遠の都市〟に強い風が吹いている日なら、クールダウンしたエンジンの羽根（ブレード）はゆっくり回りつづけ、止まることはない。

そして私は、ローマの空港から出ることはない。というより、コックピットの自分の座席から離れることさえない。乗客が降機すると、今度は出発する乗客が搭乗する。その後、ローマの古い港町オスティアにある無線航法支援施設（施設名ＯＳＴ）の助けを借りて飛び立つ。ローマまでの旅が十分に早い時間にスタートした日なら、ロンドンへの帰路便の準備がうまくいきさえすればイギリスの自宅での夕食に間に合う。

四〇代になってようやく、帝政ローマ時代の詩人オウィディウスが「世界と完全に重なり合う」と宣言したこの都市に、パートナーのマークと一緒に一般の旅行者として訪れることができた。数日前、私たちはミュンヘンから夜行列車に乗り、ローマのテルミニ駅で降りた。静かに紛れ込んだローマの街には、思わず戸惑いを覚えるほど活気に満ちた朝の光景が広がっていた。それから数時間のあいだに、地元の人たちと同じように立ったままコーヒーを飲んだり、アッピア街道の固くて狭い未舗装路沿いの危険な歩道を歩いていて轢かれそうになったりした。いくつかのガイドツアーにも念のため早めに参加した。そして、すべてはパリンプセスト〔羊皮紙の写本〕に書かれるべきだと、私とマークは冗談を言い合った。とくに、何度か食べに行ったピザレストランのラミネート加工されたメニューを手にしたときは、そう言って笑ったものだった。

ローマの街でとくに印象に残ったのはローマ市の紋章だ。金色の王冠の下にえび茶色（マルーン）の盾があり、そこに「＋ＳＰＱＲ」と書かれている。「ローマの元老院と市民（Senatus Populusque Romanus）」の略語だ。だから私は、どこに行ってもこの紋章を探すようになった。街の日常的な風景のなかや、ときには不快に思えるような場所にまで、いたるところにこの紋章が掲げられている。バスの車体の側面やシェア自転車、排水溝のふたにまで。

SPQRの文字と同じく、ローマの街を歩くとあちこちで必ず見かける図像がある。二人の少年を連れたオオカミだ。雌のオオカミとそれが助けた双子の兄弟の物語は、リウィウスの歴史書『ローマ建国史』のなかで印象的に語られている。

リウィウスの記述によると、策士のアムリウスは兄から王位を奪い取った。そして兄の息子たちを殺すと、王座を脅かす者の誕生を阻止するために、純潔の巫女としての務めをめいのレア・シルウィアに押しつけた。「しかし運命の女神はこの偉大な都市の建設に味方した」とリウィウスは書いている。レア・シルウィアが二人の息子ロームルスとレムスを産んだのだ（その父親は軍神マルスだとされている）。アムリウスはその双子の兄弟をティベリス川に投げ入れるよう命じる。ちょうど川が氾濫していたので、王の侍従は双子の兄弟をかごに入れたまま放っておいた。すると川の水が引き、水を飲みに川辺に下りてきた雌のオオカミが「幼子の泣き声に気づいて近づき、その乳首をやさしく子どもたちに吸わせた」のである。

そのおかげで双子の兄弟は生き延びることができた。その後、兄弟間でいざこざがあり、鳥占いの結果に従って〝永遠の都市〟が建設された。

ロームルスとレムスは、生まれ育ったこの地に都市を建設したいという強い思いを抱いた。……二人は双子の兄弟であり、その年齢からはどちらが都市の建設者になるかを決められなかった。そのためこの地を守る神々の占いによって、二人のうちのどちらが都市の名を決め、どちらがその建設者になるかを決することになった。そしてロームルスはパラティーノの丘を、レムスはアヴェンティーノの丘を宣託の場に選んだ。

最初にレムスが、六羽のハゲワシが飛ぶ姿から神託を受けたとされている。その前兆は、倍の数のハゲワシがロームルスの目の前に姿を見せたときにすでに現れていた。そして、それぞれが各自の従者たちによって王に礼を尽くし、一方は神託を受けた順番が自分のほうが早いと主張し、もう一方は鳥の数が自分のほうが多いと主張した。その後、二人は言い争いを続け、怒りを含んだ嘲笑が流血を招き、レムスは決闘のすえ命を落とす。

こうしてロームルスが権力を独占すると、その手で築かれた都市に建設者の名前が冠された。

ピッツフィールド

三月のある日、私は墓地にいた。駐車場がきちんと整備されていない古い墓地なので、門の外の芝生の上に車を停める。なんだか悪いことをしているような気分だ。ニッサンのレンタカーを停めたところは、もとは馬車のためのスペースではないかと考えたり、まるで西部劇シリーズの葬儀シーンのようだ（馬の吐く息が白く、女性はみな黒装束で、険しい表情の男たちがシルクハットを手にしている）と思ったりすると、余計にそう感じられた。でも、ほかに車を停められるところはない。凍った轍（わだち）があるので、私の前に誰かがここに来たようだ。

墓地の敷地はほぼ正方形で、ところどころ崩れた石垣で囲まれている。石垣の隙間にビールの空き缶が挟まっているのを見ると、意図的に崩されたのではないかというのが私の結論だった。墓地の西側では、二本の木が石垣の一部と一体化している。石垣を築いた人物が補強のためにわざとそうしたように見える。あるいは、材料を節約するためだったのかもしれない。ここ数年、この墓地を訪れると、私の視線はこの最もニューイングランド的な光景を満足げに追うようになった。石、樹皮の粗い木、石……が並ぶ光景だ。

石垣の北には大きな墓標が並び、深い窪みに雪が残っている。だが、そのうち溶けてしまうだろう。ここまでラジオを聴きながら運転してきた。しばらく耳を傾けていると、天気予報に続いて、バークシャーの農家の人へのインタビューが流れた。彼らによると、夜に霜が降りて昼に溶ける気候はカエデ（メープル）の樹液を集めるには理想的らしい。季節が変わると樹液にも変化が見られるようになり、濃い色合いの味わいのあるシロップができる。パンケーキ好きには人気がないので、ふつうはめったにお目にかかれないが、ごくまれに遅い時期になってダークグレードの樹液が採れることもあるという。私は正直、カエデに関する話をすべて覚えていられるとは思わなかったが、農家の人の声に耳を傾けながら、結局のところ世界は大丈夫なんだと思えた。

この墓地があるウィリアムズ・ストリートは、私が世界じゅうでいちばんよく知っている通りの一つだ。子どものころに自転車で通ったときと比べると人や車の往来は増えているものの、じつはピッツフィールドの人口は減っている。墓地の先には七面鳥の農場があり、感謝祭の時期だけでなくそれ以外のときにも、四代続く家族経営の農場をよく訪れたものだった。また、墓地の東側の山を登っていくとクリスマスツリー用の針葉樹の農場があり、雪の上をよろめきながらそこまで歩いていって、自分で気に入った木を切り出すことができる。

ウィリアムズ・ストリートには、一マイル（約一・六キロ）ごとに緑色のくたびれた電柱がある。それを見ると、かつて私が感じていたように、ピッツフィールドには独自の単位があったのではないかと思えてくる。当時、脇道を入ったところには、高校の最終学年で国語の授業を担当していた先生、ミセス・ジョンソンの家があった。墓石が並ぶなかを歩いていると、涙が自然に込み上げてくる。ジョンソン先生は鎖付きのめがねをかけていて、外しているときは首から下げていた。ある日の教室で先生は、私には聞き取れなかった誰かの発言に気づいて黒板から急に振り返ると、突如として大きな声をあげた。「私の教室には同性愛嫌悪(ホモフォビア)はありえません」

ウィリアムズ・ストリートもまた、私にとっては思い出深い。というのも、その通りはもともとネイティブ・アメリカンの埋葬地だった自然保護区〈カヌー・メドウズ〉の近くにある。ヨーロッパから入植者がやってきたあとも、しばらくのあいだモヒカン族の人たちがここにやってきた。カバノキのカヌーを漕いでこの地を訪れた彼らがここでカヌーを陸にあげたことから、自然保護区の名前に「カヌー」が冠せられた。いま、カヌー・メドウズでジョギングをしたりスキーをしたり、その近くを車で通ったりすると、当時のことがときどき脳裏をよぎる。父の遺骨の一部をこの川に散骨することにしたとき、そしてその二年後に母の遺骨も同じようにしようと決めたときに、私と兄はその物語を断片的に思い出していたはずだ。

ピッツフィールドは、マサチューセッツ州の西の端、バークシャー郡の中北部にある。ピッツフィールドからニューヨーク州に向かう道路沿いには、たった一つの町しかない。その名はハンコック。かつてはそこにシェーカー教徒が暮らしていて、バグダッドの旧名やボリビアのラパスと同じく〝平和の都市(町)〟として知られていた。バークシャーの丘陵は、ヨルダン川西岸地区のエリコ(ジェリコ)と同じく孤立した場所で人々を守るシェルターの役目を果たしていた。

私が生まれたピッツフィールドは、丘陵地帯の谷間にあり、標高は約三〇〇メートル。パイロットが使う航空チャートを見てみると、ピッツフィールド空港はブルキナ・ファソのワガドゥグー空港よりわずかに高度が高く、スイスのジュネーブ空港よりわずかに低い。ピッツフィールドは湖や農地、小さな集落が点在する丘陵に囲まれている。それらを除くと、見渡すかぎり森林しか視界に入らない。ただしそうした森は、私がかつて想像していたほど古くからあったわけではない。原生林の多くは一九世紀に伐採されて放牧地へと転用され、そこから切り出された木材は製鉄業やガラス製造業に適した燃焼温度の高い木炭へと変えられた。つい忘れてしまいがちだが、いま見えている森は人工林であり、生態学的には〝若い〟のだ。

ピッツフィールドの人口は、ピークを迎えた一九六〇年代には六万人近くまで達した。私が幼いころの人口は約五万人だったが、いまでは四万人近くまで減少している。つまり、その住民の数は一九二〇年代と同じ規模に戻りつつある。

ピッツフィールドは都市としては小さい。ボストン・レッドソックスの熱心なファンはいるが、ボストン文化圏のなかでは最も辺縁の都市の一つに数えられる。だが、ピッツフィールドには誇れることがいくつかある。その一つは、一七九一年に制定された〈新議会の窓ガラスを保護する条例〉だ。この条例は、アメリカで初めて、国民的娯楽である野球に言及した文書として知られている。野球の起源については不明な点が多いが、ものごとをあまり厳密に考えない市民なら、この地こそ野球発祥の地だと主張するにちがいない。また、ピッツフィールドは一八一一年にアメリカ初の農産物品評会が開催された土地でもある。一八五〇年代前半にはハーマン・メルヴィルがピッツフィールドの邸宅で『白鯨』を執筆し、一八五九年には国内初の大学対抗野球大会がピッツフィールド町主催で開催された〔当時ピッツフィールドは町制施行下にあった〕。

ピッツフィールドはまた、一九世紀後半に実用的な電気の変圧器が生産された地でもある。一八九三年に完成した四〇〇〇キロワットの変圧器は当時としては世界最大といわれ、一九二一年には一〇〇万ボルトの人工的な稲妻を発生させることに成功している。そんなピッツフィールドだが、冬はかなり雪が積もる。一九三六年には、ミンク飼育場の跡地につくられたスキー場でナイトスキーが楽しまれるようになった。ブスケット山でオリンピック選手が数多く輩出されたのは、スキーコースの難易度がとくに高いからではなく、誰もが簡単に滑れる（市内にあって料金も安い）ため、冬になると毎日、ピッツフィールドの子どもたちが放課後にスキーを楽しんだ結果だといえる。

このように気候が厳しいため、ヨーロッパ人のピッツフィールドへの入植は遅れた（オランダの地図制作者の一人は、地図上で空白が広がる箇所に「冬の山々」と書き入れたほどだった）。マサチューセッツ州とニューヨーク州のあいだで州境をめぐる争いがあったり、高校時代の「歴史〔合衆国史〕」の教科書で「レッドメン〔赤ら顔の人々〕」「異教徒」「ペインテッド〔タトゥーを入れた人々〕」などと書かれていた人たち（一九九〇年代前半でもまだそう表記されていた）との紛争があったりもした。それでもやはり一七四〇年代初頭には、ヨーロッパ系の三人の男が、のちにこの都市を形づくることになる土地の所有権を獲得している。彼らの姓は、リビングストン、ストッダード、ウェンデル。それぞれ順に、私の家族が最初に暮らしていた家がある街区、私と兄の主治医でもあった小児科のクリニック、公共図書館にその名を残している。

一七五二年、最初に入植した数家族が丸太小屋（ログキャビン）で暮らしはじめると、その翌年、彼らは「プーントゥーサック（モヒカン族の言葉で〝冬にシカが出没する地〟の意）における入植地の所有者」としてマサチューセッツ州議会から徴税に関する重要な権限を与えられた。そして一七六一年、イギリスの官僚で「フランスとの戦争を精力的に指揮し、ニューイングランドのすべての人々から尊敬」されているウィリアム・ピット（いまでは〝大（エルダー）ピット〟として知られている）に敬意を表するかたちで、ピッツフィールドは町として認められた。

それから一三〇年が過ぎて人口が一万七〇〇〇人にまで増えると、ピッツフィールドの住民はニューイングランドで採用されてきたタウンミーティング形式の直接民主制を放棄し、市に昇格することに同意した。

一八九一年一月五日、夜明けとともに雪が降りはじめると、人々はそれを「天からの恵み」と考えた。数時間後、集まった民衆に向かって、ジェイムズ・M・バーカー判事が演説を行なった。そしてその冒頭で、古代ローマで血塗られた事件を引き起こした伝説の鳥を想起させる言葉を述べた――「私たちは故地にいる。私たちは鳥占いの吉兆をもとにここに集っている」

じつのところ、市民にとって大切な日に冷や水を浴びせるような発言をしたバーカー判事を誰も責めることはできなかった。「古い秩序は過去のものになろうとしている。新しい都市の足音が聞こえる。新しい都市が定められた位置につき、求められる仕事を始めようとしている」。判事の大演説が終わると、歌劇場で舞踏会が催された。「母なる威厳」と「父なる落ち着き」を有すると形容された八〇〇人の招待客は、二五人の音楽家による演奏と四二個の電球からなる「一〇〇〇本のキャンドルに匹敵する」明るさの星に照らされながらその場を楽しんだ。真夜中を過ぎて夜食が振る舞われ、舞踏会は午前四時過ぎまで続いたという。

ピッツフィールドにまつわるどんな物語にも強く心を惹かれる私は、ときどき、こうした祝祭がもつ意味に思いを馳せて楽しい時間をすごす（はたしてピッツフィールドはどれほどのあいだ世界で最も新しい都市だったのか？　一日だろうか、一週間だろうか？）。舞踏会が終わったときのようすを想像するのがとくに好きだ。歌劇場の扉から漏れるまばゆいばかりの黄色い明かりが、舞踏会を終えて雪のなかに歩み出そうとする市民の影をつくる。厳しい寒さのなか暗闇に消えていく市民の息は白く、冷たい風に急にあたったせいでその眼には涙が浮かんでいる。はるか東の海の向こうから、コッド岬の先端の上空を通って、ボストンのマサチューセッツ議事堂のドームを照らしながら太陽が昇り、生まれたばかりの都市を朝日が初めて照らす。

しかし、こうした物語に神秘的なものや神話的なものは感じられない。その点には少しがっかりしている。おそらくそれは、出来事の細部まで詳細な記録が残っていることや、伝説になるに足るだけの時間が経過していないからではないだろうか。リウィウスが書いているように、結局のところ「神聖なものを人間的なものと一つにし、都市の始まりに威厳を加えるのは、太古の昔の特権」なのである。

とはいえ、神話の起源ということで言えば、新たな神話を創造するのに遅すぎることはない。ピッツフィールドは、絵画的ともいえるような美しい丘陵に囲まれていることで知られている。そうした環境のおかげで、もしかしたらこの地で寓話のような創世物語が生まれるかもしれない。バーカー判事は、ピッツフィールドの市制施行記念演説で次のように述べた。「ローマが美の玉座に就いていたという事実が、世界を支配するのにどれほど役だったか、私たちには知る由はない」。そして判事は、〝永遠の都市〟と、そこからほぼ直線的に西の方角に位置する誕生したばかりのピッツフィールドという都市を一本の線で結び、「立地や景色の美しさ、健康的に過ごせる天候が、これまでいかに私たちを助けてくれたか。そしてこれからも私たちの精神生活や人生にいかに刺激を与えてくれることか」と語った。丘陵地帯や数多くの湖や水路という、特徴的な風物に根ざした神話は、ピッツフィールドの印象的な自然環境を際立たせるはずだ。都市というのは、川や天然の港に沿って建設されることが多く、運命的ともいえるような完璧さを備えている。あるいは、道が出会うところ、鉄路が交差するところにつくられる。しかしどんな都市も、人間の手が加えられる前に、自然の手によって彫刻されたものなのだ。

ピッツフィールドという都市の創世神話は、ローマのようにオオカミをモチーフにすることもできる。私の故郷が誕生したばかりのころ、ニューイングランドのこの地域では、オオカミは人々を恐れさせる存在であり、オオカミを倒した者には報奨金が支払われていた。また、この地に人々が移住してきた初期のころに集落を率いていた女性（礼儀正しくて「姿勢の立派な」人物だった）は、年若い妻だったころ、飼っていたヒツジが丸太小屋（ログキャビン）のドアに「激しくぶつかる」音を聞いた。ドアを開けてみると、ヒツジを追ってきた「やせこけて飢えたオオカミ」がいたので、その場で撃ち殺したという。

あるいは、ピッツフィールドの神話創作者は、一七五二年に夫のソロモンの馬に乗って二六歳でこの地にやってきたサラ・デミングの物語に触発されるかもしれない。サラは戦争とその犠牲を経験し、自分の町だけでなく国家の誕生をも目の当（ま）たりにした（息子のノアディアは、アメリカ独立革命に関するピッツフィールドの記録に名を残す三人のデミングの一人として知られる）。サラは一八一八年に九二歳で亡くなったが、当時のピッツフィールドで最高齢の女性であり、開拓民のなかで間違いなく最も長生きした人物だった。

まだ寒い三月のこの日、私は、白くて四角いモニュメントが特徴的なサラの墓まで歩いて行った。そして凍える手をポケットに入れ、レンタカーのキーホルダーをもてあそびながら、デミング公園で遊んでいた子ども時代を思い出していた。高校生のときは毎日二回、デミング通りを横断して通学していたものだった。しかし、そのときはサラ・デミングのことはまったく知らなかった。一つには、モニュメントのオベリスクに刻まれている墓碑銘（いまでも完全に判読できる）を当時は読もうとさえしなかったからだ。私と兄は、それこそ何百回も自転車でその前を通り過ぎていたというのに。そこにはこう書かれている――「独立革命の母、イスラエルの母」。

冷えきったレンタカーに戻ってエンジンをかけると、ハンドルを左に切り、ウィリアムズ・ストリートに出た。運転しながら、ほかの墓と同じ大理石に〝ピッツフィールドの母〟と刻まれた墓石を想像してみる。だが、サラ・デミングの生涯については指を折って数えられるほどの事実しか知られていない。それをもとにどうしたら伝説が生み出せるのか、私には想像がつかない。それに、サラが自分の物語をどのように語ったのか、その墓の西側に広がるピッツフィールドの誕生物語をどう語ったのか、私には考えが及ばなかった。

あるいは、ピッツフィールドの起源を説明するような神話をたくさん考え、そのなかから、時間の経過とともに自然に残った物語を採用するという手もある。ダウンタウンのお気に入りのカフェを目指しながら、ふたたびカヌー・メドウズの近くを通る。凍る水辺の風景を目にしたとき、ある冬の日の夜の記憶がよみがえってきた。たしか七歳のときの出来事だ。防寒着を着た私と兄は、自宅の裏庭で〝日課〟にいそしんでいた。兄が私を「キンギョ池」（キンギョを飼っていたわけではないが私たちはそう呼んでいた）に追い詰める。夏は沼地のようになり、冬は固く凍る池だ。だが、カチカチに凍っているとその夜まで思い込んでいた池に、私は落ちた。

いま思えば、池の水深は五〇センチほどしかなかった。でも、恐怖を感じるには十分すぎる深さだった。急に池に落ちたことに加えて、寒さも相まって、このまま死んでしまうのではないか、あるいは何か大変なことになってしまうのではないかと恐れた。もしかしたらその両方が同時に起こるかもしれない。ガラスのような氷を次々に割りながら池の縁によじ登ろうとすると、兄が私の腕をつかんで引き上げてくれた。濡れて重くなった防寒着を着たまま、震えながら走って家に戻る。そのとき、ほぼ真っ暗な裏庭が青白く見え、自分の家がまるで光だけでつくられているかのように輝いて見えた。

その夜の事件は、私が都市についてあれこれ考えはじめた年ごろだったときに起きた。だからここで、ピッツフィールドの、つまり私がその後もずっと心にとどめてきた都市の創世神話をつくってみようと思う。

冬の夜。晴れわたる空の下、二人の兄弟が深夜にベッドから抜け出して池に出かけた。池の周辺にオオカミはいなかったが、何かの予兆のようなものがあった。ショウジョウコウカンチョウという名の鳥が一羽、凍った水面の上を飛んでいく。暗闇に近い夜だったので、兄はその紅色の鳥の存在にほとんど気づいていない。その瞬間、弟は前方に光るものを見た。近づいてみたが、たんに月の光が水面に反射しているだけだった。ところが、それに気づいたときには池に落ちていた。兄は弟を池から引き上げて家まで連れて行った。二人は重い毛布をかぶり、心配そうにのぞき込む顔と揺れる炎の光に見守られながら、これまでにないほど深い眠りに落ちる。二人が長い眠りに入ってまもなく、新しい都市が生まれた。そうして歴史の最初の世紀が、二人が共有する夢のなか、二人のあいだをつなぐ空間で産声を上げはじめる。

兄弟のうちのどちらがこの都市の創設者として記憶されるようになるのか。彼らはこの問題をめぐって、あるいは別の問題をめぐって、その後も兄弟間で争いつづけることだろう。

CITY OF DREAMS

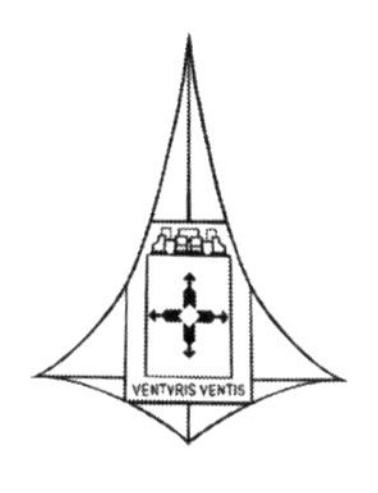

夢の都市

リヴァプール、ブラジリア

二〇代前半のころ、テキサス州のダラスに行ったことがないのに、何日か続けて自分がダラスにいる夢を見たことがあった。夢のなかで毎晩、交通量が多く、車の流れも速い道端を歩いていた。アスファルトに埋め込むタイプの区画線が光を放ち、カーブする道路が高層ビルの群れに向かって緩やかな上り坂になっている。高層ビルはしだいに大きくなる。そのまま歩いていくと案内標識があり、バックライトに照らされた道路名が目に入った――ノース・ダラス有料道路。

想像していた光り輝く理想的な都市と比べると、私が見た夢は細部まで明瞭なものとはいえなかった（のちに実際にダラスに行ったときも、夢のなかで行ったことのある場所に戻ったとは気づかなかった）。その後は何年も、ダラスの街を思い浮かべることはなかったが、あるとき、パイロットとしてダラス行きのフライトを初めて担当することになった。ダラスの空港に着陸すると、入国審査と税関の手続きをすませ、クルーバスに乗り込む。バスはターミナルビルをあとにして、広い道路を次々に進んでいく。すると、前方に案内標識が見えてきた。夢に出てきたノース・ダラス有料道路ではなく、〝ダラス・ノース有料道路〟と書かれている。私たちはその有料道路に入り、滞在予定のホテルに向かった。

その後、ダラス出身の友人に、実在するのに自分がまだ知らない有料道路の夢を何度も見た話をしてみた。そして、夢のなかに登場した道路名が実際の道路名にあまりにも似ていたことについて、二人で笑いながら語り合った。おそらく私は、新聞やテレビのニュース、あるいは『ダラス』というテレビドラマのなかでその道路名を目にしていたのに、すっかり忘れていたのだと思う。なんらかの理由で、その記憶が脳の神経回路内であいまいに符号化され、そのままになっていたのではないか。一方でその記憶は、時間の経過とともに薄れはじめ、それが何を表しているのかもあいまいになっていった。そして何年もたってから、ダラスに飛んだ夜に実際の道路を目にしたのだ。

ピッツフィールド

中学校の数学の授業中、静まりかえった教室を先生が見まわす。でも、誰も手を挙げようとしない。私は自分を責めるような気持ちになった。先生が私たちに投げかけた質問の答えは自分にはわかっている。九〇度だ。でも、それを口には出したくない。なぜなら、「度（degree）」という単語には「r」の文字が含まれていて、私はいまだにそれをうまく発音できないからだ。

じつを言うと私は、「r」だけでなく「s」の発音も苦手だ。それでも「s」は数年前になんとか克服した。あれはたしか一〇歳のとき、言語聴覚士の母が一緒に解決してくれたのだ。ところが、「r」の発音は私にとってこのうえなく難しかった。母と一緒に何度か特訓してみたものの、うまくいかなかった。だからもう、母とは「r」の発音の練習はしたくない。いまとなっては、この問題については話もしたくないとさえ思っている。

「r」をうまく発音できないので、心配の種が尽きない。たとえば、マーク（Mark）という自分の名前を口にしても、うまく聞き取ってもらえないことが多い。だから何度も言い直さなければならない。新学年が始まる時期や、いつもとちがう臨時の先生の授業を受けるときはなおさらだ。それ以外にも日常生活で困ることがたくさんあった。「マック（Mack）？」とか「マイク（Mike）？」と聞き返されることがよくあったのだ。誰も知らないと思うが、私はそう聞き返されると吐き気をもよおしてしまう。

自分の名前を何度も繰り返し伝えなければならないときもある。だから、ものすごく緊張しそうな場面では、あらかじめ自分の名前を紙に書いておくか、何か理由を考えておく必要がある

（授業中、事情を知らない先生にトイレに行く許可をもらうときには、先生のところに行く前に、一時退出許可証に必要事項を書き込んでおいたほうがいい。そうすれば自分の名前を口で伝えなくてもすむし、逆に感謝されることさえある）。

自分の名前を口で伝える必要のあるときがいちばん困る。名前の代わりになる言葉なんてないからだ。しかも、幼いころから私を知っている人ならともかく、そうでない人と会話しなければいけないときは、いつも不安に陥ってしまう。だから、できるだけ「r」が含まれていない単語を使って会話ができるようにあらかじめ準備しておくこともある。とくに、「r」で始まる単語は可能なかぎり避けるようにしている。

「r」の発音の問題から解放されるたびに、自分がふだん、この問題にどれだけ支配されているかを実感させられる。前年の夏のサマーキャンプの初日、私に挨拶してくれた最初の指導員はマークという名前だったので、その人から名前を聞かれたときには簡単かつ気楽に答えられた。「あなたと同じです」。すると、互いの顔に自然に笑みが浮かんだ。つかの間の自由を感じられる瞬間だった（それから一七年ほどたった晩春のロンドンで、のちに人生のパートナーとなる人から初めて自己紹介されたとき、このサマーキャンプでの出来事を思い出した）。

同級生たちの話を聞くと、父親が外出先から自宅に電話をかけてきたとき、何を言っているのかがとくにわかりにくいという。私の場合、父のきついフラマン語訛り（だと思う）のアクセントをまったく聞き分けられなかった。そうしたことも関係しているのか、兄は、私の「r」の発音を変だと思ったり、聞き取りにくいと思ったりはしていなかったようだ。そのおかげで私は、自分で使いたいと思う単語を自由に使って兄に話しかけることができた。兄にはとても感謝している。

兄に対してや、家のなかで過ごすこと（そうすれば気兼ねなく話せる）に対して、私は愛着のような感情を抱いていた。そう感じる理由が私の発話障害だったとすれば、一方でそれは、私がピッツフィールドから遠く離れた土地に注目しがちな理由の一つにもなっているのだろう。たとえば、私がにわかに外国語に興味をもつようになったのは、スペイン語の「r」（英語とは音がまったくちがう）なら自分でも発音できそうだとわかったことが大きく関係している。父に聞いた話によると、ブラジルのポルトガル語でリオは「ヒーオ」、父がよく知っていたレシフェは「ヘシーフィー」と、「r」が「h」と発音されているように聞こえる都市がある。そんなわけで私には、大人になったらすぐにでも行ってみたいと思える場所があり、そこに行けば言葉や生活に苦労しなくてもすむと思える都市がある。

でも中学校の教室にいるいまは、思いやり深い人だと思っていた先生が、私たち生徒に向かってまたもや答えを求めている。自分を責めるような感情がふたたび湧き上がってくる――「さあ、マーク、答えるんだ」――とうとう私は思い切って手を挙げた。そして先生に促され、自分で正しいと思う答えを口にしてみた。それを聞いた先生は笑みを浮かべ、「九〇……？　九〇のあとになんて言った？」と言うと、そのあとすぐに、「よし、九〇度（degree）と言いたかったのはわかった」と付け加えた。そう言われた私は、片手を額に置いて同級生の視線を避けながら、机の上のグラフ用紙を見つめて空想の世界に入り込んだ。

リヴァプール

二〇〇二年の雨の日の夜、私たち三人――教官一人、訓練生一人、同じく訓練生の私――は、オックスフォードの北にある訓練専用の小さな飛行場から飛び立つと、リヴァプールに向かって右に旋回した。

同期の訓練生とともにアリゾナ州で有視界飛行訓練を始めたのは、去年の秋、9・11同時多発テロ事件からわずか数週間後のことだった。そして二〇〇二年の最初の週、つまりいまから数カ月前にその訓練を終えた。その後、今度は計器飛行訓練を受けるためにイギリスに戻ってきた。計器飛行訓練というのは、地形などの視覚的な目標物が見えない状況で飛行することを意味し、今日のような陰鬱な夜にまさにぴったりの訓練だ。キドリントン空港の濡れた滑走路から離陸すると、視界はすぐに質感のない黒に変わり、機内のライトが点滅するたびにそれはコットングレーに変化した。

私の隣にいる教官は、かなり初期のころにボーイング747のパイロットとして活躍した人だ。実際に操縦桿(そうじゅうかん)を握っているとき以外は、たいてい腕を組んでいる。何か会話をしたほうがいいかもしれないと思って、あるときその教官に質問してみたことがある。巨大な747の操縦を長年経験したあとで、こんな薄汚れた軽飛行機に乗るのは楽しいものでしょうか、と聞いてみたのだ。教官は顔をしかめてため息をつくと、後ろの座席にいる、私の同期の訓練生に身振りで合図してから、私たち二人にこう言った。「いいかマーク。私はシンガポールのホテルのプールで、自分のジョークを聞いて笑ってくれる人たちと一緒に過ごすこともできるし、こんな寒い夜に、君たちのような訓練生とこうして飛ぶことだってできるんだ」

別の夜、飛行中に難しいアプローチを迫られたとき、私はできるかぎり控えめな口調で、ベストを尽くしたいので操縦している最中に大声で怒鳴るのはやめてもらえないでしょうかと、教官に頼んでみたことがある。それを聞いた教官は気を悪くしたようで、ジャック・ニコルソンのような口調でうなるように言った。「ベストを尽くす……だって？　ベストを？　それでもまだ足りないかもしれんのに！」

　でも、私も含めて訓練生のあいだでは、教官のそうした態度は演技だと思われていた。そして結局のところ、彼が試験で私たち訓練生を落第させることは一度もなかった。そういえば、最後の試験が終わったあと、母がピッツフィールドからオックスフォードに便りをくれたことがある。母はよく、手紙やカードを送ってくれた。自分が興味をもった新聞記事の切り抜きや、教会の説教の写しが入っていることもあった（母からの便りの最後の一通は、私がフライトスクールの訓練課程を終えてオックスフォードを去ったあとに配達され、友人の一人が私の書類棚から回収して保管してくれていた。ところが彼女は、そのことを私に連絡するのを忘れ、しかも私宛ての手紙を自分の航空日誌と一緒に箱にしまいこんでしまった。結局、彼女がそれに気づいたのは一〇年以上もあとのことだった。そのときには、母が亡くなってからだいぶたっていた。開封されていない封筒を友人から受け取った私は、それから何年か、その手紙をフライトバッグに入れて持ち歩いた。亡くなってからもまだ母の言葉を聞けると思うと、とても安心した気持ちになれた。人類の歴史を振り返っても、これほど長い距離を移動した手紙はないのではないかと、ときどき思ったりもした。あるとき、とうとう好奇心に負けて母の手紙を開封することにした。読んでみると、母は、私が操縦士ライセンスを取得したことを祝ってくれていた）。

　当時の母は、カール・ユングに興味をもっていた。遠く離れたピッツフィールドからの手紙を通じて、ユングの著作や理論、たとえば〝元型（アーキタイプ）〟や夢の解釈に興味をもたせようとしたのだと思う。もしもそのとき母が、元型の一つの例として、（多くの個人や社会や状況において生じるような）理想的な都市像を挙げてくれていたなら、私も興味がもてたかもしれない。あるいは母が、ユングが見たはずの見知らぬ都市の夢について書いてくれていれば、私の関心をかき立てることに成功していたかもしれない。

それは冬の夜で、外は暗く、雨が降っていた。場所はリヴァプール。私は何人かのスイス人（六人ぐらいだろうか）と一緒に暗い通りを歩いていた。港から歩いてきた私たちは、リヴァプールの街は崖の上にあるものだと思っていた。坂を上って高台に到着すると、街灯にぼんやり照らされた大きな広場があった。多くの通りがこの広場に集まり、ここを中心に放射状に街区が広がっている。広場の中央には丸い水場があり、その真ん中に小さな島があった。

闇に包まれた夜、私はコックピットに座って、初めてリヴァプールに向かっていた。いまにも怒り出しそうな教官の視線を浴びながら、計器に放射状に表示されたドットのつながりを追うように飛行を続ける。イギリスの真っ暗な夜空の下、航空機を誘導するビーコンからビーコンへと、目に見えない長いワイヤーが張られているかのようだ。もう少ししたら、フラップと着陸装置（ランディングギア）を出して、西への着陸に備える。この空港は〈リヴァプール・ジョン・レノン空港〉という名前に変わったばかりだ。空港内にジョン・レノンの銅像があり、レノンがつくった「イマジン」の歌詞の一部――「ぼくらの上にはただ空があるだけ」――が銘板に刻まれている。

でも今夜は、その歌詞を見に行く時間などない。着陸直前、最も低い雲を抜けたときに視界に入る黄色い星の連なりのほかは、〝イエロー・サブマリン〟のオブジェを設置する予定〔二〇〇五年に実際に設置された〕の場所や、街のようすを見る余裕はない。実際に雲を抜けると、教官が、今回はタッチアンドゴー〔着陸後すぐに離陸態勢に入り、再度離陸すること〕だと念を押す。小型の双発プロペラ機を操縦して、空港に一つしかない滑走路に向かった私は、減速しはじめる前にスロットルを開いた。エンジンがうなり声を上げ、プロペラが空気を捉えると、機体が傾きはじめる。操縦桿を引くと、後方に流れていた滑走路灯がどんどん遠ざかっていく。ランディングギアを上げて雲のなかに入ると、世界はふたたび闇に包まれた。

ブラジリア

コックピットのウィンドウ越しに、初めて訪れる土地が見えてきた。南国の太陽に照らされた深い緑のなかに、ところどころ濃いオレンジ色の地面が鮮やかに見える。ほぼまっすぐに走る道路がいったん環状交差点に吸収され、ふたたびサバンナの草原へと伸びていく。地面はほぼ平らなので起伏はないはずだが、実際には、街は台地の上の標高一〇〇〇メートルほどのところにある。

私はずっと、ブラジリアという都市に興味を抱いていた。何よりもここは、兄が生まれた国の首都だからだ（ブラジル先住民の血を引く兄が、ニューイングランド地方で人種差別を受けたときによく思い出す土地でもある）。また、ブラジルで暮らしていた父が新しい都市の建設中に訪れ、深く感銘を受けた街でもある。私がこの街に興味を惹かれるのはそれ以外の理由もある。ブラジリアという都市は十字架のような形をしていて、見方によっては東の方角に顔を向ける鳥のようにも見える。あるいは、多くの人の目には飛行機のように見えるかもしれない。ここは計画的に建設された都市であるだけでなく、実際につくられた時期や場所から何十年も数千キロも離れた時空で、カトリックの神父だった父が空想していた夢の都市でもあった。
私と兄が高校生のころ、父は絵画教室に通っていた。そのうちに父は、私たち一族の〝アメリカ分家〟を表す紋章をデザインしようと決めたようだった。その紋章に添えるモットーとして父が選んだのは、「タント・ファス（Tanto Faz）」というブラジルポルトガル語の表現だった。父はそれを「どうでもいい」と訳し、次のように説明してくれた。

重要なことがらについて私が無関心だという意味ではない。私の好みと完全に一致するわけではない細かな事柄について、誰も心配するには及ばないということだ。

紋章の中心に、父はいくつかのシンボルを描いた。一つは、ベルギーの故郷の町の紋章を小さくしたもの。もう一つは、ベルギーにはいないが、冬のピッツフィールドで簡単に見つけられる鳥、ショウジョウコウカンチョウ。その深紅の羽毛は、雪に閉ざされた裏庭でほぼ唯一の輝きを放っている。そしてもう一つは、上下左右が尖ったようにカットされたダイヤモンド。このダイヤモンドについて、父はキャンバスの裏にメモを残している。「アルボラーダ宮殿の柱とほぼ同じ形」であり、ブラジリアの紋章の形とも一致する、と。
だから私は、ブラジル大統領の官邸であるアルボラーダ宮殿を、ブラジリアでの最初の訪問地に選んだ。パイロットとしてサンパウロ便に乗務した長旅の合間に、一人の観光客として、飛行機に乗ってこの地を訪れたのだ（着陸して数時間後に、ミニバスで宮殿に到着した）。ガラスと鉄とコンクリートでつくられたこの宮殿は、横長の低層な建物にふさわしく、市の中心部から少し離れた、緑の濃い広大な湖畔エリアの一角を占めている。観光案内板の説明によると、一九五八年に完成したこの宮殿はブラジリア初の恒久的な建築物だという。しかし、いまとなっては、建築家オスカー・ニーマイヤーの設計で市内に数多くつくられたモダニズム建築の一つにすぎない。

宮殿の周囲に張りめぐらされた、金網状のセキュリティフェンスに向かって歩く。そのフェンスには、金属の装飾プレートがたくさん吊り下げられている。どのプレートも、ピッツフィールドの自宅にあった父のイーゼルの上で初めて見たダイヤモンドの絵と同じ形だ。フェンスの向こうの奥まったところには、それと同じ形の大理石の柱が宮殿の正面を飾っている。父はこの形に魅了されたようだが、私が興味をかき立てられたのはその名前だった。アルボラーダ宮殿、つまり〝夜明けの宮殿〟だ。私は英語とポルトガル語で何度かその名前を口にしてみた。

今日は、宮殿のなかには入れないようだ。周囲を散策するしかない。自分がいまどこにいるのかわからなくなった。当惑と驚きが入り交じった感覚を、私は「場所ぼけ（プレイスラグ）」と呼んでいるが、それが波のように押し寄せてきたのだ。飛行機で長時間移動したあとは、時間の感覚だけでなく場所の感覚も調整する必要があるようだ。時差ぼけ（ジェットラグ）と同じく、同じ場所にしばらく滞在していればプレイスラグも収まる。でも、私の人生は移動の多い人生だ。だから、私が本当にプレイスラグから解放されるのは、ピッツフィールドにいるときだけなのかもしれない。とはいえ、ピッツフィールドにいてプレイスラグを感じないと、それはそれで戸惑ってしまうのかもしれない。

南米特有の、ダチョウによく似たレアという鳥が、遠くのにわか雨でできた虹の下を歩いている。熱帯の都市をこんなにもたくさん旅してきたというのに、私をあっと驚かせるものがまだないことを、いまあらためて実感している。長年にわたる旅を経ても、木々の葉がすべて落ちるのは見たことがないし、葉っぱのすっかり落ちた木に雪が積もるのも見たことがない。それに、空気もいまとほとんど同じように感じられる。

ピッツフィールドとはちがって、ブラジリアでは街中で誰でも自由に果物を手に入れられる。たとえば、アボカドやマンゴー（果実がなっていなければ、どの木なのか私にはわからない）。それに、いまならインガ（アイスクリームビーン）、ジャックフルーツ、ジャメラオ（ムラサキフトモモ）、モングバ（マラバル栗）も採れる。道端の木から自由に摘み取ってもいい果物がある場所を教えてくれたり、自分が街角でどんな果物を見つけたかをシェアできたりするアプリもある。

数人の若い男女が、笑いながらゴイアベリア（グアバ）の木を揺すっている。そのなかの一人が、グアバを差し出して声をかけてくれた。ふつうの旅行者なら、その街に初めてやってきた日に、現地の人が道端の果物をもいで「よければ一つどうぞ」と差し出してくれたら、ためらわずに受け取るだろう。でも私は、グアバをどう食べたらいいのかわからないし、好みの味なのかどうかもわからない。疲れてもいた。父なら遠慮なく受け取ったにちがいないが、私はお礼だけ伝えて丁重に断った。

＊＊＊

十分な睡眠をとり、朝食にペストリーをいくつもたいらげ、ブラジル産のおいしいコーヒーも何杯か飲んでいたので、いまはグアバはいらない。そしてブラジリアで丸一日、自由に行動できる最初の日の目的地として、まずはカトリック大聖堂に行ってみることにした（正式名は〈アパレシーダの聖母大聖堂〉。一七一七年に川で漁をしていた三人の漁師が、褐色の聖母像を川から引き上げたのがきっかけとなり、アパレシーダの聖母は「ブラジルの保護者」として知られるようになった）。大聖堂に到着すると、スマートフォンを取り出してあれこれ操作してから水平に構え、新しい写真を撮るふりをして、本当は半世紀前の写真を眺めているのをごまかした。

父が亡くなったすぐあと、父の遺品のなかから一九五〇年代のトラファルガー広場の写真が見つかった。父が初めてロンドンに行ったときに撮影した一枚だ（ちなみに父が次にロンドンを訪れたのは、世紀が変わって私がロンドンに引っ越してからのことだった）。ハト、赤いバス、群衆……何もかもが映画のセットのように見えるが、いまの風景とほとんど変わらない。父が亡くなってからこの広場を歩いたとき、私は、父がこの写真を撮影したと思われる広場の西側に行ってみたりもした。父の遺品には、そうした写真のほかに、アフリカやブラジルで撮影したスライドを保管している箱もあった。貴重なものだとわかってはいたものの、じつを言うと何もせずにそのままにしておいた。スライド用のプロジェクターをもっていなかったし、箱から一枚一枚取り出してスライドの角を指でつまみ、窓や明るい壁に向かって目を細めたりする作業も面倒に思えたからだ。

そして数年前のクリスマスの朝、プレゼントの包みを開けてみると、一冊の本のようなものが出てきた。父がアフリカとブラジルで撮影したスライドをすべてプリントして綴じたものだった。パートナーのマークが何カ月もかけてスキャナーで読み取ってくれていたのだ。同時にマークは、スライドのフレームに書き込まれていた父の古風なフラマン語の手書き文字をインターネットで検索して、解読してくれてもいた。

キズが目立つ最初の写真は、父がブラジリアの国会議事堂に向かって東の方角にカメラを構えて撮影したものだった。市内の大きな建造物のなかでも、おそらく最もよく知られた建物で、ツインタワーの中間部がブリッジでつながっている。その両脇にはブラジル議会の上院と下院の白い建物があり、一方はお椀を伏せたような形、もう一方はお椀を上向きに置いたような形をしている。

父のスライドの右側には、砂時計の下半分に似た形の曲がった白い梁が映っている。当時はまだ骨組みだけの状態だったので背景が透けて見えるが、この建物はついさっき私が訪れたばかりの大聖堂だ。これもまたニーマイヤーの傑作の一つであり、リヴァプールのメトロポリタン大聖堂とよく比較される。梁と梁のあいだにガラスをはめ込んだ構造の聖堂内には、天使たちが天井からワイヤーで吊るされている。ガラスの天井は緑と青の波のようなパターンが特徴的だ。天使たちの下まで行ってみると、曲線で構成された木製構造物がいくつか、外からの明かりに照らされているのが目に入った。とても印象的な光景だ。一瞬、高級家具のカタログが思い浮かんだが、すぐにそれらが告解室なのだとわかった。それから聖堂の外に出て、四つの鐘がある場所に行ってみる。これはスペインから贈られたもので、背の高い金属製のスタンドに据えられている。そのうち三つにはコロンブスの船の名前がつけられ、残りの一つはピラールの聖母にちなんで〈ピラリカ〉と名付けられた。聖母マリアは、存命中の西暦四〇年に地中海の反対側のスペインで初めて出現したと信じられている。

ブラジルの作家クラリッセ・リスペクトルは、この都市は「雲のために計算された空間」でできていると書き残している。パイロットであれば、飛行機の形をした都市ならどんな都市もそうあるべきだと付け加えるはずだ。ブラジリアは空間をうまく利用しているように思える。いまこの瞬間も、四つの鐘の背後で嵐が沸き起ころうとしている。ピッツフィールドやロンドンで見た空模様と比べると、ブラジリアの空模様は複雑で変化が激しく、次々に表情を変えていく。そうした状況で最も安全に飛行できそうな風上の方角はどちらなのかと考えているうちに、地上ではあまり感じたことのない喜びを覚えた。

海岸沿いに三日月状の集落が形成され、内陸に少し入ったところに円弧を描くかたちで大都市がつくられるのが特徴的なこの国で、大西洋から一〇〇〇キロ近く離れた内陸部にブラジリアという都市が建設されたのは、じつに大胆な試みだったといえる。それはまるで、二〇世紀半ばのアメリカ合衆国で、首都をワシントンから西に数百キロ離れたケンタッキー州に、しかもあまり人口の多くない地域に移転させたようなものだ。

ブラジルの内陸部に新たな首都を建設する構想が最初に提唱されたのは、一八世紀にさかのぼる。そして一八二〇年代初めに、ブラジル独立運動の中心的人物だったジョゼ・ボニファチオ・デ・アンドラダ・エ・シルヴァが首都の名前を提案した。新たな首都の建設はブラジル憲法でも認められていたが、計画が実際に動き出したのは一九五〇年代に入ってからのことだった。大統領選挙に出馬したジュセリーノ・クビチェックが選挙キャンペーンの目玉として提唱したのだ。わずか四一カ月で建設された新首都ブラジリアは、この広大な国で新たなフロンティアを開拓し、経済成長のさらなる中心地となるべく設計された。クビチェックはそれを「内陸化を通じた統一」と表現した。人類学者のキャロライン・S・トーシェは、クビチェックが首都建設で果たした役割はピョートル一世、アメンホテプ四世、ロームルスにたとえられると指摘している。

ブラジリアに関して興味深い著書『モダニスト・シティ（The Modernist City）』を書いたジェイムズ・ホルストンは、これまでのモダニズム建築や計画のなかで、この都市は「実際に建設された最も完全な例」であり、少なくとも、ル・コルビュジエが理想とした都市像を反映していると語った。都市を設計したのは建築家のルシオ・コスタだが、最も有名なランドマークは、オスカー・ニーマイヤーによって設計されたモダニズム様式のコンクリート造りの白い大聖堂だ。

　ブラジリアは二つの軸によって定義できる。弧を描く南北の軸が弓で、直線的な東西の軸が矢だと想像してみよう。東西の大通りは〈モニュメンタル軸（エイショ・モヌメンタウ）〉と呼ばれている。ブラジル政府の省庁が二八の区画に分けられ、多くの人が働いているが、都市計画のルールに基づいてこれらの区画内に居住者はいない。東西の軸の中心にある緑地（アメリカ人ならワシントンのナショナルモールを思い浮かべるにちがいない）に沿って、往来の多い道路（もともとの計画では信号は設置されないことになっていた）、議会、モニュメント、ショッピングセンター、官庁、そしていま私の目の前にある大聖堂が配置されている。

　もう一つの軸である〈高速道路軸（エイショ・ロドビアリウ）〉は、「居住軸」と呼ばれることもあり、数多くの区画に仕切られている。区画ごとに一〇棟ほどのアパートメントがあり、数千人が暮らしている。もちろん学校や公園や店舗もある。そして、この二つの軸は交通の要所で交差している。

　規則正しく格子状に設計された都市と比べると、ブラジリアには設計者の考えが色濃く反映されていることは明らかだ。夜にブラジリアの上空を飛ぶと、この都市がたしかに不死鳥（フェニックス）のような形をしているのがわかる。その不死鳥は最近焼け死んだが、その骨格に沿ってつくられた道路がいまも灰のなかで輝きを放っている〔フェニックスはエジプト神話の霊鳥で、六〇〇年ごとに焼け死に、復活するとされている〕。

　ルシオ・コスタ自身は、この都市を十字架に見立てていたが、多くの人は飛行機になぞらえている。だが、十字架なのか飛行機なのかという論争に決着をつけるのは、オスカー・ニーマイヤーにとってはほとんど意味がない。というのも、ニーマイヤーは無神論者であり、雲を「サン＝テグジュペリの大聖堂」と呼ぶほど大好きだったにもかかわらず、空を飛ぶのをとても怖がっていたからだ。十字架なのか、飛行機なのか……父の人生とその息子である私の人生の大部分は、その両方によって形づくられたといえる。

ブラジリアの初期の都市計画図面が飛行機の設計図のように見えるのは、私にとって疑いようがない。だが、パイロットとしてほかに何か見えてこないだろうか。とくに、航空用語を連想させるコスタの都市建設計画〈プラーノ・ピロート（パイロット・プラン）〉について考えた場合はどうだろうか。そこには高速道路軸の「翼（アーザス）」があり、ブラジリアのモットーにもなっている「未来の風に向かって（ベントゥーリス・ベンティス）」という言葉も記されている（これ以上すばらしい指針がほかの都市にあるだろうか）。

父のスライドを見てもらおうと思い、ジェイムズ・ホルストンに連絡したことがある。すると、ホルストンは私に、この傷ついた写真を撮影したときにあなたのお父さんは本当に飛行機に乗っていたのだろうかと尋ねた。じつは、父にはそうする理由があった。一九六五年、ブラジル〔ポルトガル植民地時代〕最初の首都だったサルヴァドールに赴任した父は、自分がこれから働くことになる貧困地域を調査するために、パイロットを一人雇ったのだ。その話を聞いたホルストンは、都市として完成する前からブラジリアと飛行機は切り離せないものだったようだね、と言った。彼は著書のなかで、航空産業は「モダニストが理想的なものだと考えた新技術、なかでもスピード」を実現したと記している。また、それは「低成長の段階を一気に飛び越えて輝く未来に向かおうとする」ブラジルという国家の社会経済的野心とうまく合致した、とも主張している。

一九六一年、南半球の冬にあたる季節に、ブラジル政府が外国人に授与するなかで最高の勲章である南十字星国家勲章を受けるため、人類初の宇宙飛行士ユーリ・ガガーリンがブラジルを訪れた。ブラジリアの街を見たガガーリンは「地球ではなく別の惑星に立っている」ように感じたという。架空の都市を想像したことがある人にとって、ブラジリアは息をのむような場所であり、同時に当惑してしまうような場所なのだ。ある晩、細部まで鮮明な途方もない夢が現実のものとなって、私たちの目の前に現れたのではないか。あるいは少なくとも、都市というのは夢と現実の境目が明確でないように思える。

＊＊＊

地下聖堂（クリプタ）を訪れた私は、数人の老婦人を先に通すために脇によけた。彼女たちは私に向かって軽くお辞儀をすると、十字を切りながら、この街で最も有名な聖遺物に近づいていく。イタリアの聖人、ジョバンニ・メルキオッレ・ボスコの右腕の骨だ。ブラジルでボスコは、ジョアン・ボスコ、またはドン・ボスコとして知られ、その聖遺物はサントゥアーリウと名付けられた聖堂の聖遺物容器に納められている。

ドン・ボスコは、一八一五年にイタリアのトリノ近郊で生まれ、一八五九年、経済的混乱の時代を生きる恵まれない若者たちの状況を改善するために〈聖フランシスコ・サレジオの会〉を設立する。そしてその後、子どもたちとうまく接するには手品がとくに有効な手段だと気づいた（二〇〇二年には、サレジオ会の神父がローマ教皇ヨハネ・パウロ二世に魔法の杖を贈り、ドン・ボスコを奇術師の守護聖人とする嘆願書を提出した）。

じつは、ドン・ボスコはブラジルを訪れたことはない。しかしその事実から、一八八三年八月三〇日の夜にボスコが見た夢、つまり天使のようなガイドに導かれてブラジル中央高地を旅する夢を見たことは、いっそう興味深いものになる。

私は山の懐と平野の深さを目にした。……たくさんの貴金属鉱山を見た。……南緯一五度から二〇度のあいだに広大な土地があり、湖のあるあたりが盛り上がっている。そのとき、天の声が繰り返し聞こえてきた。「乳と蜜の流れる約束の地がここに現れる。それは想像を絶する豊穣の地となるだろう」

ドン・ボスコは一八八八年に亡くなった。ブラジリアの正確な位置（南緯一五度から一六度のあいだ）と、その建設時期（ボスコの夢では三世代以内に実現されるとされ、実際に約七五年後に実現）についての自分の予言が正確だったことを、ボスコが知ることはなかった。湖についてもボスコは正しかった。パラノア湖はブラジリアを特徴づける最大の要素といえる（しかしこの湖は人造湖であり、造成に携わった人たちはボスコの予言のことを知っていたようだ）。一九五七年にはドン・ボスコの名を冠した聖堂が建てられ、新首都に建設された初めての組積構造物〔石やレンガを積み上げてつくる建築物〕となった。一九六二年には、アパレシーダの聖母とドン・ボスコ（一九三四年に列聖）がともに市の守護聖人および共同守護聖人として宣言され、一九七〇年には私がいまいるこの聖堂が完成した。

聖人が誕生を預言したまさにその都市で、聖遺物を前に感動するのは、驚くべきことではない。とはいえ、この聖堂自体も見ていて楽しい。聖遺物をあとにして階段を上り、大きな立方体の建物全体を眺めてみる。尖塔窓のような縦長のガラスパネルが床から天井までを覆うように並び、五階建ての建物の天井近くでその頂部が鋭くとがった形になっている。この窓は、ベルギーのガラス職人によってサンパウロでつくられた、四角い小さなガラスで構成されている。使われているのは、白いガラスと、一二の色相の青いガラス。いくつかのパネルは夕方の空を思わせるような色調になっていて、別のパネルは夜空に輝く星のようだ。

祈りを捧げに来た人たちや観光客が行き交うなか、椅子に腰を下ろす。これほど青い内装を目にしたことはないいし、これほど平和な空間で過ごしたこともない。ブラジリアで過ごす最後の日にも、ミサを見学するためにもう一度ここを訪れてみることにしよう。

ブラジリアのように完璧を意図してつくられた都市を想像するために、いまはもう目を閉じる必要はない。もちろん、この街にあるすべての窓が青いわけではない。しかし、たとえば、新しくつくる教会の窓には発明されたばかりの明るい青ガラスしか使ってはならない、と決められた期間が八〇年ほどあったと想定してみよう。もしそうなら、青色が好きな人にとってはじつに幸いなことだし、教会建築を学ぶ学生にとっては建造時期を見分けるのにとても便利だ。

＊＊＊

目の前にいる〈E．T．〉の表情は変わらない。でも、この公園の豊かな自然や、自転車のペダルを力いっぱい漕いだことで感じる涼しげな風、木々の樹冠を通り抜けて降り注ぐ太陽の光を喜んでいるのは間違いない。

このハリウッド映画の有名な地球外生命体のぬいぐるみは、ビビアンの持ち物だ。彼女が遊び心を発揮して公園に連れてきてくれた。私はE．T．のぬいぐるみを自転車のバスケットや手のひらにのせて、まるで新作のポスター用に写真を撮る必要があるかのように、シャッターを押そうと立ち止まった（映画のなかで月のあった場所に今日は南国の太陽がある）。『E．T．』はもら何年も観ていないが、子どものころはこの映画が大好きだったことを不意に思い出した。

幸いなことに、パイロットとして定期的に訪れるアメリカのいくつかの都市に友人がいて、ヨーロッパの都市にも友人や親戚がいる。もっと遠くの都市、たとえばシドニーには古いペンフレンドがいるし、ケープタウンには親戚がいて、シンガポールには幼なじみがいる。もちろん、地球上の遠く離れた土地に仕事で出かけたときに、顔見知りの誰かと散歩や夕食をともにできるのは、とてもうれしいことだ。ホテルのルームサービスのメニューや枕の誘惑に負けそうになって、知り合いと会う約束をキャンセルしようという考えがよぎったとき、私はいつも、もしパイロットになっていなければ、そうした人たちの多くとは人生で二度と会うチャンスがないかもしれないと思うようにしている。

ブラジリアには、知り合いは一人もいなかった。だが、父と同じベルギー出身の神父たちの多くはブラジルに留まっている。司祭の職をやめてブラジル人と結婚し、子どもをもうけた人たちだ（その子どもたちは、いまでは私やブラジル生まれの兄にとっていとこのような存在になっている）。エドゥアルドは、父がブラジルで一緒に働いていたベルギー人のなかで、存命中の唯一の人で、私の兄の養子縁組みをお膳立てしてくれた人でもある。年齢は九〇歳、ブラジリアの北東一一〇〇キロほどのところにあるサルヴァドールという街で暮らしている。エドゥアルドは私と兄に、彼ならではの手紙を送ってくることがある。たとえば、兄に対して、自分のルーツがブラジルであることを思い出せと言ってみたり、私に「あなたの人生を神に感謝します」という誕生日メッセージを送ってきたり。最近のメールでは、私がブラジリアを訪れるにあたってのアドバイスをしてくれた。また、彼が私の父とベルギーからこの地にやってきて以降、「寒くて空が曇りがちな大陸から、この輝きに満ちた明るい熱帯世界」に移ったおかげで、驚くべきことに寒さに震えなくてすむようになったことなど、思い出話も書いてくれた。元をたどればエドゥアルドのおかげで、私の〝いとこ〟の一人が大学の友人のヴィヴィアンを紹介してくれた。ヴィヴィアンはメールで、ブラジリアでの過ごし方を喜んで教えます、よかったら一緒に街を少し案内します、と言ってくれた。

昨夜、ヴィヴィアンは、パラノア湖畔のレストラン街に連れていってくれた。彼女はときどき、この湖でカピバラと併走しながらボートを漕ぐことがあるという。街のアートシーン（音楽、グラフィティ、演劇、サーカス）のなかでのお気に入りについてや、ブラジルという多様性のある国のなかでも、ブラジリアはとくにそれが強いことなども話してくれた。「希望の首都」建設のためにブラジルじゅうから多くの人が集まったが、彼らはブラジリアを去らないだろうという。また、世界でも指折りの人口規模を有する国家の首都で権力の座に就こうと、多くの新参者が流入しつづけているという。ヴィヴィアンと話しながら、ヤシの木の下を行き交う人たちを観察してみた。カップルや友だち同士のグループ、それにこんな遅い時間にもかかわらず、イギリスやアメリカで見かけるよりはるかに多くの世代にまたがる家族連れもいる。聖人に預言された湖面に反射する光を浴びながら、それぞれがおしゃべりをしたり、スマートフォンをいじったりしている。

翌日の朝、ヴィヴィアンとE．T．と私は、シダーデ公園にサイクリングにやってきた。この公園もニーマイヤーの手によって設計されたもので、ブラジリア市内の南と西に広がっている。ニューヨークのセントラルパークとほぼ同じ規模のすばらしい公園だ。湖があり、ゆるやかにカーブした道でジョギングやサイクリングを楽しめる。野外レクリエーション施設も豊富で、さまざまな余暇活動ができる。

私はこの公園が大のお気に入りだが、強い日差しと暑さのなかでペダルを漕ぐのは大変だ。それに、かなり強い日焼け止めクリームを塗っているので、まばたきをするのにも苦労する。もしこれが映画だったら、私のいら立ちに気づいたE．T．が不思議な力を発揮して、私たちに推進力を授けてくれるにちがいない。おなかもすいてきた。時差ぼけのときにはよくあることだ。いつもより遅れて、しかもいつも以上に空腹を感じてしまう。だから、ヴィヴィアンが屋台で何か食べましょうと言ってくれたときにはうれしかった。おいしそうな四角い揚げパンや、サトウキビのジュースがある。六〇代ぐらいに見える日焼けした男がサトウキビを搾ってくれる。待っているあいだにどうぞといって、サトウキビのかけらを一つくれた。私がどこから来たのかをヴィヴィアンに聞いたあと、歓迎のしるしに手渡してくれたのだ。冷たいサトウキビのジュースと揚げたてのパンを受け取ると、私たちは近くのテーブルに向かった。

屋台の前のテーブルに座ると、ヴィヴィアンは、ブラジリアの本来の都市計画にあった都市部（そこには市内在住者のうちのわずかな割合しか暮らしていない）と、その周辺に拡大していった地域との違いについて詳しく説明してくれた。宗教的活動に熱心な人が多いことも教えてくれたので、私は、父がブラジルにいたときの話や、父から聞いた話をしてみた。たとえば、父は神父をやめたあと、サルヴァドールの〝低い都市（ロウアー・シティ）〟として知られる地区で、ブラジルの民間信仰の一つであるカンドンブレの儀式中に、人々がトランス状態になっているのを見たことがあった。カンドンブレは、奴隷としてこの地にやってきた人たちが持ち込んだ西アフリカの伝統とカトリック教会の要素が入り交じった宗教だ。ヴィヴィアンによると、ブラジリアはその空、とくに（というべきか、総じてというべきか）日の出と日の入りの空で知られているという。とにかく土地が平らで街に広がりがあるからだ。ブラジリアの空についてヴィヴィアンはこう言った。

「ここにいると、ほかの土地より空をたくさん見ることができます」
軽食を食べおえると、二人でふたたび自転車に乗った。〈エドゥアルドとモニカの広場〉を通り過ぎる。この広場の名前は、レジオン・ウルバーナの「エドゥアルドとモニカ」という歌に由来するのだと、ヴィヴィアンが教えてくれた。彼らはブラジル史上、最も成功したバンドの一つだという。一九九六年にエイズの合併症で亡くなったリードボーカルのレナト・ルッソは、その歌詞と物語性あふれる歌唱がボブ・ディランと比較されることもあった。
「エドゥアルドとモニカ」は、この公園で初めてのデートをしたカップルの愛を描いている。互いのちがいを乗り越えた愛だ。歌詞のなかでは、ブラジルらしい言いまわしで「豆と米のようだ」と表現されている。名前は変えてあるものの、二人はルッソの実際の友人で、ヴィヴィアンは彼らがいまでも一緒にいると信じているという。

ヴィヴィアンのアパートに自転車で向かいながら、彼女が暮らしている街の名前を繰り返し口にしてみる。ブラジルの人の発音は、一つの音節が次の音節に溶け込むように聞こえる。地球儀を眺めるのが好きな子どもなら、すべての首都は地球儀上ではその国で使われている綴りで書き込まれるべきだ、と主張するかもしれない。信号が青に変わるのを待っているとヴィヴィアンが、まだ喉が渇いているかと聞いてきた。だから、道路を渡った屋台でココナツウォーターを飲むことにした。ナイフを振りまわすココナツウォーター売りの人も、やはりヴィヴィアンに私の出身地を尋ねると、プラスチックのコップで飲むか、ココナツに穴を開けて直接ストローを挿して飲むかと聞いてきた。私はストローで飲むほうを選んだ。

ヴィヴィアンのアパートメントに到着すると、自転車にチェーンロックをかけて彼女の部屋に向かう。ヴィヴィアンはどのレストランで食事するかをあらかじめ考えてくれていて、暑いなか自転車を漕いだあとのために着替えを持参するよう提案してくれてもいた。だから、私がシャワーを浴びおわるまでリビングルームのソファで待っていてもらうことにした。ドアを閉め、貸してもらったタオルを洗面台に置くと、昨日初めて会った人がこれほど親切にしてくれることに、ふたたび感動を覚える。それに、この都市が建設されるのを目撃した父との関係の近さにも。シャワールームに入って蛇口をひねる。首都の水を浴びると日焼け止めクリームが流れて目に入った。目を閉じてほんの一瞬、痛みを感じると、まるで自分がずっとこの街で暮らしているかのように思えた。

CITY OF SIGNS

標識の都市

ロサンゼルス、ニューオーリンズ、
ボストン、キーラー

夕暮れどきに、人口密集地域の上空を移動する低軌道衛星。そのカメラから見える景色を想像してみよう。網の目状に光を放つ都市がある。どの都市も平らで、電気回路のように精細だ。そのようすを眺めていると、地球という惑星の本来の姿が見えてくる。

そんな光景を想像していると、都市で暮らす人々の日常生活が思い浮かぶ。家路につく時間。たとえば、友人との食事を終え、翌日に食べるパンと牛乳を購入して自宅に戻る。玄関の鍵を開けて、買ってきたものを置いてから明かりをつける。そしてまたいつもと同じく、この惑星の地表を構成する岩盤と上空の空気のない宇宙空間とのあいだに、私たちが暮らす明るい世界が存在することを、すっかり忘れてしまう。

地平線の方向にも、暗くなりつつある街があちこちに見える。小さな集落や農場、荒野が、それぞれ一つのまとまりをなしている。日が暮れると、どの街にも夜のとばりが下りてくる。私はそうした土地を走る道や、道沿いに設置された道路標識に思いをめぐらすのが好きだ。街の名前が書かれた標識は、夜が深まると、車のヘッドライトに照らされないかぎり読み取れなくなる。

どの川にも合流点があり、雨や雪解け水がそこに集まってくる。また、どの都市にも後背地や近郊農村などといった地域があり、道路標識で方向が示されている。地形図を見ると、川の合流点がはっきりとわかる。それによって、街の名前がどこで変わるのかもわかる。大都市を表す記号に印をつけ、それらを円状につなげてみることもできる。等高線のように幾重にも広がる線は、都市の重力場を示し、その地を旅する人が自然に引き寄せられる中心の方角を明らかにしてくれる。

ピッツフィールド——ロサンゼルスから二八五二マイル

あれはたしか、高校最後の年、秋の午後のことだったと思う。授業が終わり、ピッツフィールドの公共図書館に行こうとイースト・ストリートを歩いていた。

図書館の正式な名前は〈バークシャー・アテネウム〉。私はずっと、このアテネウムという言葉がピッツフィールドに特有のものなのだと思っていた。だから当然ながら、アテナという女神や、アテナが守護する遠い都市の名前を、その言葉から想像することはできなかった。赤レンガに取り付けられた銘板に黒い大文字で刻まれた図書館名からは、連想できなかったのだ。

二〇代に入るまで、私はこの図書館名の由来を知らないまま過ごした。そんなある日、古代ローマのアテネウムについて書かれたものを読んだ。驚いたことに、そのアテネウムは、アテナイ（アテネ）を再建したことで知られるローマ皇帝、ハドリアヌスによって設立された知の殿堂なのだという。ところが当時の私は、ピッツフィールドのアテネウムしか知らなかった（この図書館のラテン語で書かれたモットーは「Optima seculorum in secula servare［その時代の最良のものを永遠に保つために］」）。そして当時、バークシャー・アテネウムは、私が世界で最もよく知る建物の一つだった。

ピッツフィールドのアテネウムは、平行に走る二つの通りに挟まれていて、それぞれの通りに面した入口がある。一つは、一階の子ども向けのセクションにつながる入口で、近くに図書返却ボックスがある。幼いころ、そのボックスに本を入れると、ドサッという音が聞こえてきて満足感を覚えたものだった（でも同時に、本は大切に扱いなさいと言われていたので不安にもなった)。噴水の横を通ってその入口から図書館に入ると、受付のカウンターがある。そこに行くと、母の身長が私のちょうど倍ぐらいだったころの記憶がよみがえる。

図書館のもう一つの入口は建物の西側の通りに面していて、上の階の大人向けのセクションにつながっている。昼休みの時間にここに来ると、私はたいてい北側の窓の近くに座った。その位置からは、季節によって葉の生い茂る木々を見たり、雪の積もった通りを見下ろしたりできる。冬にはそこで、コートを着たまま本を読むことも多かった。ラジエーター式の暖房器具が近くにあったものの、冷気が直接、大きな窓伝いに滝のように降りてくるからだ。だから、それから何年もたって、パイロット訓練の一環として気象学を学んだとき、空気は連続したものとして捉えるのではなく、小さな空気の塊が互いに連動して動いていると考えなさい、と教官から言われて驚いたものだった。

アテネウムに通っていた当時、私はすでにパイロットになることを夢見ていた。平日にアテネウムを訪れると、『アビエーション・ウィーク』という航空専門誌の最新号を読もうと、リクエスト用紙に記入することが多かった。でも今日は、大きな地図帳を書棚から出してきて、無作為にページを開いてみる。図書館のシンプルな木の椅子に座って地図を眺めていると、自宅のダイニングルームの木の椅子が頭に浮かび、一瞬たじろぐ(何十年もたったいまでも、同じような気分になることがある)。

自宅のダイニングテーブルで学校の宿題をすることがよくある。そのダイニングテーブルと椅子は、両親が大切にしている唯一の家具と呼べるものだった。だから、母からいつも、椅子を傷つけないように気をつけて座りなさいと注意されていた。ところがある日のこと、学校から帰り、宿題をしていて椅子の背にもたれかかると、後ろの二本の脚が折れて私は床に転げ落ちてしまった。

すぐに起き上がって、兄を探しに走った。

兄は、わかったと落ち着いた口調で言った（それから何年かして、映画『パルプ・フィクション』で死体を処理するシーンを観たとき、このときの兄の反応を思い出すほど、それは私にとって緊張した瞬間だった）。それから兄は私にこう言った。椅子は六脚あって、家族は四人。両親がディナーに客二人を招待しないかぎり（それはあまり頻繁にあることではなかった）、どうせ二脚は地下の片隅に置かれたままになっている。だから、椅子が一脚足りないことなんか誰も気にしない。それに、いざ必要になった場合に、おまえが椅子を壊したなんてわかるはずがない。いっそのこと捨ててしまおう、と。そして二人で、壊れた椅子を屋根裏部屋まで運んだ。傾斜した天井から下げられたむき出しの配管の下に、兄が新聞紙を敷いてくれた。その上に椅子を置くと、赤いハンドルの父ののこぎりを使って、兄が手際よく椅子を切り刻んだ。そのあいだ、私は椅子をしっかり押さえていた。そのあと、椅子の残骸をすべてごみ袋に入れ、通りに設置されたごみ箱までこっそり運んだのだ。その数分後に両親が外出先から戻ってきた。完全犯罪だ。でも、それから六カ月ぐらいして椅子が一脚ないことに気づいた両親は、家じゅうを探しまわり、何時間もかけて友人や隣人に片っ端から電話をかけはじめた。誰かが椅子を借りていったものと勘違いしたようだ。顔をしかめる兄を見て、私は声にならない声で「ごめんなさい」と言い、自分が壊したのだと白状した。

椅子を壊すずっと前から、ダイニングルームは私にとって特別な場所だった。幼いころにはよく、父と一緒にダイニングテーブルで地図帳を眺めたものだった。当時の私には、都市というのは単なる名前にすぎなかったが、とくにお気に入りの都市名があった。たとえば、ソウルだ。その英語表記「Seoul」は、魂を意味する「soul」と一字しかちがわない。そしてラスベガス。それはスペイン語で牧草地を意味する「vega」ではなく、こと座の主星「Vega」の複数形を連想させた。もともとすばらしい都市名なので、そんな連想をするとその魅力がさらに増した。これから何十年かして、実際にラスベガスの街に行き、髪を切ったり、ブリトーを買ったり、信号待ちをしたり、四十いくつかのサイズのパイロットシューズを履いて、熱く焼けた砂の上を歩いたりするようになったら、私は、自分がかつて想像した星の街に立っているのだとしみじみ感じることだろう。

　ピッツフィールドのこのアテネウムで椅子にもたれかかっていると、別の都市名が心に浮かんでくる。たとえば、リスボン（リスボア）、ナイロビ、ジュネーブ（ドイツ語ではゲンフと呼ぶのだと父が教えてくれた）。それに、東の都・東京、北の都・北京。

　目を閉じると、自分が図書館にいるのではなく、自宅のダイニングルームにいるような錯覚に陥る。それはいまからほんの数年前のことで、地図帳を開いてはいるものの、椅子の背にはもたれかかっていない。父がすぐ隣にいるからだ。リヤドという都市名はとても響きがいい。トロント（Toronto）は「o」が三つあるが、真ん中の「o」にアクセントがあってリズムがいい。それに、私は発話障害があるにもかかわらず、なぜかトロントの「r」はうまく発音できる。仮に正しく発音できなかったとしても、トロントなら文脈から理解してもらえるはずだ。そして、ハーグ。その地名は「生け垣」を意味していると父が教えてくれた。生け垣(ハーグ)という名前の都市があるのなら、次に架空の都市名を考えるときは、自分の好きな名前を自由につけていいはずだ。

　そしてもちろん、ロサンゼルス。私と父がよく使う地図帳に載っている都市のなかで、ロサンゼルスは私のいちばんのお気に入りの街だ。地図の上でその位置を確かめると、アメリカという国の広大さに驚かされる。この街はヨーロッパと同じぐらい遠くにあるように思えるし、父も母もその街並みを見たことがないという。

モハーヴェ砂漠の上空三万六〇〇〇フィート――ロサンゼルスから一九〇マイル

ラスベガスの空港を離陸して、コックピットの右前方のウィンドウから、太陽が地平線に消えようとする西の方角に目をやる。それからサングラスを外し、フライトバッグのフロントポケットにしまう。

バルセロナ生まれの軍事技術者、ミゲル・コスタンソは、一七七〇年、探検隊の一員として、その後まもなくロサンゼルスの街が形成されることになる地に派遣された。コスタンソは、南カリフォルニアの峰々が「自分たちの現在位置を確かめるランドマークになっている」と書き残している。いまは、ボーイング747のコンピューターが、いちばん近い航空保安無線施設からの信号を自動的に受信してくれるので、私たちはただ前を見ていればいい。そうすれば、かつて「エル・プエブロ・デ・ヌエストラ・セニョーラ・ラ・レイナ・デ・ロス・アンヘレス（われらが貴婦人、天使たちの女王の街）」と呼ばれていた都市の周囲に、雪に縁取られた岩肌や森が慎み深く、スリルを伴って立ち現れる。

ロサンゼルスという都市は一七八一年に建設された。デイヴィッド・キペンは『親愛なるロサンゼルス（Dear Los Angeles）』というアンソロジーのなかで、自分が生まれ育った大都市について次のように述べている。一九世紀後半の旅人がこの街の空気を「昔のエジプト」のそれと対比し、「南カリフォルニアはつねに太陽光にあふれ、空気が澄んで光り輝く場所」であり、他の場所とは比べものにならないと驚いていた、と。もちろん、いまとなってはその空気は昔ほど澄んでいるわけではないが、それでもまだ、この都市に降り注ぐ金色の陽光は穏やかさをたたえている。そして夜のとばりが下りると、カットグラスのような鮮やかな透明感に覆われる。夕暮れどきにこの地を訪れると、大陸の端に夕日が沈む姿を目にしながら、これこそ光り輝く都市だと実感できる。

ロサンゼルスは本当に光を放っている。広大な土地を有し、一時は世界最大の面積を誇る都市だったこともある。電力を過剰に使っていることもあるが、もしこれほど光を放っていなかったとしても、砂漠や山、漆黒の海に囲まれたこの大都市はひときわ目立つはずだ。日没後に飛行機でこの上空を飛ぶ乗客は、翼の下に広がるイルミネーションに向かって降下しながら、カメラのシャッターボタンを押し、のちのちまで記憶に残る光景に驚くにちがいない。たとえば、一九四六年にエレノア・ルーズベルトは、パサデナで暮らす孫たちを訪問する途中、「飛行機でロサンゼルスに向かっていたとき、最も印象深かったのは夜の光景です。街全体に明かりがともされ、まるで多彩な宝石を敷き詰めたようでした」と書き残している。

私はいま、大陸の西端と一日の終わりに降り注ぐ光に目を向けている。現在の高度を維持しているかぎり、その光は途切れることがない。以前、カリフォルニア出身の男性と、私がいかにロサンゼルスという街が好きかを語ったときのことを思い出す。その人は、ニューイングランドからやってきた誰かがロサンゼルスに対して私と同じような印象を抱いたとしても、まったく驚かないと言った。それから、それでもロサンゼルスについて語れることのうちで真実はごくわずかしかない、と付け加えた。どういうことかと私が聞くと、空から街全体を見るから一つの場所として語れるのだと彼は言った。

航空管制官から「ロサンゼルスの航空路管制センターとコンタクトしてください」という連絡が入る。それを受けて次の管制官に挨拶すると、「ANJLL（エンジェル）からの着陸の準備ができしだい、降下を開始してください」という返事が返ってきた。ANJLLというのは、北東からロサンゼルス空港に向かう航空機が使う標準到達経路（STAR）のローカル名だ。

機体が緩やかに旋回するにつれて、モハーヴェ国立自然保護区の石炭色の大地が文字どおり真下に見えてくる。サンフランシスコは海を渡ってやってきた入植者の波によってつくられ、ロサンゼルスはおもに陸路でやってきた人の波によって形づくられたと、建築史家のレイナー・バンハムは書いている。ロサンゼルスは海から二三キロほど内陸に入ったところから始まっている。だから、場所によっては港もなく、トラムや車ですぐにサーフィンに行けるわけでもないので、必ずしも沿岸の街とは呼べない。一九〇〇年代初頭には、すでに大きく発展していたにもかかわらず、ロサンゼルスは「海から遠く離れているので、ビジネスの中心地にはなれないだろう」とニューヨークの新聞で書かれたりもしていた。

南西に向かう私たちの飛行ルートとほぼ平行に、州間高速（インターステート）15号線が伸びている。今夜は、いままで見たどの道路よりも鮮やかな赤色に見える。つねに時間に追われている仕事中にあまり頭に浮かぶことはないが、そういえば今日は日曜日だ。だから、機内の右側に座っている私や乗客からは、地上を走る車のテールランプだけでなく、週末の休暇からロサンゼルスに戻る数千もの車のブレーキライトが見える。もちろん、ロサンゼルスを初めて訪れる車もその数に含まれている。降下する747の下に広がる砂漠のなかで、ブレーキペダルを踏んで減速したり止まったりしながら、停滞する光の川をつくり、蛇行しながら夕暮れどきの街に向かっているのだ。

ニューオーリンズ――ロサンゼルスから一八九四マイル

ニューオーリンズの混雑したレストランで一杯やりながら、友人が目を輝かせて語っている。この店は、ロサンゼルスのダウンタウンまでほぼ一直線に行ける州間高速道路から三キロも離れていない場所にある。その友人は、何年か前にイギリスから引っ越してきて少ししてから、カリフォルニアの海岸近くで見た二つの道路標識について熱く語った。よそ者気分が抜けないまま車を走らせていると、その看板が目に入り、自分が道の果て、さらには大陸の果てにいることに気づいたのだという。一つの標識には、左に進むとロサンゼルス、もう一つの標識には、右に進むとサンフランシスコと書かれていた。それだけの話だ、と彼は笑顔で語った。

友人の話を聞きおえた私は、ロサンゼルスと書かれた道路標識を初めて見たときの話をした。まだロサンゼルスを訪れたことのない大学生のころ、ロサンゼルス出身のリーという名の友人ができた。リーとはどんなことでも気軽に話せた。ネイティブ・アメリカンの母親をもつ彼女は、歴史や文化に関して私の兄と似たような考えをもっていた。私がゲイであることも、彼女にとってはごく普通のことだと知ったときには、感謝の気持ちが湧いてきた。

リーと親しくなるにつれて、私はときどき、彼女にとって未知の街だったピッツフィールドについても話すようになった。ピッツフィールドは、彼女が北米大陸を横断してやってきたこの大学からいくつか丘を越えたところにある。でも私は、ピッツフィールドの話をするより彼女の故郷の話を聞くほうが楽しかった。たとえば、ロサンゼルスの気候や道路事情、多くの道路の終点の先にそびえ、ときどき雪を冠する山々。同じ日にサーフィンとスキーを同時にできるのよ、でも実際にそうする人はほとんどいないと思うけど、とリーは言った。彼女は一〇代のころ、放課後に港の桟橋やビーチに一人で、あるいは友だちと座って、歌ったりギターを弾いたりするのが好きだったという。私にとって、そうした話はどれも映画の一シーンのように思えた。

大学を卒業してから何年かして、私は初めてロサンゼルスを訪れ、リーの家に泊めてもらった。当時、リーの母親はサンフェルナンド・バレーで暮らしていた。自然の豊かなサンタモニカ山地を越えて引っ越してきたが、じつはそこもまだロサンゼルス市内なのだという。

ロサンゼルスで過ごす最初の夜、ベッドに向かおうとすると、リーの母親から「家のなかで寝る？　それとも外で？」と聞かれた。マサチューセッツ州の西部では聞き飽きたジョークにしかならないような質問に私は驚いた。ちなみにピッツフィールドでは、季節によっては蚊や熊や寒さを考慮する必要がある。外で寝ます、と私は答えた。それを聞いたリーの母親は、裏庭に四柱式の簡易ベッドを組み上げてくれた。そうして私は、ロサンゼルスで初めての夜を星空の下で眠った。芝生の向こうの少し高くなったところに、屋外用のエクササイズマシンがあり、その一部が月明かりに照らされて長い影をつくっていた。

次の日、朝食を食べおえると、リーは用事があるといって出かけていった。心理療法士だというリーの母親は、私の顔を見て、ドライブに行きたそうな顔をしているわね、と言う。そんなふうに言われたのは初めてだった。でも、ここロサンゼルスでは、心理療法士の発言としてありふれたものなのかもしれない。それはともかく、リーの母親は正しかった。私は笑いながら、そのとおりですと告げ、あなたは腕のいい心理療法士のようですねと付け加えた。すると彼女は、おいしいコーヒーを飲める店や、ドライブするのにもってこいの山道などを教えてくれたあと、車は二台あるから好きなほうを使っていいと言ってくれた。そのうちの一台のナンバープレートは「MTHR ERTH（マザー・アース）」、もう一台は「FTHR TIME（ファーザー・タイム）」だった。静かな敷地に並ぶ二台の車を自分の目で確かめてから、私は後者を選んで、慎重に走り出した。

世界じゅうのどこに行っても、私は、都市の方向を指し示すだけでその都市名についてなんの説明もない道路標識に心を惹かれる。標識には、方向を示す以外に何も求められていないからだ。トロントの国際空港には、矢印の隣に「街への電車（トレイン・トゥ・シティ）」とだけ記された標識がある。何年も前にインドの空港でバスに乗ったとき、カーテンの隙間から見える標識に驚いたこともある。そこには「街（シティ）」としか書かれていなかった。ケープタウンにも似たような標識がある。アフリカーンス語と英語で「スタッド／シティ」と書かれているだけだ。そうした標識を見ると、一〇代のころ、私の兄やその友人たち、それにピッツフィールドのクールな子どもたちがよく、〝シティ〟について語っていたのを思い出す。それが意味していたのは、オールバニー〔ニューヨーク州の州都〕でもハートフォード〔コネチカット州の州都〕でも州都ボストンでもなく、遠くニューヨークのことだった。

とはいえ、ロサンゼルスという都市名はすばらしい。一度でいいから、その名が記された道路標識を自分の目で見てみたいと思っていた。リーの家を出発してから数分後、高速道路の入口の手前の赤信号で車を停めた。前方を見上げると、ロサンゼルス市街の方向を示す標識があった。大好きな都市名が書かれた標識を見て、私は動けなくなってしまった。信号が変わり、後ろの車が何度もクラクションを鳴らすのを聞いてようやく、手を車外に出して謝る仕草をした。それからコーヒーカップをホルダーに戻し、朝の街へとふたたび車を走らせた。

ボストン――ロサンゼルスから二九八〇マイル

ボストンの空港に着陸してから一時間後、私たちはバックベイ駅近くにあるエアラインクルー用のホテルに到着した。かつて暮らしていたことのあるこの街にパイロットとしてやってくるのを、私はいつも楽しみにしている。シャワーを浴びてそそくさと荷をほどくと、上機嫌でホテルをあとにする。ダートマス・ストリートを通って、お気に入りのカフェにパンケーキを食べに行くためだ。

その途中、回り道をして、ボストンで最初に借りたアパートの前を通ってみる。パイロットの訓練を受けるためにイギリスに引っ越す前、この街で会社勤めを始めたときにここに住んでいたのだ。このアパートは、父と母が結婚前に暮らしていたアパートから数ブロックしか離れていない。当時は四階の部屋を五人でシェアしていた。ここに部屋を借りると決めたときには、父と母が暮らしていたアパートの近くだということを知らなかった。でも、偶然がもたらす幸運を好む私は、このあたりを歩くとそのことを思い出して幸せな気分になる。

ダートマス・ストリートとハンティントン・アヴェニューの交差点で信号待ちをしているあいだ、市の公共図書館とその厳かな碑文に視線がいった。

ボストン公共図書館
市民によって、知の進歩に貢献すべく
一八八八年に設立

それに、中世の武具や王冠を連想させる黒い燭台も見える。

私はボストンの街が好きなのだろうか。「神は我らの父祖とともにあったように、私たちとともにある」をモットーに掲げるこの街にいると、両親がここで新しい生活を始めたころのことや、私が若いころに慣れ親しむようになった地区での生活をよく思い出す。

〝丘の上の都市〟はともかく、私はボストンの別称にはあまり感心しない（〝アメリカのアテネ〟という呼び名からは、慎みのなさと同時に自信のなさが感じられるし、〝宇宙の中心〟という呼び名には、あまりに現実離れしているという問題点がある）。それでもなお、この街で暮らしはじめると、街を誇る気持ちがすぐに芽生え、ここから離れることはないだろうという思いが湧いてきた。たとえば、コプリー・スクエアに行って古い教会の外にあるベンチに座り、その石造りの姿がハンコック・タワーの外壁全体を覆うガラスに映るのを眺めているとき。駅員が親切すぎるとか、アメリカでいちばん古い地下鉄だとかという理由で、電車が時間どおりに到着しないとき。あるいは〈ボストン・パブリック・ガーデン〉を歩きながら、一九六〇年代末に撮影された母のモノクロ写真に思いを馳せるとき（当時の母はまだ若く、夏のシダレヤナギの下で笑いながらポーズをとっている）などに。その写真だけでも、ボストンの街を愛する理由として十分だ。

ボストンにいると自然に、『チアーズ』というコメディ番組の大好きだったシーンを思い出す。ピッツフィールドで過ごした子ども時代、この番組は木曜日の夕方に欠かせないものであり、私と兄にとってそれが一週間でいちばんの楽しみになることが多かった。実際に大いに楽しんだが、劇中に登場するバーの上階にあるシーフードレストランの名前が〈メルヴィルズ〉だったのもよかった（『白鯨』の著者のメルヴィルが海とピッツフィールドを結びつけたことに由来しているのだと思う）。それに、精神科医のフレイジャー・クレインが不安そうな顔の人たちに向かって、自分にとって楽しい場所を思い浮かべるように言うシーン（それはバークシャーだった）もお気に入りだ。私にとってこの番組とテーマソングは、大都市が提供してくれるはずだと信じていた親近感や愛情を感じさせてくれるものでもあった。毎週、番組を見おわったとき（とくに、レッドソックスで活躍した元野球選手でゲイでもある人物が訪れたときの、ギャングたちの反応を描いたエピソードを見たあと）に、その舞台となっているのが、私の故郷の近くを走る幹線道路の終点となっている街以外だとは、とうてい思えなかった。

じつは、ボストンからピッツフィールドに向かう道路（州間高速90号線のマサチューセッツ・ターンパイク）は、歩行者専用になっている区域では地下を走っている。でも、そのことを忘れてしまいがちだ。信号が変わり、左を見てコプリー・スクエアの交差点を通るとき、高速道路につながるトンネルの一車線しかない入口を見落としやすい。

この入口の上には、「New York（ニューヨーク）」という文字と、下向きの矢印が書かれた道路標識がある。この標識の下を何百回も通ったことがあるのに、なんだか不思議な気持ちになる。ニューヨークはここから陸路で三〇〇キロ以上も離れているし、州間高速90号線の近くにあるわけでもない。90号線は、マサチューセッツ州で二番めに大きな都市であるウースターや、三番めに大きな都市であるスプリングフィールドを通過して、ピッツフィールドの近くを通り、最終的にオールバニーやクリーブランド、シカゴ、シアトルまで続いている。ボストンはアメリカ合衆国の北東の端付近にあるので、実際のところアメリカのどの都市を指し示す標識でも設置できる。ニューヨークと書かれたこの標識は、誇り高いボストン市民に対してさえ、ビッグアップルの非対称的な引力が働いているであろうことを表しているような気がする。あるいは、交通調査によって、ボストン市民が出かける先として最も多いのがニューヨークだと結論づけられたのかもしれない。

それはともかく、「目標地（コントロールシティ）」という言葉を初めて知ったとき、ボストンからニューヨークに向かう道を指し示すこの不思議な標識のことを思い出した。コントロールシティは交通工学の専門用語で、道路標識上に表示された地名を意味している。長く続く道路では、進むにつれてコントロールシティが変わる。それは道路の終点、たとえば他の道路との接続地点や、最終的な目標地に到達するまで続く。

ピッツフィールド近辺で州間高速90号線に入ると、西に向かう車線（オールバニー方面）か東に向かう車線（ボストン方面）か、どちらかを選ぶことになる。また、パイロットとして乗務したあと、クルーを運ぶバスに乗って窓側の席に座ると、ときどきおもしろい光景に出会うことがある。たとえば、サウジアラビアのキング・ハーリド国際空港に到着後、バスで出発すると、もちろんリヤドへの道を示す標識があるが、しばらくすると、北東に進むとダンマーム〔東部州の州都でペルシャ湾岸に位置する〕、南西に進むとメッカという標識のあるジャンクションに出る。リヤドは、空港からの道を南東に進む私たちを導くコントロールシティであり、ダンマームとメッカは私たちがその後に出会う道のコントロールシティということになる。

コントロールシティは、目標地までの距離を示す標識に書かれていることが多い。幼いころ、家族でバークシャーからボストンまで車で出かけた際には、曲がりくねった高速道路を進み、往来がしだいに増えていくなか、ボストンまでの距離が書かれた標識を見るのが楽しかった。しまいには距離を表す数字をすべて覚えてしまい、サム・アンダーソンの『ブーム・タウン（Boom Town）』という本を読んだときには、カウントダウンされる数字に興奮を覚えたものだった。さらには、オクラホマ・シティがつくられて間もないころ、熱意あふれる政治指導者が都市名に「シティ」という言葉を正式につけただけでなく、新しい都市に権威をもたせようと、街までの距離を示す標識をかなり離れた場所から設置したことも知った。

子どものころは、標識に書かれた数字が正確にはボストンのどの地点からの距離を表しているのか疑問に思ったことはなかった。しかしその後、家族でターンパイクを東に進みながらドライブしたことをよく思い出すようになった。というのも、私は各地で、都市のへそにあたる〝ゼロマイル地点〟を確かめるため、実際にそこまで歩いて行ってみたことがあるからだ。たとえば、プルタルコスの著書に出てくる古代ローマの黄金の里程標（ミリアリウム・アウレウム）や、東京の日本橋。それに、ロンドンのチャリング・クロス駅の西にある、一三世紀の王妃エリナーの葬列が通った場所を示す十字架が掲げられた地点などがそうだ。

世界じゅうの空が区割りされている〝航空交通圏〟を飛ぶパイロットであれば、陸上の道を進むのに比べて、コントロールシティという概念を理解しやすい。空の場合、コントロールシティはよく知られた都市名の場合が多く、航空管制官はパイロットに、たとえば「アトランタの管制センターにコンタクトしてください」と指示する。西に向かうフライトなら、順にメンフィス、フォートワース、アルバカーキ、最後はロサンゼルスの管制センターへと続く。

キーラー――ロサンゼルスから二〇七マイル

貸切で宿泊した一軒家で、早朝に目を覚ます。調度品やレースのカーテン、キッチンの真ん中に置かれた一、二人用の小さなテーブルなどが、ペンシルベニアの祖母の家にあるものに少し似ている。

明かりをつけ、コーヒーを淹れて、立ったまま最初の一口をすする。自分がいまより年をとっていて、これが自分の家での日常の一部なのだと想像してみる。少なくとも冬には毎朝、夜明け前に起きて、カーペットを敷いた廊下を通って寝室からキッチンに行く。そしてコンロに小さな鍋を置く。

人生で最初にして最後のこのキッチンテーブルにつき、スマートフォンでニュース記事に目を通す。朝食を終えるとコーヒーカップを洗い、シンクの横に乾きやすいように傾けて置く。バッグを手にして外に出ると、玄関前の階段を下り、無断立入厳禁の標識を掲げた門を閉める。

夜になると空が澄み切って、ここととデスバレーを隔てる山々の稜線が見える。それは近くの木々の輪郭と星々のあいだにあり、走り書きした円弧の重なりのようにも見え、夜明けの光を感じさせるブルーで縁取られている。車はすっかり霜で覆われてしまった。霜落とし(スクレイパー)がないので、自然に溶けるまで待つしかない。ロングビーチで借りたレンタカーなので、後部座席の足元を探してみたところで、何も見つからないのは仕方がない。

ドアを閉めてキーを回す。なんとかエンジンがかかると、ピッツフィールドのある朝のことが思い浮かんだ。私は雪に埋もれた車の後部座席に座っていて、薄暗い空の下、不気味なほどの静寂に包まれていた。父と母が、雪を踏みしめながらスノーブラシで車の雪をかき落としはじめる。その姿はまるで、一日をブラシで塗りつぶそうとしているかのようだった。エアコンの温度調節ボタンを赤色の位置までめいっぱい回すと、フロントガラスについた霜がしだいに消えていく。しばらくしてワイパーのスイッチを入れると、溶けかかった霜が薄板状のまま地面に落ちた。

数日前に仕事でロサンゼルスにやってきた。ロサンゼルス便に乗務するようになった当初は、慣れない都市に行ったときにいつもそうするように、街のあちこちをできるだけ歩いてまわった。それから何年もたつと、ときには街の周辺にも足を延ばすようになった。ワンボックスカーに同僚をたくさん乗せて、州立公園や国立公園までハイキングに。一人のときは、スタインベックが

「マザーロード」と呼んだ国道66号線（ルート66）を走ってダゲットまで行ってみたこともあった。顔の表情までわかるような巨大なクモと目を合わせたり、デトロイトや東京や香港の方角を指し示す矢印が描かれた木の標識を見て、パイロットらしい物思いにふけったりもした。バグダッドという名の集落を抜けて、〝まだ死んでいないゴーストタウン〟として知られるアンボイに。そこのカフェに座って、近くの滑走路に向かってタキシングする軽飛行機を眺める。また、アクセント記号のないフランス語で「LEGION ETRANGERE（外国人部隊）」と印字された本物っぽいステッカーが、地面に半分埋もれたコンクリートの塊に貼られているのを見て、いったいなぜなのかと思索にふけったりもした。

今回のロサンゼルス滞在はいつもより長いので、街を出て一泊してみることにした。デスバレーの何カ所かで車を停めて散歩したあと、西に向かい、地球上で最も暑い場所の一つにそびえる山々を走り抜ける。山道には除雪車が停められていたり、吹雪のときは雪用タイヤチェーンを装着するよう警告する標識があったりもする。午後遅く、オーエンズ・バレーの東側に到着すると、キーラー（二〇一〇年の人口は六六人）に向かう道を見つけ、この小さな家にやってきた。

かつてのキーラーは桟橋のある湖畔の町だったが、いまではその湖は干上がっている。昨夜はベッドに入る前に、次から次へと犬に吠えられながら、町じゅうを歩きまわった。ひび割れたアスファルトの道や、土の道、砂利道。乾ききった黄金色の草が、湖の底に絶え間なく吹く風にざわめいている。廃墟のように見える家もあれば、すっかり錆びついたり、草が生えたりしている車もある。水の代わりに砂がたまったプールの脇を通り過ぎる。しかしなかには、テレビの音が聞こえ、薪が燃える匂いがただよってくる家もある。「かつてはゴーストタウンだった町が復活しつつあるんです」と、山の雪線のあたりに層をなす雲を見ながら住民の女性が話してくれた。

ヘッドライトをつけて、ほぼ暗闇のなかを進む。まっすぐに伸びる平坦な道のはるか前方をヘッドライトの光が照らしている。その光は道路の端からいまにもこぼれ落ちてしまいそうだ。谷の縁に沿って南東に向かっていたが、しばらくすると南西の方角に向かい、谷を横切ってオランチャの町を目指す。道路の両脇には、灰のようなグレーの霜に厚く覆われた、ハマアカザの低木や枯れた雑草が見える。霜は見慣れているものの、こんな霜を見るのは初めてだ。ネイティブ・アメリカンの言葉で「ポゴニップ」と呼ばれる霧氷のせいでこうなるのだと、あとで友人が教えてくれた。

谷の西側、シエラネバダ山脈の東の端を走る国道395号線との合流点に向かう。この国道は「エル・カミーノ・シエラ」（山(シエラ)のハイウェイ）とも呼ばれている。合流点が近づくと、ロサンゼルス方面を指し示す標識が二つ見えてきた。一つは交差点のすぐ手前、もう一つは交差点の向こう側にある。

一八六〇年に「ロサンゼルスでキャンプ中」の植物学者が、「楽園(パラダイス)をつくるのに必要なのは水だ。しかも多量の水だ」と書き残している。一九世紀の終わりには、ロサンゼルスはすっかり水不足に陥った。もし、北アイルランド・ベルファスト生まれのウィリアム・マルホランドがいなければ、ロサンゼルスの人口はその後も当時の二〇万人を超えることはなかったはずだ。マルホランドは一四歳で船乗りになり、二〇代前半でロサンゼルスにやってきた。最初は水路の管理人(サンヘロ)として働きはじめたが、のちに水源を見つける才能が古代ローマの水道技術者にたとえられるようになった人物だ。

一九〇四年、マルホランドは、ロサンゼルスの元市長フィレッド・イートンとともに、不運な旅人の墓標や白骨化した馬を横目に、馬車道を北に数百キロ進み、この谷にたどり着いた。もともとは「東部（イースタン）モノ」と呼ばれるパイユート族が暮らしていた土地だ。一九世紀末には、シエラ山脈の雪解け水を利用して農業が盛んになっていた。マルホランドは、私がいまいるオランチャを通り過ぎると、目の前に現れた水の輝きに目を奪われた。ロサンゼルス生まれの歴史家レミ・ナドーは『ロサンゼルス（Los Angeles: From Mission to Modern City）』のなかで、それはまるで「エジプトから脱出したあとの乳と蜜の地のよう」だったと記している。

マルホランドは、この澄みきった水のなかに、自分が選んだ大都市が必要としているものを見つけた。そしてロサンゼルスの人々に向かって、「いますぐこの水を手に入れる必要がある」と警告を発した。同時に彼は、水源が高いところにあるので、重力がロサンゼルスの街まで水を運んでくれることに気づいたのだ。その結果、ロサンゼルス水道橋が建設されることになった。当時としては世界最長の水道橋が約五〇〇〇人の労働者の手によってつくられ、その資金は有権者が購入した数百万ドルもの債券によって賄われた。開通式の式典には、ロサンゼルスの人々がブリキのカップをもって集まった。そして水が流れはじめると、マルホランドは「さあ、水を飲もう」と声を張り上げた。

水道橋のおかげで、ロサンゼルスは爆発的な発展を遂げる。街の大きさに関するジョークも生まれた。ロサンゼルス市民は、市から遠く離れた地に「ここからロサンゼルス」と記された標識を設置して記念撮影をした。「ヒマラヤまでトレッキングしたとしても、ロサンゼルスからは出られない」と作家のデイヴィッド・キペンが書いている。

この水道橋は「水戦争」と呼ばれる争いの原因にもなった。都市部と農村部のあいだで、武力衝突や爆弾テロ騒ぎ、建設機械を川に投げ込むような騒動が相次いだのだ。結果的にロサンゼルスが勝利を収めて全米第二の都市に成長する一方で、オーエンズ湖の干上がった湖底は国内最大の粒子状の物質汚染源となった。歴史家のナドーは、ローマの後背地を連想させる言葉を使って、オーエンズ・バレーを「都市の建設に貢献した属州」と表現した。また作家のウォーレス・ステグナーは、水文学の専門用語を使って、ロサンゼルスを「無の空間につくられた片持ち梁〔一端が固定され他端が持ち出されて自由な状態にある梁〕」と形容した。元水路管理人のマルホランドは、カリフォルニア大学バークレー校から名誉学位を授与され、その学位記には「岩を割り、乾いた土地に川を引いた」とラテン語で記された。

私は、ロサンゼルスの方向を指し示す最初の標識の前で車を停めた。エンジンを切り、音楽を止めるためにキーを抜く。そのとたんに静寂が訪れた。むき出しの湖底に霧が漂う北の方角に目をやり、それから山々に沿って道路が走る南の方角に視線を移す。世界各地の空を飛んできた私にとって、高速道路や水路や鉄道が砂漠や耕作地を通って古くからの都市につながる景色は見慣れたものだ。それを眺めていると、学生時代の物理学の授業で、トランポリンの上に置かれたボウリングのボールを例に、質量が時空をゆがめるという話を聞いたことを思い出す。同じく生物学の授業中には、都市が環境に与える影響を、腫瘍の血管構造や植物の根になぞらえるのが適切なのかどうかと考えたりもした。

車のエンジンが冷えてきて、カチカチと音を立てはじめる。キーラーの小さな家を出発したとき、ダッシュボードのデジタル表示は摂氏マイナス二度だった。ここオランチャは、キーラーから谷を隔てて二五キロほどのところにある。国道395号線との合流点になっていて、シエラ山脈の頂から滑るように下りてきた冷気が最初に地上に到達する場所でもある。気温はマイナス八度。車外に出て足を伸ばし、日の出を待つことにした。

凍った土を踏みしめながら、高速道路のジャンクションと山のほうに向かって歩いてみる。立ち止まって北に視線を向けると、冬になって黄金に色づいたフレモントコットンウッドの木が、穏やかな空を背景に静かにたたずんでいる。道路沿いの有刺鉄線のフェンスの先で牛たちが鳴き声をあげているので、寒くないのかなと母親のような声でつぶやいてみた。その向こうには、ロサンゼルスの街にその水を奪われた湖の底が霧のカーテンに覆われているのが見える。私の車のほかにこの道を走っている車はない。交差する国道395号線では、遠くから向かってくる戦闘機のような音を立てながら、トラックが近づいてくる。それからかなり長い間隔をあけて、また次のトラックが視界に入る。この年齢になっても私はいまだに、「たばこを吸うでもなくなぜ道端に立っているのか」と誰かに不審に思われやしないかと、つい自問してしまう。でもいまは、その心配はしなくても大丈夫そうだ。

イタロ・カルヴィーノの『見えない都市』には、マルコ・ポーロがモンゴル皇帝クビライ（フビライ）に、タマラの都市にいたる途中で荒野を歩いたときのことを話す場面がある。その旅では、「注目すべきものが視界に入ることはめったになく、あるとすればそれは、別のものの痕跡（サイン）としての何かを見たときだけ」なのだという。

一三世紀のこのヴェネツィアの旅行者はそのようなやり方でモンゴル皇帝の想像力を操ったのではないかと、カルヴィーノは指摘する。いまは、アメリカ国内で車を運転する人が知っておくべき交通標識に関する原則が、必ずしも想像力に欠けるとはいえないかたちで、『交通制御機器類統一の手引き』という連邦政府の文書に記載されている。

たとえば、セクション1Aの2「交通管制装置の原則」には、次のような記述がある。

交通管制装置は、その効果を発揮するために次の五つの基本条件を満たさなければならない。

A　要求を満たす
B　注意を惹く
C　明確かつ簡潔に意味を伝える
D　利用者の信頼を得る
E　適切な反応を引き出すために十分な時間を与える

ロサンゼルスの方向を指し示す二つの道路標識のうち、手前のほうの標識に向かって歩いていき、その前で立ち止まってみる。私が標識を好むのは、それがもつ力が間接的であり、なおかつ絶大だという対比に魅力を感じるからだ。つまるところ、照明付きの読みやすい最新式の標識でさえ、それが表しているのは何かあるいはどこかにすぎない。いまではGPSを使ったナビゲーション機器が使われるようになったので、道路標識が果たすべき本来の役割の重要性は薄れてきている。

それでも私は、この大きな道路標識の近くに立ち、その細部に目を奪われている。標識の角はレーストラックを思わせる曲線状になっていて、わずかに盛り上がった白い反射材の線で縁取られている。金属板の尖った角に合わせて線が引かれているわけではない。ロサンゼルスの方向を横向きに指し示す白い矢印は、思っていたよりソフトな印象だ。矢じりの角は丸みを帯びていて、矢の軸と交わる線もわずかに弧を描いている。道路の路線番号を囲んでいる黒い線と白い背景は、まるで完全武装の騎士が大きな盾を広げたようだ。そこに3と9と5の数字が大きく書き込まれている。

金属板の前面には、無塗装の裏側まで貫通するボルトがたくさん打たれているのが見える。周囲に立つ木の幹の色のように茶色い二本の支柱があり、ボルトはその支柱に打ち込まれている。近くで見ると、多くのボルトが標識の表情を損ねているように見えるものの、だまし絵のような四隅と同じく、車で通り過ぎる人にはまったく気にならないはずだ。道路標識の役目はしっかり果たしている。

この標識が頑丈かどうかは、それ自体の重さ以上のものに依存している。想像や夢のなかでは、標識は二次元であればいい。それとは対照的に、私の目の前にそびえ立つ標識は平面ではなく立体だ。縁の部分には、霜が成長して長い氷晶ができても何の問題もないほど十分な厚みがある。一瞬、この標識は水路の標識として使っても大丈夫なのではないか、私が寄りかかってもびくともしないのではないかと思えたが、まばたきをするとやはり、どこにでもある、のっぺりした道路標識でしかない。この標識はずっと独りぼっちで、おそらく自分には何の価値もないと思っているのではないか。

立体と平面という二つの側面のバランスをとれる位置まで、後ずさりしてみる。こんな感じのごく普通の道路標識は、世界じゅうの都市にいくつぐらいあるのだろうか。誰かがデザインし、誰かが形を整え、誰かが色を塗った標識。そして、誰かがそれをここまで運び、塩生草類が生えるカリフォルニアの大地に立てたのだ。

標識に描かれた矢印は、目標地の方向を示すように適切な角度に向けられている。世の中にはじつに多様な知識があり、仕事があるものだ。今回、私が驚いたのは、現実の世界と都市がいかにたやすく完成するかという点ではなく、真に実用的な標識はまったくつくられていないという事実だった。

T字の道路の向こう側には、ロサンゼルスまでの距離が書かれた別の標識がある。都市名を表す文字が横幅の大部分を占めている。連邦政府の手引きには「側面の縁から文字までの間隔は、基本的に最大の文字の高さとそろえること」と書かれている。半分目を閉じて、静まりかえったこんな冬の朝に道に迷い、この標識を見つけて、そこで初めて都市の名前を読み上げる自分を想像してみる。

標識の先まで歩いていき、葉の落ちたフレモントコットンウッドの木の脇を通り過ぎ、凍りついたシエラネバダ山脈のいちばん手前にある山を見上げる。「個別の照明が設置されていない道路標識の背景は、再帰反射性を有していなければならない」。スピードを上げて走り去る二台のトラック。そのあいだを埋める沈黙が、私の立っている場所を光のように通り過ぎる。そして一瞬、ロサンゼルスの暖かな季節が、春の訪れと同じく想像しがたいものになる。

かつて、カトリック大聖堂で枢機卿たちが、「都市のなかの偉大な都市」や、移動する家族、トラック・ドライバー、孤独な人々に聞こえる鐘について語ったことがある。その鐘のある〈天使のマリア大聖堂〉から三〇〇キロ以上北に離れたこの地で、私は寒さに震え、気候に合わせて着るべきものを身につけていないことを実感している。ニューイングランド地方出身の旅行者なら、冬の厳しさをもっとよく知っているはずなのに。車に戻り、暖房と音楽のスイッチをオンにする。そして、アクセルを踏みながらハンドルを左に切った。

CITY OF PROSPECTS

眺望の都市

シェナンドア、チューリッヒ、
香港、ピッツバーグ

三方を山に囲まれた、海岸沿いの都市を想像してみよう。外部とつながる幹線道路があり、街に行くには曲がりくねった坂道をのぼる必要がある。だが、道幅の広い道路が概してそうであるように、勾配は緩やかだ。しばらく車を走らせていると、ドライバーにブレーキの利きを確かめるよう促す電子掲示板が現れ、ここから先は降雪や路面凍結に気をつけなさいという警告を受ける。冬に嵐が吹き荒れると、この道路は何時間も封鎖されることがあり、そうなるといったん山を下って、渋滞する長い迂回路を使わなければならない。

巧みに設計された片側五、六車線のこの道路も、勾配がきつくなるとトンネルに入る。そのなかでカーブして、わずかに下りながら山を通り抜ける。このトンネルは細心の注意を払って管理されていて、入口の数メートルを除くと、雪が積もって車線が見えなくなることもない。小さな電球の列がトンネルの奥の暗闇に向かって並んでいるのを見ていると、初期のころのビデオゲームを思い出す。

このトンネルは、その先にある都市が舞台になっている映画にも、短調の背景音楽とともにたびたび登場する。たとえば、パーティーから帰宅する途中のカップルが、明滅する照明に照らされながら、カーブしたトンネル内を進む。どちらも無言で前を向いたままだ。そんな映像を見ると、トンネルの掘削や照明の技術が日々進歩しても、私たち人間は何も変わらないことがよくわかる。

トンネルを抜けるとようやく街が見えてくるが、そこはまだ海抜一〇〇メートルほどの地点で、谷の頂上に近い。そこから見える景色は、香港の「ミッドレベル」と呼ばれる地区（摩天楼が不安定にそびえ立ち、エスカレーターを使って上る丘陵地帯）を思い起こさせる。谷にかかる吊り橋を渡り、街に向かって下りつづける。

そこまで来ると、マンハッタンを遠くから眺めたときにミッドタウンとダウンタウンが別々の都市に見えるのと同じく、高層ビルが集まる二つの地区が一気に視界に広がる。さらに、港を照らす橋の向こう側、フェリーの明かりがゆっくり動く星座のように見える先には、高層ビルが並び立つ地区がもう一つある。その景色があまりにすばらしいので、トンネルの最後の四〇〇メートルほどの区間では制限速度が抑えられ、車線の変更も禁じられているほどだ。また、街(シティ)ではなく路面に視線を保つよう、ドライバーに警告する標識が立てられている。

ピッツフィールド

高校の校舎の階段を下り、いったん立ち止まって考える。イーストストリートを左に進んでアテネリウムに向かおうか、それとも通りを渡ってまっすぐ進み、父が働く州庁舎に向かおうか。私は一六歳で、高校三年生。ピッツフィールド高校では、三、四年生は昼休みに校外に出ることが許されている。だから、上級生になるとダンキンドーナツ（私のお気に入り）やホットドッグ専門店（ピッツフィールドではホットドッグレストランが異常なほど人気だということが、のちに街を出て初めてわかった）、あるいはピザやハンバーガーの店に行くことが多い。高校のカフェテリアでは決まりきったものが繰り返し提供されるだけなので、そうした店のほうがおいしいランチを食べられるからだ。

自宅からランチを持参した日でも、ときどき校外の店に行くことがある。昼休みに図書館で読書するなら、その途中でサンドイッチを食べる。でも今日は、父の職場で一緒に食事をすることにした。イースト・ストリートを渡って州庁舎の駐車場に向かう。今年の年末の午後には、私は雪で視界の悪いなか、そこで自動車運転免許の試験を受けることになる。一階の自動車登録事務所の看板を通り過ぎ、脇のドアから庁舎に入ると、父がいる階までエレベーターに乗った。

父はふだんから陽気だが、私がオフィスを訪れたときはいつも、やさしい笑顔で迎えてくれる。どんな仕事をしているときでも、私の訪問がちょうどいい休憩時間になるようだ。昼休みをなぜ同級生と一緒に過ごさないのかなどと、父から尋ねられることもない。父の仕事机の横の客用スペースに座ると、これからそこで重要なミーティングでも開かれるかのようなふりをして、二人でよく冗談を言い合う。そして一緒に、その日の朝に自宅のキッチンで自分たちでつくってきたサンドイッチを食べるのだ。

高校から父の職場までの行き帰りの時間を考えると、父と一緒に過ごせる時間は二〇分ほどしかない。私がいないときに父がそこで何をしているのかは、私にとっては謎だった。父が州のメンタルケアプログラムにかかわるサービスを統括していることは知っていたが、実際にどんなことをしているのかまでは知らなかった。父にかぎらず、そもそもオフィスで働いている人というのは、いつも何をしているのだろう？

父はときどき、グループホームやコミュニティホームの話をすることがある。多くの人がそこでホーム管理者とともに暮らしている。私は毎朝、新聞配達の途中でそうした施設の一つに新聞を届けるので、少なくとも少しは知識がある。いつもドアの前に立っている男の人がいて私に挨拶してくれる（父によるとその人は夜勤のヘルパーなのだという）。朝六時には、暗い冬の朝にしてはとくにめずらしく、メインの部屋に明かりがともっている。そうした施設は、家族が暮らす一般の家ともちがっているし、ホテルのロビーとも異なると、私はしだいに思うようになった。

父のオフィスには、私の好きなものが二つある。一つはゴムノキだ。あまりに大きくなってしまったので、父はそれを部屋の隅まで移動させ、天井に開けられた補修途中の穴の下に置いていた。しまいにそれは、天井を突き抜けて上の階まで達するようになった。それから数十年がたち、州政府の組織改革で父の仕事がなくなってからかなり時間が経過した。父が亡くなったあとでさえ、州庁舎の近くを車で通るといつも、私はそのゴムノキを思い出した。もしかしたら、その後もずっと成長しつづけ、奇妙な角度に枝を伸ばしながら、埃の溜まった窓に向かって葉が広がっているかもしれない。そんなようすを想像するのは楽しかった。その根は漆喰の壁を突き破り、電線に絡みついてショートさせたり、庁舎内のネットワークを一時的にダウンさせたりする。それはまるで、自然の猛威を描いた童話や、大人でさえついつい線の外側まで塗ってしまう塗り絵のようだ。

もう一つは、父のオフィスが高層階にあること。サンドイッチを食べおえると、私はほぼ毎回、南向きの窓のところまで行って、少しのあいだ外の景色を眺める。右のほうに目をやると、葉の落ちた木の向こうにピッツフィールド一の高さを誇る一四階建てのホテルが見え、さらにその向こうには丘陵が広がっている。それから深呼吸して下に視線を向けると、通りの向こうに自分の高校が見える。生徒たちが入口の重い扉に向かって歩くのではなく、階段を駆け上がっているのが見えると、そろそろ学校に戻る時間になったことがわかる。

シェナンドア

たしか一〇歳のとき、私は二つ年上の兄とともに、母が運転する車の後部座席に座り、ピッツフィールドからシェナンドアに向かう最後の数マイルを走っていた。シェナンドアは母の出身地だ。ペンシルベニア州の炭鉱（無煙炭）地域の街で、よその土地では見たことがないような起伏の激しい農業地帯のなかに、きれいなボウル型の窪地があり、そのなかに街がある。

大人になってアメリカ民謡「シェナンドア」が新しくレコーディングされた歌声を聞くたびに、それが母の故郷を歌ったものではないにもかかわらず、満足感とともに母の故郷を思い出す。そこは人口が五〇〇〇人ほどの小さな町（正確には自治区（バラ））だが、驚くほど密集している。家と家の間隔は子どもが羽を広げるように腕と脚を伸ばして貼りつき、登っていけるほどしかなく、場所によってはまったく隙間なく家が建っている。この町は私の知るどの町ともちがっている。私の父は外国の出身だが、母は異国以上に文化のちがう土地の出身なのだと思えることがある。

今夜もピッツフィールドからの旅の終わりが近づいている。いつものように、最後の坂を上りきったときに見える特別な夜景を見るのが楽しみだ。町の黄色い明かりが、突如としてフロントガラス全体を埋め尽くす。私がよく想像している、夜の都市が一瞬にして目の前に現れる光景が実際に目の前に広がる。でももっと大人になれば、突然現れるこうした光景が特別な意味をもつとは思えない。なぜなら、シェナンドアはとても小さな町であり、ピッツフィールドは別として、私は一つの場所を上から、しかも日没後に見たことはまだあまりなかったからだ。

それから何分かすると、祖母の家に到着した。祖母はいつもその家から、インクで書いたというよりエッチングしたような細い文字で「マークおぼっちゃん」に宛てたカードを送ってくれる。祖母の故郷である炭鉱の町と同じく、祖母の家自体もよその土地では見たことがないようなものだった。家の正面の低い扉を開けて石炭を放り込むと、それが地下室に直接届くようになっている。地下室には、波打った銀色の洗濯板や手回し式の脱水機があった。私と兄は勇気を振り絞らないとその危険な脱水機に手を近づけられなかった。

その上の階のキッチンでは、石炭を燃料にして料理をする。たとえば、「ピエロギ」と呼ばれる餃子のような形の食べ物（祖母の手づくりか、シェナンドアの〈ミセスT〉ブランドのもの）や、「キルバサ」と呼ばれるソーセージ。ピッツフィールドに戻るときには、バッグいっぱいにそれらを詰めて持ち帰ったものだ。また石炭は暖房にも使われた。一〇月から四月まではずっと家のなかで火を絶やさないのだと、母が教えてくれた。

ダイニングルームには、濃い色合いの磨き上げられた戸棚があり、大皿の上に〈サーツ〉のフルーツフレーバーのミント菓子がいくつも置かれている。私と兄は、ときどきそこからこっそり盗み食いしていた。しかも、一粒ずつではなく一度に一包みずつ。そのほうが効率的だし、ばれにくいからだ。それから何年かしたある日のこと。ダイニングの隅にいた私は、分厚くデコレーションされたアイシングケーキがその戸棚のなかにあるのを見つけた。たぶん、いとこの結婚式のために用意されたものだろう。祖母はそのケーキの円周に沿って指を動かし、アイシングのついた指をぺろりとなめると、私に向かって「しーっ」と言いながらウインクして去っていった。それは、私が知っているなかで祖母が自分の欲望を満たすためにした唯一の行為だった。

この町は母にとってのピッツフィールドなのだと、私は成人してようやく理解できるようになった。そしてこの小さな家は、母の心の一部がつねにそこにあるような家なのだ。母のそうした心持ちは、バークシャーの氷点下の朝、母が電気オーブンのスイッチを入れ、その扉を数センチ開けたままにして部屋を少しでも暖めようとしながら、私たちのために朝食をつくってくれたことを、あとになって私が思い出すようなものなのだと思う。

私たちが乗った車はいま、シェナンドアに近いところを走っている。道路の上に石炭運搬用のコンベヤーがあり、それに沿って明かりの列が続いている箇所を通り過ぎる（一年じゅうクリスマスみたいだと、いつも思う）。もう少しで最後の丘を越える。そのとき、シェナンドア盆地が光に彩られる光景が見えるはずだ。それを見逃さないよう、母が座る運転席のシートのすぐ後ろで身構える。ほんの一瞬しか見られないので、まばたきをしている暇はない。その後、エンジンの音が変わって下り坂に入ると、緊張を緩めてシートにもたれかかる。シェナンドアの町の輝きはしだいに一本一本のはっきりした道になり、最後は母がよく知る通りに出る。車が徐行しはじめたので顔を上げると、玄関の前に祖母が立っているのが見えた。両手を金属の手すりにかけ、険しい表情でこちらを見ている。私たちが無事に到着するか、夕方からずっと心配していたようだ。祖母は、こんな暗い時間に運転するなんて危ないじゃないかと、私たちを叱った。

チューリッヒ

クルーと一緒にドイツ製のワンボックスカーに乗って、明るい午後の道をのんびりと走る。空港から二キロほどの長さのミルヒブック・トンネルを南下し、それを抜けると市街地に出た。

ロンドン発のヨーロッパ短距離路線に乗務しはじめた年にチューリッヒに行って、初めてこのトンネルを通った私は、まるで倉庫や工場の廊下のように汚れ一つないトンネルだねと、友人たちに語った。そして、このトンネルは幹線道路の一部というより、ジェームズ・ボンドの敵役たちがつくりそうなシャンデリア付きの廊下みたいだと、同僚たちと冗談を言い合った。

いずれにしても、このトンネルはすばらしいインフラ施設だ。ところがその出口に近づくと、いつも失望感に襲われる。というのも、その時点ですでに私たちはチューリッヒの中心部にいる。また、私が期待しているのは、子どものころに想像したこと、つまり丘陵に囲まれた都市が突如として目の前に現れる光景だからだ。もちろん、そのような景色は丘の中腹や頂上からがいちばん見えやすい。ところが、この立派なトンネルは、私たちが丘に登らなくてもすむようにつくられたものなのだ。

ピッツフィールド

ブレーキを踏む。カーブの外側の道端に亡霊のように立つシラカバがヘッドライトに照らされている。私はいま、自宅から数ブロック離れたところに住んでいるデザレを隣に乗せてドライブしている。

ピッツフィールド南東の丘の上の町に向かうこの道は、ほとんどの区間でカーブが続いているので、運転していて楽しい。それに、この道は高校最後の数カ月で私たちが最も望んでいたこと、つまり故郷の街から離れるために必要な経路を提供してくれる。時刻は午後九時か一〇時ぐらい。高校最後の年で、親たちはもう、自分たちの子どもが何時にどこへ行こうと心配はしていない。

デザレの家は、私が新聞配達をしているルートの途上にある。昨年の夏に私が日本に行っているときなど、デザレが私に代わって新聞を届けてくれた。デザレとは、大人になってもずっと友だちとして仲良くしていると思う。そして、三〇年後に私がパイロットとしてイスラマバードに初めて飛んだとき、デザレはそこで働いていた。静かな夜に、がたつくテーブル越しに顔を見合わせ、首を振りつつ笑顔を交わす。ヒマラヤのふもとの丘の近くにある新しい首都で、バークシャー地方出身の友人同士が、彼女の小さなアパートでチキンとライスの食事をしたのだ。

ピッツフィールドの街から車で出て、またそこに戻るあいだ、私たちはたばこに火をつけて交互に吸った。外は寒いのに、父から借りた車の窓は開けてある。そしてロンドンの少年たちが自分たちと別の地区で暮らす少女たちと出会うようすを描いた歌詞が風切り音でかき消されないように、カーステレオの音量を上げた。私たちは二人とも、〝ウエストエンドの少女〟が何を意味しているのかを知らないが、デザレがその少女のピッツフィールド版であるという点で意見が一致した。その曲が終わると「イッツ・ア・シン（それは罪だ）」という別の曲が始まった。〝イット（それ）〟はゲイであることをさしているのではないかと思ったが、デザレも同じように思っているのかどうか、あえて聞かなかった。その代わり私は、いつものように、このままずっと進みつづけようと冗談を言った。

それから、いつもと同じく父の車をUターンさせて、滑るように坂を下る。中心と呼べる場所のない丘の上の町からの道はかなり急な下り坂で、まさに「滑るように」降りていく感覚だった。坂の途中で、裸の木々のあいだにピッツフィールドの明かりが見える場所がある。それを知っている私たちは、二人でその瞬間を待った。もちろん、それほどたくさん明かりがあるわけではなく、道路の傾斜や曲がり具合、木々の生え方のせいで街全体の明かりが見えるわけではなかったが、私とデザレはその景色が大好きだった。

肝心のピッツフィールドの夜景は、マンハッタンは言うに及ばず、ボストンのダウンタウンと勘違いしてしまうようなものではない。でもほんの一瞬だけ、この高さ、この距離、この時間に、自分たちの街が光り輝く姿を眺められる。私はカーステレオのボリュームをさらに上げた。二本目のたばこの火が窓の外で風に吹かれ、暗闇のなかに火花が散っていく。デザレが歓声を上げ、ハンドル越しに私の手からたばこを奪おうとする。そしてとうとう、ピッツフィールドの街明かりが木々に遮られてしまうと、自宅に近づいていることを実感した。

香港

ヨーロッパから香港に向かう飛行機が目的地に近づき、いつもの到着ルートで降下を開始するころ、西の空に太陽が沈んでいく。

香港は、私がボーイング747のパイロットとして初めて乗務したときの目的地だ。空港にアプローチするたびに、人生で最もスリリングだったあの旅が、楽しい思い出とともによみがえる。香港周辺の航空図には無線標識局名（ラジオビーコン）が載っているが、この地を繰り返し訪れても、その名前を見ると自分が故郷からどれほど遠くにいるかをひしひしと感じる。東龍（Tung Lung）、龍鼓洲（Lung Kwu Chau）、小磨刀（Siu Mo To）、なかでも長洲（Cheung Chau）は特別だ。私にとってなじみのある地名だからだ。一〇代前半の数年間、私は長洲島に住むリリーという名のペンフレンドとやりとりしていた。もうかなり長いあいだ連絡が途絶えているが、彼女が暮らしていた通りの名前や家の番号をいまでも覚えている。それに、今夜向かっている香港の島から何度も送られてきた薄いブルーのエアログラムのことも。

　私と同じように、リリーもいまごろは中年と呼べる年ごろになっているはずだ。７４７のフライトコンピューターが、彼女の島の名前がつけられた電波を捉え、それが発するモールス符号を自動的に解読しているいまも、リリーはおそらくまだ香港で暮らしていて、長洲にいるのではないか。

　今夜は、湿度が高くて暖かい。最初に交わした手紙で互いの故郷について語ったとき、リリーは、それが香港の典型的な気候だと書いてくれていたのかもしれない。街はほとんど雲に隠れているが、ところどころ雲の切れ間があり、そこから街の明かりが見えるせいで、雲の厚いところはグレーというより真っ黒に見える。

　幼いころ、私は都市の価値をスカイライン、すなわち建物によって仕切られた空の輪郭線で決めていた。世界じゅうの高層建築物が棒グラフのような役割を果たしているように思えたのだ。ところが、大人になってヨーロッパのいくつかの都市に初めて旅行してみると、高層ビルが少ないことに戸惑った。都市の住民たちがそうした欠点を受け入れている可能性があることは、私にとってまったく予想外のことだった。

人々からどう思われているかはともかく、遠くから見たとき、スカイラインは都市の特徴を最もよく表している（都市にいるときには、高層ビルの展望台に上って、ほかの高層ビルによって形づくられる景色を見ると都市の特徴を捉えやすい）。いまでも私は、タクシーやエアラインクルー用のバスに乗っているとき、とくに初めての土地では、幼いころ両親とボストンやニューヨークに車で行ったときのように、窓越しに高層ビルを見ようとして、座席の上で無理な体勢になって身を屈めてしまう。

最もすばらしいスカイラインが見られる都市はどこだろうか。私がいちばん好きな超高層ビルは、間違いなくボストンのジョン・ハンコック・タワーだ（いまは別の名前で呼ばれている）。イオ・ミン・ペイのパートナー建築家だったヘンリー・コブによって設計された、ニューイングランド地方随一の高層建築物であるこのビルは、昼間は青空の色に染まり、夜になると、ところどころ明かりのついたオフィスとそうでないオフィスが、垂直に伸びる光のパズルを生み出す。私と兄は、両親と一緒にその展望デッキを何度となく訪れた。私にとってそれは、ボストンに出かけるときの楽しみだったのだ。大人になってボストンで働くことになったとき、その年のクリスマスパーティーが（実際に入社する数週間前に）開かれたのも、ジョン・ハンコック・タワーの最上階だった。カジノをテーマにしたケータリング形式の豪華なパーティーで、私はそのあいだずっと、空港に向かう飛行機が眼下に見えるのを話題にしないよう、我慢しなければならなかった。その代わりに、紺色のスーツに身を包んでできるだけリラックスして見えるように気をつけ、会う人全員の名前を覚えようと努力した。そのスーツは、ピッツフィールドの昔ながらの紳士服ショップで新調したものだった。

パイロットになって以降、私は夢で見たよりずっと多くのスカイラインを実際に目にして、その移り変わりを知る機会にも恵まれた。ドバイ（UAE）のスカイラインは月を追うごとに壮大さを増していき、マイアミのスカイラインにはいつも、コックピットにいる私の心を動かす何かがある。以前は、マイアミ空港の東向きの滑走路を離陸したすぐあとに、海沿いに並ぶ高層ビルがひときわ鮮明に見えるだけだと思っていたが、最近のフライトでは、最後に見て以降の発展ぶりに驚かされた。何年も前にシカゴを訪れたとき、その高層ビル群を見るためだけにやってきたというフランス人建築家のカップルと話をしたことがある。その会話を通じて私は、シカゴのスカイラインは専門家の目や歴史的な視点から見ても、非常に興味深いものなのだと知ったのだった。

そして話は香港に戻る。

香港は、世界有数の人口密度を有するいくつもの都市空間で構成されている。高層ビルが建ち並び、急峻な山の影や名高い港の海面に映る光によって息をのむような夜景が見られる。天に向かってまっすぐ伸びる高層ビルの高さは、少なくとも一五〇メートルを超えている。それは天井の高い現代的なオフィスビルでいうと三五階建てに相当し、エッフェル塔の約半分にあたる。高層ビル・都市居住協議会によると、二〇二一年四月の時点で香港には四八二の高層ビルがあり、その数は世界の都市のなかで最も多いという。第二位は香港に隣接する深圳（シェンチェン）の二九七。第三位はニューヨークの二九〇。このランキングの上位二〇都市のうち九都市が中国にあり、東アジア〔東南アジアを含む〕以外でランクインしているのはニューヨーク、ドバイ、シカゴ、トロントの四都市だけだ。

今夜は、香港の空港にあと数分で着陸する。747を左に旋回させ、さらにもう一度同じことをすれば、それ以上は機体を傾ける必要はない。私たちはすでに、まだ見えない滑走路に向かう列のなかにいる。

ぼんやりとしか見えない街と私たちのあいだに、船の帆のようにくっきりと縁取られた、マットな質感の黒い雲が一つ現れた。その頂点付近をかすめ、視界の悪い雲の中心に向かって降下していくと、次の瞬間、まるでスイッチが入ったかのように雲から抜け出す。左の翼の下に現れた、世界一豪勢で世界一高さのあるこの電気の森を一度目にした人なら、これ以上のものを想像する理由はないという結論に達するはずだ。一方、コックピットに座っているあいだは、海面の輝きが街の明かりに変わるまで、街の景色に目を向ける余裕はほとんどない。だから、まっすぐ前を向いて海の上を飛びつづけ、私たちを西側から空港島へと導く光の列に視線を集中する。

ピッツバーグ

ピッツバーグの北東約六五〇キロ、ニューイングランド西部の高台に広がる森林地帯の上空を飛行中に、機長から話しかけられた。以前にこのあたりの出身だと話したことがあったので、具体的にはどこなのかと尋ねられたのだ。「ちょうどこのあたりかい？」

私はナビゲーション画面に目を落とし、それからコックピットの反対側、機長の左の窓から見える巻雲の方向を指さした。その雲の向こうに私の生まれた街がある。私は故郷の街の名前の二つめの音節を強調しながら、あのあたりですと言った。「ここから四五キロほどのところにあるピッツフィールドの生まれです」

ピッツバーグにはまだ行ったことはないが、私はいつも親近感を感じている。母の出身がペンシルベニア州だからというわけではない（母の故郷はペンシルベニア州内のほぼ反対側にある）。ピッツバーグに親近感やある種の戸惑いを感じてしまうのは、ピッツフィールドと名前が似ているからだ。どちらもイギリスの政治家ウィリアム・ピットにちなんで名付けられ、市のモットーはいずれも「ベニグノ・ヌミネ（慈悲深い神の名において）」。そして、そのどちらの市章のデザインもピット家の紋章を元にしている。

ピッツバーグ都市圏の人口はピッツフィールドの約五〇倍なので、都市の大きさからすると釣り合いがとれているわけではない。実際、ピッツバーグはあまりにも有名なのに対して、ピッツフィールドはあまりにも知られていない。父のベルギーの親族のなかには、私たちがピッツバーグの住民だと思っている人もいた。私のいとこの一人が、一〇代のころ、ひと夏を過ごすためにピッツフィールドにやってきたことがある。ニューヨークのJFK国際空港まで出迎えに行き、ピッツフィールドに連れてくると、街の小ささを知って彼は明らかに落胆していた。また、私がどこかに出かけて自分の出身地を伝えても、ピッツフィールドについて何か知っている人はほとんどいなかった。ピッツフィールド出身だと言っても、彼らはそれをピッツバーグと聞き違えてしまうのだ。その場かぎりの付き合いになりそうなら、私はあえてそれを訂正しなかった。自分がピッツフィールドのいとこのような存在の大きな都市の出身だと空想してみるのも楽しいものだ。

数分後、いよいよ降下を開始する。ピッツバーグの空港に着陸して駐機し、空港内での手続きをすませると、ターミナルを抜けてクルー専用のバスを探す。初めての都市に行ったときに、たいていついてまわる最大の問題がこれだ。飛行訓練を受ける際に、シミュレーターでクルーバスの見つけ方まで訓練すべきだと、ジョークを言い合うこともある。私は前のほうの席に座り、州間高速376号線、79号線という、初めて見る道路標識に目をやった。空港を出発したのはまだ夕方だった。この空港に着陸したときにも感じたように、産業で名高いピッツバーグを取り巻く緑の多さには目を見張るものがある。視界に入るのは、ほとんどが森の木々だ。その点では、ピッツバーグの街はピッツフィールドに似ている。

何週間も前から、ここに来るのを楽しみにしていた。だから、この街についていろいろ調べてもいた。いちばん驚いたのは、ピッツバーグが二つの川――アレゲニー川、モノンガヒラ川――が合流してオハイオ川と呼ばれる第三の川となる、その合流地点にあるという、すばらしい事実だ。

豊富な水の畔(ほとり)につくられたピッツバーグが〝橋の都市〟として知られるようになるのは、必然的なことだった。少なくとも二九の川があり、さまざまな種類の橋が四五〇もある(ちなみに、ニューヨークとハンブルクにはそれぞれ二〇〇〇以上の橋があり、ヴェネツィアには運河を渡る四〇〇あまりの橋があると言われている)。ピッツバーグにも大きな丘があり、一九世紀中ごろから「インクライン」と呼ばれるケーブル鉄道が敷設された。従来の鉄道で貨物や石炭、通勤客などを運ぶには勾配がきつすぎたからだ。

バスに乗ってピッツバーグの夜の道を初めて移動しているとき、私は翌日の予定を立てていた。香港で初めてピーク・トラムに乗ってビクトリア・ピークに行き、遠くの山や海を眺めたことを思い出しながら、いまでも運行しているケーブル鉄道に乗って、二つの川が合流して第三の川となるダウンタウンの中心部、ゴールデン・トライアングルまで歩いてみよう。夕方になったら、ほかのクルーと一緒に全員で野球中継を見る。ピッツバーグ・パイレーツ対シカゴ・カブスの試合を見ながら、その日の昼間に教会で読んだ祈りの言葉を思い出すのだ。「私たちのために、鉄鋼の街のために祈ってください」

でも、いまのところバスは、にぎやかになりつつある街中を走りつづけている。明日、一八対五で勝利を収めたときにこの大都会が見せる姿はまだ見えてこない。野球場も高層ビルも見えず、複数の川どころか一本の川も見えない。窓の外に見えるのは森だけだ。ベルギーからピッツフィールドにやってきて、長旅の最後にこんなにたくさんの木を目にした私のいとこは、さぞかし混乱したことだろう。

日が暮れていくなか、前方の丘の斜面に視線を送る。フォート・ピット・トンネルに入るまでにどのようにこの丘を回り込むのか、考える時間はほとんどない。丘の上に広がる森は、トンネルの入口近くを除くと途切れなく続いているように見える。トンネルを抜けたとしても、ピッツバーグの中心部まではまだ何キロもあるのだろう。あるいはもしかしたら、トンネルが街の下まで続き、トンネルから出たとたんに完璧な大都市が目の前に現れるのかもしれない。

一分もたたないうちに、トンネルの終点が近づいてくるのがわかった。その先にある光が何を意味するのかをすぐには理解できなかったが、やがて、それが高層ビルの放つ光であることがわかった。しかも私が見ているのは、ビルの低層部ではなく中層階か高層階のようだ。

一〇代のころから、都市が見えてくるときにいちばん魅力的に映る姿、つまり、突如として目の前に現れるのを想像するのが好きだった。その光景が実際に突然、目の前に広がったとき、スマートフォンのカメラを構える余裕はない。ピッツバーグの高層ビルがきらめき、傾き、あっという間に迫ってきて、私は思わずスマートフォンを座席の上に落としてしまった。街の明かりに照らされた夕暮れどきの道を進み、黄色い橋のアッパーデッキに出ると木々が下に見えた。この橋は川の一つのかなり上空に架けられていて、そこから緩やかな下り坂が続いている。このまま進めば下のほうにある通りに出るはずだ。

ピッツフィールド

私とマークは、サンドイッチを三つと、アップルサイダー・ドーナツを二袋買おうと店に立ち寄った。それから、ピッツフィールド空港の近くにある〈ブスケット・マウンテン〉というスキー場に向かう。九月上旬にもなると、ここバークシャーでは夏の暑さがひと段落する。今日は晴れて風の強い日で、空気は乾燥している。街を囲む丘の上のほうには秋の最初の気配が感じられる。

兄は、私に会いに来るとき以外でピッツフィールドに来ることはない。でも、今日は一緒にスキーができる。アップルサイダー・ドーナツのもう一つの袋は、私が兄の奥さんのために買ってきたものだ。彼女はバスケットボールのコーチとして出かけているという。今日は兄と一緒に過ごせてラッキーだ。兄は自転車店で働いていて、暖かい季節は新しい自転車を買いにくる人への対応や、古い自転車の修理などをしながら忙しく働いている。

私とマークは車から降りて、駐車場内をぶらぶらする。ポケットには、マサチューセッツ州西部の局番が割り当てられたスマートフォン（マサチューセッツから引っ越してかなりたってからその番号を手に入れた）と、六歳か七歳のころに開設してもらったピッツフィールドの銀行口座のキャッシュカードが入っている。その銀行は、ピッツフィールドの若者たちにとって、ポップコーン売りの年期の入った赤色のワゴンがいつも前に停まっている銀行としてなじみがある。ポケットには、そのほかにもロンドンの空港の駐車場のゲートを開けるためのカードと、三つの大陸の国々のコインが何枚か入っている。兄を待っているあいだに、半分まじめにバークシャーで晩年を過ごす計画についてマークと話したりした。いつものことながら、私は三つの選択肢に惹かれている。まず、将来、自分が生まれ育ったピッツフィールド市内ではなく、そこからあまり離れていない市外で暮らすこと。次に、ピッツフィールドで暮らすこと。最後に、私がいまいる世界から遠い場所にある巨大都市の匿名性に守られながら、ピッツフィールドを振り返ること。

夏の終わりの乾いた道路で砂埃を巻き上げながら、兄の車が停車した。リアウィンドウ越しに、自転車のスポークやホイール、明るい銀色のフレームが見える。私たちが一週間で最も楽しみにしているハイキングは、運動という意味では兄にとって無に等しい。ハイキングが終われば、兄はバークシャー郡を走りまわる長いサイクリングに出かける。私が飛行機好きなのと同じぐらい、兄は自転車を愛している（私たちはライト兄弟のようなものだと冗談を言い合うことがある）。でも、兄はサイクリング中にぞっとするようなけがをすることがある（たとえば、ブレーキのワイヤーが手のひらに突き刺さったり、山道で転んで骨が見えるような傷を負ったり）ので、兄に会うときにはけがをしているのではないかといつも不安になる。

でも今日は、車から降りてきた兄は元気そうだ。ハグをしてから、虫除けのスプレーを手渡した。近くを蚊が飛びまわっている。まだ霜は降りていないが、この山や近くにある航空無線施設（パイロットに高度を示す役割がある）の周辺では秋の気配が感じられる。寒さに備えて、フード付きのトレーナーをバックパックに入れることにした。

私たち三人は、このスキートレイルのなかで最も緩やかなコースである〈ドリフター〉を歩いて登りはじめた。若いころに少しスキーをしたことがあるが、私のスキーの腕前はパトロール隊や高校チームのジャンパーを着ている人たちにははるかに及ばなかったし、兄の半分にも及ばない。そのころの出来事として思い出せることといえば、自分と同じ高校生がものすごいスピードで滑り降りていったり、ピッツフィールドの夜の寒さから身を守るためにフェイスマスクとゴーグルをつけた兄が、私の後ろでスピードを緩め、大きな声でアドバイスしてくれたりしたことぐらいだ。

スキー場をあとにして、鮮やかな青のペンキが塗られたばかりの四角い標識が示す方向に向かう。新設された森のトレイルだ。直射日光が木々にさえぎられ、傾斜が急になっていく。木々のあいだを風が通り抜ける音を聞きながら、ごつごつした石の階段の最初の一段を上る。トレイルが険しすぎるため、山肌を削って階段が設置されているのだ。カエデやオーク、シャーバックヒッコリー、ブナの木のあいだをぬってその階段を上りつづける。最近の嵐で倒れた若木が、トレイルに覆いかぶさるように傾き、別の木の枝のスリングショット(パチンコ)のような分岐点に、見ていてなかば安心できるような、なかば不安に駆られるような角度でもたれかかっている。

傾斜のある開けた場所に出た。下のほうには、ほぼ円錐形の二つの道程標が立っている。その傾斜を登っていくと見晴らし台があり、南の方角の眺望が開ける。バークシャーで最もすばらしい景色とはいえないが、手前に見える木々とその先に広がる空間の波打つ輪郭が、見応えのある景色をつくりだしている。

遠くにモニュメント・マウンテンが見える。一八五〇年八月、その頂上でハーマン・メルヴィルがナサニエル・ホーソーン〔アメリカの作家で代表作は『緋文字』など〕とともに激しい雷雨から身を守った山だ。その一カ月後に、メルヴィルはピッツフィールドの農場を買い取った。家のなかには大きな暖炉があり、その炉端に、火かき棒として再利用する銛(もり)を置いていたという。モニュメント・マウンテンの右手奥には、エヴェレット山がそびえ立っている。子どものころ、両親がそこにハイキングかピクニックに出かける計画を立てているのを耳にしたことがあるが、そのころの私にはその名前とエヴェレストとの区別がつかなかった。その山のはるか向こうには、ニューヨークの摩天楼がそびえ立っているはずだ。私たちの右手の尾根の奥には、私と兄がときどき別のトレイルで山を登ったときに目指す火の見やぐら（ファイヤータワー）がある。子どものころには、その土台部分だけでなく上までのぼれて、そこからの眺めをしばし独占できたものだった。

　ここからでもそれなりの景色が見られるが、もっと眺望のいい場所を私たちは知っている。トレイルのスタート地点の開けた場所の近くまで戻り、尾根に沿って森のなかを進むのだ。スキーコースのいちばん上を目指し、電波塔を通り過ぎる。私はパイロットになるための飛行訓練をアリゾナ州フェニックスで受けた。そのとき、サウスマウンテンの頂上に立つ木々の近くを通過するよう指示されたことがある。ピッツフィールドのここからさほど遠くないところにも同じ名前の丘があるので、なんだか親近感を覚えた。フェニックスのサウスマウンテンの頂上には、かなり強力な電波送信施設があり、民間ラジオ局で流れる曲がときどき航空無線の周波数に紛れ込むことがあった。小さな飛行機のフロントウィンドウ越しに尾根と送信施設が見えてくると、そろそろ引き返す時間だと言われているようだった。

　けがをしたスキーヤーを救助するための担架がいくつも保管されている小屋や、スキーパトロール隊の待機小屋、いまは使われていない巻上機（まきあげ）などがあるリフトの終点の建物などを通り過ぎる。さらに北に歩いていくと、メルヴィルが「最高の存在」と呼んだグレイロック山が見えてくる。さらに数十メートル先に進むと、グレイロック山の大山塊と私たちがいまいる丘のあいだに、ピッツフィールドの街が現れる。慌ただしくリフトを降りたスキーヤーが最初にスピードを上げるのがこのあたりだ。別の季節にここに来て、顔じゅうを虫に刺されたときのことを思い出して深く息を吐いた。

　私たちは、天板が風化した木製のピクニックテーブルにたどり着くと、草むらにいるダニを避け、テーブルの上に座って景色を眺めた。サンドイッチを取り出して二人に手渡す。テーブルから見て街側には、少し焦げた薪が積まれ、灰が残っている。誰かがここで夜にたき火をしながら、その炎やピッツフィールドの街明かりを楽しんだのだ。ある夜、私たちもそれと同じことをしてみた。そして、街を見る兄や、生まれ育ったサウサンプトンというイギリスの港町から遠く離れた場所にいるマークに視線を送る。街の向こうには、銀色の小型飛行機が緑の上を飛んでいる。私が高校生のときに初めて飛行訓練を受けた空港を目指しているのだ。

　この高さから見ると、上空を飛ぶ旅客機のコックピットから見るのと同じように、ピッツフィールドのいちばんのシンボルは〈ビルディング100〉という建物なのだとわかる。かつて、この巨大な直方体のグレーの建物では、変圧器の組み立てや検査が行なわれていた。いまではそれは、ピッツフィールドが製造業で重要な役割を果たしていたことを示す最大のモニュメントになっている。その建物からさらに、名前も定かではない通りに沿って視線を西に移すと、ダウンタウンの高層ビルやホテルが見える。私が通っていた高校はそのホテルの近くにあり、卒業記念パーティーもそこで開かれた。

　マークと一緒にカヌーを楽しんだフーサトニック川の支流を見つけようとしたが、残念ながら見えない。バークシャー・イーグル紙には、その環境保全と回復についての記事がいまも頻繁に掲載されている。かつて私が配達していた新聞だ。私はそのオンライン版を購読していて、チェンナイや北京やマスカット〔アラビア半島東南端のオマーンの首都〕のクルーホテルで眠れない漆黒の夜にスマートフォンでアクセスすると、ピッツフィールドの最新のニュース画面が枕の一部を照らす。
北の方角に目を向けると、私とマークが大好きになったカフェなど、特徴的な店が並び、街が活気を取り戻していることがよくわかる。なかには、古びた看板や埃まみれの鳩時計が並ぶ時計修理店もあり、不思議な夢の世界から抜け出てきたかのようだ。そこからそれほど離れていないところには、ピッツフィールドでいちばんのフライドポテトを出す酒場（タヴェルナ）や、人気劇団の劇場がある。その向こうには、赤レンガとコンクリート造りの病院がある。私が生まれ、母が亡くなった病院だ。

この尾根の先に見える果樹園でつくられたアップルサイダーと、もっと遠い場所でつくられた、砂糖とシナモンを加えて油で揚げたドーナツを一つ手に取ると、マークと兄に袋を手渡した。このドーナツを四つしか食べない人はいないねと、兄とよく冗談を言い合う。あるいは私はこう言うかもしれない。「これを食べるためにここに帰ってきたんだ」と。

視線をふたたび遠くに向け、緑の海の鮮やかさに目を細める。少なくともこの季節には、下にあるものを木々が隠してしまう。上のほうの枝が、ピッツフィールドの家屋など、小さな建物の多くを見えなくしてしまうのだ。それによって市街地の面積が小さくなってしまったような錯覚に陥る。そのことをよく知ってはいるものの、やはり緑が多いなと感じる。もう少し雨が降り、あと数分長く直射日光を浴びて土壌にさらにミネラル分が増えたら、きっと景色も変わるにちがいない。そうなったら、山に登ればふたたび豊かな森を見られるはずだ。

ハイキングでいったんからだが温まったものの、しばらくじっとして風に吹かれていたので、ここのところいちばんの寒さを感じる。初雪はまだだが、雪がもたらす静寂を思い浮かべ、雪が街を隠してしまうようすを想像した。

マークとつないでいた手を離して荷物をまとめはじめる。兄とマークは、自分たちの好きなテレビ番組の一場面について笑いながら話している。二人がピクニックテーブルから降りて歩き始めると、私はバックパックに丸めて入れておいたトレーナーを取り出した。急いで袖に腕を通し、風に吹かれながらもなんとか着ることができた。目を開けるとピッツフィールドの街が明るすぎるので、以前にもそうしたように手でまぶたを覆う。そして、太陽光で温まったテーブルから急いで降りると、マークと兄を探した。雑草の上を足早に走って彼らに追いつくと、三人で山を下った。

CITY OF GATES

門の都市

ロンドン、サンフランシスコ、ジッダ

大都市を想像してみよう。そこには古い門がわずかに残っている。最も保存状態がいいのは、のちの時代に造られた、より大きな建造物に取り込まれて生き延びたものだ。たとえば、駅のコンコース。吹き抜けの空間にガラスと鉄のきらびやかな円天井が広がっている。ガラス越しに見える摩天楼の光が雲に向かって伸び、そのなかに消えていく。もしかしたらこの駅で、古代の石造りのアーチや塔に出会えるかもしれない。取り付けられた銘板にその由来が書かれている。たとえば、都市の歴史の転換点となった包囲戦でそれらがどんな役目を果たしたのかについて。通勤客や旅行者は、駅の喧騒のなかで、二度と風雨にさらされることのないこれらの遺跡を便利な待ち合わせ場所として使ってきた。子どもたちは、かつて城壁があった場所を示す埋め込み式のライトに沿って走るのが大好きだ。城壁の跡は門と塔からカーブを描いて伸び、いまでは人々が行き交う駅舎内で夜な夜な磨き上げられる大理石の床を横切っている。まるで都市の紋章銘のデジタルバージョンが現実化したかのようだ。それは、マドリッドの紋章銘の最も感動的な部分である〝私の壁は炎からつくられる（Mis muros de fuego son）〟に似ているかもしれない。私はそんなふうに想像するのが好きだ。

さて、遠い過去の時代に、この街の門は夜になると閉ざされていたとしよう。ただし、最も厳重に警備されている門は別だった。そのため、時がたつにつれて、その門は「真夜中の門（ミッドナイト・ゲート）」と呼ばれるようになった。このミッドナイト・ゲートは前世紀の初めに城壁とともに解体されたが、地下鉄の駅の名に名残をとどめている。また現在、アパートメントを探す若者にとって最も人気のある地域の名前にもなっている。たしかにその門は失われてしまったが、かつてあった場所を含む地域はこれまでにないほど知られるようになった。その名のおかげで、現代の大都会に見られる二四時間続く活気と、そのなかで不安な夜や眠れない夜を過ごすイメージが簡単に思い描ける。そのため、詩や小説、歌、テレビ番組、映画などにこの門の名が頻繁に登場する。だが、たとえ列車内で「次はミッドナイト・ゲートです。右側のドアが開きます」というアナウンスが聞こえてきたとしても、その名の由来に思いを馳せる利用客はいないに等しい。

車を運転していて、スマートフォンの地図アプリに案内されながらその地区に向かっているとしよう。アプリは「ミッドナイト・ゲート前を通過してください」と指示し、「続いて……」といって進むべき道路名を伝える。その門に近づくにつれて、はるか昔に失われた門の画像がスマホの画面に現れてしだいに大きくなる。そして、門の名を冠する地点を通過した瞬間、画面の左や右や上部に門の画像が消えていく。そこを越えると、画面上の道路が灰色から緑色に変わり、ここが旧市街、つまり街の始まりの場所だとわかる。もし城壁がいまもあれば、あなたはそのなかにいて守られているはずだ。

ピッツフィールド

私はいま、ピッツフィールド市外の道を走っている。鬱蒼とした木々に覆われた丘に向かって、ほぼ真っすぐ上っていく道だ。シカが逃げ、七面鳥の家族が住宅街の端にある家の芝生に近づこうとしている。濃い色の何か――アライグマかヤマアラシだろうか？――が私と並んで走り、去年の落ち葉の残りをかき分けていく。

真夏なので汗でびっしょりだ。そのまま走って道を上りつづける。アスファルトが崩れて土がむきだしになっている箇所の破線を越えると、丘の頂上に到達した。そこには二つの門がある。左側の門は、貯水池へと続く道に車が入らないよう行く手をさえぎっているが、この小道をたどるのはかなり簡単だ。たくさんの人が歩くため、門を迂回するよう半円形に数多の足跡がついていることから、この小道は「笑顔の道（スマイルパス）」とも呼ばれている。右側の門がまたいでいる道は、悪路が整備されなくなってから何年もたち、バークシャーの林道とほぼ見分けがつかない状態になっている。

右側の門に片手を置く。すぐに何匹もの蚊に見つかってしまうだろう。ここに長くとどまる気はないが、冷たい金属の棒に触れて休憩するのは気持ちがいい。手に力を込めると脈動が指先に伝わってくる。この門は、最近、仕事でジッダに行ったときに見た城門とは似ても似つかない。だがどういうわけか、どちらも〝ゲート（gate）〟という名詞で表されている。サウジアラビア西海岸の現在時刻を計算し、ジッダの街で最も過ごしやすい時間帯であっても、ここよりどれほど暑いだろうかと想像する。それから、この道の先にある野生動物保護区と、高校時代の生物学のオルチ先生を思い出す。先生が教えてくれたのは、生命にとって最も重要なもののために、つまりエントロピーの増大や侵略者の侵入を阻止する一方で、生体素材やエネルギー、生体信号へのアクセスを調整するために生命がどれほど細胞膜や細胞壁に頼っているかということだった。

門から感じられる涼しさにもう少し身を預け、この小道にまたがる門を閉ざす錠前を眺める。都市にある門で好きなものを三つ挙げるよう言われたら、私はジッダ、ロンドン、コペンハーゲンの門を選ぶ。それぞれ順に、メッカゲート、ムーアゲート、ノーレポートだ。でも、目の前の門には名前すらない。金属の棒から手を離し、冷えた手で額を拭って方向転換する。ここから先は、ほとんどの樹木を見下ろすことになる。まばたきをして、目の前にあるすべての木を心のなかで塔に変え、ふたたび走りはじめる。

ロンドン

地下鉄のノーザンラインに乗ってキングズ・クロス駅に向かう途中、両脚でカバンを挟み、両手を自由にする。電車はいつも、カムデン・タウンとユーストン駅のあいだで最悪の金切り声を二つあげる。その一つが迫っているので、手で耳を塞げるようにしたのだ。

目を閉じて都市を想像する。その街の電車はこんな騒音を立てない。ふたたび目を開けて車内を見渡すと、ノーザンラインの路線図と、そこに書き込まれた二つの駅名に視線がとまった。ハイゲートとムーアゲート。どちらも心地よい響きがあり、いい気晴らしになる。

子どものころ、想像の都市の地図を描いた。その都市の端のほうはたいてい、大雑把なものか不明瞭なものだった。ところが、私が成長するにつれて、都市の境界は明確で目立つものになっていった。そのころ、城郭都市の存在とその歴史的な重要性を知ったからだと思う。そしておそらく、もっと気楽に自分らしくしていられる機会を求めて、遠く離れた都市にすべての希望を託すことを疑いもせずに続けているうちに、そんなふうに保護してくれる場所自体が保護を必要とするのだと理解しはじめたからだ。

イタロ・カルヴィーノは『見えない都市』で次のように書いている。「内と外を、車輪の音と狼の遠吠えを分ける線は何か？」。都市の城壁と門は、生物の細胞の進化を促す圧力と同じぐらい根源的な圧力から生まれたはずだ。ところが、都市が成長し、城壁のおかげもあって包囲や侵略への懸念が薄れる時代まで生き残ると、城壁は取り壊されることが多くなった。それを構成していた石はほかの建造物に使われ、かつて壁がそびえていた跡地はたいてい道路、とくに環状道路になった。

現在、ほとんどの都市の門や城壁は一部だけ残るか、もしくは完全になくなってしまっている。だが、都市の境界の内側にいれば安全だという古代から続く考えは、その後も生きつづけ、人間そのものと同じぐらいさまざまな姿で立ち現れる。門の形というのはあまりに原型的であるため、門がほとんど、またはまったく残っていない場所や、一度も建てられたことのない場所であっても、その概念は私たちに影響を与える（たとえば、アメリカの都市の多くは城壁とは無縁だったが、市長たちは感謝や称賛を示すために、開けるものがない鍵を市民に授与することがある）。

私にとって、門が呼び起こす偉大さと保護の感覚は、どちらも変わらない魅力をもっている。だから、地図を見るときは、とくに城壁が必要だった時代までさかのぼる歴史をもつヨーロッパやアジアの都市の地図を見るときには、そこに英語か、私が少しでも理解できる言語が記されていれば、まず門の名前に目がいく。門は、フランス語では「porte（ポルトゥ）」、スペイン語では「puerta（プエルタ）」、ドイツ語では「Tor（トール）」と表記される。また、中国語の簡体字では「门（メン）」、日本語では「門」で、どちらも門の形をそのまま表している。

このように、かなり多くの都市で、門は地域や道路、教会、駅などの名前として生きつづけている。それぞれの名は、もはやそこにない門の位置を示している。門はおそらく、現在の大都市より古くて小さな街、またはそのなかにある城や宮殿へ通じる入口だった。だが、ロンドンの門の名がすべて同等だとはかぎらない、と私は思う。地下鉄の車両が揺れ、うなるような音をあげるなか、車輪とレールから火花が渦を巻いて暗闇に散り、私たちの乗る電車がその闇の秩序を乱すようすを想像してみる。ムーアゲートはとくに印象的だ。シャーロック・ホームズのおかげで、私にとっては荒野（ムーア）を連想させる不気味さが漂うからだ〔『バスカヴィル家の犬』の舞台、ダートムーアはイングランド南西部の湿原〕。それにきっと、ムーアゲート駅の近くの通りの名がロンドン・ウォールという親しみやすいストレートなものだからだろう。ラドゲートというのも、ロンドンのすばらしい門の名だ。要塞を連想させるバービカンの近くにあって、旅行者が集まるアルダーズゲートやクリップルゲートにも同じことがいえる。

ロンドンにはかつて、ニューゲート〔新しい門〕があった。ニューカッスル〔新しい城〕もあった。チュニス〔チュニジアの首都〕、カイロ、エルサレムには、それらがいまでも存在する。ロンドンの門のなかでは、ムーアゲートのほかに、有名なビショップスゲートが私は大好きだ。その名が宗教的な威厳を具体的に表しているからでもあるが、現代の幹線道路の名前としても使われていて、「ビショップスゲート78」といったモダンな住所表示が可能になるのがいちばんの理由だ。道路名に（ピカデリーやホワイトホールやストランドと同じく）「ストリート」や「アヴェニュー」という言葉が付いていないぶん、ひときわ風格があるように感じられる。ロンドンの門の名の一部に、かつては「outside（〜の外）」の意味もあった「without（〜なしに）」という前置詞が使われているとその門がもっと好きになる。たとえば、セント・ボトルフ・ウィズアウト・ビショップスゲート（St Botolph-without-Bishopsgate）は、この首都に古くからある門の名前であると同時に、徒歩で旅する人の守護聖人にちなんで名付けられた教会名でもある。

キングズ・クロス駅で下車し、サークル・ラインの列車を待つ。この路線の駅名には、ムーアゲート、アルドゲート、ノッティング・ヒル・ゲートという三つの門の名が含まれている。ハイゲートと同じく、これらはかつてロンドンにあったような、城壁を通るための門ではない。通行料を徴収する施設がその名の由来だ。

ピッツフィールドで暮らしているとき、初めてキングズ・クロスという駅名に目が釘付けになったのは、その駅と周辺地域についてペット・ショップ・ボーイズが歌っているのを聞いたときだった。彼らの別の歌でフィンランドという駅名を聞いたときには、それがフィンランドではなくロシアのサンクトペテルブルクにあることがわかって、私の心にいっそう深く刻まれた。私は、ある場所を別の場所の名で呼ぶという発想が好きだが、以前にニューヨークにあるペンシルベニアという駅の名を聞いたときに感じた混乱と戸惑いを思い出す。それは、私たちがその一員となることを許してくれる都市とは異なる場所をさしているように思えたからだ。

特定の場所を別の場所の名で呼ぶスタイルは、門の名前の場合でも長いあいだ人気を保ってきた。たとえば、〝門の都市〟として知られるインドのアウランガーバード。かつて五二もの門があったとされ、現在も残っている門の一つが遠く離れたデリーに面していることから、門の名にデリーが冠された。デリーとラホール〔パキスタンの大都市〕にはカシミール門があり、それぞれがカシミールの方角を向いている。エルサレムにはダマスカス門とヤッファ門がある。ときには、二つの都市の門が互いを反映していることもある。ハンブルクの交通マップを見るとベルリン門という駅があり、ベルリンにはかつてハンブルク門があった。ベルギーのヘントにはかつてブルージュ門があり、父が学んだブルージュにはいまもヘント門がある。

昔から多くの都市で、夜になると安全確保のために門が閉められた。それを知った私は、城壁が必要になったそもそもの理由や、城壁の向こうにある暗闇がかつて何を意味したのかをあらためて考えてみた。たとえば、コペンハーゲンのノーレポートは真夜中以降も開いている唯一の門だったが、旅人は見張り役に料金を払って初めて街に入ることができた。ある時代には、ジッダの門は二つを除いてすべて日没時に閉じられた。残る〝税関の門〟はそれから一時間後に、〝メッカの門〟は二時間後に閉じられた。ただし、ラマダンの期間中には昼間の活動が制限されるため、両方の門が深夜まで開けられていた。韓国のソウルの門（現在も城壁の大部分と六つの門が残っていて、城壁をテーマにしたすばらしい博物館がある）は、夜間の外出禁止時間になると閉じられた。鐘の音で門の開閉が知らされていたという。いまではその鐘は大晦日に鳴らされる。まるで新しい年を開く合図のようだ。

サークル・ラインの電車がパディントン駅に近づくと、私も含めてほとんどの人が荷物と格闘しながら下車の準備をする。駅に到着すると、私はカバンを手にして階段を上り、プラットフォーム7に向かった。そこでヒースロー行きの電車に乗り込むと、いったん立ち止まって振り返り、見慣れたロンドンの〝玄関口〟のなかに広がる空間を見上げた。車両基地と呼ぶにはあまりにも立派な建物の上層部にかつて見られた、靄（もや）のようなガスは、古いディーゼル機関車の大半とともに消えてしまった。だが、霧の朝や夜に目を細めれば、いまでも簡単に思い描ける。

電車のドアがビーッ、ビーッという警告音とともに閉まりはじめる。私はカバンを置き、進行方向右手の窓際の席に座った。周囲に目をやると、会社員や若いバックパッカーのなかに、私とまったく同じ制服を着ている人がいる。知り合いではないが、それでも私は、ほとんど気づかないぐらいのかすかな会釈に応える。それから窓のほうを向くと、そこに映る自分の鮮明な姿に驚いた。電車が街から出ようとするなか、ネクタイを整えるのにちょうどいい。

サンフランシスコ

ゴールデン・ゲート・パークに向かって、街の北西部を歩きまわる。私の手にはまだ何枚かのチラシがある。数ブロックごとに、とくにホームレスの人たちが公園にいたり、ベンチのまわりで話をしていたりすると、私はそのたびに立ち止まって言葉を交わし、人捜しのためのそのチラシを配った。

探検家のジョン・C・フレモントは、サンフランシスコ湾に通じる海峡をクリソピラエ（ゴールデン・ゲート、金の門）と名付けた。これはビザンティウムの中心にある水路にギリシャ人がつけたクリソチェラス（ゴールデン・ホーン、金の角）という名前を思わせる（フレモントはコンスタンティノープルの金の門も知っていたかもしれない。それはローマの方角に伸びるエグナティア街道に通じる門だった）。

初期の地図や文書の一部には、フレモントのクリソピラエの英訳が補足的に、あるいは括弧書きで記されている。まるで、この橋が「クリソピラエ橋」と呼ばれる未来をフレモントが思い描いていたかのようだ。だが、ギリシャ語であろうと英語であろうと、ゴールデン・ゲートという名前は改良の余地がないほどよくできている。昨日、私たちのボーイング747は、その名を冠した空間に立ち並ぶ、くすんだ朱色の塔の上を旋回した。塔は、激しい西風によって鋼鉄のような水面から切り離された白波から立ち上がっている。私たちのナビゲーション・コンピューターは、連続するウェイポイント〔飛行経路上の地点情報〕をたどるために機首の方位を計算する際に、その西風を考慮する必要があった。そのとき、これ以上見事な自然の門は世界じゅうのどの都市にもないだろうと、あらためて思った。

私は子どものころ、心のなかでほかの子どもたちを、幸せか、かわいそうかの二つに分類したが、もっと正確な言葉で当時の自分が意図していたことを表すと、外向的か内向的かということだったのかもしれない。私の家から通りを数本隔てたところに住んでいたヘンリーは、ティーンエイジャーになると〝バークシャー・ギャング〟の面々とも親しくなった。ヘンリーは幸せそうで外向的でもあった。彼が笑うと、ほかの人に笑顔が伝染する。その優しさは、このチラシのなかの写真に見られる彼のほほえみにも表れている。ヘンリーは高校生活を楽しんでいた。つまりそれは、ときどきトラブルを引き起こすことを意味し、教師や学校の役員をいら立たせることもあった。だが、誰もが彼をいいやつだと思う点で一致していた。大学を卒業すると、ヘンリーは若い女性と恋に落ち、サンフランシスコに引っ越してコンピューター関連の仕事に就いた。

しかし数年後、ヘンリーの人生は崩壊しはじめる。一つには薬物の乱用のせいだった。仕事を失い、財産を手放した。恋愛関係も終わってしまった。そしてとうとう、ホームレスの世界に足を踏み入れた。その一方でヘンリーの母親と兄は、なんとか彼を定住させて治療を受けさせようと努力したものの、説得することはできなかった。

私の父はずっと、ヘンリーをとくに気に入っていた。二〇〇四年、クリスマスの数日前に、父はヘンリーを探そうとサンフランシスコに飛んだ。私がパイロットになり使えるようになった格安のスタンバイチケット〔航空会社の従業員が利用する、空席待ちの格安航空券〕を父が利用したのは、そのときが最初で最後だった。七三歳の父は、サンフランシスコに到着すると、一週間ぐらいかけてヘンリーについてあちこち尋ねてまわった。シェルターやコミュニティセンター、公園、路上、それにヘンリーがよく出入りしていたカストロ地区。最終的に父は、メトロポリタン・コミュニティ教会の無料食事サービスでヘンリーを見つけた。その後の数日間、二人は一緒にベーグルを食べに行き、中華料理のレストランに行き、公共図書館にも足を運んだ。夜になると、ミッション・ドロレス地区の端っこ近くにあるモーテルの父の部屋に戻り、ヘンリーがベッドで寝た。父は二人一緒の最後の食事を日記に次のように書き残している。

夕食をとるレストランは、マーケット・ストリート2217にある〈ボンベイ・インディアン・レストラン〉をヘンリーが選んだ。ウェイターに私たち二人の写真を二枚撮ってもらい、ハグと感謝の言葉をたくさん交わして店を出た。

寒い夜だった。商売人が店の外に出した空の段ボール箱が目に入ると、ヘンリーは、地面の冷気を防ぐために波型の段ボールを何枚か自分の寝具の下に敷くんだと言った。寝袋やテントはもうなかったが、ダッフルバッグには毛布と温かい服が入っていた。ヘンリーに、黒い袋を忘れないようにと伝えた。その袋には、換金できる空の金属製飲料缶が入っている。ヘンリーは昨日、それを茂みに隠したが、置いた場所を正確に覚えていた。私はモーテルに向かい、ヘンリーは私とは反対方向に消えていった。

その三カ月後、父は一般的なステント留置手術を受けたあと、脳卒中を発症して亡くなった。

七四歳だったが、ほかに健康上の問題はなかった。父の死から二年後、私はボーイング７４７を操縦しはじめ、サンフランシスコを定期的に訪れるようになった。当時、サンフランシスコは私にとってほとんどなじみのない街だった。一方で、とくにゲイの人たちに対する街の将来性は、私にも長いあいだ魅力的に映っていた。だが、年齢を重ねるにつれて、生まれ育った街から遠く離れた都市で自分を見失うことが別の意味をもちうることを、ヘンリーの人生が私に突き付けた。フライト後、夕食に向かう途中で同僚と笑い合ったりしながら歩いていると、ホームレスの若者たちの前を通り過ぎたのに顔を確認するのを忘れてしまうことがあった。そうしたことがどれほど簡単に起こりうるかに気づいて、衝撃を受けたことが何度もある。別の日には、チラシを貼ったり、シェルターや公園や路上でヘンリーを探しまわったりしたが、父ほどにはうまくはいかなかった。ところが、それから何年もたってから、私はついにヘンリーを見つけた。

ジッダ

紅茶のカップを置いて、操縦席の送信スイッチを切り替える。「おやすみなさい、アテネ」。ここからは、この経路で最後となるギリシャの管制官が指定した新しい周波数で交信することになる。その数字をキーパッドで入力し、マイクに向かってふたたび話しかける。「カイロ……カイロ、こんばんは」

ロンドン発ジッダ行きのフライトではいつも、私は夜行便を担当する。だから、紅茶のカップや、空中にある見えない国境線、それに真夜中が現れては去るなかで、これがロンドンを拠点とするワイドボディ機のパイロットが飛行する最短経路の一つだということを忘れがちになる。ギリシャの管制官からエジプトの管制官に引き継がれた地点では、クレタ島がかろうじて背後にあり、もうすぐアレクサンドリア沖の船の明かりが見えてくるはずだ。コックピットから眺めると、この二つの文明発祥地はかなり近くに位置しているため、古代エジプトを語るときにどんなギリシャ語が出てきても、私はもう驚かない。パピルス、ヒエログリフ、サルコファガス（石棺）、ピラミッドなど、私たちは多くのギリシャ語に頼っている。

ついにエジプトが視界に入ってきた。ここでは、北流するナイル川の広大なデルタの輪郭が照らし出され、午前一時や二時でも、扇形に広がる集落から放出される光のなかで輝いている。アレクサンドリア上空を通過し、川の流れに逆行して南下を続けると、この光の円錐は水面とともに狭まっていき、やがてカイロの濃密な輝きが暗闇にあふれはじめる。この首都を通り過ぎると、人々の暮らしは上空からは見えないナイル川にますます密着し、空から眺めると、眼下で照らし出されている集落の曲線を川そのものと簡単に見間違えてしまう。

そのあとすぐに、ルクソールの近くを通過する。この街は、かつてはテーベと呼ばれていた。または、ホメロスがそうしていたように、ギリシャ本土の「七つの門のテーベ」と区別するために「一〇〇の門のテーベ」とも呼ばれていた。このあたりで機体はエジプトの紅海沿岸に向かって東へとさらに鋭角に旋回する。そして今度は、まだエジプト領空にいるうちに、ジッダに向けて降下を開始する。東の空の端がほのかに明るくなりはじめるが、その真上の星をまとった闇のなかには、新しい一日の気配はまだない。ゆっくりと色づく地平線に向かって、私たちは海の上を突き進み、向こう岸の明るい地点に導かれていく。雲一つない夜には、フライトがこれぐらいスムーズにいくこともある。

歴史家のアンジェロ・ペッシェが書いた『ジッダ——アラビアの都市の肖像（Jiddah: Portrait

of an Arabian City)』によると、メッカへの巡礼者を運ぶ飛行機が一九三八年に初めてジッダに着陸した。その飛行機の名は〈ブラーク〉。稲妻という意味だ。ムハンマドをエルサレムまで運んだとされる、翼のある馬のような生き物にちなんで名付けられた。私たちは名前のないジェット機で紅海を渡りおえ、まだ静かな通りの上空を北に向かって旋回する。ここの滑走路は、風向きだけでなく海岸線にも沿うように設置されていて、降下していくと、コックピットの左側の窓の外に街の臨海地区が流れていく。右手にはメッカやアラビアのそのほかの地域があり、いままさに太陽が昇ろうとしている地点が山ぎわに見える。

　ジッダは約四〇〇万の住民を擁するサウジアラビア第二の都市で、商業の中心地だ。八〇〇キロほど内陸にある保守的な首都リヤドとは対照的に、ジッダはオープンで、海辺の街らしい国際性があるとされている。ちなみに、この二都市間の距離はデトロイト・ニューヨーク間とほぼ同じだ。

　何世紀にもわたって、ジッダの呼び名はその多くがローマ化されたかたちをとっていた。たとえば、Jeddah、Jiddah、Jedda、Gidá、Gedda、Jidda、Djeddah、Djuddah、Juddah、Djudda、Zida。ときにはDsjidda、Judá、さらにはGuida、Grida、Zidemと呼ばれていたこともあった。この多様性によって、ジッダの歴史の古さと重要性が認識されるようになった。長きにわたって、ジッダの外部の人には、この都市の名を口にし、書き表す努力をすべき理由があったのだ。

　ジッダという都市名の由来は、祖母を意味するアラビア語だという説が一般的だ。その語源は、少なくとも一〇世紀までさかのぼるジッダとイヴの結びつきに関連している。その中心には、街の北東に位置する墓の存在がある。そこにイヴが眠っているという言い伝えがあるのだ。だが、この都市名の由来にはほかの説もある。一一世紀には、アラブの地理学者アル・バクリが、「海または川のジュッダ（juddah）は、それに隣接する土地の一部である」と書いている。また、ペッシェは、旅行者たちが時代を超えて記録した都市名の由来につながりそうな単語をほかにも収集している。そのなかには「道」や「道路」を意味するものも含まれていて、「この街は神の家に通じる道である」というものもある。つまりメッカに通じる道だ。また、この都市名は「豊かな」「水を欲する平地」「海岸」を意味する可能性もある。そのどれもが、現代の旅行者にとってはあまり心を動かされる響きではないとしても、この街を的確に言い表しているように思える。

ジッダの初期の歴史は失われているが、最初の数世紀には、それがいつの時代であったとしても、数百人の住民しかいなかったはずだ。ペッシェの言葉を借りると、「よく言っても漁師の小村」ということになる。紀元二世紀にプトレマイオスは、ジッダについて直接は触れていないものの、近隣の二つの集落について記述している。一つは八〇キロほど東にある集落で、現在はメッカとして知られている。もう一つは四〇〇キロほど北にあるメディナだ（この呼称はシンプルに「都市」を意味し、「輝かしい都市」を意味する正式名の略称でもある）。

ペルシャからの入植者が六世紀にジッダに初めて城壁を建設したと考えられている。ということは、都市の最初の門の建設もそのときだった。ムハンマドの義理の息子、ウスマーン・イブン・アッファーンは、ムハンマドが六三二年にメディナで亡くなったあと、三代めのカリフとして統治した人物で、メッカに通じる港を探していた。当時、ジッダの南が上陸地として使われていたが、海賊に対して安全性の高い場所が必要だった。アッファーンはその海に浸かった。それがかなり楽しい経験だったため、「信者たちも加わるよう」招待し、この新興都市をメッカの正式な港に指定した。それ以来、ジッダはメッカを目指して船でやってくる人々の経由地として機能し、ムスリム世界の拡大に伴って多くの巡礼者が訪れるようになった。そして今度は、商業ルートの繁栄によって遠距離の巡礼が無謀な挑戦ではなくなったことが、さらなる拡大の一因となった。

一六世紀の初め、アフリカ南部を経由する航路が新たに開かれたことで、ポルトガルがインド洋で軍事的・商業的に力を増した。それによってジッダは、貿易から得る利益だけでなく、都市そのものが脅かされることになった。ジッダに城壁を再建する理由ができたのだ。そしてポルトガルが一回めの襲撃を試みる寸前の一五一七年四月に、ジッダは城壁を建て直す。同じ時代にジッダは、エジプトや紅海の多くの地域とともに正式にオスマン帝国の支配下に入った（そのなかでジッダの大部分はなんらかのかたちで存続し、二〇世紀のアラビアのロレンスの時代と、現代のサウジアラビア国家の成立を迎える）。一七世紀以降、オランダとイギリスが海洋大国として相次いで台頭し、ジッダが貿易で得る富はさらに減少することになった。それでも一八世紀には、イギリスの東インド会社がジッダに倉庫を保有していた。そのころ、ジッダの壁は朽ち果て、馬に乗ったまま越えられる箇所もあったという。東インド会社の従業員向けに書かれた手引きによると、一九世紀にジッダで取引されていた商品は、カルダモン、ウコン、麝香（じゃこう）、水銀、白檀（びゃくだん）、硝石などだった。

現代の訪問者にとっても、ジッダには多くの魅力がある。この都市にはたくさんの野外彫刻があり、ムスタファ・センベル、ヘンリー・ムーア、ジョアン・ミロなどの作品が展示されている。また、世界一の高さを誇る噴水があり、三〇〇メートルを超える高さまで時速数百キロで水を噴き上げる。夜になると、鮮やかに照らされた水煙が生まれ、闇のなかを漂いながら海に戻っていく。

ジッダの街は、巨大な噴水の下から紅海沿いに、超高層ビルで飾られた長い両腕を伸ばしている。ジッダの「コーニッシュ」（通常は断崖の端に切り込まれた海岸道路をさしているが、ペルシャ湾岸の多くの都市では海辺の散歩道（プロムナード）に対して使われている）は、アラビア全域のなかで私が何よりも気に入っているものの一つだ。最も魅力的な区画にはサイクリングロードがつくられ、高い位置に白い日除けがはためいている。それは空港の巡礼者用ターミナルのようにも見え、帆と砂漠のテントの両方が並んだようすを連想させる。惜しみなく灌漑された緑地の端に屋台がたくさん並び、日没後のピクニックを楽しむ多世代の大家族が何組かくつろいでいる。

ジッダは〝紅海の花嫁〟としてだけでなく、〝領事の町〟や〝領事館の町〟としても知られていた。それは、アラビアのほかの地域の多くが部外者にとって旅行しにくい場所だったことから、彼らがジッダとその周辺地域にいっそう注目し、ときにはこの地で特権を享受したことにちなんでいる。

だが、ジッダの最もよく知られたニックネームである〝メッカへの門〟は、私にとっても格別なものだ。

何より、ある都市がほかの都市の神聖さと格式をこれほど率直に身にまとっているのを耳にするのはめずらしい。有り体にいうと、ジッダには二つの天然の門がある。紅海沿岸部の多くの箇所には、船体を切り裂くのに理想的な、のこぎりの歯のような岩礁が長く連なっている。そのうえ、かつては難破船の生存者がどうにか岸にたどり着いても、山賊による強盗や殺人の被害が絶えなかった。地元の水先案内人以外には見つけることも航行することも難しいが、それでも岩礁を抜けて安全なジッダの港へと続く開口部がある。スペインのバレンシア生まれのイスラム教徒、イブン・ジュバイルは、一一八〇年代にメッカに向かう途中、ジッダで嵐に遭遇した。ジュバイルはそのときの船乗りたちについて、「狭い海峡に入り、巧みに進路を切り開いていくさまは、手綱が軽くて扱いやすい馬を操る騎兵のようだった」として、称賛と感謝の言葉を記録している。二つめの門は陸地にある。何千年ものあいだ、東にそびえる山々の浸食がメッカから海にいたる道を刻んできた。海と山にあるこの二つの門が一直線に並ぶ場所に街が生まれ、同じ岩礁を起源にもつ石が切り出されて都市が建設された。まるでそれが運命づけられていたかのように。

サンフランシスコ

カリフォルニアのナンバープレートのレンタカーに乗ってゴールデン・ゲート・ブリッジを北に渡りながら、ほかのドライバーには私がこの地の住民のように見えはしないかと想像して楽しんでいる。もしかしたら私も、この橋を一〇〇〇回以上渡ったカリフォルニアの人間で、橋を支える主塔が霧に覆われ、もう一つの主塔の周辺が晴れているのを見ても驚かないと思われているかもしれない。

昨日、ボーイング747でサンフランシスコにやってきた。今朝はヘンリーに会いに行く。この街の北にある精神科病院に入院していると聞いたからだ。ヘンリーの母親に言われて、今日が彼の誕生日であることを思い出した。レンタカーを借りたあと、スーパーマーケットのベーカリーで、あきれるぐらい大きくて色鮮やかなデコレーション・カップケーキをいくつか買った。

朝の光はカナリアイエローで、気温は一八度ぐらいだろうか。いましがた霧のなかから抜け出した。病院に車を停めるころには、気温は三〇度を超えていた。受付で自分の名前を告げる。運転免許証を取り出そうとして財布に手を伸ばすと、ラミネート加工されたカードが目に入った。その上部に電話番号が記されている。それは、パイロットが地球上のどの都市からでも無料で医師と話せる番号だ。この特権は世界じゅうで有効で、住民の多くが質の高い医療を利用できないような地域でも使える。私の知るかぎり、何よりも心強いだけでなく本当に役に立つ。以前、メキシコシティでこの番号に電話しなければならない状態に陥ったことがある。およそ一時間後、真夜中にもかかわらず、医学部で教鞭をとる専門医がホテルの私の部屋のドアをノックした。その医師はダークスーツに身を包み、昔ながらの医療用カバンを手に厳かに名刺を差し出した。

運転免許証を警備員に見せる。警備員は詳細を記録し、その場から離れてまた戻ってきた。どうやらヘンリーは私に会いたくないらしい。私は「遠くから来たのですが」と警備員に伝え、あなたの経験上、しばらく待ってからもう一度ヘンリーに聞いてみる価値がありますかと尋ねてみた。警備員は肩をすくめて「彼しだいかな」と答えた。ほかに誰が決められるのかとでも言わんばかりだ。私は泣きたくなり、父がいればいいのにと思った。それをこれほど強く願うのは久しぶりだった。父なら、私がいま何を言うべきか、次にどうすべきかがわかったはずだ。

ひと息おいて、ヘンリーのために買ってきたケーキを預けてもいいかと警備員に聞いてみると、それは許可されていないとのことだった。特大サイズのカップケーキに視線を落とすと、透明な堅いプラスチックの箱のなかで完璧な状態を保っている。このケーキをもらってくれるかと尋ねると、警備員は急に背筋を伸ばし、受け取れないと言った。しかたなく、昼の暑さのなかを持ち帰ることにする。助手席に置いて、ハイウェイと橋を通って街に戻るしかない。

ジッダ

携帯電話のアラームがホテルの部屋に鳴り響いた。アラームを止めて耳栓を外してから起き上がり、カーテンの下のひだのあたりから差し込む光のほうに向かった。

カーテンを開け、小さなバルコニーに続くガラスドアのあたりを見つめる。濡れてしずくが垂れている。一瞬、まばたきをしてから、〝もしかしたら雨？　ジッダで雨？〟と半信半疑になった。だが、それは雨ではなく結露だった。室内はかなり冷房が効いているのに対して、外の湿度が高いため、夏の午後に冷蔵庫から炭酸飲料の缶を取り出したときのように窓に結露する。水滴が量を増しながら流れ落ちて下の階まで達すると、窓は雨が降ったあとのようになる。

気候変動による危機があまりに切迫しているため、日常的に暑い土地があることを忘れがちだ。だがじつは、そういった土地もほかと同じように気温が上昇している。アル・マクディシという いにしえの旅人が、一〇世紀のジッダを「非常に暑い」と簡潔に描写している。真夏のジッダの暑さを経験すると、ニューヨークの八月を思い出す。歩道に面したビルの前を歩いていて、エアコンの巨大な吹出口の前を通るとき、思わず眉根を寄せて顔を手で覆う瞬間があるからだ。一方、ジッダでは、ヘアドライヤーのような突風をこの大都市全体が受けているかのように感じる。

暑さもさることながら、今日、私が室内でぐずぐずしているのには、もう一つの理由がある。ラマダンの真っただ中だからだ。街のなかで外食をしたくても、日没まで待たないといけない。トレーニングジムに行ってみると、近くにあるランニングマシンでは、誰一人、水さえ飲んでいない。それから部屋に戻り、読書をしたり、少し書き物をしたりした。しばらくして立ち上がり、ストレッチをしてから狭いバルコニーに出てみた。

私の部屋は東向きで、海岸通りからも海沿いにそびえ立つビル群（おもにホテル）からも離れている。白やベージュ、あるいは錆色の低層の建物や、モスクのミナレット（塔）、通信塔、ショッピングモール、ヤシの木、琥珀色の山々が目の前に広がっている。目を少し細めて、湿気とほぼすべてのミナレットを隠してしまえば、アリゾナ州のフェニックスに見えなくもない。

デスクの上に貼られたメッカの方角を示す矢印を見て、フライトコンピューター上に表示される〈ＩＳＬＡＭ〉というウェイポイントを思い出す。それは、礼拝をする方角を乗客が客室乗務員に尋ねたときに、地球の裏側にいても参照可能な地点だ。今日、ジッダにいる私は、これまでにないほどメッカの近くにいる。もうすぐ夕暮れどきが訪れる。この街とメッカのあいだに連なる峰々が薔薇色と深紅色に染まるころ、階下に降りて通りに出てみることにした。

ルネサンス時代の学者ニコラウス・クザーヌスは、知覚と創造の本質に関して一種の思考実験を行なった。それによると、私たちは感覚を通じて収集した情報だけを使って、自分の想像のなかで完結する世界を構築できるという。クザーヌスはそれを都市の門にたとえた。「宇宙地理学者は感覚と知性をもつ完璧な存在であり、その者の内部にある都市には五つの門、すなわち五感がある。全世界の使者はこれらの門に入り、世界の性質に関するメッセージをもたらす」

五感と五つの門。一〇五〇年にはジッダに二つの門があった。ペルシャの作家で旅人でもあったナースィル・ホスローは、「東のマッカに向かって一つ、西の海に向かってもう一つ」と書いている。これは内陸の聖なる都市にも通じる港としては最低限の数だっただろう。一三世紀には、ダマスカス生まれの地理学者、イブン・アル・ムジャウィールが門の数を「四つ」と記録し、一六世紀後半には、ポルトガル人の奴隷だったアフリカ人が「三つ」と記述している。一八五一年のオスマン帝国の地図には七つの門が描かれている。サウジアラビアの作家、ライラ・アル＝ジュハニは、最近の小説『不毛の楽園（Barren Paradise）』で、メッカ、イエメン、ニューゲートと、海に面した六つの都市の門を含めて九つの門について書いている。

あなたはすでに知っている。私たちが愛せば愛すほど、その対象は私たちを惑わす力が強まることを。それでも、疑念は私たちを駆り立て、遠くまで歩かせ、ときには走らせる。そして、あなたはジッダの路地を走り抜けて愛の地点にいたる。いま、あなたはこの海の端にいる……泳ぎ出て、浜辺から、ジッダとその九つの門から少し離れてみるといい。それぞれの門を守る二人の衛兵は、すべての来訪者に合言葉を問う。それぞれの門に合言葉がある。海よ、その波を開け。雲よ、その目を開け。ジッダよ、その門を開けよ。

暗くなるころ、ジッダの旧市街のはずれにたどり着いた。空気は冷え、祈りの声が響き渡る。笑顔の少年や若い男たちが信号待ちの車に駆け寄り、口をゆるく結んだ透明なビニール袋を手渡している。そこには、断食明けの伝統的な贈り物であるデーツと水が入っている。どう見ても部外者にしか見えないからなのだと思うが、彼らは手に持ちきれないほどの袋を私にも手渡してくれた。走ったあとで空腹だったので、デーツのねっとりした果肉をむさぼり、自然のものがこれほど甘くなることにあらためて驚いた。

モスクの外では、何百人もの男性が地面に座って食事をし、水を飲み、笑っている。そのモスクを通り過ぎてすぐに、交通量の多い、何車線もある道路の脇に立つ門にたどり着いた。それは大きくて頑丈そうな石造りの要塞で、私には城を囲む低い城壁の一部に見えた。高さが七メートルはありそうな尖頭アーチが入口になっていて、その両側には、屋根付きの欄干を載せた、丸みを帯びた二つの稜堡（りょうほ）がある。その門をくぐって道路を横切ると、大きな安全地帯の未舗装の部分に出る。そこには、復元されたジッダの壁の断片が、ヤシの木と明るい照明の下に立っている。私は道行く人に頼んで自分の写真を撮ってもらい、お礼を言ってふたたび歩きはじめた。

いま私が入った地区には、現在のジッダの住民の一〇〇人に一人しか住んでいない。英語では〝Old Jeddah〟（旧ジッダ）または〝Old Town〟（旧市街）、アラビア語では単に〝Al Balad〟（アル・バラド）、つまり〝町〟と呼ばれている。ここでは、ハイウェイに縁取られた現代の大都市のなかで、一つの時代をすくいとろうとする両手がそれまで手にしていた別の時代の遺物をどうすればいいのか迷っているかのような、驚くべき時代錯誤（アナクロニズム）を形成している。実際、迷路のように入り組んだ旧市街のレイアウトは、少なくとも一六世紀から続くパターンにほぼ忠実で、おそらく、何よりもこの街の気候の厳しさを反映している。街路の多くは、ジッダの空港の滑走路と同じく、北西に吹く風の流れに沿って造られ、街路の幅が狭いために住民は日差しから守られる。一方、街路沿いに並ぶ背の高い住宅の上層階は、あらゆる風を取り入れることが可能だ。しかも、各階の温度差によって、家のなかを通り抜ける心地よい風が生まれる。

ジッダのアル・シャフィーイ・モスクのミナレットは九〇〇年前のものと推定されていて、この街で最も古い建物は一二〇〇年代に建てられた倉庫だという。だが、旧市街で最も有名な建造物は、一九世紀に建てられた何百軒ものローシャンタワー・ハウスだ。中東で一般的な出窓を、この都市が独自のかたちで取り入れていることからそう名付けられた。華麗な装飾が施された硬材は、湿気や暑さや虫に強いものが選ばれ、この地で使われているすべての木材と同じく輸入されている。出窓が街路に張り出すことによって、居住や睡眠のためのスペースが広がり、プライバシーを保ちながら風通しをよくできる。ジッダでは、一つの階の出窓が次の階の出窓とつながり、全体でファサードのようなものを形成している。出窓には白漆喰やパステルカラーの塗料が塗られ、その彫刻の多くは、貿易商だけでなく巡礼者が何世代にもわたってこの地にもたらしたアジアの伝統を反映している。

門をくぐる。夜間の営業に向けてオープンしたばかりの店の明かりも、この暗い建物の高さまでは届かない。そこで私は自問してみる。富と都市計画の波が、ペルシャ湾岸の相当な数の集落の歴史を上書きしたが、ジッダの旧市街のこれほど多くの部分はどうやってその波を生き残ったのだろうか。現在、その波をかぶった湾岸都市の多くが、石油時代以前の名残を、趣向を凝らして展示している。そんな時代にあって、ジッダの旧市街のほとんどは、洗練や高級化とは無縁に見える。食料品や安価なプラスチック食器を売る商店や屋台が、モスクや伝統的なカフェ、いまにも崩壊してしまいそうに見える家屋と密に並んでいる。ネコが追いかけあって、一見すると廃墟のような工事現場の影を通り過ぎる。私は、薄暗い路地から、車には狭すぎる車道へと曲がり、少し明るい混雑した通りに入った。この通りは、ネオンサインと色とりどりの万国旗の列の下に伸びている。飾り彫りが施されたスカイブルーのチーク材のドアが並ぶ前を通り過ぎる。かつてジッダにあった壁はなくなってしまったが、旧市街はいまだに、独立した自足の世界を保っているように思える。

偶然、旧市街の西端にたどり着いた。どこを目指して歩いていたとしても、かならずここに出てしまうような、そんな場所だ。ここにはバブ・アル・フルダー（港の門）がある。だが、その名にもかかわらず、それが立っているのは海沿いではない。現代都市が埋め立てによって西方向に拡大した結果だ。この地域には、宝飾、時計、香水などを扱う店や、いくつものショッピングモールが目立つ。この門は、四脚の縦に長い長方形の石造りで、半円形のアーチが切り抜かれている。趣のあるスポットライトがあてられ、横断歩道が直接そこにつながっている。この門は軍事的な建造物というより、完全に儀式的なものに見える。その前身は境界を掌握するのに役立っていたが、現在の門はただその威光を思い出させるためだけに設計されたもののようだ。正面には、マサチューセッツ州の一〇〇本ほどの横断歩道で見たことがあるものに似た標識が立っている。その標識には、アラビア語ではなくいかめしい英語で、〝国法〟の定めにより車両は歩行者のために停止すること、と書かれている。

門の写真を何枚か、パートナーのマークに送る。マークはイギリスのサウサンプトンで育った。ジョン・ウィンスロップとその仲間の清教徒（ピルグリム）が〝丘の上の町〟を目指して海を渡ったときの出発地だ。城壁と門のイメージは、マークの子ども時代の風景のあらゆる場所に散らばっている。マーク兄弟が子どものころ、サウサンプトンの中心部から家に帰るときに乗っていたバスは、街の城壁の名残がある停留所の近くから出発した。そこから一二世紀に建てられたバーゲートが見えたという。マークの母親のジーンは、お気に入りの店が並ぶアボーブ・バー（Above Bar）通りと、バーゲートの南側の地区をつねに区別していた。ジーンがビロウ・バー（Below Bar）と呼ぶその地区は、かつて城壁が描いていた線の内側に位置する。さらに進むと、その港町のウォーターゲート（水門）の遺跡がある。

ジッダの港の門から旧市街に戻る。一八世紀後半に訪れたイギリスの少佐ヘンリー・ルークは、ジッダにある「つねに満員の」コーヒーハウスについて書いている。「庶民はそこで、ともにコーヒーを飲む。イギリスの庶民が居酒屋（エールハウス）でビールを飲むように」。私はカフェに入ってカラク・ティーを注文することにした。この店のものにはコンデンスミルク、カルダモン、シナモン、クローブが入っているようだ。ザムザムの水も販売されている。それはメッカの井戸から採取された水で、巡礼者が持ち帰る伝統的な土産物だ。カウンターの男性から、贈り物だからボトルを受け取るようにと強く勧められたので、少し話をしてみることにした。

旧市街で暮らす多くの人と同じく、その男性も生まれはサウジアラビアではない。エジプト南部のヌビアからやってきて、長年ここで暮らしているという。巡礼に来てそのまま居つづけているのかどうかはわからないが、そうだとしても彼はそれを実行した最初の人というわけではない。ある調査によると、ジッダの住民のほとんどは、ここにやってきてそのまま留まった巡礼者や商人の子孫だという。私はその男性から、ジッダにいる理由を尋ねられた。自分はパイロットで、前日の夜にロンドンを発ち、エジプトにある彼の故郷を越えてきたばかりだと伝える。だが彼は、飛行機やヌビアについて話す気はないらしい。私がイギリス人で、スポーツファンでもあると思い込んで、クリケットやマンチェスター・ユナイテッドについて話したがった。

飲み物を受け取り、座れる場所を探した。テーブルを見つけ、その上にカバンを置いてから部屋の奥に歩いていく。そこには一九二六年のフランスの雑誌記事が額に入れて飾られている。その記事の執筆者は、ジッダ（la Ville de la Grand'Mère、祖母の町）の繊細な建築について、現代建築やヨーロッパの建築に染まっていないと述べる一方で、公共の大きなモニュメントがないことを残念がってもいる。そして、その例として挙げた噴水はカイロやダマスカスの栄光だとしている。壁沿いに並ぶガラスケースには、古い電話器、石油ランプ、コーランが展示されている。そのコーランは六〇〇年前のものだと教えてもらった。それから売店で数枚の絵はがきを買った。サウジアラビアにはもう数十回も来ているのに、絵はがきが売られているのを見たのは初めてだったからだ。

部屋の反対側の壁には、一九四〇年ごろのモノクロの航空写真が注釈付きで掲げられている。よく見ると、ジッダの城壁の最後のバージョンがまだある。メディナゲート、いくつかのモスク、刑務所、海水の凝縮装置、エジプト公使館、イギリス公使館も見える。新しい門という意味のバブ・アル・ジャディドもある。この門は二〇世紀前半に自動車を市内に初めて迎え入れるために建てられた。実際に写真のなかで、市内に少なくとも一台の車が見える。

写真に車が写っているだけでなく、飛行機ならではの視点で捉えられているのに、ジッダの街はまるで古代のようだ。村と大差なく、壁が景色を支配しているため、海上からの敵や砂漠の荒廃から住民を守る城のようでもある。実際、この写真とこの街を描いた最古の絵（として知られているもの）を同じ街の風景だと言いあてるのは難しくない。その絵は、この街の破壊をもくろむ者に同行したポルトガルの代書人が一六世紀に描いたものだ。そこでは、密集した建物からなる半円形の集落全体を、ひときわ目立つ壁が取り囲んでいる。絵の左上の隅には"Judá"（ジュダ）と書かれていて、ポルトガルの艦隊が海上に集結しているのが見える。一部の船は帆を張っているが、オールを使う船もある。そこに描かれているのは、基本的かつ原型的なものだ。現実の世界でその都市がどのような名前や体制で知られているにしても、カルヴィーノが描いたように、一つの都市が存在しつづけただけだという事実をこの絵は暗示している。また、多くのものを背負って立つ要塞はかつて、ポルトガルの船乗りが五〇〇年前に記録したような勝算の低い戦いをくぐり抜けてきたことも読み取れる。ここに描かれた艦隊は、そこにある都市を破壊しにやってきたのだ。壁の上の小塔（ターレット）で風にたなびく旗のもとにある都市を。

カフェを出て、旧市街の中心部にある公園に向かう。この公園の特徴といえるのは、一本の木と、ポルトガルから奪った大砲（ただしその上でネコが寝ている）、それにジッダで最も有名な建物であるバイト・ナシーフ、すなわちナシーフ・ハウスだ。この七階建ての家は一八八一年に完成し、一九七〇年まで市内で最も高い建物だった。その階段は、ラクダが四階のキッチンまで荷物を直接運べるほど広いと言われている。

「一本の木」というのは、センダン科のニームだ。一九世紀後半に植えられたとされ、ジッダで最も古い木として知られている。しかも、一九二〇年までジッダで唯一の木だったという説もある。近年は、道路や海岸沿いに無数のヤシの木があり、この街はそれを誇っている。また、徹底した灌漑によって造園するのが一般的で、その費用は想像を絶する額になる。だが、アラビア砂漠の端に位置するこの都市には、その根底に荒涼とした雰囲気がある。それは、アリゾナやカリフォルニアで見られる発育不良の低木やサボテンの点在する地形を知る人が、砂漠という言葉から思い描くものをはるかに超えている。ジッダについて、一一世紀の訪問者は「植物がまったくない」と記し、一六世紀には別の訪問者が「この土地は何一つ生み出さない」と記録している。

今夜、私はニームの木の根元に腰を下ろし、その大枝が、まだ完全には眠っていない一万羽の鳥のようにざわめきながら揺れる音にしばらく耳を傾け、何人かのジッダウィ（ジッダの住民）から聞いた話を思い出した。モロッコからジッダを経由してメッカにやってきた巡礼者が、食べ物や贈り物をくれた近隣の家の主に感謝を伝えたいと思った。巡礼者はその家の住所を知らなかったので、手紙の宛先に「ジッダ、木の近くの家」と書いて投函したという。当時はそう書くだけで十分だった。実際のところ、木が一本だけの街では、それ以外の家に届く可能性はなかったのだから。

何カ月かしたら私も、その宛先がいまでも有効であることを願って、英語と（手伝ってもらいながら書いた）アラビア語で「サウジアラビア、ジッダ、木の隣の家」と宛先を書いた手紙を自分の街から送ってみよう。いまでは一〇六の部屋をもつ建物となった博物館宛てのメモをつけて。数カ月後、私が送った手紙は開封されることなく返送されるにちがいない。現在のジッダには、あまりにも多くの木があるからだ。

私は立ち上がり、まだまどろんでいるネコを横目に公園をあとにした。旧市街の東端を歩き、メッカゲートに向かう。墓地と旧街道（オールド・メッカ・ロード）のあいだの広場に立つこの門は、中央に大きなアーチが一つあり、その両側に小さなアーチが並んでいる。広場には光沢のある石が敷かれていて、近くの会社が放つ派手な照明の光を受け止めている。敷石に埋め込まれたダークレッドの八芒星（はちぼうせい）の模様も見える。それは二つの同心正方形の一つを、もう一方に対して四五度回転させたもので、イスラムの美術やデザインによく見られる。

この門は、かつてのメッカゲートそのものではないし、元々あった場所もここではない。都市が近代化するなかで東に移設され、再建されたものだ。一九四七年には、最後まで残っていた壁が取り壊され、その跡を環状道路がたどることになった。そしてそこから、それまで四世紀以上にわたってほとんど変わることがなかった都市の不動の境界が、熱狂的ともいえる拡大を開始する。

門が元々あった場所の周辺には市場があり、巡礼者はそこに立ち寄ってメッカへの旅に必要なものを購入した。かつて、その市場のにぎわいとコスモポリタニズムは伝説的だった。今夜は数分ごとに、若い男性ばかりの少人数のグループが、ビニールのレジ袋を提げて談笑しながら門を通過する。最近では車を運転する女性を見かけることも多くなっているのに、ここを歩く女性はほとんどいない。そうこうするうちに、私が広場を独り占めする瞬間があった。片方のアーチをくぐり抜け、もう一方のアーチから戻ってみる。そして「私はジッダの内にいる。私はジッダの外にいる」とつぶやく。ヘッドライトのまぶしい巨大な車が何台か、広場に沿って猛スピードで走り去っていく。その先にあるのは街の郊外なのか、それともメッカなのか。あるいは、私の想像を超える時間や部屋なのかもしれない。

門をくぐって戻り、〈アルバイク〉の支店へと向かう。アルバイクは、ジッダ名物のフライドチキンを提供するレストランチェーンだ。私がこれまでに行ったことのある、あらゆるファストフード・レストランに似ているが、そのほとんどのレストランよりおいしく、注文する列が男性と女性で分けられている点で異なっている。私も列に並ぶ。英語のメニューと、なじみのあるアラビア数字を眺める。サウジアラビアでよく使われる数字は、私がよく知っている数字とはまったくちがう。私の順番がきて、スパイシー・チキン・サンドイッチと炭酸飲料を注文する。値段は一〇リヤル。財布の紙幣を探り、取り出しては入れ、裏返しにして、ようやく私が認識できる〝10〟という数字を見つけた。後ろに並んでいる人たちのことが気になったのでレジ係に謝ると、彼はほほえんで首を振り、英語で「大丈夫ですよ、気にしないでください」と言った。

サンフランシスコ

数カ月前、ヘンリーは自分の兄に電話をかけ、短いボイスメールを残した。ソーシャルワーカーの電話を使わせてもらったという。それから一カ月間、私たちはその電話番号に何十回も電話をかけたが、誰も出なかった。そのあと、考えられるすべての方法を試してみたが、ヘンリーが望んでいないのに私たちに情報を提供してくれるところがあるはずはない。

私がボーイング747に乗務するのはあと数カ月。その後、新型の787の訓練が始まる。いまのところサンフランシスコは787の飛行ルート上にはないため、今回のフライトがここに来る最後になるかもしれない。その可能性がありがたくない呼び水となって思い出したのは、各都市を経験する過程で味わう、痛みを伴うパラドックスだ。ヘンリーのような人をときどき探すには十分な頻度で訪れるが、ヘンリーの人生や彼がそのなかで生き抜かなければならない都市に対して有意義な、あるいは継続的な貢献ができるほど訪れることはない。

だから、おそらく最後となるこの訪問のために、友人と一緒にまたチラシを作成した。そしてふたたび、ゴールデン・ゲート・パークに向かっている。残っているチラシはわずか数枚。公園に入る前に立ち止まって、若いホームレスのグループに話しかけてみる。

どこかの国でたとえばバスに乗っていて、若者がスマートフォンを片手に、私には理解できない言語で動画について話しているのが聞こえてくることがある。また、どんな製品なのかさえわからないまま、広告看板やテレビCMを見たりすることがある。そんなときに私は、圧倒された気持ちになることがよくある。どの国も、あるいはどの都市でさえも、それぞれが独自の完結した世界をつくりあげていることに気づいて、めまいを覚えるからだ。その世界で残りの人生を捧げて暮らしを営み、何かを学ぶことはできるかもしれない。だが、本当の意味でなじむことは決してできないだろう。

そうした世界が相互にもっとつながることは重要だし、実際につながる機会が増えていると思いたい。歴史と物語によって。移民と旅行者によって。また、コンピューターと（こんなふうに言うと高慢に聞こえるかもしれないが）飛行機によって。だが、サンフランシスコで私はよく思い出すのだ。ヘンリーが若者だった一時期、この街は、恋人やアパートや仕事など、彼の夢が現実世界で花開く場だったことを。だから私は、希望に満ちあふれているとはいえない二つの考えを抱くことがある。それは、それぞれの都市のなかに多くの世界があるということ。そして、ヘンリーはたしかにサンフランシスコにいるかもしれないが、私に見えるサンフランシスコにはもういないということだ。

それでも、チラシと粘着テープを手にして歩きまわってみると、ここにいるほとんどの人が私を助けたいと思ってくれていることに、私は気づいた。それ以来、心強さを感じるようになった。それをもたらしてくれたのは、つながりが生まれる可能性と、のちに作家のジャン・モリスの言葉で知ることになる、人々の気持ちの一つのあり方だ。モリスはこう書いている。「住宅の並ぶどの地区でも、ほぼどの地域でも、どんな国でも、そこには良識のある人々が暮らしていて、ひたすら待っている。笑ったり、泣いたり、思いやりを示したりできるときを」

何年にもわたって、ホームレスの男性と言葉を交わしてきたが、そうした人たちはほぼ例外なく親切だ。彼らはヘンリーの写真をじっくりと見る。確認するかのように名前を繰り返すこともあれば、渡したチラシに書かれた小さな文字を読むのに苦労している人もいる。近くの仲間にチラシを見せたり、通りの向こう側に力になってくれそうな人がいるから、そこまで一緒に歩こうと言ってくれたりもする。彼らはときどき、何枚か余分にチラシを持っていく。あとになって、そのチラシが別の場所に貼られているのを見つけたこともある。それは私が思いもしなかった場所だった。たとえば、ミッション・ドロレス・パークの北西側の隅にある公共トイレの入口近く。そのチラシがいったいどうやってそこに到達したのかを理解するまで、チラシを見つめつづけて何秒かかかった。

彼らは会話の最後に、やっぱりどこそこでヘンリーを見かけたかもしれない、と言うことがよくある。でも正直なところ、それが確かな情報とは思えない。私に協力したい、次に探すべき場所やだいたいの方角さえも教えずに私を行かせたくないという彼らの思いによって、かえって私自身がさまようようなことになりはしないかと、ときどき不安に思うこともあった。しかしそのあと、ピッツフィールドからやってきた人が最後にヘンリーを見かけてから何年もたっていることを思い出し、ホームレスの人たちがもたらしてくれる情報以外に何があるのかと、自分の愚かさを自覚した。

今日、話しかけてみたホームレスの男性グループの一人は、やせていて金髪だった。ヘンリーの二〇代バージョンだ。その男性はグループから離れ、私の手に残っているチラシの一枚を受け取ると、そのなかの写真をじっくりと眺めた。それから私の目を見て誓ってくれた。ヘンリーをかならず見つける、見つけたら電話する、と。その男性が抱く確信を私は共有することはできないが、それでもやはり慰めにはなる。

私は彼に、かなり画素の粗いヘンリーの写真がだいぶ前に撮られたものであることを念押しした。それからお礼の言葉を伝えて公園のなかに向かった。一カ月ほどして、私は747のコックピットでは最後となる、サンフランシスコ国際空港からの離陸を行なった。西側に向いた二本の滑走路のうち南側の滑走路を進み、ベイエリア特有の向かい風に吹かれながら上昇する。その向かい風は、高度が上がるにつれて強まるのではなく、むしろ弱まっていく。そして、ゴールデン・ゲート上空で旋回しながらロンドンへの進路をとる。そのときホームレスの男性からメッセージが届いた。だが、この新しいつながりも、ほんの数回の連絡のあとで途絶えてしまうだろう。彼はこう書いていた。「心配しなくても大丈夫さ。探してるから。いま探してるから」

CITY OF POETRY

詩の都市

ファーゴ、ヴェネツィア、
ロンドン、デリー

デリーの黄昏(たそがれ)

我が目には、この世の喜びはただの塵
血のほかに、何が体内を流れる?

塵と化し、両翼は力尽き
風にさえ吹き払われかねない

何者か? 我々に向かうその顔はまさに天国
その道に、塵の代わりに薔薇が散る

恋人から慈(いつく)しまれずとも、自分をいたわるべきだった
我が命をなんと無駄にしてきたことか!

ただ春を思うだけでも人は酔う
酒屋の扉や壁にいったい何がある？
恋ゆえの暴挙を恥じている
壊れたこの家を建て直せないものか！
アサドよ、この時代、我々の詩はただの気晴らしだ
自分の才能をひけらかしたところで、なんとなる？

ミールザー・アサドゥッラー・ハーン・ガーリブ
（一七九七〜一八六九年）

ピッツフィールド

ステーションワゴンの後部座席に座って、運転中の母の声に耳を傾ける。遊びにきた親戚が助手席に座っていて、母がダウンタウンを案内している。「アメリカの町にはたいていメイン・ストリートがあるけど、ピッツフィールドではそれがノース・ストリートなの……」

母が車を停めると、私たち三人は降りて、ピッツフィールドの中心街にある高級デパート〈イングランド・ブラザーズ〉まで歩く。一階で母が用事をすませたあと、四階のおもちゃ売り場に行くためにエレベーターに向かった。エレベーターの入口の上部には、時計の文字盤の上半分のような半円があって、エレベーターがいまどこにいるかを示している。針が左に戻るとベルが鳴り、制服を着たオペレーターが格子状の扉を開けて私たちを招き入れる。

地元では何世代にもわたって「イングランズ」として親しまれてきたイングランド・ブラザーズは、ドイツのバイエルン出身の兄弟、モーゼズ・イングランドとルイス・イングランドによって一八五七年に設立された。バークシャー郡で初めてエレベーターやエスカレーターを設置した店舗だったこともあり、イングランズは絵はがきになって「バークシャー中心部の〝大〟都市型デパート」という説明がついていた。この店が掲げていた往時のスローガン「イングランド・ブラザーズあってのノース・ストリート」は、少年時代の私が感じていた思いと響き合うものだった。なにより、サンタクロースや、おしゃべりができるロバートという名前のトナカイ（じつは物陰から従業員が話している）に会いに行ったり、クリスマスにもらうプレゼントの下見をしに行ったりする大切な場所だったのだ。

一九八〇年代初めのこの日、母にはきっと見えていたことが、まだ幼い私には見えていなかった。活気に満ちて安定感のあるこの店はピッツフィールドの心臓ともいえたが、すでに坂を下っていたのだ。一九八八年、父の五七歳の誕生日に、とうとうイングランド・ブラザーズは閉店し、市の中心街にすさまじい打撃を与えた。

その七カ月後、この地域で初となる郊外型ショッピングセンターが開業する（そこに向かうバス路線が新設され、秋の日の放課後に私も行ってみた。ずらりと並ぶショップの前を歩きながら、屋内に大きな通りがあることに驚いた。車が通らず、雪かきや砂まきをする必要もない）。その一〇年後、老朽化したイングランド・ブラザーズの建物は解体されるが、この店の特徴的なスカイブルーの箱は、三連の黒いランプが描かれたロゴとともに、世紀が変わっても私の人生にときおり顔をのぞかせた。最後まで残っていた箱は、父の手製のクリスマスのオーナメントを母が白い薄布に包んで入れていたものだが、角がつぶれてしまい、その残骸を私が捨てて終わりになった。

子どものころ、イングランド・ブラザーズはいつもそこにある揺るぎない存在だった。私が知っているイングランド・ブラザーズの所在地は、ノース・ストリート八九番地のほかになかった。のちに、最初からそこにあったわけではないと知って、信じられなかったぐらいだ。じつは、一八九一年になってよそから移転してきたのだ。それはちょうど、ピッツフィールドが正式に市に昇格した年でもあり、モーゼズ・イングランドは市の式典や新聞の一面で以下に掲げる詩を目にしたはずだ。それは、陸軍士官学校（ウエストポイント）の卒業生で、南北戦争を戦った元軍人で歴史家でもあるジェネラル・モリス・シャフ〔准将だったことから「ジェネラル・シャフ」と呼ばれていた〕によるもので、世界で最も新しい都市が抱く希望に〝永遠の都〟〔ローマ〕がたどった運命を戒めとして絡ませた詩だ。

ピッツフィールドに贈る言葉
町制から市制への移行に寄せて

誇り高き町よ！　汝は産んだ　壮麗なる高みにおいて
沈滞した平穏と赤き戦火から至高のものを
汚れなき名声の燦然たる繁栄を
そのまばゆい宝石は　女王たるローマを飾るも
やがて市民は変貌し　いまや　ああ！　聞け
カトーの墓所より出ずる　女王の嘆き声を！　そして光は失われた……

イアンが車を停めたが、彼も私もドアを開けようとはしない。私たちはダンキンドーナツでコーヒー（最近私はコーヒーを飲むようになった）を買って湖に持ってきていた。

イアンがフォルクスワーゲンのエンジンを切る。ガラス張りの静寂のなか、私はイアンについてほとんど知らないという事実を思い出す。私は一六歳。イアンは一九歳でもう大学生だ。二人とも通っていたピッツフィールド高校では同じ授業をとっておらず、廊下で互いを見かけるだけだった。だが、イアンは卒業後、私に手紙をくれた。それが今日会うきっかけとなる文通の思いがけない始まりだった。

私は気まずいのには慣れているはずだった。でも今日は、これまでにないレベルに達している。

コーヒーをするとイアンから視線をそらし、松林の向こうにあるビーチに目を向ける。そこは子どものころ、家族でバーベキューをしたり、泳いだりした場所だった。イアンの車を話題にするのがいちばん安全なのは明らかだった。そこで、この先数カ月で運転を覚えるのがとても楽しみだと話すことにした。イアンは「ちょっと試してみないか」と言ったが、その提案を考え直すかのように付け加えた。「ばかなことはやめておこう。道路には出ないようにしよう」

私はまだ仮免許ももっていなかった。席を交換すると、私はボート用のスロープを下って猛スピードで湖に突っ込んでいく自分たちを想像し、煽り立てるような見出しが載っている新聞を思い描いた。それはもう、私には配達できない新聞だ。私はイアンの車のエンジンをかけてバックさせたあと、駐車場内でゆっくりと運転した。いいぞ、楽しそうだ。それから車を停めてエンジンを切った。

私たちは車から降りて湖のほうへ歩いた。私はイアンに、泳ぐのが大好きだと言った。目の前にある小さなビーチで泳ぐだけでなく、YMCAの夏の水泳行事やスポーツ複合施設で泳ぐことも。そのYMCAの施設は、湖の流出口の向こう側に見える脇道を行ったところにある。何年間か、私の家族はその施設で夏のあいだ使える会員資格を購入していたが、そんな余裕のある家は少なかった。フロントデスクに、ドットマトリクス方式のプリンターで印刷された会員名簿があり、毎日、会員がやってくるたびに受付係が名前をチェックして消していた。名簿に載っているきょうだいが一緒に行かないとき、代わりに同級生や近所の子をこっそり連れて入るのは、よくあることだった。あるとき、私と兄は数人の友達と一緒に車で送られて泳ぎに行った。受付で名前を伝えたが、受付係は私と兄を見比べてあざ笑うように言った。「試したって無駄だよ。きみたちはどう見たって兄弟じゃない」。それからしばらく、このエピソードは、私と兄が子ども時代についてもっと率直に話し合うようになるにつれて、私がよく思い出すことの一つとなった。とくに両親が亡くなったあと、兄と私の距離は以前よりも縮まった。それは、一見すると矛盾しているように思える二つの気づきによる。小さな場所を共有しながら、しかも寝室が隣り合っていたというのに、二人とも、どこにも属していないという感覚が根深く、もがいていたこと。それなのに、ピッツフィールドは私と兄のそれぞれにとって、まったく異なる街だったということだ。

ガラスのように静まり返った水面の向こうに見えるのは、グレイロックの山塊だ。それから数年間、私とイアンは友情を超えたつながりのなかで、何度か一緒にこの山に登ることになるのだが、このときはまだそれを知らない。いまのところは、雪と氷に覆われることの多いこの山が、ハーマン・メルヴィルの傑作『白鯨』に登場するクジラの形だけでなく、色のアイデアの元にもなったのだと、何人もの国語の先生が教えてくれたことを話すぐらいだろう。

メルヴィルは海上で何年か暮らしたあと、残りの時間をピッツフィールドの静けさのなかで過ごした。メルヴィルの住まいには学校の遠足で何度も訪れ、ツアーガイドに案内されながら見てまわった。その天井が低くて古ぼけた部屋の一つで、メルヴィルはこう書いた。「雪で地面がすっかり覆われたいま、私はこの田舎で、ある種の海を感じる」。だが、メルヴィルは大都市にも詳しかった。ニューヨークで生まれ、ニューヨークで亡くなったのだ。そのあいだに各地を旅し、すらすらと執筆した。リヴァプールやローマについて。カイロからメッカへ向かう巡礼者がくぐる門について。そして「アテネに近づくと、まず視界に挑みかかってくる岩の上にそびえるパルテノン神殿」についても書いた。

私が知るかぎり、メルヴィルは詩のなかで一度もピッツフィールドに触れていない。だが、イアンと私がいま、岸で立ち止まり、そこから二人でまっすぐに見つめるこの湖について詩を書いている。「ポントゥーサック（Pontoosuc）」という詩（断崖を冠する湖がその下で煌めき／柱状の松が整然と並ぶ……）は、やはりピッツフィールドについて書いたものとして数えてもいいだろう。その題名が湖の名前だからというだけでなく、ピッツフィールドが最初、ポントゥーサック・タウンシップというかたちで成立したことを思い起こさせるからだ。

　イアンと私は水辺から離れ、ピクニックテーブルを見つけた。それは、ポントゥーサックの丘の中腹にいまでも柱のように並んでいる松林の下に設置されていた。二人で会話を続け、コーヒーを飲む。それから立ち上がって岸辺に歩いて戻り、そこを横切って、湖岸に沿って緑のなかへと伸びる短いトレイルに入っていく。私はイアンに、両親のことや二人の離婚について話し、それから来年の夏に日本に行こうと思っていることも話した。「それぐらい遠くに行くって考えるほうが、気が楽になるんだ。だって、やっぱり、いまはガールフレンドがいるわけじゃないし。とにかく、ピッツフィールドを永遠に去る日が待ち遠しいんだ」。それを聞いたイアンは手で何かを示したが、それがピッツフィールド全体のことなのか、湖畔の林だけをさしているのか、私にはよくわからなかった。そしてイアンは言った。「去ることだけがすべてじゃない。二人でここにいられてうれしいよ」

＊＊＊

　数年前から国語の授業を担当しているパース先生が言った。「ドームに行こう。今年度も終わるからね。それに、きみたちにとっては本当に最後の年だから」

先生は正しい。あと数週間で私たちは高校を卒業する。この学校のモットーである「ドームの下の我が家」は言いえて妙だ。じつは幼いころ、私はわが街のダウンタウンにあるこの立派な高校が、ワシントンの国会議事堂だと勘違いしていた。そう思い込んでいたのは私だけではない。

私も含めて同級生六人ほどが、パース先生について廊下を歩いていく。その先には、これまで通ることを許されなかったドアがある。先生は鍵を持っていたのか、それとも管理人から借りてきたのか。階段を上る。その瞬間に覚えた、規則が崩壊していく感覚は、私にとって自分たちの街を上空から見下ろすのと同じぐらいスリリングなことだった。

埃っぽくて薄暗い吹き抜け階段を上りきると、まぶしいぐらいの白い柱が支配する空間に出た。高所を吹く風で空気がひんやりとしている。欄干に両手を置いて、通りを渡ったところにある父のオフィスを見つめる。父がデスクから顔を上げれば、私の姿が見えるはずだ。その事実を発見してうれしかった。通りを見下ろすと公共図書館があり、風格のある古い建物がパークスクエアに並んでいる。南東の方角に目をやり、木々のあいだに自分の家が見えないか探してみた。

誰がピッツフィールドを出ていくのか、どこへ行く予定なのかと、パース先生が尋ねる。そして先生はほほえみながら、この街に寄せられる文学的な称賛について語った。私たちが一緒にピッツフィールドを見下ろしているあいだに、先生はなかば本気で、私たちを説得してこの街に残る生徒の数を増やそうとしているかのようだった。

詩人のエリザベス・ビショップが、恋人でピッツフィールド出身のボブ・シーバーを訪ねるために何度かこの街に来ている。でも、パース先生はビショップには触れなかった（一九三六年、ビショップはシーバーからのプロポーズを断った。その後、シーバーはニューヨークのホテル・チェルシーにいるビショップに「地獄へ行け、エリザベス」と書いたカードを送り、銃で自らの命を絶った。パース先生はそのことを知っていたのかもしれない）。先生は、作家で医学者のオリバー・ウェンデル・ホームズ・シニアにも言及しなかったが、その元邸宅はまだホームズ・ロードに残っているし、一八五〇年にピッツフィールドの新しい墓地ができたときの式典で彼は詩を朗読している（おそらく先生は、その詩「死の天使よ！ 汝の静かな統治を広げよ！」のトーンが、わずか数週間後に卒業を控えた明るい春の日にはとくに、若者にはふさわしくないと考えたのだろう）。

だがパース先生は、ヘンリー・ワズワース・ロングフェローについて一つの物語を教えてくれた。一八三七年、ロングフェローは、スイスでフランシス・エリザベス・アップルトンと出会う。のちにその二人は、ハネムーン中、妻の祖父母が所有していたピッツフィールドの邸宅〈エルム・ノール〉でしばらく過ごす。それはピッツフィールドで最も立派な邸宅の一つであり、ロングフェローはそこを初めて訪れたときに出会った時計から「階段の古時計（The Old Clock on the Stairs)」の着想を得た。

……そこで子どもたちが燥（はしゃ）いで遊び、
そこで若者と乙女が夢を見ながらさまよった。
尊い時間よ！ 黄金の青春よ、
愛と時間の豊かさよ！
守銭奴さえも自らの金貨を数え、
その時間を古びた時計がこう告げた。
「永遠など、決してない！

決して来ない、永遠に！」

パース先生によると、一七九〇年に建てられたエルム・ノールは一九二九年に取り壊された。その場所に、ドームのある私たちの学校を建てるためだった。

ファーゴとヴェネツィア

私とキルンは、短い夏の夜を徹して西へと車を進めてきた。バックミラーに映る空が明るくなりはじめるころ、ノースダコタ州とファーゴに入る。私たちは大学の最終学年を迎えるまでのあいだ、シカゴで働いていた。これはその街をもっと知り、〈ピッツフィールド・ビル〉として知られる三八階建ての高層ビルを見上げるチャンスでもあった（そのビル名はシカゴのデパート創業者であるマーシャル・フィールドが所有していたことから付けられた。フィールドはマサチューセッツ州西部で生まれ、一七歳のときにピッツフィールドのノース・ストリートにある服地店で最初の仕事に就いた）。私たちには、大学が始まるまでに数日の休暇があった。そこで昨日、〝風の街〟〔シカゴ〕の夕方のラッシュアワーを避けられるぎりぎりの時間に、借りてきたピックアップトラックに乗り込んでこの高速道路を目指した。

州間高速90号線は、マサチューセッツ出身者のあいだでは知っていて当然と思われる道路だ。とはいえ、この道は長い。実際、アメリカの州間高速道路では最長であり、中西部の何マイルかは私にとってまったく初めての道だ。私たちはウィスコンシン州トマの郊外で90号線と別れ、94号線に乗って北西に進み、ミネアポリスへ、さらにノースダコタ州最大の都市へと向かう。夜明けが近づき、空腹と疲れを感じはじめる。高速道路を降りると、数分もしないうちにファーゴの住宅街に迷い込んだ。午前五時半ごろだっただろうか。手入れの行き届いた中流層の家が並ぶ郊外の通りで私たちは車を停めた。

エンジンを切って窓を開ける。シカゴの高層ビル群をあとにして、高速道路で何時間もスピードと暗闇を味わったあげくに、静物のようなこの通りで私たちも静止している。その状況に二人とも戸惑った。新しい一日が始まったが、私たちは眠っていない。新しい街に来たものの、ピッツフィールドにあるような何十もの大通りとこの大通りを見分ける手がかりは、走行中の車のナンバープレート以外には何もない。私の目は、ファーゴの一つの家から隣の家へと歩道をたどっていく。この通りがもつリズムは、眠る静けさに包まれて水中にいるときのようだ。それは、暗く雪に閉ざされた朝に、家から家へと何度も新聞を配ったことのある人ならよく知っているものかもしれない。ほとんどの家の上階の窓はまだカーテンが閉まっている。通りには誰も歩いていない。自転車も車も走っていない。どのガレージも閉まっていて、作業台や釘に吊るされた庭道具も見えない。落ち葉を吹き飛ばすブロワーの音もしない。缶蹴りをして遊ぶ子どもたちのにぎやかな声もない。

私とキルンの絆は、その後もこうした旅をときどきすることで深まっていった。長く続く友情は、大学に入りたてのころのある夜に始まった。私たちは騒々しいパーティーにいた。もっと話しやすい場所を求めてその場を離れ、外に出たが、開け放たれた窓からまだ音楽や声が聞こえていた。それから一、二週間後、私はキルンの部屋でカミングアウトする。彼女の部屋は玄関ホールの先、私の部屋の角を曲がったところにあった。ほとんど誰にも話していなかったので、私にとっては緊張感に満ちた会話だった。だが、負担を感じる必要はなかったと私はあとで知ることになる。キルンはすでに気づいていたからだ。

いまファーゴにいる私は、一〇年後に母が逝くとき、そのそばにいるのが私ではなくキルンだということをまだ知らない。ピッツフィールドの母の病室で、私は、集まっている家族や友人たちに「何か食べるものを探してくる。すぐ戻るから」と言った。

そして、パートナーのマークと一緒に部屋から出ていった数分後に、母は亡くなった。病室に戻ってくると、「あなたが出ていくのがお母さんに聞こえていたのかもしれません」と看護師が言った。「よくあることなんです。お別れの瞬間はつらいので」

キルンはすでに詩人として才能を発揮していたが、それが生涯の仕事になるとはまだ知らない。私はパイロットになりたかったものの、実現する方法がまったくわからない。高校時代に何度か飛行訓練を受けたが、料金が高く、それ以上は無理だった。キルンは私に詩を教えてくれている。この夏はアン・セクストンの作品を紹介してくれた。まずは、イカロスの飛行について書かれた詩「仕事が大成功した友人へ（To a Friend Whose Work Has Come to Triumph）」で、「帆よりも大きく、霧の向こうへ、天鵞絨（ビロード）の海の突風を越え、彼は飛びつづける」という部分を読んで、「キルンは僕のことをよくわかってるな」と私は思った。

セクストンの別の詩「マーシー・ストリート四五番地（45 Mercy Street）」も、（それにインスパイアされてピーター・ガブリエルが書いた歌詞「夢はすべて確かなものになった」という部分も）かなり気に入った。セクストンのその詩の大部分は暗いイメージで、私の理解を超えたところにあるように思えた。だが、私の手元にあるセクストンの作品集には、この詩の前に題辞（エピグラフ）があり、〝ヒジュラ〟〔ムハンマドがメッカからメディナに移った聖遷。転じて、好ましい地へ移ること、逃避行の意〕は重要な旅だと説明されているのがよかった。この詩で私は、詩人と都市が切っても切れないつながりをもつことがあるという考えに出会った。この詩の場合はボストンだ。私はまだ住んだことがなかったが、両親が出会い、一緒に暮らしはじめたころの思い出話のなかで、つねに輝いている都市だった。私は、マッチを掲げて道路標識を照らす箇所を読み、「一生をかけてもその通りは見つからない」としても、都市のなかにある何かを探し出したいという欲望がずっと自分にあることを悟った。ただしまだ、探求の対象は定まってはいなかった。

　私たちは車を走らせ、通りかかったダイナーで朝食をとった。数日後、そのダイナー、ファーゴの街、そしてノースダコタ州を去ってから、私はキルンに、子どものころにつくった想像の街のことを話した。その告白はカミングアウトするより難しかった。その後、「さあ、これで全部だ。僕にはもう秘密はない」と思ったほどだった。

　数週間後、キルンから本をもらった。私がまだ知らない本――イタロ・カルヴィーノの『見えない都市』だ。キルンは本の扉にメモを書いていた。それは、現実の都市であれ空想の都市であれ、私たちがともに魅了されている都市に関するものだった。裏表紙には、ペーパークリップを何個も使ってカードを貼り付け、宣伝文を隠していた（私はそれを決して外さなかったので、キルンが私に何を読ませたくなかったのかをここに書くことはできない）。

　同書は、チンギス・ハーンの孫でモンゴル帝国皇帝だったフビライに、マルコ・ポーロが五五の架空の都市について語り聞かせるフィクションだ。それとも、マルコ・ポーロが語ったのは、彼が生まれ、亡くなったヴェネツィアという実在の都市一つだけだったのかもしれない。だが、そんなことはどうだっていい。そこがこの本の美しさなのだ。

　私たちはみな、同一の都市の夢を見ているのに、その都市は人によってそれぞれ異なって見える。その事実によって、ときおりその都市が実在しているのかどうかがじれったいほど不明確になる。『見えない都市』はそう暗示している。それは同書のなかで最も美しいモチーフだ。子どものころ、私は自分がいる場所とは別の場所や世界を想像していた。同じようなことをする人がほかにいるとは思っていない人にとって、この本は、心を揺さぶられると同時に慰められるような、特別な余韻を残すはずだ（カルヴィーノはインタビューで、退屈したことがあるかと聞かれたとき、こう答えたという――「子どものころにはそういうこともあった。でも、子ども時代の退屈は特殊な退屈だということには注意が必要だ。それは夢に満ちた退屈であり、別の場所、別の現実へ投影されるたぐいのものだ」）。

もちろんカルヴィーノは、都市を比喩的または寓意的な枠組みとして使った多くの作家や学者の一人にすぎない。最初に思い浮かぶのは、プラトンが『国家』で描いた理想都市や、トマス・モアの『ユートピア』に登場する、島全体を満たす五四の都市（カルヴィーノが描いた都市より一つ少ない）かもしれない。だが、カルヴィーノが描くイメージは、何よりも聖アウグスティヌスの「地の国」と「神の国」という区別を私に思い起こさせる。現実世界のすべての都市の背後には原型が存在するが、私たちがその原型都市を思い描くとき、そこには人間そのもののように欠陥や曇りがあるにちがいない。そんな考えを私は強く信じている。この信念を強化したのは、カルヴィーノの都市と言葉だった。いや、その本をくれたキルンだったかもしれない。さらに、その本で描かれた都市と言葉から思い出すことがある。あらゆる宗教は同一の真理を目指しているが、その出発点と経路がただ異なるにすぎない、という見解だ。それは私の母にとって希望であり、母は人生の後半を通してその希望を強く抱きつづけた。私にとって、その希望を共有するのはたやすかった。前提となる見解が地図に対するものとよく似ているからだ。

ロンドン

母は二〇〇一年に退職した。私が飛行訓練を始めた年だ。母には自宅に住みつづけるための十分な貯金がなく、私と兄も支援できるほどの収入がまだなかった。そのため、母は〝バークシャー・ファミリー〟の〝おば〟の一人であるスーの家に引っ越した。

その五年後、二〇〇六年の一一月初めに母は入院した。母は一九七〇年代に輸血で肝炎になり、一九九〇年代後半に受けた治療でよくなったと思っていたが、その薬物治療が神経障害を引き起こし、バランスをとったり歩いたりすることが難しくなっていた。その後の数年間で、この件とそのほかの健康上の問題が相互に影響しあったらしく、医師でさえも母が衰えていく速さに驚いた。それでも医師は、感謝祭には帰宅できるだろうと考えていた。そのため、母がもし退院したら出席しやすいように、〝バークシャー・ギャング〟がずっと続けているディナーの場所をスーの家に移すことにしてくれた。だが、母は帰宅できなかった。母はクリスマスの一一日前、わずか六九歳で亡くなった。

二〇〇七年一月のいま、私はロンドンの自宅に戻っている。でも、ここは果たして〝わが家〟といえるのだろうか。それはともかく、この街にはこの季節、雪ではなく雨が降る。数日前にピッツフィールドから荷物が届いた。航空会社で働いていると、航空券の割引だけでなく、ほかにも興味深い特典がある。貨物輸送の割引もその一つだ。年間総重量三〇〇キロまで使える。

でも、私に必要だったのはほんの少しだった。ピッツフィールドの私たちが育った家を父と継母が売却し、ノースカロライナに引っ越すと決めたとき、私は子ども時代のものをほとんど捨て、わずかに残ったものは母の新しい小さな家の屋根裏に保管した。母が退職してスーの家に引っ越すと、私はふたたび持ち物を整理し、日記や、岩石とコインのコレクションの一部、何枚かの絵と学校時代の書類だけを残した。

母が亡くなると、私と兄は母の遺品のどれを残すかを決めなければならなかった。私が選んだのは、母がぽつぽつと書き込みをしていた本を何冊かと、数枚のCD、そして母の高校時代の卒業アルバムだった（母のページには「クリスは聖母信心会の監督生という役割に誇りをもっている」と書かれていて、「クリスが行くところは、つねに明るく前向きな空気になる」という、ミステリアスさには欠ける言葉も添えられている）。

母の遺品と、私の子ども時代の最後まで残ったものが、先週、無料で海を越えて飛んできた。受け取るにはヒースロー空港の貨物倉庫まで行かなければならない。空港とはいっても馴染みのない場所まで車を走らせ、書類にサインをすると、ビニールで覆われた数箱を示された。ほとんど価値がないと税関で私が申告したものだ。私の小さな車にも苦労なく収まり、ロンドンの環状道路の一つで北側に弧を描く北環状道路に乗って家まで運んだ。

そしていま、私は床に座って整理をしている。母が透明のジップロックの袋に大事に保管していたパスポートを取り出し、ロンドンを二度訪れたことを示すスタンプを見る。

最後のロンドン訪問では、母はかなり身体が動かしにくくなっていて、公共交通機関を使うことができなかった。それまで私は、ロンドンの地下鉄を使った典型的な旅程にどれだけ多くの階段が含まれているか、まったく気づいていなかった。そこである日、私の運転で、母のためにロンドン中心部を通り抜ける短時間のツアーをした。混雑する午後に中心街を車で通過するのは私も初めてだった。母はとても喜んでいた。私にとってもそんな旅は初めてで、しかも助手席に母を乗せて行くことになるとは、母も私と同じぐらい驚いていただろう。私たちはバッキンガム宮殿の前で停車した。ハザードランプをつけて、母が写真を撮るのを手伝った。すると、私たちの周囲にほかの車も次々に停まり、ドライバーが車から降りて写真を撮りはじめたため、仰天した警察官が駆け寄ってきて私たち全員を急かした。

次に私は、ピッツフィールドからここに送った母の本の山を見てみることにした。それほど多くはなく、一〇冊を少し超えるぐらい。分厚いシェイクスピアの本が一冊ある。大学時代のものだろう。余白に書かれたメモのかなり几帳面な筆跡には見覚えがある。ベルギーから遊びに来た親戚が、形式的でいかにもアメリカ人らしい母の文字を解読できなかったことも思い出す。ページをめくるにつれて、ふと思った。この本のページに触れたのはおそらく母と私だけで、ほとんどが半世紀以上、光を浴びていないはずだ。おそらく、ボストンの部屋で、私には手の届かない時間を母が過ごしていたころから。

私はいま、その本のページを私の人生のなかでめくる。それはロンドンの日々でもある。ため息をつき、ハードカバーの本を閉じる。こんなに頑丈なものを初めて軽いと思い、私には見ることのできない過去の重みを知った。この感情をどうすることもできない。

その本を置いて、別の一冊を手にとる。ウェンデル・ベリーの詩集だ。母はベリーの作品が大好きで、二〇代の私に何冊かくれたことがある。ベリーはのちに、都市生活とは「経験そのもの、現代という経験そのものであり、田舎町や農場、荒野での生活は現代とは無関係であるだけでなく時代遅れだ」という考え方に対して、激しい反論を長いあいだ書きつづけた。私はベリーの詩の多くに親しんでいる。それは、バークシャーという土地に愛情を抱いていることとまったく同じ理由による。だが、田舎暮らしのなかで成長するにつれ、私は丘の向こうにある鋼鉄とガラスを夢見るようになった。

ベリーの詩集を本の山に戻し、母が保管していた私の学校時代の書類を見る。子どものころは詩に関心がなく、それを書いた記憶もない。だが、どうやら私は書いていたようだ。青い罫線が幅広の行間に薄く引かれた、学校のグレーの用紙に、ぎこちない、間隔の詰まった文字でこうあった。

暗くて不気味な灰色の夜
馬たちがいななく。
コウモリが人の首にかみつき
船は難破を恐れずに進む。
みんな大きないびきをかき
だれひとり集わない
静かな夜に泥棒がこそこそあらわれ
鳥たちが驚いて空を飛ぶ。

思わず笑みがこぼれた。笑顔になったのは、母が亡くなってから初めてかもしれない。アポストロフィの打ち忘れがあるその詩を床に置いた。少なくとも母は、その詩を気に入っていたらしい。これほど長いあいだ大事に保管していたのだから。「少なくとも」と私はもう一度、思いをめぐらす。母も気づいていたかもしれないが、その詩は「フライト（flight）」という単語で終わっていた。

デリー

乗客として、のちにはパイロットとして、飛行機の窓から見える景色に出会ったとき、眼下に広がる世界の継ぎ目のない滑らかさに心を打たれた。いま私は、前方の暗い土地に横たわる光の線を見下ろしている。その線はパキスタンとインドを分けていて、それを見ていると、自分の昔の寝室に戻って地球儀を回しているような気分になる。暗くなると、地球儀の上ですべての国境が輝いていた。

機体はラホールからそう遠くない地点にいる。現地時間は真夜中ごろ。キルンの父のインデルはここで育った。一九四七年にイギリス領インドがパキスタンとインドとして分離独立した際の混乱によって、家族とともにデリーへと追われた。私は以前、マサチューセッツ州のキルンの家でインデルと座っていた。家から下ったところにある凍った川から冬の風が吹き上げて、窓ガラスを揺らす。私はパキスタンのカラチ上空を飛んでいるときに見える都市の光のことをインデルに話した。その光は、輪郭が鮮明な都市の風景というより、ぼんやりとした輝きで、その港湾都市の、永遠に消えそうにない海の霞で緑色になっている。それに対して、内陸にあるラホールの輝きは、より白く、はっきりとしている。そして首都のイスラマバードでは、その街の向こうにそびえる山々のふもとで、光は雪解け水のように溜まっている。

インデルの家族は、パキスタンとインドのあいだに国境が引かれた直後に、そこを越えた。私は、その国境が照らし出されるようすについてもインデルに話した。その光は私が見てきたどの場所とももちがう。インド・パキスタンの分離独立は、歴史上、最も大規模な集団移住だとされることも多い。それに伴う苦しみは理解可能な範囲を超えている。単に視覚的な意味でも、国境が輝いていることは理解しがたい。遠くから見ると、その光の帯は丘の斜面によく似ている。どうやら、近づく角度によっては短くなるらしい。あるいは、こちらに向かって上昇したり、下降したりするからかもしれない。その奇妙なジグザグは、月明かりが国境地帯を三次元的にすべて明らかにして初めて、それが何なのかがわかる。

いま、その国境が近づいている。デリーへの降下に備える時間だ。私たちはタブレットコンピューターに目を向けた。インディラ・ガンディー国際空港へのアプローチは何パターンかあり、そのチャートに添付された注意書きを読む。

デリーTMA(飛行場入出域)に入るすべての航空機は、RNAV(広域航法)によるSTAR(標準到着経路)の条件下の航行でないかぎり、以下のIAS(指示対気速度)に従うこと。ATC(航空交通管制)からの指示がないかぎり……

こうした注意書きの目的は、この空港がほかの空港とどうちがうのかをわかりやすく伝えることにある。世界じゅうの航空会社にパイロットがいるが、母国語が英語でない人も多い。書かれている情報は実用的で簡潔だ。もちろん、歴史や文学について語る余地はなく、デリーの注意書きのどこにも、インドの詩人、ミール・タキー・ミール(一七二三ごろ~一八一〇年)を思わせるような記述はない。ミールはこう書いた。「デリーの街路は絵が描かれたページのようだった/私が見た光景はすべて絵のようだった」

ターボジェット機は、1630から0030までのあいだ、継続降下到着方式(CDA)を使用する。

空からデリーにアプローチするための技術ガイドは、アミール・ホスロー（一二五三～一三二五年）には触れていない。この詩人は、デリーを意味する〝デヘルビー（Dehlvi）〟が名前に添えられることが多い。それほどこの都市との関係が深い。彼はこう形容した。「純粋なる楽園の双子／地上の巻物に書かれた天国の王座の原型」

ＭＮＭ（最低）地上走行速度は、ＴＷＹ（誘導路）の直線部分では一五ノット、旋回操作中は八から一二ノット。

この技術ガイドには、サンスクリットで書かれた叙事詩『マハーバーラタ』は載っていない。それは史上最長とされる詩で、そこに登場するインドラプラスタは、神話に彩られたデリーの前身だと多くの人が信じている。

クリシュナはひと呼吸おいて言った。「カンダヴァプラスタをあなたにちなんでインドラプラスタと名付けましょう、デーヴァよ。あなたはこの都市をふたたび建てなければなりません。それは過去に知られていた栄光より大きな栄光であるべきです」。……ヴィシュワカルマンが触れると、乾いた池はすべて透明な水で満ちた。そのなかには、白い蓮、朱色と紫色の蓮があり、頭を翼の下に押し込んで寝る水鳥の群れのあいだで星が反射している。香り高い果樹園と庭園がその通りのそばにあった。透明な水を満たされた深い堀が難攻不落の外壁を囲んでいる。その壁はガルーダの翼のように広がっていた。

AD（飛行場）周辺に鳥

デリーはヒンドゥー教で二番めに神聖な川、ヤムナー川に面している。それは最も神聖な川であるガンジス川の支流だ。ウピンダー・シンという学者が、この二つの川の関係について次のように書いている。「女神ヤムナーは、古代インドの多くの寺院の彫刻でガンガーとともに描かれ、入口を飾っていることも多い。ガンガーは月のように白く、マツヤ（魚）やマカラ（ワニ）の上に立っている。ヤムナーは肌の色が濃い女神である。彼女が立っているのはカッチャパ（亀）の上だ」

ヤムナーの肌が濃いのは妥当だと私には思える。デリーが夜に強く結びついているからだ。実際、私は夜に到着することが多いため、少なくともほかの時間帯の街を上空からイメージすることはできない。まどろんでいる巨大都市に向かって降下するとき、特別な感覚を抱く。とくに一月のデリーは、霧のせいでその感覚がさらに不気味な静けさをまとう。霧や霞が立ちこめると一枚の粗い布のようなものが地面に敷き詰められ、アプローチするときには、何百万もの人が放つ光がほとんど覆い隠される。

「デリー・コントロール、おはよう」と管制官に伝える。この旅で最初のインドの管制官は、夜な夜な、何度も繰り返し自分の都市の名前に応答する。私たちの双方が使用を定められている言葉は、チャートの注意書きと同じく、簡潔で国際的に標準化されたものだ。管制官の返答には、サロージニー・ナーイドゥ（詩人・社会運動家で、マハトマ・ガンディーによってインドの「バーラト・コキラー」（小夜啼鳥（ナイチンゲール））と呼ばれた）の詩は含まれていない。ナーイドゥはデリーの特徴を次のように表現した。「帝都！　至上の恩寵を授けられ……その祭壇の前では死の呪文も効かない」

航空機がデリー周辺の空に入っても、管制官は歓迎するわけでもない。この都市にはとてつもない物語があるというのに！　デリーのことをインドの初代首相ジャワハルラール・ネルーは「いくつもの側面をもつ宝石。明るい面もあり、時をへて暗くなった面もある。……多くの帝国の墓場であり、共和国の育ての親でもある」と形容した。

歓迎の言葉の代わりに管制官は言う。「ナマステ、こんにちは。降下を開始してください」

数分後、インドで二人めの管制官とつながる。その後、三人め、四人めへと移っていく。「デリー・タワー〔デリーの管制塔〕」と私は呼びかける。「一〇マイル地点にいます」。フラップを展開して着陸装置を出し、減速して最終アプローチに入る。霧の最も濃く、最も低い層へと降下する。タワー管制官から着陸許可が出ると、私たちはそれを受けて着陸する。

夜も更け、霧がターミナルビルのおぼろげな輪郭さえも隠すなかで、最後の瞬間が訪れる。回転するエンジンが音を立て、コックピットに並ぶコンピューターの画面が光っているが、私たちはどの時代のデリーに着陸したのだろうか。そんな感覚が高まる。そして駐機し、ターミナルに向かって歩きはじめる。明るく照らされた店舗は営業中で、もちろん、深夜到着便の対応も手慣れたものだ。アナウンスが流れるなか、フライトバッグを運びながら、バックライトで照らされた銀行の広告の前を通る。手荷物引取所のターンテーブルが振動し、動きはじめる。そこで私は思う。ここは間違いなく現在で、ほかの場所とたいして変わりはない。

ただ、ほかとはちがう点がある。ここで私はキルンを探す。いつものことだ。キルンは、父親が故郷と呼ぶようになったこの首都にときどき滞在し、そのあいだに長い手紙を送ってくれた。

キルンがピッツフィールドとデリーを直接的に結ぶ存在といえるから探すわけではない。キルンはこの空港への到着について詩を書いている。その詩は、友人を、つまり詩やデリーについて知識がほとんどないパイロットを、その両方の入口へと導くために創作されたと私は勝手に思っている。それが理由だ。

ニューデリー、到着

煙　くすぶる黄土色　青い閃光
飛行機の軌跡の下　ネオン灯の
余燼（よじん）　この都市の中心の環を越える
光輝　それは傾く銀の翼
ディスコを越え　寺院の踊り子の
足首の鈴の音　少年たちが
オレンジを売り　公園の噴水で
足を冷やす　神聖な牛が
ごみの山でくつろぐ　急勾配のドーム
それは金曜モスク　ハンバーガーと
大理石のムガル帝国の宮殿　そして

タイヤが　滑走路に叩きつけられ
耳のなかに　灼熱が広がる
ドアが開くと　血が脈打ち
現地の言葉が　そこかしこに飛び交う
灰の匂い　男たち　フェンスに絡むジャスミン
ターバンを巻いた　タクシードライバーが
炎の言葉で　話しかける
お嬢さん　街までどうぞ
お嬢さん　家まで送りましょう

＊＊＊

初めてデリーに飛んだとき、キルンの詩を読んだ。冬の午前三時ごろ、詩と同じ空港のドアから外に出る少し前だった。その夜のデリーはロンドンよりも寒く、私たちの乗ったバスがガタガタと揺れながら突き進むモノクロームに近い暗闇のなかで、道路の上の土埃が雪のように見えた。この初めての訪問で、キルンは、私が行くべき街の名所をいくつか挙げてくれた。ローディー・ガーデン、インド門、カーン・マーケットや、キルンが子どものころから知っている場所。それから、大学の夏休みにこの街の雑誌社で働いていたとき、たまにノートパソコンを持っていって仕事をしていたカフェも教えてくれた。初めてデリーに飛んでから数年間は、この都市に来るフライトを担当することがときどきあった。そのすべてのフライトが、キルンが遠くからスケッチしてくれる都市をもっと探求する機会になった。私はキルンに、行くように勧めてくれた子どもも時代の思い出の場所の写真を送り、キルンがまだ知らないこの都市の見過ごせない変化も伝えた。そこには、急速かつ着々と進む新地下鉄の拡張も含まれていたが、それは私自身が熱中していることだといって二人で笑い合った。そして、突然、フライトスケジュールが変更され、私がデリーへ飛ぶことはなくなった。

数年後、ふたたびスケジュールが変更された。そして今夜、ここに戻ってくることができてうれしい。ここに来ないあいだに、キルンとそのお父さんから、デリーとその詩に関する長い伝統について、それからなぜこの大都市が「詩人の街」や「韻文の街」と呼ばれるのかについて、さらに少し学んだ。数週間前、私はキルンに頼んで、この街に関連する別の詩を選んでもらった。その詩を私が読むのは、空港の動く歩道で足が止まり、スマートフォンの画面を素早くスクロールするときではなく、眠ったあとにカフェインをとり、街に向かう道にいるときだろう。私は、キルンがメールで送ってくれた詩をプリントアウトし、自分の目に触れないよう慎重に折りたたんだ。そして、それをスーツケースの蓋の内側にある小さなメッシュのポーチに入れた。私のプランはこうだ。今日、デリーのどこかでそれを読む。

空港近くのホテルに到着したのは午前三時半。計算に少し時間がかかったが、イギリスでは午後一〇時だ。インド標準時と協定世界時には五時間半の時差がある。これは魅力的な非日常であると同時に、パイロットが乗客に到着のアナウンスをする前に、時差の計算を三回確認するいい理由にもなる。ちなみに、マサチューセッツ州にいるキルンにとって、いまは午後五時だ。私は自分の部屋に行ってカーテンを引いた。一晩分の睡眠をとり、昼ごろに街に向かおう。

作家で政治家のクシュワント・シンは『あり得ない都市（City Improbable）』という著書のな

かで、デリーには「ほかのどの大都市よりも長い歴史と多くの歴史的モニュメント」があるとしている。こうした結論を検証するのは簡単ではないが、確かにいえるのは、デリー地域には何千年ものあいだ人が住みつづけてきたこと、そして現代のメガシティのなかでもデリーの過去は最も奥深いものの一つにちがいないということだ。デリーは、世界で最も人口の多い民主主義国家の首都になるはるか昔、一四世紀にイブン・バットゥータによって「美と力が一体となった広大で壮麗な都市」と形容された。その後、チンギス・ハーンの子孫に征服されたが、イギリスの帝国主義に対する歴史的な反乱が生まれた場所でもある。

映画『いまを生きる』は、ニューイングランドの堅苦しい学校にやってきた型破りな国語教師を描いた作品であり、公開されたのは私が一五歳のときだった。ある場面で、詩の偉大さを計算する方法が出てくる。詩の芸術性とその題材の重要性を数値化してグラフのx軸とy軸上に書き入れ、その二つの点と座標と原点を線で結んでつくられる図形の面積が詩の価値に相当するというものだ。だが、ロビン・ウィリアムズが演じる教師はそれを否定した（一方、当時の私には、その計算方法が完璧に理にかなっているように思えた）。

あの場面から学ぶべき教訓とはいえないのだが、大都市の計り知れないすばらしさを測るために、私はその方法を採用し、発展させるつもりでさえいる。同様のプロセスでさらにz軸を加えれば、次の三つの指標をもとに、都市の栄光の大きさを計算できるかもしれない。その指標は、都市の年齢、現在の人口、そして他の民族や場所に対して影響を与えたり支配したりした度合いだ。この評価法を使えば、デリーには北京以外にライバルはほとんどいないはずだ。でもおそらく、「ほとんど」ではなく、「まったく」いないと私は思う。

デリーが歴史上で最も偉大な都市の一つだとしても、私が学校で習ったのは、ニューデリーがインドの首都だということだけだった。たとえば、帝国の大都市としてコンスタンティノープルと比較した場合、デリーの名声がどれだけ有利か、また「その不朽の価値をもつ、滅びゆく歴史」が「その無節操な、沸騰する現在」に散在する、不協和音に満ちた過去に覆われた都市としてアテネと比較した場合はどうか、ということも学ばなかった。デリーは「インドのローマ」と形容されることもあるが、本当は二つの地名があべこべなのかもしれない、ということも学ばなかった。イギリスの歴史家パーシヴァル・スピアは、「デリーの歴史は波瀾万丈で、〝永遠〟の都と呼ばれるローマよりも古いと考えられる。アレクサンドロスの時代以前から有名な首都であり、あらゆる時代と運命の荒波を乗り越えてきた」としている。学校ではそういうことも学ばなかった。

ローマに七つの丘があるように、デリーも七つの前身を内包しているとされている。その七つの街の名には、英語で表記する場合は言うに及ばず多くのバリエーションがある。だが一般的には、ラール・コット、シーリー、トゥグラカーバード、ジャハーンパナー、フィーローザーバード、ディンパナー、そして七番めにして最も有名なのが、愛妻の霊廟であるタージ・マハルも建設したムガル帝国の皇帝シャー・ジャハーンによって建設されたシャー・ジャハーナーバードだ（シャー・ジャハーンが一七世紀に建設したデリーは、現在のオールドデリーと呼ばれている区域にほぼつながっているが、一九〇二年の時点でも、そのシャー・ジャハーンが造った街がまだ「現デリー」と呼ばれていたほど、この街の歴史は長い）。だが、この七つのなかには、その後に築かれるすべての都市の伝説的な前身であるインドラプラスタも、二〇世紀の首都であるニューデリーも含まれていない。

この地理的・時系列的な交差と重なりが、デリーの超越的かつ文字どおりの呼称である「都市のなかの都市（City of Cities）」を説明している。確かに、現在デリーと呼ばれるものへと時が変えた都市の数は、一〇、一一、一五、または一七とされることもある。何はともあれ、デリーを拠点とする友人が、それらを区別するために頼りにしている方法（ニュー・ニューデリー、オールド・ニューデリー、ニュー・オールドデリー……）も、作家でコメンテーターのパトワント・シンによる率直な要約――「多くの伝説的な古都の跡地に建設された首都は、世界じゅうでデリーだけだ」――も、これまで同地に存在した都市の多さを裏付ける。

現在の首都ニューデリーは、外国の帝国の強制によって造られたものの、場所の選定は恣意的なものではなかった。街を造る最初の石はイギリス王ジョージ五世によって、二番めの石は王妃メアリーによって置かれ、ロンドン生まれのエドウィン・ラッチェンスが街の大部分を設計した。ラッチェンスは子どものころ、「歴史的価値をもつような建物を造ることを夢見ていた」が、成人後、あたかも物語の一展開であるかのように、非常に責任重大なその仕事を任されたのだ。建都当時のインド総督によると、デリーはつねに変わらず「思い起こす価値のある地名」だった。別の総督はもっと直接的にこう言った。ニューデリーは「ローマのように永遠の都として建設されなければならない」。

実際にデリーという地名は、ローマと同じように日常の慣用句や表現に頻繁に登場する。ローマの場合の「すべての道はローマに通ず」や「ローマではローマ人がするとおりにせよ」というように。だが、登場する頻度はローマより高いかもしれない。たとえば、「デリーは大きな心をもつ人々のもの」つまり「大胆になれ」や、「いったい誰が、デリーの小道を後にして去ることに耐えられるのか」つまり「愛するものからは離れられない」などがある（後者は、デリーの高名な詩人ムハンマド・イブラーヒーム・ゾウクの詩から採用された表現だ。ゾウクは一八三七年にムガル帝国の皇帝から「王の詩人」、すなわち桂冠詩人の称号を授けられた）。また、「周囲はどこも雨が降っているのに、デリーは干上がっている」、言い換えれば「豊かさに囲まれているのに窮乏している」というものもある。私はハイデラバードの女性から、「あなたは魚と結婚してもいいけど、デリーの男とは結婚したらだめよ」と、笑いながら英語で言われたことがある。これは、首都の御曹司たちの見るからに傲慢な態度について語ったものだった。

おそらく最もよく知られているのは、ヒンディー語の「デリーはまだ遠い（ディッリー・アビー・ドゥール・ヘ）」という表現だ。その物語は、だいたい次のように語られる。ギヤースッディーン・トゥグルクが、一三二〇年にデリーのスルタンになった（一三二一年にはデリーの第三の都市を建設）。数年後、トゥグルクは軍事遠征から帰る途上、スーフィーの聖者ムハンマド・ニザームッディーン・アウリヤが反乱を起こすのではないかと心配し、自分が到着するまでに街から出るよう命じた。ニザームッディーンの弟子の一人で詩人のアミール・ホスローは、そのことを師匠に嘆く。だが、ニザームッディーンは案ずることもなく、ペルシャ語で「デリーはまだ遠い（ハヌーズ・ディッリー・ドゥール・アスト）」と答えた。そのとおり、トゥグルクがデリーに戻ることはなかった。トゥグルクは、途中で祝賀のために建てられたテントが嵐で倒れ、その際に転倒して亡くなった。そしてその後、ニザームッディーンの言葉が一般的に使われるようになったのだ。

「デリーはまだ遠い」。つまり、多くのことがまだ起きる可能性がある。言い換えると、目標にたどり着くまでまだ苦労が待っているということだ。かつてキルンの父のインデルが私に語ってくれたことがある。インデルは一〇代のとき、印パ分離後に初めてインドに到着し、ある歌を耳にした。それをいまでも覚えているという。当時、スピーカーから流れてきた歌詞は、「デリーはもう遠くない（アブ・ト・ディッリー・ドゥール・ナヒーン）」。それは六〇〇年以上前の慣用句を踏まえて、繰り返し歌われるフレーズだった。

＊＊＊

子どものころに都市を想像するとき、私は自分がいちばん魅力を感じる、目立つ細部にほぼ全力を注いだ。高層ビル群に、いくつものきらめくライト、弧を描く道路、にぎやかな港が一つに、空港が一つ（あるいは三つ）。詩人や詩が都市の壮大さの一端を担うこともあるとは思いもしなかった。そこにはハードルがあった。それは、私が上空から、つまり地図の作成者や着陸しようとするパイロットの視点から都市を想像する場合が多かったことだ。高層ビル群や地下鉄網とはちがって、詩というのは眼下の街並みのなかに思い描けるものではなかった。ある場所を指して「この一節（スタンザ）が好きだ、ほらここの」と、鉄道の新しい路線のように考えることはできなかった。

青年時代を迎えると、キルンのおかげで、デリーは私にとって世界で唯一の詩の街になった。そうはいっても、その後、デリーほど頻繁にその詩の偉大さを称賛される現代都市の話を聞いたことがないのも事実だ。

作家で学者でもあるラクシャンダ・ジャリルは、デリーの詩人たちが「都市の文化的、知識的な風景を支配した」と書いている。また、クシュワント・シンは、ディッリーワーラー、つまりデリーの住人たちは「礼儀正しい話し方と詩への興味で知られていた。……住人は詩人たちを誇りに思っていた」としている。どの時代でも、若い詩人が指導者や文学的成功を求めて、周辺の都市からこの大都市にやってくることが一般的だった。その成功は相当なものになりえた。その報酬として、一つの二行連句につき金貨六枚が含まれることもあれば、村全体、または詩人の体重と同じ重さの貴金属や宝石が施しとして分配されることもあったという。

デリーのムガル帝国の皇帝たちは、詩人を育てるだけでなく、自身も詩を書くことがよくあった。ただし、詩はエリートに限定されたものではなかった。『愛しきデリー――ムガル帝国の都市とその最も偉大な詩人たち（Beloved Delhi: A Mughal City and Her Greatest Poets）』の著者であるサイフ・マフムードは、「ウルドゥー語の詩はおもに口頭で創られ、詩人やウルドゥー詩の愛好家になるために読み書きができる必要はなかった」として、シャムスール・ラフマーン・ファルキという学者の次の言葉を引用している。デリーでは詩は文学の問題ではなく「人生そのもの」だった、と。マフムードによると、デリーのウルドゥー古典詩の詩人たちは、現代でも「依然としてこの言語で最も引用される詩人」だ。

デリーを拠点とするクィア作家のアキール・カティアールは、新聞のインタビューで次のような冗談を言ったことがある。「家族にゲイだとカミングアウトするほうが、詩人になったと伝えるより簡単だった」。カティアールは、詩にあふれるデリーの過去から得たインスピレーションと、その都市の現在のなかに見いだした自由についても語っている。カティアールはラクナウで生まれ、若いころにデリーにやってきて、そこが「逃げ込める場所、自分の人生を自分の基準で生きられる場所」だと感じた。「自分自身を縛っているものから一歩踏み出すことを許してくれた」のはデリーだった。デリーは「ある人にとっては非情」かもしれないが、困難があろうともこの都市は自分のミューズであり、その住人たちは創作の源だとカティアールは語っている。

「デリーで出会うさまざまな人たちは、すべてが詩につながる」

私がこの街にいるのは、カティアールの詩のワークショップに参加するためではなかった。そのワークショップでは、参加者はデリーの地図を使って、詩にしたい思い出の場所を探す（この創造的なプロセスは「都市が詩人をつくるのか、詩人が都市をつくるのか？」という問い掛けから始まり、ブログ記事に要約されている）。参加はしなかったが、あとで私たちはメールで連絡をとりあった。メールの一つでカティアールは、デリーで最も有名な詩人であるミールザー・アサドゥッラー・ハーン・ガーリブの作品が「南アジアの映画、音楽、大衆文化に大きな影響を与えている」と書いていた。実際にキルンが私に送ってくれた詩はガーリブが書いたものであり、ホテルの部屋のここ、すなわち椅子に座った私のジーンズのポケットのなかで待機している。キルンの都市でもあり、ガーリブの都市でもあるこの街のどこかで、今日、それは開かれる予定だ。

私に選んでくれたその詩を添付したメールで、キルンはガーリブとデリーの絆がこれ以上ないほど密接なものだったと説明している。ガーリブは一七九七年に現在のアーグラーで生まれ、七歳のときに初めてデリーを訪れた。そして一〇代前半でデリーに移り住み、やがて「世界は肉体であり、デリーはその魂だ」と書くことになる。私の大好きなガーリブのエピソードがある。それは、ガーリブが自分に送られる手紙について、宛名以外の情報を書かずに自分の名前のあとにこの街の名前をつけ、〝アサドゥッラー・ハーン・ガーリブ、デリー〟とすることを提案したというものだ。この絆は、ガーリブが遺したものに関する二〇一六年の記事のタイトルに象徴されている。「ガーリブはデリーであり、デリーはガーリブである」

ガーリブはムガル帝国の終焉を予見し、その没落期を生き抜いた。しかし帝国とともに、いにしえから続く詩で満ちた伝統も衰退する。その二つは、ガーリブが愛した大都市の芸術的生活の大部分を構成するものだった。一八五七年にはインド大反乱によってデリーのほとんどが破壊され、やがてイギリス領となるが、その直前の一八五四年にガーリブはこう書いている。「例の砦のなかでは数人の王子たちが集まって、自分たちが書いた詩を朗読している。私はときどき、このような集まりに参加する。現代社会は消え去ろうとしている。詩人たちが次にいつ会えるのか、あるいは再会自体が可能なのか、誰にもわからない」

ガーリブは一八六九年にデリーで亡くなった。その墓は、「デリーはまだ遠い」と宣言したスーフィーの聖者ニザームッディーンの霊廟の近くにある。また、オールドデリーには、ガーリブがかつて住んでいたハヴェリー、つまり長屋（この言葉は、ガーリブの住まいのような、何世紀も前に建てられた壮大なハヴェリーの文化的、建築的な遺産を正当に評価しているとはいえない）があり、ガーリブを「ほぼ間違いなく最高のインドの詩人」とする掲示がある。そこには、羊肉のローストや、古くからあっていまも人気のデリーの菓子、ソハンハルワーなどがガーリブの好物として挙げられている。また、ガーリブの趣味として、凧揚げ、チェス、ガンジファーなども書いてある。ガンジファーは、おもに円形のカードを使う昔ながらのゲームだ。壁にはガーリブの二行連句も数多く掲げられている。「これほど荒涼たる荒野があろうか！／そして思い出す、別の荒野を。置いてきた故郷を」

＊＊＊

ホテルの部屋でカーテンを開けると、空はすでに明らんでいた。どうやら眠れそうにない。しかたがない。そのぶん今夜はよく眠れるだろう。シャワーを浴びてジーンズをはき、白いＴシャツと青いフランネルのシャツを着る。バッグに水とグラノーラ・バーと帽子を詰める。ジーンズのポケットに折りたたまれた詩があるか、二度チェックする。ホテルを出て、私がタクシーを断ったとたんに苦痛と憐憫の入り混じった表情になったドアマンをあとにして、通りに出た。

冬場には、デリー特有の霧がいっこうに晴れず、一晩の霧の層がそのまま次の夜の霧の層につながっていく日もある。だが今朝は、霧がほんの少し残っているだけで、かなり寒いものの凍えるほどではない。見かけ上は雲一つない日でも、このあたりでは煙霧や靄が立ちこめる。太陽を直視して、地平線近くでいまのように血のごとく赤いのか、それとも、もっと高いところにあって月のように白いのかを、不気味なぐらい簡単に確認できる。歩いていると、その太陽は、私に向かって流れてくる通勤の人混みの上に浮かんでいる。

デリー・エアロシティに到着した。愉快な名前の地下鉄駅だ。切符を買ってホームに降りると、ちょうど、きらめく列車が緩やかに停車するのが見えた。列車に乗り、窓際の席に着く。まもなくデリーリッジを駆け抜ける。そこは、空港と中心街のあいだにある緑豊かな台地だ。ヤムナー川と並んで、この首都圏を代表する特徴的な地形の一つをなしている。デリーをめぐるさまざまな戦いで重要な役割を果たしたこの場所は、のちにイギリスの行政官によって植樹が行なわれた。現在は、この街にとって必須の緑地であり、恋人たちに人気のスポットにもなっている。私はポケットからスマートフォンを取り出し、古代の王族の末裔といわれる一族について少し調べてみた。その一族は一九八〇年代半ばから、森に覆い尽くされたのも同然の尾根にある、朽ち果てた中世の狩猟小屋に住んでいたという。そして、キルンのことを思い出し、かつて話してくれた、父親とガーリブとタクシー運転手についての話を思い起こした。

当時、キルンは子どもで、半分は眠っていて、半分は父親と運転手の会話を聞いていた。タクシーは環状交差点や渋滞を抜けていく。オールドデリーの目的の通りにさしかかると、運転手は、かつてその近辺に住んでいた詩人たちの話をした。運転手はキルンの父親という好意的な聴衆を得た。そこから、二人はトリビアの交換をはじめ、まもなくウルドゥー語の二行連句のラリーが車内を埋め尽くした。まどろんでいたキルンは、父親から鋭い肘鉄をくらい、ふたたび耳を傾ける。「こいつは、こんがらかっとる」と父親が怒りを漏らす。「ガーリブを引用している最中に、このばか者はミールを引用しておる」。「ちがいますよ」と、タクシー運転手は黄色信号を突っ走りつつ前席から抗議した。その詩は「プッカ・ガーリブです（プッカは「正真正銘」という意味だとキルンは私に説明した）」。父親は激怒し、家に帰って本で運転手の主張を確認するまで機嫌を直さなかった。キルンによると、実際にキルンの父親は長年にわたってガーリブにまつわる多くの論争に巻き込まれてきたという。ガーリブがデリーで最も引用される詩人の一人だとするなら、同時に最も間違って引用される詩人の一人でもあると、キルンは言った。

この先の駅に関するヒンディー語のアナウンスに耳を傾け、家に帰ったときにマークに聞かせようと、いくつかを録音してみることにした。ニューデリー駅が近づいてきた。そこが空港線の最後の停車駅だ。そこで、自分でも「ナイー・ディッリー」（ニューデリー）と繰り返してみる。列車を降り、イエローラインのホームに向かう。待っているあいだに路線図に表示されている駅名をざっと見る。ティクリー・ボーダー（Tikri Border）、ニュー・アショーク・ナガル（New Ashok Nagar）、シヴィル・ラインズ（Civil Lines）。デリー・ゲート（Delhi Gate）、カシミール・ゲート（Kashmere Gate）、ウェルカム（Welcome）。伝説的なインドラプラスタ（Indraprastha）、自信に満ちあふれた名前のモデル・タウン（Model Town）。そして、地名で形成されたこの世界と、神経のように正確に走るルートに思いをめぐらせながら、自分に問いかけてみる。いくつの通りを描き、何も見ないで名前を答えられるだろうか。ピッツフィールドやロンドンならいちばんよく知っていると私は思い込んでいるが、それらの不格好な地図を描いてみたとしても、せいぜい三〇本か、あるいは五〇本ぐらいかもしれない。

イエローラインに揺られて北に向かい、チャンドニー・チョークという名の駅と大通りに到着する。デリー生まれの詩人、アガ・シャヒッド・アリは、この有名なオールドデリーの大通りのところどころに咲くジャスミンの花について書いている。ちなみに、チャンドニー・チョークという名前は、ムーンライト・スクエア（月光広場）という意味だ。また、アリは、イスファハーン（イラン）、カーブル（アフガニスタン）、アーグラーなどの都市から到来する商品がこの大通りで売られていることについても詩を創っている。今日は、チャンドニー・チョークの中心部は建設工事のためフェンスで囲まれていて、黄色い板が人力車や日本のＳＵＶ、牛車などの車の流れを歩道に寄せ、ときにはそこに押し込んでいる。歩道は、これほど早い時間でも物乞いや靴磨きの少年、行商人などで混み合っていて、そのなかに一人、タイプライターを自分の前に置いて布の上に座るプロの手紙書きがいる。そのタイプライターを、機敏な子どもたちが順番に上手に飛び越えたり、周囲を走りまわったりするのが見える。

プレイス・ラグ（場所ぼけ）の波と、カードがシャッフルされるように素早く過ぎ去っていく広告表示に気をとられ（〝デリー・ウェディング〟〝インペリアル・フォト・ストア〟〝プロテイン・ワールド〟〝ヴェルマ・ジ・フォトスタット・プリントアウト〟）、アスファルトのかけらにつまずく。かなり近くでクラクションが鳴り、通り過ぎる自転車のハンドルが袖に引っかかった。頭上わずか数センチのところに張られた、太く絡み合った低木のような電線の下で身を屈め、店の壁の窪みに逃げ込む。

ミネラルウォーターを一口飲んでから、デリーが世界のこちら側で目覚めるいま、地球の反対側で眠っているパートナーのマークのために動画を撮ろうと思い、ポケットのスマートフォンに手を伸ばす。すると、キルンが送ってくれた詩に手が触れた。そこにあることを認識し、しかもそれがキルンのものだと思うと安心した気持ちになり、チャンドニー・チョークに戻って、その流れに身を任せて〝赤い城(ラールキラー)〟に向かうことにした。

赤い城は、ムガル帝国の首都デリーのかつての心臓部であり、同時に現代のインドという国家の象徴でもある。一七世紀半ばにシャー・ジャハーンによって建設された。作家のウィリアム・ダルリンプルは、デリーにとってのその重要性はアテネのアクロポリスやローマのコロッセウムのようだと形容した。インドの著名なナショナリストで、ネタージーという敬称をもつスバス・チャンドラ・ボース（シュバーシュ・チョンドロ・ボシュ）は、一九四三年に「進め、デリーへ」というスローガンを使い、「インドの大都市にある、いにしえの赤い城のなかで勝利のパレードを行なう」ことを楽しみにしていた。一九四七年八月一六日、ネルーはその上にインドの旗を掲げてこう言った。「私たちは歴史的な瞬間に、この古き要塞に、私たちのものを取り戻すために集まった」。それ以来、毎年、赤い城は独立記念日の祝賀行事の中心地になっている。

チャンドニー・チョークの東の端にやってきて、ネタージー・スバシ・マーグを横断するために待つ。赤い城の前を通る、広く混雑した通りだ。最初にこの交差点に立ったときはパイロット仲間と一緒だった。その友人も、私が到着してからわずか数時間後に747をデリーに着陸させていた。デリーでは信号機に従わない人が多い。私たちは一〇分から一五分ほど待ってみたが、結局、渡ることができなかった。通りを渡るためだけにオートリキシャを呼んだほうがいいかもしれない。最後は横断をあきらめることまで検討し、そう遠くない夜、ロンドンのパブで友人たちに、ムガル帝国の中枢から数メートルのところまで接近したがそれ以上は近づけなかったと話す場面を想像した。だがとうとう、通りがかりの家族が憐れんでくれて、車が行き交う車線を一つずつ慎重に、私たちと一緒に渡ってくれた。

今回は無事に通りを渡りおえると、すぐにラホール門の外堡が見えてきた。ここはこの砦の正門で、その正確な位置や、おおよその時期について書かれた掲示がある。そこには「デリーの七番めの都市の砦」とある。

城壁のなかに入り、その昔、ムガル帝国の王女たちが買い物をする市場があった壮麗なアーケードを歩く。宝石や衣類、ハンドバッグ、観光客向けのアクセサリーなどを売る商人たちがいて、今日はその前をそぞろ歩くインド人や外国人でにぎわっている。その向こうに、まるで古代の大学の閉じられたキャンパスのように砦が広がっている。王族用の風呂、庭園、パビリオン、ホール、モスク、色の宮殿、ドラムハウス（王子だけが馬に乗ったままここを越えて進むことができた）などが見える。それぞれに異なる段階の修復が施されたムガル帝国の建造物と、イギリスによる増築部分やさまざまな近代建築が混在しているのが特徴的だ。

歩行者用のメインルートから離れると、ほとんど放置されているように見えるバンガローに遭遇した。それは手つかずの野原に囲まれた林のなかにある。ひなびた地域の生活を思わせるこの景色は、おそらく地球上で最も壮大な都市の中心にある砦にいることを、少しのあいだ忘れさせるほどの説得力がある。頭上には、暗い色の大きな鳥たちが、嵐のときの巨大な雲のように飛びまわっている。こんなに多くの鳥が大都市の上を飛ぶのを見たのは初めてだ。キルンか、キルンのお父さんに、この鳥のことをあとで忘れずに尋ねてみよう。

しばらくすると、アーチ型の橋にたどり着いた。その歩道は矢狭間（はざま）や一部が崩れた壁に挟まれ、もう一つの砦であるサリームガル城の南門へと続いている。サリームガル城は、かつてヤムナー川の島に建てられていて、シャー・ジャハーンは赤い城の建設中、そこに住んでいたといわれている。現在、二つの城のあいだを走っているのは水ではなく、デリーの内環状道路の反時計回りの車線だ（カシミール門の方角を示す標識がある）。さらに、手すりにムガル様式の装飾が施された、赤茶けた色の歩道橋が線路の上に見える。この線路は、デリーの始発駅であるデリー・ジャンクション駅から東のガーズィヤーバード駅まで、サリームガル城を二分して伸びている。

歩道橋の半ばで立ち止まってみる。まわりを木に囲まれているのに、突然、鳥の声と遠くの汽笛のほかには何も聞こえなくなる。その後、電車が私のすぐ下に停車し、あらゆる年齢の何百もの人々が車両から隣の線路に飛び降り、一キロあまり先の駅に向かう道のりの最後を歩きはじめる。

たくさんの子どもたちが手を振りながら、私に声をかける。そのとき、ケネス・コークの詩のタイトルにもなっていて、キルンがとても気に入っている警句「一本の列車が別の列車を隠すかもしれない」が頭に浮かび、もし子どもたちが気を散らしたら、列車にはねられてしまうかもしれないと思って慌てた。だからそのまま歩きつづけることにしたが、別のフライトでデリーに来たときにも、子どもたちが手を振ってくれたことを覚えている。そのときは、別のムガル帝国の記念碑を訪れていた。一六世紀の皇帝フマーユーンの墓だ。詩人のオクタビオ・パスは、それを「薔薇色の高き炎」と表現した。そこでは、きちんとした服装の小学生たちが駆け寄ってきて、私の出身地や職業、給料、それから名前を尋ねられた。自分の存在が幽霊のように感じられるほどはかなく思える街は多いが、そのなかの一つであるこの街で、小学生の質問を受けてから三〇分後、「マーク！　マーク！」と叫ぶ声が耳に入った。顔を上げると、先ほどの小学生たちが、墓の巨大な台座の上にあるテラスから笑顔で手を振っていた。

サリームガル城の敷地内に入ると、起伏のある芝生を歩き、使われなくなった牢獄や井戸、砲台跡、寂しげな街灯、それに日陰を見つけて眠っている数匹の野良犬の前を通り過ぎた。ほかに観光客はおらず、数人の兵士がシャッターの閉まった展示ホールのそばで話をしているだけだ。私以外は全員が兵士。ここは私がいるべき場所ではないにちがいない。だが、私が通り過ぎても兵士たちは何も気にしていない。

ガーリブはここに来て、皇帝と凧揚げをしたといわれている。いま、私が凧をもっているなら、どこに行くだろう？ 乾いた芝生の上の、手入れがされておらずカサカサと音を立てる部分を歩く。サリームガル城の最高地点の一つに向かい、そこから城壁を越えたところに流れるヤムナー川を見渡す。オールド・アイアン・ブリッジ（旧鉄橋）として知られる橋もここから眺められる。この橋は、わずか数分前、自分がその上を通過した鉄道路線の続きだということに、しばらく気づかなかった。川に沿って道路が伸び、広告看板や店舗、非正規居住区が並び、オートバイやオートリキシャなど、あらゆる種類の車両でにぎわっている。川の状態はよくないと聞いているが、ここからはそれが見えない。見えるのは、川の近くを移動する多くの人と、上空を飛ぶたくさんの鳥だ。

川に背を向け、赤みを帯びた石のベンチに向かって歩いてみる。ベンチの座面の角が一つ欠けている。腰掛けると喉の渇きを思い出した。それに寒い。デリーで寒さを感じることにいまだに驚かされる。シャツのいちばん上のボタンを留める。まるで蟬の鳴き声のようなクラクションのメドレーが道路から流れてきて、芝生の上を漂っていく。鳥の群れが舞い上がり、別の列車がガタゴトと橋を渡る。ペットボトルの半分まで水を飲み、一呼吸おいて残りを飲み干す。それからスマートフォンを取り出して、ガーリブについてキルンが書いたことと、選んでくれた詩を読む。

これはガーリブの〝ガザル〟の一つで、かなり人気のある詩です。ガザルが何かは、きっともう知っているはず。

いや、私は知らない。

二行連句で構成されていて、それぞれの二行連句は独立して機能する必要があります。西洋の詩のスタンザの多くが語り全体の一部になるのとは異なります。各二行連句をつないでいるのは、形式と全体的な雰囲気。

キルンのことや、マサチューセッツ州の現在時刻、そしてキルンのお父さんのことを思い浮かべた。この壮大な首都と、この地の言葉をとてもよく知っている人だ。すでに九〇歳だが、いまから一年以内に亡くなることをこの時点の私はまだ知らない。だから、いつもそうするように、キルンのお父さんが次にデリーに戻るときには、その滞在日程に私のフライトを合わせられるよう、できるかぎりのことをしようと思っている。ポケットに手を伸ばし、彼の娘が送ってくれた詩を取り出す。それが書かれた紙は、いまでは私の太ももの形になり、デリーの日の光に当たって少し湿っている。それでも今日は寒い一日だ。

自分のものではないこの街に耳を傾け、自分が想像した街のことを初めてキルンに話したときのことを思い出した。私たちはデリーで一緒に過ごすことはなかったが、いまは、キルンがここで私の隣にいると、これまでにないほど簡単に信じられる。この聖なる川の上にある砦のそばで。あるいはピッツフィールドのどこかで一緒にいる。私たちは、木の下にある壊れたベンチに座っている友人同士だ。互いに詩や自分の父親について語る。近くの道路から聞こえてくる往来の騒音をかき消すように話し、その頭上には、旋回する鳥の雲が尖塔のような形をつくる。私は詩を広げて読みはじめた。

CITY OF RIVERS

川の都市

マラッカ、ロンドン、ソウル、カルガリー

四〇歳の誕生日を迎えたばかりのある日、数年ぶりにスクラップブックを開いてみた。母が私のためにつくってくれたものだ。そこには、ボストンのダウンタウンの港からホエールウォッチング船に乗ったときに甲板から撮影したザトウクジラの写真や、そのあと私がつくったアンケート用紙のコピーが貼られている。母は、アンケートを作成して近所の人全員に配布するのを手伝ってくれた。そのアンケートには「投票したいほうの四角にチェックを入れてください」とあり、選択肢は二つ、「クジラを救いたい」と「クジラを救いたくない」(全員の回答が一致したアンケート結果をどこかに送るのも、母が手伝ってくれた。宛先はたぶんホワイトハウスだったと思う。形式的な返信の手紙をもらい、冷蔵庫にマグネットで留めてあったのを覚えている)。成績表もある。ほかにも、ニューヨークのワールドトレードセンターの屋上で撮影した写真とピッツフィールドで撮った写真が、同じページに貼り付けられている。母はそれに「都会(シティ)と田舎(カントリー)!」というキャプションをつけていた。

スクラップブックの中ほどには、想像上の都市の地図がある。それを作成したのは中学一年生ごろだったと思う。描かれているのは、田舎のネズミが目を丸くするような夢の都市だ。モノレールの駅に、青い十字が目印のいくつもの教会。〝銀河係間空港〟の滑走路が交差する地点で、飛行機が一機、待機している。都市の西部には、白い修正液で何かを苦労して隠した痕跡があるが、油絵に描かれた雲のように、いまでは修正液に細かいひびが入っている。

いくつかの教会や、高度に発達した交通インフラ、そして修正液の箇所を越えていくと、都市を流れる川の岸辺が広がっている。どうやら、川はこの大都市のいちばんの特徴らしい。この静かな午後、三〇年ほど前に描いた青いインクを人差し指でゆっくりとなぞっていると、その名前はおろか、流れる方向さえも思い出せないことが残念に思える。

ピッツフィールド

初めて出会ってから一七年がたち、パートナーのマークと二人で公園を歩いている。矢じりのような形の土地で、その先端がもう見えている。カヌーがないので、ほかに行くところがない。木々の葉はすでに落ちているが、川の氷はそれほど多くない。だんだん狭まっていく灰茶色の地面を眺めながら、いまが一一月ではなく三月だと、どうしたら見分けられるだろうかと、二人で考えをめぐらす。

左手には、フーサトニック川の東側の支流がある。この川の名前はモヒカン族の言葉で「山の向こうの川」を意味するらしい。オランダ人は〝ウェステンフック（Westenhook）〟と記録し、ジョン・タルコット少佐の時代には〝オーソトゥンノーグ（Ausotunnoog）〟とされた。タルコット少佐は、バークシャー地方を最初に訪れたイギリス人で、一六七六年の夏に、この川岸で二五人のネイティブ・アメリカンを虐殺したと報告されている。

モヒカン族の関連で、〝静まることのない水の民（People of the Waters that Are Never Still）〟というフレーズを初めて知ったとき、その〝水〟とはフーサトニック川のことだと思っていた。のちに、モヒカン族ストックブリッジ・マンシー共同体の文化担当ディレクターであるヘザー・ブリューグルと話す機会があり、このフレーズは〝ムーヘコンネオク（Muhheconneok）〟という単語を翻訳したもので、モヒカンという名前自体もそれに由来すると教えてもらった。また、問題の〝水〟は〝両方向に流れる川（Mahicannituck）〟の水であり、潮の干満があるハドソン川をさしているという。

フーサトニック川はモヒカン族の故地の東にあり、居住地の西部を走るハドソン川とほぼ平行に流れている。ブリューグルの説明によると、古来、フーサトニック川は部族にとって第二の川とされていたが、その重要性は大きい。ピッツフィールドという街が生まれた土地を通過する交通の要路であり、流域に豊饒をもたらし、数えきれないほどの世代に水と食糧を与えてきた。まさに生きて呼吸する存在だ。

私と話をしたとき、ブリューグルはピッツフィールドから西に一三〇〇キロほどのところにいた。そこは現在、彼女の部族が居住する地域であり、ウィスコンシン州内にある。ブリューグルは、独立戦争後に先祖がバークシャーから強制移住させられたときの道のりを説明してくれた。最初はニューヨーク州中部、次にインディアナ州、最後にはウィスコンシン州内のさまざまな場所へ。ネイティブ・アメリカンの強制移動は〝涙の道〟と言われている。会話の数カ月前、ブリューグルはバークシャーに来てモヒカンの遺跡を訪れ、環境保護団体に向けて講演を行なったあと、フーサトニック川で時を過ごした。心を開けば自然は語りかけてくれる、とブリューグルは言う。そして、いまの若者が祖先の故郷に戻り、その水を知ることがとくに重要だとも語った。

川の西側の支流が右手にある。私とマークは立ち止まるしかない。いま歩いてきた道は、私たちの真正面で土手から外れ、高さ五〇センチほどの泥の山につながっている。その山のスケールになんとなく違和感を覚える。その頂のでこぼこが高山の尾根のように細かなジグザグになっているからだ。その山の向こうで、ピッツフィールドを走る二つの支流が出会う。

ピッツフィールドは水の街だと、私は考えている。それなりの大きさの湖が二つあり、〝バークシャー・ギャング〟はそこでピクニックをしたり、泳いだり、スケートをしたりした。中学校は川のすぐ近くにあり、高校に通うために毎日、川を渡った。森のなかには、兄や友人のリッチと一緒に遊ぶ場所がおそらく半ダースほどあったが（ちなみにリッチは、中学校で私が最もつらい時期を過ごしていたときに引っ越してしまった）、遊び場を流れる川を私はそれぞれ別の川だと思っていた。私たちは自転車を停め、水を跳ね上げながら歩き、小さな橋の下でだらだらと時間をつぶしたりした。頭上には、不気味に湿った橋の裏側があって、しばらくすると怖くなってくる。ぬかるんだ土手に座って日に当たりながら、私たちに気づかずに泳いでいくビーバーを眺めたり、クマが泳いでいないか探してみたりもした。クマが泳ぐのを見たことはなかったが、ときどき見かけるという人もいた。ピッツフィールドでなじみのあった九つか一〇の流れがどれも同じ一本の川の支流で、ところによってはひと続きの支流だと知ったのは、大人になってからだ。

子どものころの記憶に、私がいまいるこの公園はないが、以前住んでいた家から一・五キロも離れていない。ピッツフィールドでは、ゼネラル・エレクトリック社（GE）による大規模な事業でフーサトニック川が汚染され、それに関連した法的解決の一環として、この公園が二〇〇〇年代初頭に復旧された。GEは問題の事業を廃止したが、ピーク時の一九四三年には一万三六〇〇人を超える人が関連する工場で働いていて、その数は当時の市の人口のおよそ四分の一に相当した。私が子どものころも、親がそこで働いているという同級生は多く、まだ数千人が働いていた。物心がついたときには、まわりの人が口にするGEという言葉に込められた思いを知っていたし、ときに年配の人が社名の前に「ザ（the）」をつけて、GEが特別な存在であることを示唆するのを耳にしたりもした。

この街とゼネラル・エレクトリック社の関係は複雑だ。何世代にもわたって中間層に良質な雇用を提供したが、グローバリゼーションの時代になると一時解雇の波がピッツフィールドに打撃を与えた。そして、給料の振り込みが途絶えたあとも、環境への影響は長く続いていく。この関係が関心を集めるのは、それがピッツフィールドの物語にとどまらず、アメリカ合衆国という文脈でも典型的なものだからだろう。この街の七月四日の祝祭が、長年、『あなたのまちの独立記念日パレード（Your Hometown America Parade）』というテレビ番組で全国放送されていたこともある。オリバー・ウェンデル・ホームズ・シニアは「フーサトニック川は最高の酒だ」と言ったとされる。ルー・ゲーリッグはその川にホームランを打ち込んだ。こうした出来事も川を汚染から守ることはできず、街を守ることもできなかった。はるか彼方からフーサトニック川の源流を越えてやってきた経済変化によって、この街は破壊されてしまったのだ。

フーサトニック川の二つの支流は、この曇った午後でも輝いている。その水は汚染とは無縁に見える。私が子どものころもそうだった。だが、しばらくすると工場の近くで汚染物質を取り除く作業が始まり、そこから南へ、私たちがいま立っているこの地点に向かってゆっくりと進められた。二つの支流からくる浄化作業後の水が目の前で一つになるようすを見てみようとしたが、私には見えなかった。カーリー・サイモンの歌が頭に浮かぶ。その歌詞にあるのは、夢見る者たちや、「新しいエルサレム（理想郷）」と呼ばれる都市、流れるに任せるべき川だ。

ピッツフィールドの大地、空気、水が、いまのようにいつまでも清浄であってほしい。ピッツフィールドがその強健さを維持してほしい。ピッツフィールドのすべての人の安全が確保され、そこに暮らす中間層の規模の大きさと安定性が遠来の経済学者や政治家にとって称賛と研究の的になってほしい。また、ピッツフィールドに、世界をリードするような新しい工場ができてほしい。大学などの研究機関も設置され、父が愛読していた科学雑誌に載っているような研究者やグリーン・テクノロジーの拠点になればいいと思う。

故郷のために、微力ながら私に何ができるだろうか。文章を書く場所が日記から公（おおやけ）の場に広がったときのことを思い出す。ピッツフィールドとそのダウンタウンの復活に関する私のコラムが、世界じゅうの企業の役員室で読まれているロンドンの新聞に掲載され、さらに、リサーチを進めるなかで両親の元同僚と再会することもできた。その喜びがよみがえる。それ以来、私は、できるだけピッツフィールドのことを書くようにしている。

でも……とふたたび自問する。本当に故郷のためになることが、私にできるだろうか。高校時代に廊下で見かけた一人の同窓生のことをよく覚えている。彼は、のちに大手インターネット小売業者の共同創設者になった。その父親はGEの元エンジニアで、創業初期に協力したという。少し前にその同窓生は、宝くじに当たったらやってみようと私が常々夢想していたことを実現した。ピッツフィールドの中心部、フーサトニック川の西支流沿いにある時計工場と製紙工場だった場所で、何百もの雇用を創出したのだ。

風に吹き飛ばされそうな帽子を耳まで引き下げる。体が冷えてきた。私とマークは意見が一致した。そろそろコーヒーが必要だ。「今日は雪が降るらしいよ、大雪にはならないけど」と私はマークに言った。ピッツフィールドの冬は以前ほど寒くはない。その原因の一部は、自動車（この公園に来るために私たちも使った）と飛行機（私の夢だった）、そして私の故郷を去っていった産業にある。両手をポケットに入れて温め、引き返す前にもう一度、南側に目をやる。雪が舞いはじめ、川の支流の合流点の上空で渦巻き、落ちたと同時に消えていく。

マラッカ

クアラルンプールの空港駅から乗り込んだバスが間違っていないことを祈る。空席があり、難なく窓際の席に座れた。バスは夕方の混雑に加わって、マレーシアの首都から少しずつ離れていく。整然としたハイウェイは息をのむほどの自然に囲まれている。ジャングルに戻ることから舗装路を守るため、どれほど頻繁に周囲の刈り込みが行なわれるのかと思わず考える。着陸したときから降っていた雨はついに止み、私はハイウェイの路肩に設置された排水路を見下ろしながら、クアラルンプールにいて雨が降らなかった日を思い出そうとしてみる。

車の流れが遅くなる。表示されている地名をよく見て、手元のスマートフォンでいくつかを調べてみる。ヘッドホンをつけ、少し眠り、ゲームをして、音楽を聴く。マラッカ州とその同名の州都に向かってバスが加速すると、またうとうとした。その後、目を覚ますと道路上の標識に次のように書かれていた。

MELAKA BERWIBAWA（すばらしいマラッカ）

SELAMAT DATANG KE MELAKA（マラッカへようこそ）

バスターミナルに到着した。この街は、約五〇万の住民を抱えている。すでに暗くなっていて、私は疲れていた。一瞬、クアラルンプールから出なければよかったと思った。そうすれば、いまごろ同僚たちと夕食を楽しんでいたかもしれない。宿泊先を見つけ、階段を上がり、昨日ロンドンで荷造りしたバッグを部屋に置く。そして散策に出かけることにした。

川の上にある風光明媚な歩行者用の橋まで来たとき、カップルから写真撮影を頼まれた。二人を撮るのではなく、私も一緒に写ってほしいという。ピッツフィールドとカップルの故郷の中国とのあいだから、一つの隔たりが消え去る。そのあと、通りの屋台でチキンフィンガーとビールを味わうことにした。料理人と話しているうちに驚いた。マラッカに到着してからの数時間、あらゆるものがそれぞれの場所に固着しているように見えていたが、この屋台はちがう。わずか数日前にこの商売をすることに決めたのだという。彼は小さなグリルと鶏肉をいくらか買った。それがプランのすべてだった。おいしいし、商売も繁盛しているようだ。そういう意味ではうまくやっている。彼は、私がなぜマラッカにいるのかと尋ねたが、私がパイロットで今日の午後にクアラルンプールに着陸したということが信じられないらしい。ささやかな夕食を終えて川沿いを歩き、借りた部屋に戻ると、私自身もそのことが信じられない気がしてきた。

ヘンドリック・シェンケンバーグ、ここに眠る。生前は貿易責任者、マラッカの都市および要塞の副司令官を務めた。一六七一年六月二九日没。

深い眠りで回復したものの、川岸から上ってきたので息切れがする。熱帯の強い光のなかで立ち止まり、墓石の古めかしいオランダ語を読む。それからセント・ポール教会の屋根があったはずの場所を見上げる。この教会には一時、聖フランシスコ・ザビエルの遺体が安置されていた。一五二一年に建てられ、説明書きには東南アジア最古の教会だとある。屋根がないのも納得がいく。

マラッカの起源と、その後の繁栄および名声は、その地理的位置から切り離すことができない。マレー半島にある山脈の南に位置し、台風に悩まされないこの街は、季節が移りモンスーンが逆転するのを待つのに最適な場所でもある。数世紀にわたって、アジアの交易はモンスーンに乗って行なわれてきた。おそらく最も幸運だったのは、マラッカ海峡（この集落にちなんで名付けられた）が、アフリカ、ヨーロッパ、中東、インド亜大陸と、東アジア全域を最短で結ぶ海路の一部を形成していたことだ。

一五一二年にマラッカに到着したポルトガルの薬剤師、トメ・ピレスは、この海峡を「食道」と表現した。「マラッカほど大きな商港はほかに知られていない」と驚き、おそらく香辛料や遠く離れた都市の交錯する運命を思いながら、「マラッカの君主はそれが誰であれ、ヴェネツィアの喉元に手をかけている」とも述べた。現在、世界の海上貿易の三分の一はこの海峡を通過しているのではないか。ペルシャ湾岸から中国や東アジアの経済成長が著しい国々へ向かう石油もそうだ。海峡の浅瀬を通航できる船のカテゴリー（通航できるのは喫水が最浅箇所の二三メートルを超えない船）のうち最大のものにこの海峡と都市の名前がつけられている。それは〈マラッカマックス〉という。

マラッカ川が海に注ぐ場所にはつねに集落があったはずだ、と予想するのはたやすい。この都市の歴史は、一五世紀初頭、パラメスワラというスマトラ島の王子の到来までさかのぼるとされる。王子が初めて上陸したとき、川の河口沿いに〝オラン・セラ（海峡の人々）〟と呼ばれる人たちの小さなコミュニティがあった。王子はその南に居所を定め、両岸のあいだに木製の橋を架けた。

こうしてマラッカ王国が誕生し、一五世紀を通して勢力を拡大した。また、明代の中国との商業的、政治的な結びつきも強まった。それが最もよく表れた例は、大艦隊を率いてはるか東アフリカまで遠征したこともある中国の提督、鄭和の訪問だろう。この時期、マラッカは黄金時代を迎え、八〇以上の言語が飛び交い、その港は二〇〇〇隻を超える船を収容できたといわれている。

この街で朝から過ごすのは初めてだ。聞こえてくる言葉の断片から、それが何語なのかを判断しようとしてみたが、疲れてしまった。いまでもマラッカは、世界じゅうから人が集まる街のようだ。それに、人工的な遺物（アーティファクト）の街でもある。博物館に展示されている一四世紀ごろの錫製のマレー通貨は、ワニ、カニ、魚など、小さいながら動物をかたどった立体的な形をしている。見学したマラッカの伝統的な邸宅には、くすんだ色の壊れたタイプライターがあった。そのペーパーレストには〝BRITISH EMPIRE〟（大英帝国）と刻印されている。それは、現代の多国籍企業で社員のノートパソコンに社名のロゴが貼られているのと同じぐらい普通のことだった。また、マラッカは花の街でもある。バスケットに入れて吊るされている花、自然に生えて咲いている花、ベンチのタイルや、街灯を覆うガラスパネルに描かれている花もある。墓標に刻まれている名前もさまざまで、マレー語がアルファベット表記やアラビア文字由来のジャウィ文字で書かれているほか、中国語、オランダ語、英語のものなどもある。

だが、私はすでに確信していた。マラッカのことで私の記憶にいちばん残るのは川だ。カフェにいるとき、マラッカ生まれの男性に現代の川の重要性について尋ねると、こう返ってきた。

「もう川には頼っていない。まあ、観光客向けのものだね」

そんなわけで、この都市の二日めに、私は自分がいるべき場所にいる。マラッカ川の船着き場だ。夕暮れが待ち遠しい。私の場合、時差ぼけはたいてい、街が暗くなるとかなりよくなる。太陽が空を動きまわって正しい時刻のようなものを主張する時間が終わるからだ。私はボートを待っていた。川を上り、市の中心部まで行ってまた戻ってくるツアーだ。

川の写真を撮り、イギリスにいるセータという名の友人に送った。セータの祖父はインド系で、イギリス政府とのちに日本政府のもと、裁判所の通訳としてマラッカで働いていた。セータの母はマラッカの病院で生まれた。子ども時代を過ごしたのは一九四〇年代。空襲警報の記憶や、川岸の近くにあった高床式の木造家屋の下を蛇やニワトリが動きまわっていた思い出が残っているという。

街じゅうに礼拝の呼びかけが響く。そのなかで私は、今日行った博物館で出会った絵画や古い写真と、目の前に広がる川の景色を調和させようとする。署名のない近代の絵画（一四〇〇年代前半、通訳として鄭和の遠征に同行した馬歓による見聞録を題材としている。馬歓はマラッカのトラについて、人間に化けて街の通りを歩く生き物だと書いた）は、村というには少し大きな集落を二分するマラッカ川を描いている。馬歓が宮殿と呼んだ建物が、岸の南東側にある四角い敷地にそびえ立ち、垂直に並んだ丸太の壁で守られている。一つだけ見える出入口には護衛が立っていて、近くにある木製の橋は岸の北西側につながっている。

今日は、一九〇一年に川岸で撮られた写真も見た。岸の南東側に電柱と数本の街灯があるほか、川まで降りていく階段の一部を覆う日よけも写っていた。石堤に一台の自転車が立てかけられ、帆を傾けた小さな船が三艘、近くに浮かんでいる。別のものは一九六〇年代の白黒写真で、川にはさまざまな種類の小船が見える。帆がない船も写っているが、一部の船にはまだ帆がある。モーターの時代がこの川岸にも到来したのだ。かつて自転車があった場所には六台の車が並び、そのうしろを明るい服を着た成人の人影が一つ、カメラから遠ざかるように歩いている。撮られていることに気づいていないようだ。どんな人かはわからないが、いまでは高齢だろう。あるいは、もうこの世にはいないかもしれない。

ムアッジン〔イスラム教で礼拝時刻を告げる係〕が仕事を終えた。私はといえば、船着き場で一緒に船を待つ人たちを眺めている。若いオランダ人カップル、ヒジャブをかぶった数人のマレーシア人女性、十数人の中国人旅行者。年配のカップルもいる。二人はイギリス人だ。ロンドンからクアラルンプールまで、数日前に私が運んだと考えてもありえない話ではない。二人の何かが私の心を捕らえた。もちろん、私はこのカップルのことを何も知らない。正確な年齢も、苦労も、健康状態もわからない。だが私の目には、大きな幸運に恵まれているように映る。二人は寄り添って笑いながら、世界の裏側にある魅力的な都市まで長旅ができるのだ。

そろそろ時間だ。小さな船に乗り込んで出発する。

しばらくすると、船が最初の橋の下を通過する。橋を照らす色とりどりの電飾はコンピューターで制御されていて、水のように光る。光それ自体が降り注ぐ熱帯の雨のようだ。橋の裏側には裏面パネルや窪みがある。たいていの都市では鳥の巣やクモの巣、落書きなどが見られるものだが、ここでは明るいパステルカラーで照らされている。

さらに、多くの光や騒音までもが川に注ぎ込まれていく。その発生源は、川沿いを走る自転車タクシー（トライショー）だ。運賃を払えば乗ることができる。けたたましい音楽を鳴らす一台は、誰もが知っている日本発のキャラクターがテーマだ。車体はハート型の輪で縁取られ、その輪は紫がかった白い光を点滅させていて、リボンをつけたフワフワのハローキティが降臨している。見つめることも、目をそらすことも圧倒的に難しい。スロットマシン、ジュークボックス、ペニー・ファージング〔前輪が大きくて後輪が小さい一九世紀の自転車〕、ワンマンバンドを足して割ったようで、それは乗り物というより、強烈な光と音そのものだ。その演出効果は、少なくとも時差ぼけの内向的な人間にとっては幻覚に近い。

川岸にはカフェがあり、物売り、大勢の観光客、客を呼び込むトライショーの運転手たちがいて、その喧騒のなかを私たちの小さな船が進んでいく。水面に反射する光がぎらつく。ここが屋外だということを忘れてしまいそうだ。まるで、ラスベガスにあるカジノで、眩惑的な演出のなかを曲がりくねって流れる人工の小川にいるようだ。それに、樹木のことを少し気の毒に思わずにはいられない。ここの夜は休息からほど遠いだろう。一部の木は、大枝に向けて下から発射されたカラフルな斑点で輝き、別の木はまばゆい白い光で幹だけでなく枝も覆われている。巻き付いているツルまで白く光っている。別の惑星の森のなかで、木々が昼間に吸収した光を夜に放射しているかのようだ。

川岸には、建物が密集している場所もある。そこから醸し出される中世的な趣を、この狭く混雑した川の波立つ水面が打ち消している。水面は、堤防沿いに取り付けられたチューブ型ライトの赤、緑、青、黄の光の像を映し、コピーし、ゆがめている。船はさらに川をさかのぼる。折り返し地点のあたりで川岸に並ぶ建物には、これまでより住宅らしい雰囲気があった。だがここでも、さまざまな色の電飾が、つららのごとく手すりや柵からずらりと垂れ下がっている。ピッツフィールドでは、ふだんは白いものを使い、このタイプのものはクリスマスのときだけだ。

たぶん、この川の狭さが光を集めるのだと思う。ロンドンで日没後にテムズ川を渡ると、ところどころにわずかな光の反射が見られるが、多くの人にとっては、いまだに命取りになりかねない部分のほうが印象に残る。少なくとも夜になるとその領域は、きらびやかな都市が体現する希望を否定していて、太古から人々が集まって暮らすことによって保証されてきた安全性と矛盾している。

船着き場に戻ってきた。ツアーガイドに「ありがとう」とマレー語で伝えたいが、どう言えばいいのかわからない。船上で私は、ほかの誰ともつながりをもたず、会話もしなかった。クルーズを終えても、乗客同士で軽い会釈やちょっとしたアイコンタクトもない。それでも下船するのが悲しい。これからどこに行けばいいのか。要するに少し寂しいのだ。乗客の一人一人が戻っていくイギリスやオランダ、中国の部屋を想像してみる。そのなかのさまざまな場所で、それぞれがスーツケースを開ける。今夜着ていた服を取り出し、洗濯物の山に加える。長い歴史をもつこの国際都市で、私たちの前にもきっと、私たちと同じ故郷からやってきた旅行者がこの川岸に集まったのだと思うと、心を打たれるものがある。

船上から見て気になっていたレストランまで逆戻りしてみる。席に着くと、がたつくテーブルから、垂直に落ち込む堤防の端までの距離は、わずか数センチしかない。川沿いのチューブ型のライトはここでは黄色い。どうやらそのライトは、観光客誘致のために近年行なわれた再整備の一環で設置されたようだ。荒れる水面に反射した光はゆがみ、映画の古めかしい回想シーンのように波紋になって広がる。そこを小船が通過し、航跡が光を完全に破砕する。水面をズームで撮影して、マークに写真を送信する。あちらは昼間だ。マークはきっと、写真に写っているものが何なのか見当もつかないだろう。私も、次にこの写真を見たとき、たとえば自宅のソファに座ってスマートフォンで写真をスクロールしたとき、記憶を手繰ることになるだろう。これは夜のマラッカ川の光なのだと。

ロンドン

マークとの五回めのデートが終わろうとしている。タワーブリッジの近くの〈ピッツァ・エクスプレス〉で夕食をとり、いまはテムズ川の南岸沿いの道を歩いている。首都の新庁舎を通り過ぎる。ヒースロー空港に着陸する前の最後の大きな旋回で、ほぼ毎回、この上空を通過する。二人でさらに歩みを進めると、思い出に残ることになる場所に出る。私たちがそこを通ったすぐあと、アメリカのマジシャンが、川沿いに吊るされたガラスの箱のなかで何十日も過ごす挑戦を行なった場所だ。テムズ川にまつわる当時の記憶はたくさんあるが、なかでもそこは、放送局のロゴと同じく私の記憶に残りつづけるにちがいない。

マークと二人で歩いているとき、私は飛行機を見上げない。たとえ真上から音が聞こえてきたり、その音からボーイング747だとわかったりしても。いまは、市場（マーケット）にイチゴを買いに行く途中だ。二人で笑いながら、休憩するベンチを探しに下流の方向へと向かう。

ソウル

説明書きを見て、ここがピッツフィールドではないことを思い出す。「韓服〔韓国の民族衣装〕を着ている方は、チケットなしで景福宮（キョンボックン）に入場できます」とある。

数年前、友人から尋ねられた。「まだ行ったことのない都市のなかで最大の都市は？」。わからなかったし、いままで興味がなかった自分自身にも驚いた。あとで調べてみたところ、その時点での答えはソウルだった。

ソウルでの初日。かなり早く起きて、ホテルの近くの駅から列車で約二〇分。地図で見てスタート地点としてふさわしいと思った場所に着いた。ソウル駅だ。そこから北に歩き、コーヒーを飲むために少し休憩したあと、超現代的なソウル市庁を訪れる。新市庁舎は、石造りの旧市庁舎の上空でガラスの波のように曲線を描き、下には芝生が広がっている。今日はそこで、大勢の人がコンサートの準備をしている。そのあとまもなく景福宮（天に大いに祝福された宮殿）のチケット売り場に到着し、いま私は人混みに加わって門をくぐり、赤い衣装の衛兵たちの前を通ろうとしている。衛兵の手には、房飾りのついた長い柄の武器が光っている。

宮殿の建造は一四世紀末。李氏朝鮮の始祖、李成桂（イ・ソンゲ）によって建てられた。李成桂は首都をここに定めたが、その理由の一つは、四つの山に囲まれた盆地だったからだ。それは風水の伝統的な考え方に従えば吉相とされた。壁で囲まれたこの宮殿は、それ自体が都市のようだが、最盛期には約五〇〇棟の建物と約七五〇〇の部屋があった。韓国で使用されているハングル（한글）という文字は、一五世紀に集賢殿（チッピョンジョン）でつくられた。この文字は、私がこれまでに出会ったなかで最も魅力的だ。中国語や日本語で使われている何千もの文字と比べると、簡単に学べると聞いた。その創製を称え、韓国では一〇月九日を「ハングルの日」として国の祝日にしている。北朝鮮では一月一五日に祝われる。

この日の残りのプランは、漢江（ハンガン）まで歩くことだ。市内を通る部分の川幅はひときわ広く、一キロを超える箇所もある。全体としては、ほぼ東から西へ走っていて、首都の中心を蛇行しながら流れていく。時差ぼけの旅行者にとっては、ロンドンのはるかに狭いテムズ川を思い出させる経路をたどる。実際に、よく似た曲がり方をしているところもあるため、漢江にかかる橋を地図で初めて見たとき、東湖（トンホ）大橋ではなくウォータールー橋が、聖水（ソンス）地区ではなくブラックフライアーズ地区が見えるのではないかと、なかば期待してしまった。

漢江の岸に向かう途中、大通りで横断待ちをする。街路樹が並び、一部は歩行者専用だ。そこにアイスクリーム店やピクニックテーブルが見え、水が流れる音も聞こえる。中央分離帯まで歩いていくと、カスケードに水が流れている場所がある。さらに進んで、水路に下りる階段にたどり着く。それはまるで、亀の甲羅のような形のコンクリートの街に、突如として川が現れたかのようだ。

この清渓川(チョンゲチョン)は西から東に流れている。風水では、東から西に流れる漢江と均衡するものと考えられていた。何世紀にもわたり、ソウルの子どもたちはここで遊び、そのあいだ、母親はその傍らで水を汲んだり洗濯をしたりした。下水道として利用された時期もある。第二次世界大戦後の都市化と工業化によって、この川も現代の汚染水準に達し、岸にはスラムが形成された。一九五〇年代に川は暗渠(あんきょ)化されたものの、交通計画の専門家にとって清流が魅力的に映った他の多くの都市と同じく、一九七〇年代にはその上に高架道路が建設された。だがこの川の名前は、一九九〇年代に韓国で最も人気のあった「清渓川八番街」というプロテストソングなどによって、一部の人たちのあいだで生きつづけることになる。二〇〇〇年代初めになると道路が撤去され、川も復元された。

現在、清渓川は周囲よりも低い位置を流れているため、川沿いを歩くにはスロープか階段、あるいはエレベーターのいずれかを使って川岸まで下りる必要がある。そこまで行くと、自然本来の姿を生かしながら巧みに設計された通路をたどれる。通路に沿って、植栽やパブリックアートが見られるほか、消費カロリーを示す炎のマークと数字が表示されているのも特徴的だ。誰かと一緒に入れそうな大きめの傘も置かれている。この傘からわかるのは、今日みたいな爽やかな秋の朝には想像もできないが、ソウルのにわか雨は激しいということだ。それだけでなく、見知らぬ人とともに待ったとしても耐えられるほど、短時間でやむということもわかる。

初めて訪れた都市では、その初日にいつもかなりの距離を歩く。ソウルもその例にもれない。駅から宮殿まで散策したあと、今度はこの川沿いをさらに数キロ歩く。流れる水の音が時差ぼけを和らげてくれる。復元されたこの川は、たびたび「奇跡」や「オアシス」と形容され、安藤忠雄など著名な建築家から高い評価を受けている。だが、このパワーを自然の産物だと表現するのは正確ではないと思う。この時代に、人間の手を借りずに流れている川は少ない。工事をして流れを逆向きに変えたシカゴ川ほどではないが、人工的な都市の利便性のために、ほとんどの水が川から汲み上げられ、支流を経由してすぐにまた本流に戻される。

　多くの人が指摘しているように、清渓川は復元された生態系というわけではない。ある批評家は、実質的に水平な噴水と呼んだほうが妥当だと指摘している。牧師で環境活動家のチェ・ビョンソンは「巨大なコンクリートの水槽」だと言った。つまり、ここが自然豊かに見えるのは、周囲で着々と都市化が進むなかで、対極的な場所だからというだけなのかもしれない。川の流れに沿って浅瀬やミニチュアの沼地があり、自生のヤナギ、ポプラ、オギが群生している。調査報告によると、川辺の気温は数ブロック離れた道路上より数度以上涼しくなることもある。川が復元されてから魚や鳥の種類も増えていて、韓国では縁起物とされる鯉（잉어）や、オシドリ（원앙）などが目撃されているのはとりわけ幸先がいい。オシドリは生涯、同じ相手とつがうといわれ、それをかたどった一対の木彫りが伝統的な結婚祝いとして贈られる。水面は澄み切っていて、銀色のひれのある魚の群れが私の影から散り散りに逃げる。父と兄と連れ立って、ピッツフィールドの土手から釣りをした夏の日々を思い出す。それに、バークシャーのフーサトニック川流域にならぶ警告看板も。英語とスペイン語の大文字で、捕まえても食べないようにと注意書きがあり、ナイフやフォークとともに置かれた四枚の皿の上には、鳥、魚、カメ、カエルが描かれていて、それぞれ斜めの線が引かれている。「食べてはだめ」という意味だ。

　都市が自然と人工物を有益に融合する方法をソウルのこの川が示しているというなら、古いものと新しいものを比べる機会も生み出しているといえる。ときおり、老朽化したT字型の柱が現れるたびに、私は何度でも立ち止まってそれを見つめる。それは、過ぎ去った都市計画時代のモニュメントとしてそこにある。かつてその柱が高く持ち上げていた高架道路の渋滞のなかで生まれる旅があったにちがいない。そのすべても刻まれている。また、興味深い瓦礫の山が古い時代のインフラの遺物だという歴史を教えてくれる案内板も私は大好きだ。たとえば「ここにはかつて孝経橋がありました。永豊橋と呼ばれていたこともあります。また、盲橋（目が見えない人のための橋の意）と呼ばれることもありました。このあたり一帯に多くの視覚障害者が暮らしていたからです。橋が建造された時代はわかっていません」。なによりも魅力的なのは、川の上のタイルに取り付けられた一八二〇年代のソウルの地図だ。首都の総合地図である「首善全図」という木版地図のレプリカで、それを見るとこの都市が丸く広がっているのがよくわかる。それに、城壁や環状に連なる山々が都市を囲むようすが、寓話のような完璧さで描かれている。

ソウルは、地下鉄の駅のプラットフォームに設置されたガラスケースのなかに、ガスマスクが配備されている都市だ（ホテルの私の部屋のクローゼットにも、非常用の懐中電灯や脱出用ロープとともに何個か備えられている）。そのため、清渓川沿いでも公共の安全が最優先事項なのは当然に思える。川が氾濫した場合に抜け出せなくなる恐れがある閉所を警告する掲示や、通路から上がるための避難用はしごも等間隔にあり、橋の下の灰色の石壁に埋め込まれた制御ボックスの扉には「降雨により水門が開きます。ただちにこのエリアから退避してください」と警告する表示がある。その扉を見たとき、お城と秘密の扉が登場する童話を思い出した。

一部の箇所では、川床にやや無造作に置かれた飛び石を伝って、向こう岸に渡れる。歩行者用の橋を追加するより遊び心のある設計だ。子どものころ、滑りやすい石の上を飛び跳ねていくと、足元の石が転がってどこかにいってしまうこともあった。その感覚がよみがえってくるのは私だけではないだろう。ソウルの中心部を流れる川の石も、スピードを出して跳んだほうがやりやすいのは同じだ。今日は、何人かの子どもがそれを実地で学んでいて、少なくとも一人のパイロットがそれを思い出している。地球上で最も大きな都市の一つで、私は初めての一日をこうして過ごした。この川の流れは見えないポンプの回転によって生み出されているが、手入れの行き届いたこの支流を見て満足してしまい、本物の川にはたどり着けなかった。

カルガリー

まだ九月だと自分に言い聞かせる。肌寒く、雲が垂れこめた天気のおかげで、この都市が北アメリカの内陸部に位置し、カナダの大都市のなかでは群を抜いて高地にあることを忘れるのは不可能だ。一〇九九メートル。それがカルガリー空港の標高だ。グレイロック山の頂上よりわずかに高い。私がいつも比較に使うグレイロック山は、バークシャー地方にある山で、その山頂からは五つの州を見渡すことができるが、風で木の発育が阻害されて盆栽のようになっている。カルガリーの標高を実感する最も簡単な方法は、次のように想像してみることだ。空中にある都市とまではいかなくても、雪の積もったグレイロック山の頂上にカルガリー・タワーなどのビル群があって、山の急斜面の上に郊外の住宅地や田園地帯が張り出している。

ホテルの高層階にある私の部屋の窓は分厚いので、雨が降りはじめたのは一目でわかるがその音は聞こえない。ジョギングに行きたい気持ちはあっても、こんな寒くて湿った天気では実行に移すのが難しい。寒いのは最初の一分間だけだと自分を励ます。だが、道路の端で止まり、信号が渡っても大丈夫だというまで待っていたら、また寒くなるかもしれない。なにしろこの都市の歩行者たちは、信号にきちんと従うのだから。その後まもなく、川沿いのエリアにたどり着くだろう。そこには信号もなく、車も見当たらない。

「いま、ここに生きる」ことが心の安定と幸福にいたる鍵だと書かれているのを読むたびに、疑問に思うことがある。想像するという行為、つまり実際に自分がいる場所とはちがう別の場所にいる能力が、マインドフルネスという分野ではどう扱われているのだろうか。私には見当もつかない。若いころ、私はもがいていた。ゲイであり、言語障害もあった。そのほかにも大きな問題が立ちはだかったとき、私は想像の都市に旅をしたり、安全だと感じられるぐらい遠く離れた実在の街にいる自分を想像したりした。その想像が私の命を救ったともいえる。大人になって、それなりに満足しながら生きているいまでも、簡単にほかの場所に行ける力が喜びをもたらしてくれることが多い。少なくとも私には、食器洗いや歯科治療、交通渋滞、公共交通機関の遅延、眠れない夜などを楽しくやり過ごすための確実な手段になっている。

また、少なくとも、今日のような気分が乗らない日にもエクササイズがしやすくなる。環境が整ったホテル内のジムにあるランニングマシンではなく、屋外で走ってみるべきだと自分でもわかっている。外に出れば、「いま、ここ」に集中し、街や世界を見られる。偽りのないカナダの雨に激しく打たれ、ほかのランナーと目で挨拶を交わし、雨が降るなかで励まし合ったりもできる。一方、ホテルのジムでは濡れることがない。一瞬たりとも寒くは感じないはずだ。おそらく誰とも言葉を交わさない。ヘッドホンを着けて好きな音楽に合わせて疾走し、頭のなかは好きなことや好きな場所でいっぱいになる。しかも、このホテルのランニングマシンはきっと最新型で、森のなかを抜けたり山道を登ったり、さまざまなバーチャルコースを走れるはずだ。私のお気に入りのコースは、爽快だがどこにあるのかわからない都市の海岸沿いの遊歩道だ。バーチャルでしか走れないが、六大陸それぞれのホテルの窓のないことも多いジムで、幾度となくそのコースを走った。

短パンに着替えて、床に座ってスニーカーの紐を結ぶ。雨粒が音もなく窓に打ちつけられるのを見て、風が強まっているなと思う。中か、外か？　決断力のない自分をしかりつける一方で、現実をありのまま受け入れるというマインドフルネスの考え方も受け入れがたい。それでも今回は、私のなかの口やかましい（でも潜在的にはマインドフルな考えをもつ）厳格なピューリタンが勝利を収めた。コードをまとめた白いヘッドホンをデスクの上に置く。すぐ近くにルームサービスのメニューがある。あとで自分へのご褒美として利用するかもしれない。そしてロビーに向かう。出入口の近くに高齢のカップルが立っていて、濡れた傘の扱いに苦労しながら、私と私の短パンをじろりと見る。愚か者といわんばかりの視線だ。「ええ、そのとおりです、ばかげていますよね」と二人に言いたい。だが私は、このあとホットチョコレートを飲み、それからパスタを一皿食べると自分に約束したのだ。軽く挨拶をして二人の前を通り過ぎ、カルガリーの冷たい霧雨のなかへと走り出す。寒さに震える。だが、それもほんの一瞬だ。口やかましいピューリタンがそれを律儀に記録する。そして、川岸に向かって走りはじめた。

ボウ川の水源となっているボウ湖は、バンフ国立公園内のボウ氷河のふもとにある。カルガリー市内で、ボウ川にエルボウ川が合流する。ボウとエルボウ。混同しやすい名前だ。ちなみに、カルガリー市の水道水には、二つの川の水がきちんと均等にブレンドされている。合流して一つになった川は広大なハドソン湾に向かう。この湾は一年を通してほぼ結氷しているため、とりたてて目立つものがない。湾の上空をヨーロッパ発の航空便が数多く行き交い、暑さで知られるアリゾナ州フェニックスのような場所を目指して大きく旋回する。ボウ川の水流は、ほとんどがロッキー山脈の雪解け水だ。季節によって川は乳白色になり、氷河に削られた山の粒子が流れのなかに浮遊しているのを難なく思い起こせる。それ以外の季節には無色透明かエメラルド色だ。こんな曇った日でも、わずかながらそんな色に見える。

ピッツフィールドを基準にした計算では、まだ秋は始まったばかり。でも、カナダ内陸部の高地にあるこの都市では、道の端にすでに黄色い葉が積もっている。ジャイプール橋を走って渡る。インドのジャイプール市との友好親善を記念した橋だ。また渡って戻り、今度は川沿いのトレイルを南東に向かう。

多くの都市の水辺を歩いたり走ったりしてきたが、カルガリーはとくにすばらしい。川は小さな島々に沿って曲がり、ぶくぶくと音を立てる。ここには天然のトレイル（ただし整備されていて標示もわかりやすい）や歩行者専用の橋、インスタレーション作品などもある。この都市はカナダという国の縮図といえる。つまり住民はフレンドリーで、混雑とは無縁だ。もし天気がよくてカメラをもっていたら、高性能なランニングマシンで使う自分専用のデジタルコースを作成していたかもしれない。ほかのランナーに手を振り返しながらも、どうやら私はマインドフルな状態にはまったくなれていないようだ。

橋の下を通り、コンクリートの橋台の近くを走る。そこには紙粘土の仮面をつけたカルガリアン（カルガリーの人たち）の写真が、パブリックアート・プロジェクトの一部として飾られている。青い眉と赤い唇の仮面もある。あとで知るのだが、その仮面をつけているドンという名前の参加者がそれを選んだのは、そのキャラクターがとても親しみやすいと感じたからだという。別の橋の下で止まり、短い休憩をとる。川の水位の変化を監視する計器が近くにある。この装置によって、季節ごとの変動や、かつてこの都市を危険にさらしたのと同じような洪水の可能性、気候変動の影響でボウ氷河の融解が加速していることなどがわかる。そして私はふたたび走りはじめる。立ち止まるのは、進路にある情報案内板の前で足踏みするときだけだ。

「渓谷の美しさとその公共的価値を見いだしてきたカルガリアンは、いつの時代にもいた」と案内板にある。

「私たちはどんな都市を創り出すのだろうか。その選択肢は無限にある」と別の案内板が語る。

いま私は、雨と汗でずぶ濡れになっている。そしてランナーズハイに襲われると、それをカルガリーへの狂おしい愛情として感じる。

「いま、ここにいる。この場所こそが究極の都市だ」

そのとき、かつて想像した都市が、失っていた光を取り戻す。以前、何度もそうだったように。私を取り巻く現実に喜ばしい新しい事実が加わると、想像の都市はそれを受け入れて反映する。私が思い描いているあいだでさえ、都市は姿を変えていく。

貨物列車が見える。その速度は、私が走る速さとそれほどちがわない。運転手に手を振りたくなる。ピッツフィールドの隣人は、オールバニーとニューヨークをつなぐ列車で車掌として働いていた。だから私は、貨物列車の運転手にも親近感を抱いたのだろう。それに、仕事中に大きな乗り物のフロントガラスから外を眺めて過ごす者同士の仲間意識もある。私はさらに走りつづけた。やがて、ボウ川とエルボウ川の合流地点に到達し、そこで立ち止まった。ここにはカルガリー砦がある。新たに設立された北西騎馬警察（王立カナダ騎馬警察の前身）が一八七五年に建設した砦だ。川が交わり、そこに砦が生まれ、その名を未来の都市がまとう。

雨が上がった。案内板には「計画されていたすべてのものが実際に建設されていれば、カルガリーはシカゴと同規模になっていた」とある。そして私は、エルボウ川の洗練された歩行者用の橋の上を走る。スチール製の手すりが曲線を描いている。木製のベンチもあり、橋の内側に取り付けられた灰色の優美な円柱にライトが光る。この歩行者・自転車専用道路と平行に伸びる通りを見下ろしてみると、家の外に停まっている車はあまりない。ほとんどの人が仕事に行っているのだろう。朝に車で出かけて夕方に戻ってくる。パイロットの私には、そのリズムはもう遠いものになってしまった。たとえば今夜、カルガリーでは、ほぼすべての住民が自宅にいて、歯を磨き、ベッドに入る。一方で私は、カルガリアンたちの空港に駐機しているジェット機の明るいコックピットにいて、北極圏ルートの飛行プランを慎重に検討しながら紅茶をすする。

さらに走りつづける。クマ対策が施してあるごみ箱が花の写真で覆われている。そこを通り過ぎ、川沿いを少し進んだあと、そろそろ引き返そうかと思いはじめる。まもなく、マウンティ〔王立カナダ騎馬警察官の愛称〕と馬のブロンズ像の下で立ち止まり、左のスニーカーの濡れた靴紐を結び直す。灰色のコンクリートの台座のまわりを走ると、筆記体の黒ずんだ金属の文字でこう書かれている。「広大な大草原(プレーリー)の真ん中に立って都市を想像するのは、どんな気持ちだったのか」

そこで私は試してみることにした。立ち止まって目を閉じる。単なるプレーリーではなく、まさにここだ。どこかの川ではなく、この二つの川。また雨が降ってきた。ここは九月下旬のカルガリーだ。Tシャツ姿で震えに襲われる。そして目を開け、ふたたび走りはじめた。

CITY OF AIR

空（エア）の都市

コペンハーゲン、ナイロビ、
ペトロポリス、クウェート

子どものころ、自分だけの空想の街をつくったが、その街の匂いまで考えたことはなかった。季節ごとに到来する風のことも思い浮かべなかった。たとえばその風は、何千年も前に初めて名前がつけられ、神話になったのかもしれない。時代が進んで、街の風車や船に利用される一方で、いまも変わらず鳥の渡りを助けたり遅らせたりする。そうして渡り鳥たちは降り立つ。その街の公園にある湖や、産業革命時代を思い起こさせる復元された運河に。

また、大都市を形づくる無数の人生のあらゆる瞬間に行なわれている呼吸や、上下する胸のことを、私は一度も考えたことがなかった。とくに一人で、なんらかの場所をただ想像してみるときに問題なのは、こういう明らかな見落としを指摘する人がいないことだ。親切な友人や厳しい検査官がいて、肩を叩いて警告してくれたらいいのに。「君の街には空気がないよ」と。

ピッツフィールド

私は一六歳。人生で最も興奮していた。地元の市営空港には、飛行機を見るために両親と何度も来ていたが、飛行訓練のために来るのはこれが初めてだ。

飛行機に向かう前に記入しないといけない書類がいくつかある、とインストラクターが言う。記入欄を埋めていく速さは経験の多さを物語っている。インストラクターは私に体重を聞いて、それから計器を見る。どうやら、その計器は外気温を示しているようだ。ごく普通の低層の建物の一室であるこの部屋の室温ではなかった。隣には駐機場（エプロン）があって、ピッツフィールド市の飛行機が停まっている。

「通常、ここのエアは関係がない」と、インストラクターは作業をしながら話す。「高地にいるわけではないからね。西部ではちがうかもしれないけれど。それに、どちらにしたって今日は暑くないからね。でも離陸性能を計算すれば……」と言いながら、スパイラル綴じのマニュアルを開いて、細い線で描かれたグラフを指でなぞる。「世界じゅうのどこにいても、それを計算すればトラブルにあうことはない」

コペンハーゲン

ロンドンから離陸後、北海とユトランド半島を飛び越え、シェラン島を横断してエーレスンド海峡に向かう。そのにぎやかな海峡にコペンハーゲンがある。海峡の対岸でいったんスウェーデンの領空に入り、それからこのデンマークの首都に向けて旋回しはじめる。

私は二九歳。エアバスのパイロットの資格を最近取得したばかりで、これがコペンハーゲンへの初フライトだ。西風が強い。地上では約三〇ノット（時速約五五キロ）。海峡の暗い水面からはぎ取られた、輝く星の集まりのような白波を見下ろしながら、最終アプローチは荒れそうだと予想する。

だが、このフライトの最後の数分は驚きだった。着陸がスムーズだったのだ。着陸後、経験豊富な同僚が説明してくれた。コペンハーゲン周辺の空では、通常、風は強いが変動は少ないという。下層大気中の風の流れに対して、その速度を弱めたり、乱れを生んだりする大きな丘がないからだ。私は同僚に感謝し、この都市と気象に関する情報をメモに付け加えた。そのメモは、とくにキャリア初期のパイロットが作成を推奨されるもので、フライト先のあらゆる都市について、気象の気まぐれを記録していく。

ナイロビ

スーダン上空で夕暮れが訪れた。ちょうど青ナイルと白ナイルが合流し、首都のハルツームがそびえ立つあたりだ。いまは、澄んだ星空と、エチオピアに広がる未知の山岳地帯とのあいだでナイロビへのアプローチの準備を完了しつつある。

ヨハネスブルグ、ウィントフーク（ナミビア）、カンパラ（ウガンダ）、ルサカ（ザンビア）、ハボローネ（ボツワナ）、それに、現在地から北東方向のそう遠くない場所にあるアディスアベバ（エチオピア）、すぐ目の前にあるナイロビ。これらのアフリカの都市には共通点がある。どの都市も高地にあるのだ（ハボローネの空港の標高は約一〇〇〇メートルだが、この七都市のなかで最も低い。最高はアディスアベバで約二三〇〇メートル）。高度が上がると気温が下がるため、その結果、これらの都市の気候は、最も暑い大陸の内陸都市として予想されるよりはるかに穏やかだ。それでも、これらの都市は大気の原理による標準的な科学モデルよりもかなり暖かいため、パイロットは〝ホット・アンド・ハイ〟（高温・高高度）と表現する。同様の地理的位置や標高にあるメキシコシティ、テヘラン、デンバーなどの都市も、とくに夏はそう呼ばれる。

標準大気モデルは、パイロットにとってとても重要だ。このモデルからの逸脱がフライトに与える影響を計算できるからだ（最も影響が大きいのは、ホット・アンド・ハイな都市で起きる逸脱）。高いところや暑いところでは大気が薄くなり、エンジンが吸う空気が減る。薄い大気のなかで通常と同程度の揚力を翼から得るには、より速く飛ばなければならない。ホット・アンド・ハイな都市へのアプローチでは、通常より高速で飛んでいるため旋回角度が広がる。着陸速度までスピードを落とすには、さらに半マイルほど飛ぶ必要が生じることもある。やっと着陸したあとも減速するために長い滑走路が必要で、そのあいだにブレーキが過熱する。

今夜のナイロビの大気は、教科書どおりのホット・アンド・ハイ。ナイロビの空港の標高は一六二五メートルとされている。およそ一マイルだ。空港の気温は二〇度台半ば（母は晩年、ニューイングランド地方の寒い冬や湿度の高い夏が嫌いだった。年間を通じて空気がとても穏やかで、気温のことを完全に忘れられるような場所が地球上のどこかにないのかと、母が旅慣れている父に尋ねたことがある。父は気さくに答えた。「ナイロビやキトだな。赤道に近いが、高地にあるから暑くない街だ」。父は航空用語など使わずに〝ホット・アンド・ハイ〟な条件を指定した）。ナイロビの今夜の気温はこのうえなく快適に思えるが、実際には標準大気モデルから極端に外れている。モデルによると、この標高の都市で予想される気温はわずか四度ほどになる。

最終降下の許可がおりて、南西に進む。街を通過し、滑走路に向かって北東に進路を変える。山岳に設置された、ンゴングと呼ばれる航法援助施設（ナブエイド）の近くを飛ぶと、スピードブレーキを展開する。スピードブレーキというのは、翼に取り付けられたパネルだ。高速で流れる空気のなかでこのパネルが立ち上がると、独特の低いうなり音を発する。私たちは通常より早く着陸装置を降ろす。減速するために努力していても、最終降下や、郊外の集落の明かりが流れ去っていくようすなど、いま起こっているすべてが通常より速く、高高度だ。そのため、まだ遠くにある空に静かに浮かぶ大都市へ近づいているような感覚が、ひたすら強まっていく。

滑走路の末端を越えると、スラストレバーを引いて二五〇トンのボーイング747を操縦し、だらりとした吹き流しの横を通り過ぎる。車輪が地面に触れるとすぐに、エンジンの逆噴射を最大に設定する。ブレーキにかかる負担を軽くするためにできることはこれくらいだ。長時間前進する推進力を生み出していたエンジンは、ナイロビの希薄な空気を何トンか集められるだけ集めて、私たちの前に吐き出す。輝く滑走路から暗くて閑散としたタクシーウェイに入り、このアフリカの夜のなかを進んでいくと、地球全体とは言わないまでも、ナイロビ全体で動いている乗り物はこの機体だけという気がしてくる。駐機すると、四つのエンジンを右から左へ一つずつ慎重に停止させる。その順番で、長く金属的なため息を吐きながらエンジンの咆哮（ほうこう）が消えていく。それぞれのファンが静止するまで、私は計器の針がゼロに戻るのを見ていた。

ペトロポリス市の涼しくて香り豊かな空気にたどり着くには、大西洋とリオデジャネイロをあとにし、内陸に向かって北に伸びるハイウェイを進む。

リオデジャネイロは、どの絵はがきを見ても山の街として有名なようだ。近郊の街であるペトロポリスは、ブラジル以外ではほとんど知られていないが、リオ行きのパイロットにこの街の位置を説明すると、全員がどこのことなのか正確にわかる。ペトロポリス周辺の山はリオの山より高く、航空図ではより警戒を促すパターンで塗られているからだ。詩人のエリザベス・ビショップは、ピッツフィールドにいる男性の恋人を最後に訪れてからしばらくして、ペトロポリスでロタという女性と一緒に暮らし、「寝室の内外に浮かぶ雲」について語った。それはきっと、パイロットが夢見る都市の空だ。ビショップはペトロポリス周辺の山脈を「高度に非実用的」と表現したが、それはまるで、リオに降りる途中でその高地を慎重に避けなければならないパイロットのことを真っ先に考えていたかのように思える。

この旅程を陸上で逆行してみる。リオの暑気を始点に続いていく道は、山の狭い谷間に大きな弧を描きながらペトロポリスへと上っていく。直線的なアプローチが不可能なことを知っているかのように。この都市のモットーは「つねに高みを求める（Altiora semper petens）」。がたつくバスから険しい谷を見渡す。ここではブラジルの空はV字形だ。バスが進んでいく道のはるか先を見るが、ここそことを結びつけるはずの曲線と上り坂の配置を思い描けない。

ついに門をくぐって街に入る。門には〝ペトロポリス（PETRÓPOLIS）〟と〝シダージ・インペリアウ（CIDADE IMPERIAL）〟と刻まれている。これはそれぞれ〝ペトロの都市〟と〝帝国の都市〟という意味で、ブラジル最後の皇帝ペドロ二世（一八二五～一八九一年）にちなむ。この皇帝は、この都市の涼しくて澄んだ空気をとても気に入り、ここをいわば夏の首都にした。五八年にわたる統治のすえに退位したあと、王朝は幕を閉じて共和国が建国された。それでもペドロ二世の運命はコンスタンティヌス帝以降のすべての皇帝が夢見るものかもしれない。ペドロ二世は自分の名前を冠した都市に埋葬されているのだから。

多くのパイロットと同じく、私も別の道を歩んだ飛行機王に惹かれてこの街にやってきた。アルベルト・サントス＝デュモン。飛行機の真の父はデュモンだと信じているブラジル人は多い。デュモンは、懐中時計の時代に世界初となる腕時計をルイ・カルティエと共同で設計し、飛行機の操縦桿から手を離さずに時間を確認できるようにした。デュモンはペトロポリスで暮らしていた。死後にはフランス王の伝統に従い、体内から心臓が取り出された。その心臓は小さな金色の球体に入れられ、リオの博物館で、台の上のガラスケースのなかで翼をもつ像に支えられている。デュモンのほかの持ち物の多くはペトロポリスの小さな自宅にある。

私は初めてこの街に来た。同僚二人と一緒に、偉大な飛行家の自宅を探索するのは楽しいが、じつは私はここでほかのものに恋をすることになる。それは〝パラシオ・デ・クリスタル（Palácio de Cristal）〟、つまりクリスタルパレス。小さいながらも緑豊かな公園に設置された、温室のような建物だ。

パラシオは一八八四年にオープンした。シンプルな鋳鉄と、長い垂直のガラス板でつくられている。ほとんどの壁がそのガラス板を三枚つなげた高さだ。装飾はあまりないが、一部のガラス板の前面が渦巻き模様で飾られていて、床の茶色いタイルには砂色のアイリスが描かれている。そして建物の角には、外にある木の幹を思わせる柱状の装飾が巻かれている。

この建物はロンドンのクリスタルパレスから着想された。フランスで製造された部品がブラジルのこの高地に運ばれ、一八八四年に組み立てを祝って盛大な舞踏会が催された。一八八八年の復活祭の日曜日には、帝国の儀式としてペトロポリスの約一〇〇人の奴隷がここで解放され、全土で奴隷制度が廃止される日を予感させた。

この建物は農業展示場やスケートリンクになったほか、夏の社交界で行なわれる優雅な舞踏会の会場としても使われた。パラシオでは、都市から隔てられ、箱詰めされたような静まり返った繊細な空気のなかにシャンデリアが高く吊るされている。こんなにも多くのガラスの壁が、かつてブラジルの宮廷の音楽や喧騒を跳ね返していた。その最後のときから月日がたった現在、シャンデリアは熱帯の強烈な日差しのなかで色褪せ、白い骨のようになっている。外には、この建物が〝最高のかたちで現れたペトロポリスの精神を称えるランドマーク（um marco que honra os mais elevados aspectos da alma petropolitana）〟と記された額がある。

パラシオのそのほかの部分は簡素なデザインだが、思いがけないディテールがある。それを見た人は、かつてここで行なわれた舞踏会が古い写真から連想する白黒の世界ではなかったことに気づく。ほとんどの窓ガラスは普通の透明ガラスだが、数枚が青いのだ。

この青ガラスは、春の日差しのなかで、パラシオのなかに落ちる空の色を倍増させているようだ。空の色はガラスを通過し、タイル張りの床に丁寧に配置された模様の上へと斜めに落ちる。そこで豊かな海色の平行四辺形を形づくっている。パラシオのなかをゆっくり歩いていると、それをまたぐか、よけて歩くのが正しいように感じられてくる。その色が貴重に思えるからなのかもしれない。あるいは、目がおのずと、低い所に広がる青をすべて水として認識するからなのだろうか。

パラシオは、私が訪れたことのあるなかで最も穏やかな場所の一つだ。この鎮静効果は説明が難しい。シャンデリアと、空っぽの低い舞台以外には何もないからだ。穏やかさが生まれるのはおそらく、シンプルな鉄の輪郭が写真のフレームのように都市の空気に作用し、かつての瞬間を失うことなくそのなかにとどめているからだろう。それ以外は、ほかの場所と変わりはない。

パラシオから遠ざかりつつ、振り返ってみる。理由は何だろうと、ここを忘れないという確信が私にはある。空から青い形が落ち、床に触れて影のように優雅に移動する、この静かな場所。それはまるで、空気ではなく透き通った水で満たされている何かであり、私たちの動きを止め、落ち着かせるものだ。ガラスの宮殿は誰にでも開かれているが、ペトロの街のほとんどの人はどこかほかの場所で忙しくしている。

クウェート

夜明けの一時間ほど前、機体はトルコの月明かりに照らされた山のなかで最も雪の多い場所を過ぎ、国境を越えてイラクに入り、大きな川に沿って南に進む。このティグリス川の曲線を光が正確に縁取っている。昼間のフライトで川岸に見える樹木と同じように。光の先にあるのは砂漠の漆黒の闇だけだ。

さらに南に進むと、ティグリス川とユーフラテス川の合流地点に近づく。私たちが飛んでいるのは、まさにメソポタミア上空。〝川のあいだの土地〟という意味の場所だ。遠くに、針で刺した血のように鮮やかな光が現れる。近づくにつれてそれが炎だとわかる。炎は、まわりに広がる砂よりかなり上の位置で揺らめいている。これはフレアといい、油井から出る天然ガスを焼却処理する際に発生する炎だが、近隣のコミュニティに悪影響を及ぼす有害物質も生成する。こうしたフレアは、夜にコックピットから見える最も不気味な景色の一つだ。そのガスが生産的な目的のために燃やされているのではないと知れば、なおさらだ。これまで私が出会ったなかで、気候危機という課題を最も痛切に感じる光景だ。

地域によっては、フレアが地上にランダムな模様をつくる。その姿はナブエイドのようでもあり、くっきりとした線を描いて大地を横切っているように見える。別の場所では、隣へと順に火を分けていくようでもある。クウェートに向かうルートでは、夜が明ける気配が漂うと同時に、こうしたフレアが出現することがめずらしくない。巡航高度から見る空は、ごくゆっくり、空と世界の境界線に光をにじませていく。そこに最も遠くから、たとえばイランの砂漠からフレアが立ち昇る。その炎は地平線を求めて手を伸ばす。地平線に吸い込まれていくかのようだ。そして星々は、横から突然差し込んできた輝きに焼き尽くされる。一日が始まった。

上空で空を見ている者の目に雲一つない夜明けが届くとき、下に広がる世界には人間の営みがあるが、夜明けとともに、電力で照らし出されていた文明の痕跡がほとんど消えてしまう。見下ろす世界はゆっくりと姿を変え、太陽の光を浴びる惑星の見慣れた色彩と特徴が現れてくる。ときとして、この典型的な夜明けとはちがうかたちで一日が始まる場所がある。クウェート市街地の上空やそのまわりの空だ。そこでは、明るさを増していく光の多くが、地上を照らすのではなく大気を染め、空がしだいに黄金色になる。朝日が力を増すにつれて、この麦藁色の光は強まる。最も極端な状況では、その光が一面に広がり、機体の風防が埃にまみれた琥珀色のガラスのように見える。

クウェートの作家、タレブ・アルレファイは、『太陽の影（The Shadow of the Sun）』という小説のなかで、エジプトから移住してきたばかりのヘルミという経済移民のキャラクターを通して、クウェートの外国人労働者の状況を描いている。ヘルミは妻と幼い息子をエジプトに残してやってきた。ヘルミはクウェートを初めて歩きながら「私が知っていた太陽とは異なる太陽」に驚き、空は「赤みがかったサフラン色に染まっている」と感じる。クウェートのアメリカン大学で教鞭をとる作家、クレイグ・ルーミスの短篇小説では、空の色は「薄い紅茶」「バタースコッチ」「くすんだバニラ」で、太陽は「まだ砂と埃の向こうにある赤い気配」と描写されている。

この都市を空路で定期的に訪れる人は、その意味するところが正確にわかる。想像するのは簡単だ。たとえば、地球のこの地域に腰を下ろしている黄金色は、もし熱というものを直接見ることができるなら、そんなふうに見えるだろうという姿だし、高所から大きな蜃気楼を通して砂漠を見下ろしているように思える。この〝エアダスト光〟とも呼べるものは、ときおりとても厚くなって、地表を完全に覆い隠すことがある。クウェートへのアプローチでそのなかを飛ぶと、ほかの場所では味わえない感覚にとらわれることも多い。太陽が昇る前だというのに、その都市を取り巻く世界をより鮮明に見た気がするのだ。

エンジンをアイドリング状態にして降下を開始すると、機体が黄金色に包まれる。それは雲というほどではないが、澄んだ空気より濃い。翼が時速何百マイルかの速さで何かを切り裂いている感覚があるほどだ。それは触れることができる。目にも見えるが、グラスに入れて白い壁の前に持ち上げれば、ほんのりとしか見えない。そんな物質のなかを通り抜けていく。

機体はさらに降下し、クウェートに駐在する航空管制官に引き渡され、その都市に向かう残りの旅程を指示される。その指示に従い、機体は旋回し、ペルシャ湾の開水域上で高度を上げる。地上からこの大気を通して湾を見ると、別の日の朝や別の海上では輝き、目を見張るような金属のきらめきや、魚の群れのような方向転換はそこにはない。あるのは霞と、ファイラカと呼ばれる島の影と思われるものだけだ。私たちはその影を越えて旋回する。再旋回して都市の南に向かい、本土に近づいていく。地上を見下ろしながら計器に感謝する。砂漠の表面と、厚く広がる黄褐色の大気の深層がほとんど区別できないことにあらためて衝撃を受けたからだ。そして、どんなSF映画でも呼び起こせないような強烈な感覚に打たれる。私たちは深遠な未来で、砂漠の惑星にある最も巨大な都市へのアプローチの最後の数分間にいる……。

実際に、周囲を覆う光が大地の色と均一に混ざり合い、そのどちらも無表情に見える朝も多い。テレビで、放送されていないチャンネルに合わせたときに見えるスノーノイズ〔アナログテレビ放送を受信するときの斑点状のノイズ〕のようだ。その後、まず、まっすぐな線が霞のなかに形をとりはじめる。それとともに、広いハイウェイや、湾岸沿いの低層の別荘の屋根が現れ、この場所が生む唯一無二の瞬間と大気のなかに都市がとらえられる。

＊＊＊

駐機し、機体のドアを地球上で最も暑い都市の一つへと開く。

一九二五年生まれの作家で旅行家のザーラ・フリースは、子ども時代の大半をクウェートで過ごし、公的な派遣団に同行して砂漠のイナゴを駆除するための調査を行なったことがあるという。「車が走るあいだは風が起き、私たちは十分に涼しさを感じた。ところが、車が停止するとすぐに、ジープの金属製のサイドが触れないほど熱くなった」とフリースは述べている。最近、クウェートも含めた砂漠の都市では、駐めてある車の上に陰をつくる張り出し屋根が多くの駐車場に設置されている。クウェートの空港には小型ジェット用のものもある。それがまだどこにもないころ、私はここで初めて見た。

同僚とともに自分たちの荷物を受け取ったあと、入国審査場を通過する。やっとターミナルから出ると、屋根のある日陰のエリアにつながる。そこでは、流行の服を着こなした女性が車を停めて乗降客を送り迎えする姿をよく見かける。人々のにぎわいと〈アラビアの聖母〉像があるクウェートの大聖堂もそうだが、湾岸都市がすべて同じではないということを思い出させてくれる。このエリアのすぐ先には、さえぎるもののない世界がまぶしく広がっている。

私と同じように、ペルシャ湾を初めて見たのは寝室や教室にある地球儀、あるいは戦争を伝えるニュース放送の地図だという人も多いだろう。その際に、この地政学的に重要な水域がおよそ南北に広がっていて、クウェート市はその北端のどこかにあることも知ったかもしれない。じつは、湾の北西の隅に、少なくとも私が最初に見た縮尺では見えない小さな湾がある。その南岸にクウェート市があるのだ。だから、たとえばセイフパレスの近くにあるウォーターフロントに立って波を見ていると、北西方向に向いていることになる。ところがペルシャ湾は、長い旅路のあとにサングラスを外して目をこする外国人がまったく予期しない方向に広がっている。それは右肩の後ろ側だ。

水辺で発展した貿易都市の例はたくさんある。しかしクウェートでは、水のないところにはつねに砂の海がある。この砂の海もクウェートという存在をつくったといえるかもしれない。この街の砂漠側には、かつて城壁のすぐ外側に内陸の港のようなものがあり、ベドウィンや内陸から来る商人のラクダが船のようにつながれていた。その反対側にある湾岸については、オーストラリアの作家で冒険家のアラン・ヴィリアーズが『シンドバッドの息子たち（Sons of Sindbad）』のなかで「世界で最も興味深い岸辺の一つ」と表現している。ヴィリアーズはクウェートを「模範都市」としてその海事の伝統を記録していて、地球上で最も熟練した船大工と船乗りの本拠地(ホーム)

だと書いている。
その昔、この都市の子どもたちは、休憩時間の前に手にインクをつけられた。授業に戻ってきたときに、休憩中に泳ぎに行っていないかを教師がチェックするためだった。それほどまで厳しい気候のため、初期のクウェートは湾岸に沿ってほぼ線状に発展した。ある宣教医は、旧市街を「奇妙に長くて狭い」と記している。街がとても細長かったため、イード祭〔ラマダン明けを祝って数日行なわれる祭り〕の初日には市の東部の住民が西部を訪れ、二日めには西部の住民が東部を訪れた。クウェートはまるで、その一次元の線上で生まれたのち、徐々に二次元に広がり、最終的に壮大な摩天楼のある三次元になったかのようだ。この街から都市の研究を始めた人は、すべての都市が同じように始まり、その後に時間と空間のなかでゆっくりと拡大していったとイメージするかもしれない。

ボートでクウェートに到着したヴィリアーズに、クウェート人の長老（シャイフ）が言った。「この街を出ていくときは、ラクダで去らなければならない」。これは、カルヴィーノの『見えない都市』で、ヤヌス〔二つの顔を持つローマの神〕のような都市、デスピーナにたどり着く手段が船とラクダの二つだけという描写を思わせる話だ。また、シャイフの発言には、この都市のあらがえない運命が表れているともいえる。それは、想像を絶するほどの富を石油がもたらす前の時代に、クウェートが無関税港として砂漠と海上の貿易路の交差点に出現し、一時期は湾岸最大の港町にまで発展したことだ。この街の市場（スーク）はアラビア北部全域で知られている。ヴィリアーズによると「その真珠の如き輝き」は「パリやニューヨークでも広く認知されていた。クウェート商人はシリアやシンガポール、カイロやカリカットでも尊敬の対象だった」。

私にとって、クウェートの空気とそれが形づくり運んできたすべてが、この都市の最も印象的な特徴だ。クウェートは、私が都市周辺の土地や水に対して通常抱いている現実感を覆す。この街の上空にある大気は、それと頻繁に対峙して検討しなければならないパイロットにとっても実体がない。

私たちは荷物をクルー用のバスに積んでからそれに乗り込んだ。私はいちばんいい景色が見える前席に座った。市内に向かうハイウェイはロサンゼルスを彷彿とさせる広さと混雑具合だ。比較的涼しい朝には、窓を開けた車を見かけることがある。窓の外側に伸びたドライバーの左手の指が、音楽に合わせたり、渋滞にいらいらしたりしてドアを軽く叩いている。海の香りが漂い、空気は黄金色で紗のように透き通っている。まるで、カリフォルニアの朝そのものだ。

そのうちに、ハイウェイ上の標識に表示されている地名が目に入り、自分がどこにいるのかを思い出す。力強い〝k〟で始まるカイタン（Khaitan）とカイファン（Kaifan）、まろやかな響きの〝s〟をもつアル・シッディーク（Al-Siddeeq）とシャルク（Sharq）。さらに、私にとってはほとんど別世界のような暖かさが湧き上がる感覚を覚える。この街の上空にいるときに横切った黄褐色の高地が目を覚ましはじめたようだ。はるか遠くまで来たという実感がしだいに強くなる。

バスがホテルの前庭に停まった。カードキーを受け取り、部屋に上がってブラインドを閉め、涼しいベッドに潜り込む。

＊　＊　＊

数時間後にブラインドを開けると、外は目を向けられないほど明るかった。窓ガラスに手のひらを当てると、走行中の車のボンネットぐらい温かくなっている。伏せてあるスマートフォンを裏返すと、もう正午になっていた。

クウェートでは、その昔、暑い季節に屋根の上で眠ることが一般的だった。いまでも、エアコンのない近隣地域の多くでこの習慣が続いている。一九世紀末には、あるクウェート人指導者が、暗殺者が予想したとおりの場所で見つけられ、殺害された。その場所とは屋根の上であり、睡眠中に起きた出来事だった。かつて海に面した地域では、夏になると陸地に家をもっていない船乗りが外で快適に眠っていたという。浜辺は「自らが忠実に仕える船のもたらす影で」寝息を立てる「若い未婚の男たち」であふれていた、とヴィリアーズは書いている。

ホテルの部屋は、最近のこの街のほぼすべての屋内と同じく、猛烈に冷房が効いている。だが、クウェートの空気を巧みに操るすべは、この現代都市よりはるかに歴史が古い。

ベドウィンのテントは古来、風向きに合わせて張られ、テント内の仕切りで風の流れを調節していた。ファイラカ島で発掘された七世紀のものとされる宮殿には、建物を自然の力で冷却するウィンドキャッチャーが取り付けられていた痕跡がある。運河網もあったらしく、宮殿内部の温度をさらに下げるために設計されたと考えられている。この設備は知られているなかで最古のエアコンといわれている。クウェートの伝統的な家屋もウィンドキャッチャーを備えていて、屋根には欄干が付いているので簡単に上れるほか、オープンエアの中庭には日よけや泉水、緑があるのが特徴的だ。多孔質の陶器は、濡れた表面を移動する空気を利用して内部の水を冷やす。また、伝統的にヤシの葉でつくられる精巧なうちわが、家屋やモスク内に置かれていた。市内の博物館には、初期のものである以外はどこにでもあるような卓上扇風機の模型が展示されていて、スイッチを入れれば街の空気が爽やかに動き出すということがかつてどれほど驚異的だったかを示している。

うだるように暑いペルシャ湾岸の都市で夏に小旅行をするときには、日が暮れるまで外出しないほうが楽だと自分に言い聞かせることがある。それからホテルのジムに行ったり、ノートパソコンで『チアーズ』の再放送を観たりすると、気づいたときには、出かけるには遅すぎる時間になっている。そこで今日は、湾岸で短時間の散歩をしたあと部屋に戻り、ピザほどの大きさのシャワーヘッドの下で、多額の費用をかけて淡水化された湾岸の冷水でからだを洗い、その後に同僚たちと夕食をとることにした。

インスタントコーヒーの二杯めをかき混ぜて飲む。薄い色のパンツとシャツを身に着けて、日焼け止めを少量塗り、サングラスとレッドソックスの青い野球帽をもって階下に向かう。

ロビーの回転ドアに押されて前庭に出る。私を取り巻くのは、摩天楼やハイウェイではなく、その先にある砂漠や湾でもない。自分が滑らかなフィンランドの木材でつくられた四枚の壁に囲まれていると想像するしかないような感覚に襲われる。つまりサウナだ。少なくとも最初は、不快な体験ではまったくない。とくに、ゆっくり動いたり、ときおり立ち止まったりするのであれば。しかし突然、あたり一面に空気の存在を感じ、次に空気がからだの表面で動いていくのがわかる。最初はここ、今度はあそこ、それから突然、どこにでも。この空気はまるで、服を着たままプールに飛び込んだときの水のようだ。これはまさに文字どおりの意味で驚異的だ。

夏のクウェートで一歩外に出ると、冬のニューイングランド地方と同じく、最初の呼吸で息をのむことがよくある。瞑想の効果や、呼吸の際に身体的感覚に集中することで心が落ち着くという話を何かで読むたびに、私はクウェートを思い出す。私の場合、夏はつねに呼吸への意識がついてまわっているとも思う。実際のところ、呼吸以外のことに集中するのが難しいときもある。

まばたきをし、クウェートのこの一角にふたたび目をやる。ヤシの木が並ぶ前庭に、数台のタクシー。それから私は歩きはじめた。暑さを別にしても、この都市は歩きやすい場所ではない。ときには舗装道路が突然途切れ、その先に進行中の工事現場を隠している塀があったり、ここが砂漠の都市だという現実を突きつけてくる広大な砂地があったりする。横断歩道のマークはほとんど意味がないらしく、ドライバーは歩行者にあまり注意を払わない。どちらにしても歩行者は見かけない。とくに夏の昼間には。

通りの日陰がある側に渡って、自分に言い聞かせる。「大丈夫だ！　そんなにひどい暑さじゃない。のんびりいこう。とくに用事はないんだし」。その後、また暑さに襲われて驚く。夏のクウェートの屋外をその夏初めて歩きだすと、一〇分か一五分後にはいつもこれが起こる。だから驚くようなことではない。この感覚は温度感知の一時的なエラーなので、まじめに取り合っても無駄な発汗になると高をくくっていたらしい私のからだが、突然、事実に気づいたようだ。大量の汗をかきはじめる。それはまるで、脳のどこかで赤いランプが点滅し、荒唐無稽な報告を部下たちが一蹴してしまったあと、その上司が半狂乱で失われた時間を取り戻そうとしているかのようだ。そこで私はふたたび、ピッツフィールドのいちばん寒い冬の夜に早歩きをしているような気になる。なじんだ場所にいるという妙な感覚だ。それでも、ここが都市だという点は変わらない。でも、供給も保護もなく取り残されたら、私の寿命は時間単位になることもわかっている。それは、この気候変動の時代に、不安が沸き起こる劇的な未来を垣間見たような瞬間だ。将来、外を歩けなくなるかもしれない。そうした問題に直面するのはクウェートだけではない。発電方法しだいでは、世界じゅうのエアコン稼働によって状況は悪化の一途をたどる。

またこの状態だ。クウェートでは六車線の道路の中央分離帯に立ち尽くす羽目になることがよくある。まわりは太陽光を反射する大型のレーシングカーだらけ。私のスニーカーは埃まみれで、帽子はずぶ濡れになっている。居場所がおかしいうえに、見た目もおかしいと思われそうだ。目の汗を拭きながら、不機嫌そのものに見えるのではないかと不安になる。そういう瞬間に、ある思い出がよみがえる。それは、子どものころに地球儀で見たクウェートという名前にあこがれ、自分で想像した都市からクウェートに行くルートを描いたことだ。それでも文句が浮かんでくるなら、こう自分に言い聞かせてもいい。「結局、この場所を想像のなかでだけ知っていればよかったのか？　飛行機でたどり着き、歩いてみることを夢見た場所が現実になっただけでなく、いまその場所を肌で感じているというのに」

南アジア料理のレストランがあり、その屋外席の前を通り過ぎる。そこで同僚たちと夕食を取る予定だ。おいしそうな香りが漂っている。歩きつづけてお気に入りのカフェに行くより、ここに寄ってランチにしようかとしばらく考える。科学的知見によると、気温が高いと匂いが鮮明に感じられるという。周囲に存在するあらゆる種類の物質の分子が熱によってより多く空気中に放出されることが一因だ。それでも私は、極端な暑さ自体に匂いがあるように思う。私の鼻はそれをはっきり感じとる。むしろ、レストランや煙が立ち込める食べ物の屋台の前を歩くとき、あるいは街に古くからある市場(スーク)で香辛料を売る商人の横を通り過ぎるときも、都市の匂いのいくらかは暑さによって遮断されているような感じがする。

クウェートの空気がもつ香りは以前から注目されてきた。一九一二年に市内に診療所を開設し、クウェート初の女性医師となったアメリカ人のエレノア・カルヴァリーは、「二月の夜、風が砂漠の方角から吹いてくると、二階のベランダに立って香水の匂いを嗅ぐことを待ち望むようになった。そのとき、冬の雨に打たれて花がふたたび咲いたことを知る」と書いている。私にとってこの街で最も印象的な香りは、風向きによって現れたり消えたりするペルシャ湾のものだ。その香りがないときは、砂漠の香りが浮かび上がってくる。

かなり遅い朝食を取ったあと、海辺に向かった。砂浜でくつろぐ家族や、サッカーをする男たちがいる。どこでも見られるような、シャツ対はだかの試合だ。湾岸沿いの道路で車が渋滞していて、開けられたそれぞれの窓から音楽が聞こえてくる。

湾岸に沿って西に進み、街の魚市場の喧騒へと向かう。その匂いはありがたいことに穏やかだが、波のように広がっている。それは、ベンチに座ってヒンディー語と英語を巧みに織り交ぜながら電話で話している外国人労働者にも、ショッピングモールに向かって疾走する高級車にも、そして私にも届く。その匂いのなかに遠く離れたボストンの匂いを感じた。熱で少し変化しているが、それとわかる匂いだ。記憶がよみがえってくる。ウォーターフロントにある倉庫を改装した自分のオフィス、地下鉄の駅からそこまでの短い道のり、一月の朝に港の向こうから吹いてくる、肌を削るような風。私はいまクウェートにいて、魚市場に身をおき、市場の匂いを吸い込んでいる。自分の居場所に疑いはない。氷の上に並んだ輝くうろこと、静止した光る目のあいだを、私はゆっくりと進んだ。

＊＊＊

クウェート。別の夏、別の夜行便。夜が明けた直後に着陸し、もう街にいる。ホテルの部屋に到着すると、私はまず、ジャケット、スラックス、シャツ、靴をドアの外の袋に入れる。このクルーホテルでは制服の無料クリーニングと靴磨きを利用できる。靴は新品だったときより光沢を放って戻ってくる。事実、このホテルとこの都市はそのすばらしいサービスで知られていて、ヒースロー空港でとくにぱりっとした服装の同僚に会ったときには、「クウェート?」と話しかけることもある。

睡眠をとってからジムに行き、自宅宛てにメールを送り、少し書き物をする。スマートフォンのアプリによると、外の気温は三八度だ。

日没後に同僚と一緒に夕食に行くまでホテルを出なかった。ようやく外に出てみると、太陽のまぶしさは感じないのに、どうしたわけか気温が高くて驚きがつのる。暑さのフィルターでどの光も粒状に見える。遠くの街灯や高層ビルの質感は、スマートフォンで夜景が鮮明に撮影できる前の時代の写真によく似ている。

同僚たちとゆっくり歩いてスークに向かう。入っていくのは、店がひしめき合う洞窟のような場所だ。私にとっては今回のフライトのクルー全員が初対面だが、大手航空会社ではそういうこともよくある。そのうちの一人はセミプロの料理人で、インドのスパイスがびっしりと並んだ長い買い物リストを携えている。私を含む残りのメンバーは、彼女がくすんだ虹色で満たされたスパイスの容器を手際よく選ぶのに付き合った。イギリスのものより新鮮で安いらしい。多くの湾岸都市と同じく、クウェートにも外国人がたくさん暮らしている。そのことは、ここで売られている南アジアの食材が質・量ともに優れている理由の一つでもあるのだろう。それから私たちは市場の端に移動した。屋外のフードコートで、屋台とテーブルが私たちを待っている。ラム肉とライスのプレートを注文し、家族やこれまでのキャリア、最近でいちばん記憶に残ったフライト、次に飛ぶ予定の都市などについて語った。

夕食のあと、仲間とともにホテルに戻る。風呂のなかにいるような暑さでからだを支えられる感じがする。身を預けると、わずかでも水のように持ち上げてくれるかもしれない。かなり温かいが不快ではないこの空気、そして少し離れたところから見れば旧友かと思えるような気楽な笑い声と、ほとんど途切れない騒々しい会話。そのなかに身を置いていると陶酔感すら覚える。

＊＊＊

冬の終わりごろのある日、別のクルーと一緒にクウェートに着陸した。ホテルに到着すると、しっかりとアラームを設定する。眠りから覚めたら荷造りだ。十分な量の水、シリアルバー、カメラ。それらを携えて涼しい空気のなかに出かけていく。

探検家で作家のフレヤ・スタークは、クウェートの環境を「計り知れない、幸福な孤独」のなかにあると書いた。ここより涼しいところや緑の多いところからクウェートに来た人、つまり地球上でこの地以外のほぼすべての土地から来た人は、簡単に判断してしまうだろう。この巨大で気候調節された現代都市は、広大な自然の荒野のなかに築かれた人工物なのだと。

しかし、ここクウェートでは、四〇〇種を超える鳥が巣をつくるか、渡りの際に羽を休める（この数は、イギリス王立鳥類保護協会がイギリス国内で確認できるとしている鳥種の数とほぼ同じだ。ちなみにイギリスは、クウェートより面積がはるかに大きく、湿潤で緑が多いうえに、公共ラジオ局で鳥の鳴き声が定期的に放送されるほど鳥が大切にされている国である）。クウェートの鳥の生態系は豊かだ。カワセミ、ガン、チュウヒ、ムシクイ、サギ、チドリ、コウノトリ、ウ（コビトウとカワウの両方）、ハゲワシ（とくにエジプトハゲワシとミミヒダハゲワシ）などのほかに、少なくとも九種のワシがいる。この街の湾岸部は、鳥にとって恵まれた生息地や餌場になる。大砂漠の端に沿って、干潟や潮間帯、魚の豊富な岩礁、浅瀬などがあるからだ。さらには、地球規模の渡り経路、つまり渡り鳥の主要な移動経路の一つがこの都市のすぐ上を通過していて、ほかの渡り経路も近くを通っている。地図で見ると、これらの鳥の渡り経路は航空路線にとてもよく似ている。そのルートはクウェートから遠く広がり、一つはアフリカ南部からロシアのツンドラにいたる。

そんなわけで、クウェートの現代詩集のなかに生き生きとした鳥の存在を見つけて驚いた私は、間違っていたことになる。たとえば、ナジュマ・エドリースは「黒いスズメ（The Black Sparrow）」と題された詩でこう書いている。「翼の上に翼をたたむ／あなたは傷のあいだを飛ぶ」。また、ガニマ・ザイド・アル・ハーブは「昏睡の檻から脱する（Escaping from the Coma Cage）」という詩で、生まれ育った街の空を埋める渡り鳥について、印象的なメタファーを記している。「鳥は海の向こうから／この約束をたずさえてやってくる。喪の悲しみのあの夜に／私は国境を越え／そして目覚めた」

今日は、フライト先の都市でいつも行なう三つの活動――寝る、歩く、カフェに行く――をする代わりに、バードウォッチングをして過ごそう。ＩＴプログラムマネージャーで、熱心なバードウォッチャーでもあるマイク・ポープと一緒だ。正午ごろには、彼のＳＵＶに乗って市街地を離れ、これから訪れるいくつかのバードウォッチング・スポットの最初の一つに向かう。マイクは道をよく知っていて、砂漠のお気に入りの場所を説明してくれる。それを聞きながら、遠い地で抱いていた印象とは裏腹に、クウェートがシンガポールのような都市国家ではないことを思い出す。大きな国ではないのは事実だが、その陸地面積はマサチューセッツ州やウェールズとそれほど変わらない。クウェート市以外にも見どころはたくさんあり、広大な空間から街を振り返って眺めることもできる。

夏だったらもっと早く出発しないといけない、とマイクが言った。まあ、夏に出かけるとしたらの話だけどね……。マイクによると、夏は午前も半ばを過ぎると相当な暑さで、空気が燃え上がるようになり、鳥を撮影するのは不可能ではないにしても難しくなる。一九一二年前半にクウェートを旅したデンマークの探検家、バークレー・ラウンケルは、「地平線は連続性を失って砕け、宙に浮かぶ島になった」と書いている。フレヤ・スタークも、郊外へ出かけたときに「目の前に水があるように見えたが蜃気楼だった。それは塵の水だった」と記した。

ときおり、砂漠のなかに、蜃気楼ではない本物の湖が雨によってつくられる。それは一時的なものだが、鳥たちが降り立って群がる。しかし、この冬はそれがなかった。雨の具合が原因だとマイクが言う。風が異常だった。天気図では、風がクウェートに降りてから分裂するように見える。まるでそこに真空地帯があるようだ。マイクは片手を大きく水平に振って、イラクのバスラ上空で嵐が発生するがすぐに消えると言った。

最初の観察スポットに到着した。今朝クウェートに着陸したときは、すでに北からの風が強く吹いていたが、いまではもっと強くなっている。湾岸のすぐ近く、遠くにクウェート市の摩天楼が見える場所に鳥の大きな群れがいた。吹きつける風で水平に曲がった草のなかに、鳥の大都市がつくられている。後日、その日に録音したものを聴いてみると、マイクや私の声、鳥のさえずりさえもあまり入っていなかった。私が持ち帰ったのはほとんど風の音だった。

二人でオオフラミンゴの群れを見ている。マイクによると、毎年やってきて、冬によく見られるという。そのピンクと白の群れのなかに、濃い海老茶色のくちばしで識別できる別の種が一羽いる。コフラミンゴだ。ほぼ毎年現れるらしい。いつも同じ個体が来ていると思うとマイクは言う。元の群れから去ったか、あるいはそれを失ったのか。でも、この新しい仲間とは交配できない。

タイリクハクセキレイもいる。私と同じく、寒冷な地域からクウェートに飛来したばかりだ。そのほか、アジサシや、めずらしいキョクアジサシもいる。区別がつかない場合は「コミックアジサシ」と呼んだらいいと、マイクが笑いながら私にアドバイスしてくれた。キョクアジサシは、北極と南極という地球で最も寒い二つの地点のあいだを渡り、この最も暑い地点の一つで休息するんだとマイクが解説してくれた。

一羽のミサゴが足で魚をつかみ、波から空へと急上昇した。魚を縦方向に回転させ、魚雷のようにしてつかんでいるのは、おそらく自分の昼食にかかる空気抵抗を減少させるためだ。魚は液体のなかを泳げるように設計されているが、空気のなかはちがう。水によってつくられたその姿は、いまや最後の旅を加速している。アフリカクロサギが一羽、ミサゴの後を追う。ミサゴを脅して、落ちた魚を奪おうとしているのだ。ミサゴはネットフェンスの向こう側に着地する。それは湾からわずか数メートルの場所で、丸括弧のような形の輝く魚体が砂の上で何度も反転するが、しだいにその間隔が長くなり、やがて動かなくなる。

太陽が白く輝き、風が温かくなり、強まってきた。マイクが新しいスポットに車を停めるたび、停車した向きによっては、ドアを開けたときにそれが戻らないよう精一杯支えるか、力のかぎり押して開けなければならない。ニューイングランド出身者には理解しがたいかもしれないが、これも冬なのだ。湾岸沿いには、風に抵抗して身を縮めている鳥が並ぶ。マイクはこれまでに二度、〝ハブーブ〟として知られる大きな砂嵐が街を襲うのを見たことがあるという。そのうちの一つでは、いわゆる〝砂の壁〟が近づくにつれて空が深い黄色に変わったらしい。そして嵐が襲う直前、すべての鳥が地面に降りたそうだ。

タレブ・アルレファイの小説に登場するエジプト出身の移民、ヘルミにとって、到着したばかりのクウェートでは、砂嵐が最も印象的な特徴の一つだった。「たちの悪い細かい砂埃があらゆる方向から吹き付ける。その通り道をふさげる障壁や覆いは何もない……ときに私は、まぶたの裏側や頭皮、歯のあいだにまで砂塵を感じた」。作家で植物学者のヴァイオレット・ディクソンは、一九二九年に植民地の行政官である夫のH・R・P・ディクソンとともにこの街にやってきた。ちなみに、市街地の湾岸沿いにある夫妻の住まいは現在、雰囲気のいい民営の博物館兼カルチャーセンターになっている。彼女は、街を出てキャンプを張っていたときに襲われた砂嵐について「私はそれを山火事だと思った。まさに炎が迫ってくるようだった」と記している。同行していたベドウィンは、支柱を素早く取り外してテントを倒し、その下に潜り込むと、一時間半後に嵐が止むまでそこにいたそうだ。砂は緋色で「それは奇妙な赤い嵐だったことから、ベドウィンたちはいまでもその年を〝赤い年〟と呼んで話題にする」。

　空港チャートには「三月から七月は砂塵嵐が頻発する」とはっきりと警告が表示されている。砂嵐によって視界がほとんどゼロになってしまうこともある。一九三〇年代から一九四〇年代にかけて、クウェートに航空機の姿が増えていくなか、そうした条件下での事故があまりにも多発した。イラクの王冠用の宝石を輸送していた飛行機が、海上の砂嵐で行方不明になったこともある。海上で砂嵐が発生するとは私も知らなかった。

　一九三四年二月、当時、空港として使われていた砂地を砂嵐が襲った。そこはクウェートの市壁のすぐ外にあり、まだラクダがつながれていて、門の近くで衛兵が砂漠のニュースをラクダ乗りたちに尋ねていた。砂嵐は駐機していた飛行機の布張りの翼をずたずたに引き裂いた。修復に六週間かかったが、別の嵐がふたたびすべてを壊す。損傷した飛行機の機長は激怒し、インペリアル・エアウェイズ〔現在のブリティッシュ・エアウェイズの前身〕にクウェートへの運航を恒久的に停止するよう提案した。この地から輸出されることになるエネルギーが、とくに航空産業の世界規模の成長を支え、まもなく湾岸の入植地が変貌を遂げると誰が予見できただろうか。言うまでもなく、私は運航が停止されなくてよかったと思っている。

マイクがさらに車を走らせる。車が停まると、私はふたたび風に逆らってドアを開けた。見ると、サバクヒタキとサバクムシクイが一緒にいる。マイクによると、よく見かける共生コンビだという。レジ袋が風に乗って目の前を通り過ぎていくあいだに、モウコアカモズが枝に止まった。見分け方としてマイクが教えてくれたのは、目の縞模様だ。その模様はくちばしまでは達していない。モウコアカモズは落ち着いたまなざしの鳥だが、からだのほかの部分はどこも、強風のなかでバランスを取るサーファーのように生き生きとしている。

四羽のカラフトワシが頭上で旋回すると、めまいがするほど突然、何十羽ものアオサギが飛び立った。アオサギの濃い影は、砂の上で分裂して別のアオサギを生み出したように見える。近くにある街で銀色のタワーの光が揺らめく。それを背景に、ユリカモメの巨大な群れも飛び立っていく。一〇羽ずつのかたまりで捉えたらいい、これほどの鳥を数えてみようと思うならだけどね、とマイクが言う。

＊＊＊

昨夜、クウェート行きの７４７に乗り込んだとき、数カ月以内にボーイングの新型機７８７の訓練を受けると知った。この変更が意味するのは、７４７との別れだけではない。これまでの運航ルートの一部とも別れることになる。いつまたクウェートに行くことができるのかはわからない。二度と戻ることはないかもしれないとも思った。

ロンドンを離陸してから六時間後、紅茶が入ったマグカップを置くと、クウェートの管制官から指示された高度を入力し、高度選択ボタンを押して降下を開始する。コーヒーの染みがついたカップホルダーの縁の先の下のほうに、スビヤにある大規模な発電所の煙突が見える。煙突は、空に向かって二〇〇メートル位の高さでそびえている。その煙は、まるで吹き流しのように、機体が高度を下げたときに出会う風の向きと強さを前もってパイロットに警告してくれる。ペルシャ湾上空を飛行し、タンカーを見下ろす。静止しているかのようなタンカーは、惑星を思わせる秩序で整然と配置されている。機体は何度か時計回りのカーブを描き、最終進入コースに向かう。

クウェートの風配図（都市の風の向きと強さをグラフで表したもの）には、北西方向の大きなパルスと南東方向の小さなパルス以外に目立つものはあまりない。これほどすっきりとした図はめずらしいが、この地に着陸や入港したことがある人は驚かないだろう（クウェートの滑走路は北西から南東に伸びている）。だが、クウェート民間航空総局が作成したこの風配図は現実を反映していない。これがクウェートの長い夏のごく一時期にしか当てはまらないのに気づくと、ますます悩ましく思えてくる。私はこの都市の風に関する描写をかなり気に入っている。「時期によっては正午ごろまで北西風が吹くが、海風の影響で北東風へと変わったあと、昼過ぎまで北風が続く。日の入りまでは南東風で、それ以降、深夜まで南風。その後、西風が日の出まで吹く」

石油の時代が到来する前、クウェートの風によって進む帆船は、この都市の名声と自己認識の両方にとって重要だった。近代以前のクウェートに関する記録には、船乗りたちの優れた能力がかならずといっていいほど登場する。一八六〇年代に、ウィリアム・ギフォード・パルグレイブ

（イギリスの探検家・外交官で一時期はイエズス会士でもあった。詩人だったアルフレッド・テニスン男爵の友人でもある）は、ペルシャ湾全体のなかで「クウェートの船乗りはその大胆さ、技術、信頼のおける性格という点で第一位を占めている」と書いている。H・R・P・ディクソンの記録には、「少年は泳げるようになるとすぐに小さなボートが与えられる……それに乗って港を漕ぎまわるか、穏やかな風が吹いている場合は小さな帆を立てる」とある。

実際に、クウェートで使われているモチーフとしては、帆船の描写と鳥の描写が絶えず競り合っている。灌漑システムが行き届いた緑地があって、気温が少なくとも五度は下がっているように感じる私のお気に入りの公園がある。この公園には「自由」と題された金属製のオブジェがあり、鳥の群れがクウェートの国のかたちをかたどっている。その近くには「帆を上げる」という彫刻もある。クウェートの国章には、ハヤブサの上にダウ船と呼ばれる帆船が描かれている。クウェートの紙幣や切手は、ハヤブサが描かれていない場合には船が描かれることが多い。

ときに、この二つの主要なシンボルが一つに融合することがあった。伝統的なクウェートの船には、鳥の形をした風向計を備えているものがあり、それには本物の羽毛が付いていた。クウェートを拠点とする旅客機には、以前から鳥を図案化したマークが描かれていたが、近年、往時の帆船の名が付けられた。航海範囲が広く、名だたるクウェート船団のなかでよく使われていた型の帆船〈アル・ブーム〉〈アル・ジャルブート〉〈アル・サンブーク〉だ。

今回は、めずらしく四八時間もこの都市に滞在する。初日はほとんど何もせず、寝て過ごした。翌日、夜明け前に起きてホテルの窓のそばに立つ。いつもどおり高層階にいる。夜のあいだに、ヘナのような淡い色の塵が窓の外側の表面に模様を描いていた。その模様越しに、暗いタワーの上部にある赤いライトが見える。その向こうに、黒よりわずかに明るいペルシャ湾の水面がある。

空の色もほぼ同じだが、赤い線で二分された黄金の帯が見える。そこは太陽が現れる場所だ。
朝食後、クウェート・タワーの複合施設の南に向かい、ペルシャ湾岸を散歩した。長く伸びる木製の桟橋を行くと、きらめく波の上に出る。通り過ぎる私に、漁師たちが目で挨拶をしてくれる。漁師がいないところまで来ると、手すり伝いに歩く。湾を進むにつれて風が強まり、桟橋の先端に着くころには寒さで震えていた。薄手のスウェットシャツのフードをかぶって紐を締め、両手をポケットにしまった。

正午までには暖かくなり、私は湾岸の遊歩道の別の場所を歩いている。ここでは入り江を走るジェットスキーの音と、それに乗る人たちの歓声が聞こえる。にぎやかなマリーナにつながる水路の上に橋があり、その陰にひっそりとたたずむレストランに立ち寄ってフライドポテトとラッシーを注文する。ヨーグルトでつくられた、スパイスの効いた南アジアの冷たい飲み物だ。入り江に向かって進む小さなプレジャーボートを見下ろす。ボートにはそれぞれ〈アル・オマニ〉〈サバ・ブルー〉などの名前がついていて、なんと〈ミルウォーキー〉というものもある。どのボートでも、サングラスをかけた船長は引退したフロリダの住民と同じぐらいリラックスしている。

これまでの訪問で楽しい時を過ごしたことのある海洋博物館に来た。とくに、精巧に描かれた一八二五年の地図の展示が気に入っている。この地図には、クウェートの旧名である「グレイン港あるいはクエード港の三角測量計画」というタイトルがつけられている。また、昔の帆船の模型が、ガラス展示ケース内の死んだ空気のなかで出港に備えている。そこには、かつてのクウェート国旗がある。血のような赤地に、白いアラビア文字でクウェートと書かれている。カラチ市の灯台監督官がクウェートの船のランタンを認証した文書のようなものもある。

結び目に関するバイリンガル展示も好きだ。その名前（たとえば「トグル付きカウ・ヒッチ」「バレル・スリング」など）をアラビア語や英語の学習者が知るのは、きっと学習の最後の瞬間だろう。この展示を見ると、かつて船乗りは長いロープを海に投げ、その結び目で船の速度を測っていたことを思い出す。それが現代でも船舶や航空機で使用されている単位〝ノット〟につながったのだ。そのほかのお気に入りは、博物館のゲストブックだ。来館者のなかには、かなり心を動かされたらしく名前を書くだけでは足りず、小さな船の絵を描き残している人がいる。「たくさんの船を見られてよかったし、驚きでした!!」と、韓国から来たピーターが書いている。「偉大な過去なしに偉大な未来はつくられない」と書いたのは、アヤという名の人だ。

クウェートの人々が海に繰り出した理由は、国が交易路上にあり、海底に真珠があること以上の切実なものだった。ここには川や自然の水流はない。湖もない。ペルシャ湾上に出ている船では、この都市の名高い真珠採りたちが革の袋に水を汲むため、海底で淡水が湧いて海水のなかに注いでいる深いところまで潜ることもあるかもしれない。だが、この都市のなかでは泉が地表に達する場所はどこにもなかった。そのため、わずかな井戸（いずれにしても市壁の外にしか存在しなかった）からの水の供給が都市の成長に追いつけなくなったとき、飲料水はシャットゥルアラブ川から海路で運ばれた。この川は、ティグリス川とユーフラテス川が合流した川で、ペルシャ湾の浅瀬に注ぐ。使われたのは、水運船として知られる、チーク材でつくられた専用のダウ船だった。一九四七年にクウェートで初となる海水淡水化プラントが建設されたが、そのころには、おそらく四〇隻ものこうした船が新鮮な水を母港に運び込んでいた。運ばれた水は水売りによって通りで売られた。水はブリキ缶に入れてカンダールと呼ばれる担ぎ棒の両端に吊るされるか、ヤギの皮袋に入れられてロバの背中に積まれていた。

近代以前のクウェートには木もなかった（「生育不良のギョリュウの茂みを除けば」とラウンケルが記している）。それでも驚くべきことに、ここで多くの船が建造され、その船がこの都市の船乗りや船大工の名を「スリランカからザンベジ川まで」世界じゅうに広めた。クウェートの乾燥した空気は、船に使われる木材を乾燥させるのに最適だったが、木材自体は遠方の湿った場所から運ばれてきた。多くはインド南西部にあるマラバル海岸からで、一九世紀にクウェートの商人が貿易会社を設立している。そうした木材は、これもまた同様の木材で造られた船で運ばれてクウェートに到着した。それは、強い木が生存できる場所から遠く、新鮮な水からも遠い場所でめぐる、木材を中心とした一つのサイクルだった。まるでクウェートが、豊富な技術力をもつ都市が成長とともに引力を発揮していく例を体現するためだけに生まれたかのように。

こうして、かつてこの都市の湾岸には造船所が立ち並んでいた。暑い夏の夜、屋根の上で眠りに落ちる住民たちは、船乗りが仕事に励みながら歌う声を聞くこともあるかもしれない。ヴァイオレット・ディクソンの言葉を借りると、「リズミカルな歌は、重いマストを持ち上げたり、キャプスタン（ウィンチ）を回して船を陸に揚げたりするときに、力を合わせるためのものだった」。昔のクウェートでは、子どものいない女性が新しく敷かれた船の竜骨を飛び越えると妊娠すると信じられていた。だがそれには「命のための命の」、つまり船長か船大工の命の代償が伴ったと、ダウ船の船長であるアリ・ビン・ナスル・アル＝ネジディは語っている。そのため、多いときには二〇人がかりで、ランタンを手に建設中の船を夜通し監視していたこともあった。

マリーナのカフェでサンドイッチを食べおえ、マークにメッセージを送る。そのあと、この地の海上輸送の歴史に思いを馳せつつ、クウェートでの最後の日になるかもしれない今日は、まだ行ったことのない海洋博物館を訪れようと決めた。この都市の英語の地図は不完全なことが多く、目的地を見つけるのに時間がかかる。二〇分ほど歩いては少し戻り、その後に空き地を通って近道を行く。これほど裕福な大都市でも、想像以上に空き地がある。そしていま、未舗装の地面から風で吹き上げられた砂のせいでまばたきしながら、当惑を味わっている。プレイス・ラグの波がときどき高くなって陰鬱な気持ちが増し、夕暮れが迫るなか、車もなく、どう見ても一人で道に迷っている外国人の私を見かけた誰かに尋ねられるかもしれない。あなたは何者で、どこに行くつもりなのかと。じつを言うとそれは、私自身もたまに疑問に思うことだ。

三隻の船が見つかって安心した。その船は、駐車場に停車中の観光バスのような自然さで配置されている。その近くにあるのが博物館だ。入館すると、一人だけしかいない眠そうなスタッフが私に挨拶し、入場無料と書かれた表示を指さして、受付を通過するよう手ぶりで示した。

展示されているのは海で使われる道具で、見たことがないものばかりだ。ミグシャラー（船体の水面下の部分を掃除するために使用される）、マイバール（帆を縫うために使用される長くて太い針）、タラト・マナサール（船を装飾するために使用される）。楽器も展示されている。クウェートの船が出航するときに船上で楽隊が使用したもので、打楽器のヤーラーやハワン、管楽器のセルナイなどがある。展示物には趣のある照明が当てられているが、ひとけのない部屋のなかに明かりはほとんどない。ゆっくりと進むあいだに聞こえるのは、私の足音だけだ。

すべてを見おわり、警備員にお礼を言って外に出る。アラビアのたそがれのなかを歩きはじめると、三隻の船が駐車場に置き去りにされている光景に驚く。なぜかその船のことを忘れていた。もうこの都市では、ホテルに戻る以外、ほかに行く場所はない。だからふだんより長いあいだ船のそばにいた。マストを見上げると、そこに帆はない。船体が砂を運ぶ乾いた風の向きを変えて、私の目を守ってくれる。私は、本来なら水があるべき場所に立っている。

船が立つのを支えている頑丈な木製の支柱に、案内文が掲げられている。その説明によると、船のうちの一つである〈ハルビ〉という輸送船は、全長約三三メートル、積載能力は約二〇〇トンで、その竜骨は現在展示されている箇所とほぼ同じ位置に敷かれたという。この最後のクウェート旅行の孤独な夕暮れにハルビを見上げながら、結局のところすべてはあるべき姿に収まるのだろうと思いいたる。この誇り高い帆船は、砂埃にまみれたこの場所に引き揚げられ、ペルシャ湾の波や自分が属する街の現在から遠ざけられている。だが、見方を変えれば、ハルビは自分の仕事をやり遂げて故郷に戻ってきたのだ。

青の都市

ケープタウン

恍惚のなかで何度も飛び跳ねながら破顔する
からっぽの青空へ、東に向かって、手すりを越えて
その街に向かって……

――ウィリアム・カーロス・ウィリアムズ『パターソン』

子どもたちには、大人より鋭い質問をする才能があり、その定番の質問に「空気には色がないのに、どうして空は青いの」というものがある。親は答えるのに苦労するが、アリストテレス、デカルト、ニュートンも頭を悩ませていた疑問だと知ると安心できるかもしれない（ニュートンは色について強い興味をもつあまり、外傷が誘発する色彩の異常発生を引き起こすために、自分の眼球と眼窩（がんか）のあいだに太い針を挿入したという）。一九世紀になると、空が青い理由は科学界で多くの人を魅了する一般的なテーマの一つとなり、さまざまな学問分野をまたいで、哲学者、詩人、芸術家たちも注目するようになった。

手短に説明しよう。空気を構成する分子に太陽光がぶつかると、光の一部は跳ね返ったり散乱したりする。青色のような波長の短い色は、より強く散乱される。青色を失った残りの太陽光はわずかに黄色くなって私たちの目に届く。散乱した青色で満たされた空は、よくサファイアにたとえられるような色合いを帯びる。

太陽が空の低い位置にあるとき、その光は、より多くの空気を通過して私たちの目に届く。その過程で、より多くの青色が散乱されると同時に、ほかの色も散乱される。そこで光のなかに圧

倒的に残っているのが、私たちが日の出で連想するような赤色だ（つまり、昼間に見上げる空の青は散乱された色であり、夜明けに見えるのは散乱されずに残った赤色）。赤い光は空気中を移動する能力が高い。これは赤色が、交通信号や、航空障害灯（夜間飛行する航空機に注意を促すため高層ビルに設置される）に適している理由の一つだ。

コックピットの大きな窓越しに、よく目にする光景がある。西の空は黒く、東に赤色が燃えはじめると、その二つのあいだで、息をのむような青色のスペクトルがゆっくりと空全体に存在を主張する。そのスペクトルは、ほぼグレーの淡い色合いから、コバルトへ、そしてまだ星がちりばめられたミッドナイトブルーにいたる。ときには、私たちの視線が空を横切るにつれて、その青が連続的に次の青へと溶け込んでいき、その変化がほとんど捉えられないこともある。別の朝、とくに、高高度の凍てつく透明度のなかで体験する朝は、青が空全体にはっきりとした縞模様を描いて並んでいるように見える。それはただ、自然界では境目がなく変化しているものに、脳がなんとか区切りをつけようとしているだけなのかもしれない。

昼になると、その明るさのなかでは、星が太陽光で洗い流されているわけではないことをつい忘れてしまう（宇宙では、直射日光のなかにいても、黒い空に夜のように星が並んで輝いているのを見られる）。実際は、昼間には太陽光の青色が地球の大気の特定の成分や割合によって散乱され、その青色の明るさで星が見えなくなっているのだ。ゲッツ・ヘッペの『なぜ空は青いか（Why the Sky Is Blue）』によると、何十億年も前、つまり生命が誕生して大気の組成を変化させる前は、空の色もいまとは異なっていた。淡い白または黄色ではなかったかといわれている。

そして夕方、「青い時」と呼ばれる時間になると、薄れゆく光が徐々に昼間の鮮やかな青を分解していく。分解が終わるとふたたび星が顔を出す。月明かりの夜には、あらゆる青のなかで最も繊細な青も現れる。私は子どものころからダークブルーが大好きだった。私に関する思い出で母親が気に入っているものの一つによると、私はよく「お日さま、出てこないで。お月さま、出てきて！」と叫んでいたらしい。大人になって初めて、月明かりの空のミッドナイトブルーと、晴れた日の明るいセルリアンブルーが同じ理由で生まれることを知った。それはもちろん、月の光も太陽の光だからだ。この事実で私が思い出すのは、すべての惑星が青い空に包まれているわけではないということ。そして青色への愛は、空を渡ることを夢見る人々には自然に、時を選ばず湧き上がってくるものなのかもしれないということも。

ピッツフィールド

ピッツフィールドの病院に向かっている。〝バークシャー・ギャング〟のなかで、もはや数少ない両親の世代の一人であるスーを訪ねるためだ。いま、スーは重篤な状態で、回復するかどうかは数日たってみないとわからないという。

私が三歳になるまで、私の家族はスーの隣に住んでいた。子どものころの写真では、兄を除いたほかのどの子より、スーの娘と一緒にいるものが多い（私が六歳のときに初めてキスをした相手でもある。私たちはいまでも、まずはクローゼットに隠れようと私が提案したことを思い出しては笑い合う）。数十年が過ぎ、父と継母が引っ越していったあと、母は家を維持する余裕がなくなったためそれを売却し、スーの招きを受けて一緒に住んだ。そのため、当時、私と兄はピッツフィールドに帰ってくるとスーの家に滞在し、子どものころによく遊んだリビングルームで、クリスマスの朝にプレゼントを開けた。スーのことを説明するには、「家族ぐるみの友人」という言葉でも足りないぐらいだ。

両親の最初の家を過ぎると、スーの家が見えてくる。気温はおよそマイナス一〇度、南向きの庭でも灰色の雪に覆われている。車の速度を落とすと、スーの家の庭の一部が雪に埋まって平らになっているのが目に入った。スーがここにいなくて、私がいま向かっている病院にいるという事実を私はまだうまくのみこめない。スーは菓子づくりが大好きで、私の成長に応じた誕生日ケーキをその都度つくってくれた。球形のケーキの惑星に、ケーキの宇宙船がセットになったものもあった。その昔、スーが私を車で保育園に送ってくれた朝、後部座席から私がしつこく、「なんでスーは離婚するの？　ねえ、なんで離婚するの？　ねえ、どうして？」と尋ねたことがあったが、スーは許してくれた。それからしばらくして、私がおそらく七歳のとき、興奮のあまりスーの娘にサンタクロースの真実を教えたことがある。それについては、スーが私を許すまで少し時間が必要だった。

私と同じくスーも、雪と、雪がもたらしてくれる言い訳が大好きだ。雪が降れば、数日間、愛する人たちと身を寄せ合って閉じこもる理由になるからだ。また、私と同じくスーもピッツフィールドを愛している。スーはこの街の価値を信じていて、この地に宿る場所やコミュニティの感覚を信じている。そしてスーは、私が知る誰よりもその価値を高めている。スーはガーデニングにとても熱心に取り組み、長年にわたってピッツフィールドのガーデンツアーを支えてきた。自分の故郷を人々に愛される庭園の街だと私が考えるようになったのは、完全にスーのおかげだ。スーは私の好きな色が青だと知っている。スーがイギリス・ケント州のシシングハースト城にあるヴィタ・サックヴィル＝ウェストの「ホワイト・ガーデン」について話してくれたとき、私はこう尋ねた。「全部が青い庭園を造ることができると思う？　もしできるなら、そのほうがいいんじゃない？」。スーがあきれた顔をしたので、私たち二人は笑った。ピッツフィールドにまつわる話で、スーのお気に入りのものがある（私もそれを気に入っている）。市内の手入れの行き届いた庭の話ではない。友人の庭にずらりと干されていた洗濯物をヘラジカが突っ切って、その角に下着をはためかせたまま、ミニバンで渋滞する大通りを足音荒く、うなりながら走り去ったというものだ。

スーの家を過ぎてからすぐに、なじみのある通りを曲がると、ピッツフィールドで二番めに住んだ両親の家が近づいてくる。そこは、子ども時代のほとんどを過ごした家だ。私は少なくとも一年に数回、意図的にその家を通り過ぎる。それ以外にも、何度かは思いもよらず通り過ぎることがある。どこかへ行くとき、何も考えずに最も便利なルートをたどると、突然、目の前にフルサイズで現れて驚くのだ。

今日は、現在の所有者が小さな玄関ポーチの天井を塗り替えたことに気づいた。そのコマドリの卵のような青色を見て、あることを思い出した。かつて母が車の購入を検討していたとき、私は、青い車こそ、母や私、それに私たち全員、さらにじつは世界じゅうにとって最高の選択だといって、母を説得しようとした。かなり難しい説得だったが、最終的に母は薄い青のオールズモビルを選んだ。

子どものころの私の寝室は、家のうしろ側にあり、道路からはその窓が見えない。窓は裏庭に面していて、東向きの二つの窓のうち北側のほうを頭にしてベッドが置かれていた。私は一六歳ごろから毎晩、眠る前にお気に入りの曲をヘッドホンで聴きながら、ベッドにひざまずき、窓から身を乗り出してたばこを吸っていた。

当時、そうやって音楽を聴き、たばこを吸いながらも、下にある小さな木に火をつけてしまうのではないかと心配した。それは幼いころに自分で植えた木だったからだ。だが、さらに心配なことがあった。もしたばこを落としたら、真下にはキッチンの窓があり、しかも、父がよく座っている場所のそばを通過するため、見つかるおそれがあるのだ。風向きによっては、煙が家に戻らないようにするため、もっと身を乗り出さなければならないこともあった（そのころの私は、自分がゲイであることを両親は知っているが、たばこを吸っていることは知らないだろうと思い込んでいた。だが実際は逆だった）。

寒さが最も厳しい冬の夜でも、私はそんなふうに窓から身を乗り出していた。じつは、最も澄み切った寒い夜こそ、その数分をいちばん楽しめたのだ。音楽と、見えるかぎりの多くの星は、私が抱えている問題すべてをどこか別の視点に置くかのようだった。ときおり、高いところを飛んでいくジェット機のライトも同じ効果があった。それに、冬の夜の空気と煙の熱がつくる鋭いコントラストがとても好きだった。私は自分の半分をベッドの上に、半分を雪の上に突き出して震えながら、月の条件がよければ、その凍てつく光が私の白い息に染み通っていくのを観察していた。それに、そういう日には、ずっと簡単に想像できることがあった。近所の家だけでなく、ほかの何千もの家がそれぞれ施錠されて暖かく、ミッドナイトブルーの空の下、家々が形づくるこの大都市はその長い命のなかに安らぎの時間を紡いでいることを。

ケープタウン

南半球の夏

ケープタウンへの着陸まで、およそ一時間。コックピットの簡易ベッドでチャイムが鳴る。超音速に近い空気をボーイング747の機首が切り裂くシューッという音で心が落ち着く。簡易ベッド内には一切の光がない。窓がなく、扉がしっかりと閉めきられているため、これまでに眠ったなかで最も完璧な闇がつくられるのだ。そのため、自分がどこにいるのか思い出すのに少し時間がかかる。立ち上がり、着替え、ネクタイを締め、簡易ベッドから出てコックピットに座る。

通常、ロンドンからケープタウンへのフライトは、次の二つのルートのどちらかになる。一つは東側のルートで、アルジェリア上空で北アフリカの海岸線を横断したあと、およそ一一時間、大陸の上空を飛びつづけてケープタウンの空にいたる。世界第二位の大きさの大陸を実質的に南北制覇するルートだ。もう一つは西側のルートで、総じて嵐や乱気流が少ない。こちらもサハラ砂漠を横断するが、その後、アクラ（ガーナ）やラゴス（ナイジェリア）といった大都市のいずれかの付近で西アフリカの海岸を離れる（ちなみにこの二つの都市は、別の夜のフライトで私の目的地になる場所だ）。さらに、ギニア湾と南大西洋の開水域の上空を飛行し、アフリカ大陸の上空に戻ってくるのは、だいたい着陸のわずか数分前になる。

今夜は西側のルートだ。操縦席に戻り、マグに入ったコーヒーがカップホルダーのなかで湯気を立てるなか、進捗状況や燃料、飛行時間、残りの距離を確認する。ヘッドセットを装着するが、短距離無線からは静寂だけが聞こえる。前方、下方、それから右方向をのぞき込む。昨夜見下ろしたときにはとても小さいながらはっきりと宝石のように輝いていたボルドー、バルセロナ、アルジェの光が、同じくこの世界の一部を形づくっているとは信じられない。いまでは村や大都市の光は見えず、航空機や船の光もない。海は漆黒の球面で、全方位を囲む水平線の上に星々の天蓋がかかっているだけだ。

西側のルートでは通常、この季節になると、ナミビアの荒涼としたスケルトン・コーストの西にいるときに夜明けが訪れる。深紅色のスケルトン・コーストは、霧に包まれることが多い不毛の海岸だ。とくに、晴れた朝に真上を飛行すると、私には火星探査機が撮影した風景と区別がつかない。その不吉な名前は、アシカや座礁したクジラの骨がよく見つかることに由来するが、そのほかにも、何より新鮮な飲み水や食料がないという、この海岸が船乗りに与える困難も名前の理由だといわれている。いまでもこの海岸には、沿岸で終わりを迎えた船の骨組みが散らばっていて、風や海流、大嵐によって移動した砂が、徐々に一隻の難破船の残骸を隠すこともあれば、別の残骸を掘り起こすこともある。

高高度の日の出は、いつも変わらずすばらしい。でも今朝も、いつものように私は、水平線に集まりはじめた赤色や黄色ではなく、機体の上空を徐々に満たしていく青色のスペクトルに目を奪われている。ジョージ・ガーシュウィンの有名な曲「ラプソディ・イン・ブルー」（長年、航空会社のCMに使われていた点も悪くない）。トム・ウェイツの曲では、夜明けに明るくなっていく部屋で色がどのように積み重なっていくかが歌われている（「すべてがいま、青くなっている」）。私のノートパソコンには、〝青（Blue）〟と題名をつけたフォルダにお気に入りの写真が入っている。ここまで私の心を動かす色は、青しかない。

私がいちばん好きなエクササイズは、走ることではなく、泳ぐことだ。走るほうが多いのは、たんに実行する場所が見つけやすいからだ。時差ぼけのせいで、社会活動に向かない時間に起きたときにはとくに。泳ぐときには、何よりもどっぷりと青に浸ることができる。それが、好きな理由に大きく関係しているのではないかと思う。パートナーのマーク（色覚障害があるが青は認識できる）と一緒に街を歩いていて、私が、ビルや、おもしろい落書き、車など、ほぼ何に対しても感心していると、マークは私のほうを向いてまじめくさった顔で尋ねる。「それのどこが気に入ったの？」。その質問によって、私が挙げたものはどれも、ほとんどの部分、または全体が青色だということに気づく。私がめずらしく青色ではない服を着ていると、友人に「マークと何かあったの？」と聞かれることがある（事実上、青以外のアイテムをすべて排除することで、買い物がもっと楽しくなるだけでなく、シンプルにもなるというのが私の考えだ）。

まさか私は、自分の人生を青で塗りつくす欲望に駆り立てられてキャリアを選択したわけではないと思う。でも、もしそうだとしても、道を誤ってはいない。パイロットは日常的に、ありとあらゆる青にさらされている。晴れた日はずっと、コックピットの外に見えるのは海と空がつくりだす鏡の国だけだ。しかも、その二つは区別がつかないことも多い。その光景から、ヴァージニア・ウルフの『灯台へ』のお気に入りの一節を思い出す。「ときどき風があちらこちらで吹くものの、よく晴れた朝で、海と空が一つの織物のように見えた。まるで、帆船が空高く貼り付けられ、雲は海のなかへと落ちたかのように」

二〇一五年の調査によると、青は、中国、インドネシア、タイ、イギリス、アメリカ、その他の五カ国で最も人気がある色だという。だが、これらの国のなかで最も青に情熱を傾けるイギリスでも、回答者の三分の二は別の色が好きだと答えている。それとは対照的に、好きな色が青ではないパイロットに私はまだ出会ったことがない。パイロットは自分の名前の前に〝青い空(blue skies)〟と書いてメールを結ぶことが多く、それを知って私は驚いた。パイロットがこの世を去るときの祈りを込めた別れの言葉で、同じものを目にしたこともある。

パイロットの仕事場から見える景色がどれほど青一色かはさておき、青の人気の理由としては、この色が飛行機と同じく、人間の本質の科学的な側面とロマンチックな側面の両方を魅了するコツを心得ているからだ。たとえば、スイスの科学者、オラス゠ベネディクト・ド・ソシュールは、異なる時刻や場所でも空の色を記録できるようにシアン計を開発した。それは、白からほぼ黒までのあいだに約五〇の青の色調が表された輪だ。ソシュールがこれほど精密なものをつくったのは、「壮大さと目がくらむほどの純粋さ」をもつと形容した青色への愛情ゆえだった。

事実、ロマン主義と青色との結びつきはかなり強い。たとえば、ロマン主義の青い花は、切望してもつねに遠ざかっていくかのような「真実と美」を象徴するモチーフだ。ゲーテは、色に関する詳細で準科学的な調査を行ない、青色が「興奮と落ち着きというある種の矛盾」をもたらし、「飛んで逃げていく好ましい対象を躊躇なく追いかけるように、我々は青を眺めることを好む。

青が我々に向かってくるからではなく、先を行って我々を引き寄せるからだ」と書いた。私が最も惹かれる青には静けさが宿っている。また、その青には、空や海がもつ深さや広がりとほぼ同じものを感じる。だから、間違いなく青色は、私が遠い昔に旅に対して抱いた希望を象徴しているか、その希望を高めるものなのだ。

南大西洋の上空でコーヒーを味わうころ、星々が消えはじめる。ここで初めて、短距離無線で南アフリカの管制官とコンタクトする。航空交通管制センターは、出発地や目的地から離れてはるか遠くを飛ぶ飛行機を扱う。それは、映画で描かれるようなものとはまったくちがう。風雨にさらされるガラス張りの箱が、空港の管制塔の上にそびえ立っているのではない。通常は低層の建物で、窓がなく、照明は控えめだ。そんなセンターのなかから、南アフリカ訛りの女性が呼びかけてくる。機体はちょうど、彼女の国の西海岸の青くなりかけてきた空を横切ったところだ。管轄するレーダーの範囲内に入ると、専用の通信コードを教えてくれる。「あなたは特定されました（You are identified）」とその管制官が言う。その声は明瞭で、私たちの長い海上の旅が終わりに近づいているという最もわかりやすいサインだ。「あなたはレーダー管制下にあります（You are under radar control）」

前方の輝きを増す空に、ひびが現れる。最初は、水泳プールの遠くの壁にある暗いひび割れぐらいのものだったが、それは徐々に大きくなる。その前後にほかの線も現れ、『白鯨』の一節を思い起こさせる。「山々の重なり合う支脈が、その山腹の青に浸っている」。ここでメルヴィルは、そのような超越的な風景ですら水の本質的な魅力にはかなわないと主張している。丘や海の青、そしていままでは空の青も、機体の風防の一面に広がっている。山脈が近付いてきた。この山脈が支配する景観のなかに、〝母なる都市〟として知られる海洋都市がある。コックピットでは、アプローチブリーフィングを行なったあと、地上の天気予報を私が乗客にアナウンスする。「一部、朝霧が発生していますが、おおむね晴れています。気温は摂氏一八度です」

気象学者のハンス・ノイバーガーは、かつて、イギリスと南ヨーロッパの風景画の流派で濃い青空が描かれる頻度を比較した。その結果、後者でかなり頻繁に描かれることが明らかになった。晴れた空でも、湿度によって色が少し薄くなる。地中海沿岸地方の空気は、休暇に訪れた多くの人が実感して感謝するとおり、だいたい北ヨーロッパより乾燥している。さらに、最も青い空は通常、太陽から九〇度の位置で見られる。この角度が実現しやすいのは、低緯度の地平線上だ（イメージとしては、両手で皿を持ち上げて太陽光がまっすぐ当たるようにし、心の目で空に弧を描くまで皿の縁を拡大する。空のいちばん深い青はその弧に沿って現れる。私の経験ではたいていそうだ）。

ケープタウンは雲がないことが多い。北半球に置き換えると、まさに地中海的といえる緯度に位置している。また、ほかの大都市の空と比べて汚染物質が少ない。一つには、乾燥し、浄化作用をもつ「ケープドクター」と呼ばれる風のおかげだ。科学を手掛かりに、都市化する世界で最も壮大な青を探しているなら、最初に訪れるべき場所はここだろう。

だが、私はたびたび心配に思うことがあった。青に対しての理性を失うほどの深い愛情が、私の目に映るケープタウンの青を際立たせているだけで、その街で暮らす人たちにはそれほどには見えていないか、心を動かされてはいないのではないかと思ったのだ。そのため、わりと最近、ケープタウンに住んでいるか、またはそこで育った親類、友人、パイロット、文通相手などにその件を書き送ってみた。

自分の都市で最も印象的な色を聞かれて驚く人はいなかった（それに、その色が青ではない別の色だと思う人もいなかった）。一人のケープトニアン（ケープタウンの住民）は、街の近くの空と海への愛情について語り、さらに南アフリカ原産の花〝ムラサキクンシラン（*Agapanthus africanus*）〟の「目を見張るような青」も挙げた（私たちがやりとりしたのは二月で、彼女は自宅近くの花が終わりかけていることを嘆いていた）。別のケープトニアンは、「信じられないほどの青の配列」への愛情を教えてくれた。「大西洋の深いインディゴから浅瀬の最も明るいターコイズまで。……目が届くかぎりの青い水。テーブルマウンテンの青い靄が、はるかな地平線をなぞっている」。また、彼の言葉を読むまで私は知らなかったが、「雲とにわか雨のなかの青の配列」についても触れられていた。それは、南半球の「吠える四〇度」と呼ばれる暴風圏から直接やってきたような冬の激しい寒冷前線が、ケープ地域にもたらすものだ。

南アフリカを出て暮らしている何人かが、故郷について最も懐かしいのは青色だと教えてくれた。ケープタウン生まれで、現在はヘルシンキに住む男性は、自分にとってもっとも大切な青からあらゆる意味で遠く離れていて、一年に一度帰ることができればラッキーだと考えている。最も懐かしい色との再会が始まるのは「ナミビアの国境を越えるころ。それは、ケープタウンに着陸する一時間前ぐらい。……まるで空中回廊があるみたいに海岸の真上を通ると、海の深い青が右手にある。……このときやっと故郷に戻ったと感じる」と語った。また、「テーブルマウンテンの岩とホッテントッツホランド山脈は、灰色というより青色に見えることが多い。かなり暑くて晴れた日には、最も荒涼として見える。空、海、山がすべて互いに反射しあって、ある種の自己強化的な青さを見せるからだ」とも書いてくれた。

エンジンの出力を絞り、機首を下げる。すると747は降下を開始する。

私は747を操縦する年月のあいだに、二〇回あまりのフライトでこの都市を訪れることになる。もちろん、各フライトの乗客の多くにとっては、そのときが唯一の訪問になるだろう。右側に座っている人たちには、テーブルマウンテンが青い世界の半分に石の階段のようにそびえる姿を見てほしい。海上で長く過ごした時間が終わり、機体はブルーベルグ近くの海岸を越える（ブルーベルグは「青い山」を意味する。考古学者のジェイソン・オートンによると、古代遺跡や、先住民のサン族とコイ族の石器時代の墓所が高密度に存在する地だ。また、植民地の支配者がオランダからイギリスに移る契機となった一八〇六年の戦闘の舞台でもある）。この海岸では、今日もこれから何百人ものカイトサーファーが、自分たちの街で最も期待できるビッグウェーブをいくつも越えるはずだ。

空港の管制官から機首方位を指示される。その方位で無線信号を受信すると、ケープタウン唯一の長い滑走路へと誘導される。だが、こんなに晴れた朝なら、電子機器による支援はほとんど必要ない。街の中心部に沿うテーブル湾がいま右手に見える。空港の南に位置するフォールス湾はまっすぐ前方に広がっている。ナビゲーション・スクリーンに表示される都市はすべて、技術マニュアルでシアンとされる色の円でマークされているが、私が見てきたいくつかの都市の実物はもっと青い。747は、ロンドンで何層にも重なった灰色のいちばん上の層を突き抜けて飛び、この朝を迎えた。車輪を出し、着陸前のチェックリストを完了し、私が知るなかで最も青い都市にタッチダウンする。

＊＊＊

冬

バスのなかの会話は、私にもほかのクルーにもおなじみの疲労に屈して消えた。その疲れは、わずか一時間ほど前に完了した長時間のフライトのせいではなく、バスが進んだかと思えば止まるラッシュアワーの渋滞に対する反応だ。

ケープタウンは、ほかの主要な空港までの距離という点で見ると、私がいままで飛んだなかで最も遠隔地にあるものの一つだ。この都市を通過して地球を一周する緯度線を想像してほしい。人類の九九パーセント以上はこの線より北に住んでいる。道路標識のように小さなものでも、そこには紛れもないこの都市の名前が書かれているし、空港の出発案内板に「南極」という表示が現れて衝撃を受けたりもする。どこに目を向けても、自分が〝既知の大地（terra cognita）〟の絵画のように美しい突端にいることを、何かしらが実感させてくれる。だが、ここには一つの事実がある。スエズ運河が開通するまでの数世紀にわたって、この植民地は発展し、現代世界を形づくったともいえる帝国主義勢力の中核をなしていた。それはまるで、ヨーロッパからアフリカを回ってアジアにいたる商業と権力の線を進む滑車のようだった。

今朝のケープタウンの伝説的な青空は、私たちの真正面にそびえ立つテーブルマウンテンの頂上と同じく、厚い雲と強まるにわか雨の波に隠されている。晴れが普通のこの大都市が最悪の天候に見舞われたときに初めて、ある思いが芽生えた。ケープタウンの地理的位置はじつに刺激的だが、ここでの日々も、そのほとんどは他の一〇〇〇ほどの都市と同じようなものなのかもしれない。また、平凡な時間の谷間には、この都市でさえ物憂げな空気が漂っている可能性がある。

私がケープタウンという名前に初めて恋をしたのは、子どものころだった。大学でアフリカ史の教授に出会ったことで興味がさらに深まった。その教授を通して、この地を故郷と呼んできた先住の牧畜民や狩猟採集民について、そしてこの都市の複雑かつ大きな困難に見舞われた歴史について学んだ。それは一七世紀のヨーロッパ人の侵略と入植から始まり、遠方や近隣の人々がこの地で法律上も実際上も奴隷にされた悲劇の実情をさらし、一九九〇年代初めにアパルトヘイトの終結においてこの都市が果たした役割にまでいたるものだった。

現在でも、この街は人種的な境界線に沿って大きく分断されたままだ。着陸前でもはっきりとわかるような、めまいがするほどの経済的格差もある。もちろん、そうした格差はケープタウンに限ったことではない（実際、私にとっては、こうした格差の広がりは都市化がもたらす深刻な潜在的弊害を警告するものにとどまらない。それに加えて、私がフライトで訪れる都市はかなりの数にのぼるが、繰り返し訪れても各都市とのかかわりは往々にして短時間で浅く、相互のつながりがないことの限界をまざまざと思い知らされる）。ケープタウンの格差がとりわけ私の目を惹くとすれば、それは、この街の気候、地理、歴史、多様性、文化的生活が世界じゅうからやってくる旅行者にとって魅力的であるおかげで、私がパイロットとして頻繁に訪れることになり、その格差に直面しているからだ。

西ケープ大学の人文地理学者であるブラッドリー・リンクは、二〇一七年の論文で、一九三二年にジョージ・バーナード・ショーがケープタウン上空を飛行したと記している。そのフライトは、この街への観光を促進するために企画されたものだった（ショーは、そのときのパイロットが「私の帽子にいらついていた。彼は私に、帽子が吹き飛んでプロペラに入る恐れがあると言った」と報告している）。ショー夫妻は、リンクが指摘するように「空からケープタウンを楽しんだ最初の観光客であり、その目的は上空からの眺めを楽しむ以外になかった」。リンクの論文も、私と同じように、自分の住んでいる場所よりはるかに貧しい場所のより好ましい側面を探索するために長距離旅行をすることの意味と、その場所の住民の大部分には与えられていない気楽さでその旅を行なう意味について取り組んでいる。「青空のなかで見下ろすと、その観光都市としての美観が際立ち、都市のほかの側面は影に沈む」とリンクは書いている。

最近では、気候変動による干ばつによって、それに伴う青空が不吉な意味をもつようになった。ケープタウンは、多くの都市に先駆けてこの問題に直面している。その一方でこの都市は、炭素を排出する飛行機がになう観光や商業にとくに依存している。その点では私も同じだ。だが、この母なる都市の社会的、経済的な課題が世界全体の同じような課題を反映しているなら、またその環境状況が突きつける問題を簡単に解決できるような運を私もほかの人以上に持ち合わせていないなら、ケープタウンは私にとって特別にあらがいがたい希望を具現化した存在ともいえる。それに、この問題について、おそらくケープタウンは教訓も提供してくれている。都市化が続くかぎり（突き詰めれば都市生活はほかの選択肢より環境面で持続可能（サステナブル）だといわれている）、短期的な視点で見ると、ケープタウンの干ばつへの対応が成功すれば、世界じゅうのコミュニティの参考になるし、長期的には、ケープタウンがアフリカで最も環境意識の高い都市の一つとして評判を高める機会になる。だが外部の人間として、広く愛されているこの都市にそれ以外の教訓を求めることが適切かどうかはわからない。メールを通したやりとりのなかで、ブラッドリー・リンクはケープタウンについて、「歴史、人種のアイデンティティ、宗教、言語がそれぞれ積み重なって、複雑で豊かな文化的風景を生み出した」と指摘した。短期ではあるが頻繁に訪問する者の限られた視点から見ても、確かにケープタウンは、私が出会ったなかで最も国際的で、多文化で、ゲイフレンドリーな大都市の一つだ。

もっとも、若いころにはこういうことを何も知らなかった。確かなのは、自分はこの都市名そのものに心を奪われているということだけだった。岬（ケープ）の町（タウン）。あとで知ったことだが、この名は都市の位置と当初の目的の両方を表している。つまり、この入植地は、新鮮な食料、水、休息地を一部の船と船員に与え、ほかの者にはそれを与えない力を保持していた。さらには、都市が建設された直後に要塞も造られたが、それは先住の牧畜民コイ族とその土地、家畜、水、近くの海を支配下に置くためだけではなく、さらに遠くへ統治を広げるための拠点でもあった。私が知っているどの場所よりも、この都市はその名前だけで地理と歴史のなかの複雑で暴力的な側面の両方を想起させる。英語、コサ語、アフリカーンス語の三つの言語で表示され（CITY OF CAPE TOWN、ISIXEKO SASEKAPA、STAD KAAPSTAD）、市章も描かれているときはとくにそうだ。その市章は同心円の黄色、赤色、青色、緑色の輪で、まるで、ここにしか生えていない木の年輪のようだ。

＊＊＊

春

座席で体が横にぐらりと揺れた。目が回りそうな道路を走っていて、私たちの小さな白いレンタカーがまたもや険しいカーブに差し掛かったのだ。目を開けてサイドミラーを見ると、サングラスをかけたドライバーが運転するオープンカーが、私たちの後方に張り付いている。その後方のはるか遠くには岩の壁がそびえ、描かれたトンネルにロード・ランナーが消えたあと、ワイリー・コヨーテが衝突する壁ぐらい切り立っている〔ともに米ワーナー・ブラザース社のアニメのキャラクター〕。

おそらく、後ろの車は気が急いているのだろう。まあいい。パートナーのマークを見てみると、私が目を覚ましていることには気づいていないようだ。マークの目は大きく開いていて、輝いている。マークはどうやら、私たちがケープタウンにいるという事実だけでなく、運転そのものも楽しんでいるらしい。マークは免許を取得してからまだ日が浅い。三〇代後半になって運転を覚えたのだ。それは世界の多くの場所では特別なことではないが、私の世代のアメリカ人にとっては信じられない話だ。

昨夜のロンドンからのフライトでは、私はコックピットにいた。マークが眠っているあいだ、私は操縦していたのだ。このような場合、航空業界の用語では、彼は「クリンゴン」と呼ばれる。つまり、クルーの家族や友人で、同じ便に乗っている乗客を意味する。とくに、北半球が冬のあいだはケープタウンが人気で、クリンゴンたちにとってプレミアムなルートになる。だが、クリンゴン向けの大幅な割引チケットでは、行きも帰りも席が確保されるわけではないため、やきもきすることもある。

予想に反して、土壇場でマークは席を取ることができた。マークが保安検査場に向かって疾走しているころ、彼が目指す飛行機のコックピットに私はもう座っていて、世界の反対側にいたる経路を慎重に入力していた。私たちはそこでの数日間を最大限に活用しようと思っていた。ホテルにチェックインしたあと、私一人なら四、五時間は眠っていただろうが、私たちはわずか数分後に出発し、市内中心部の南にあるこの風光明媚な道路をドライブしている。しかも、二人一緒の旅行で初めてマークが運転しているのだ。次のカーブまでのあいだ、ふたたび私の目が閉じていく。半開きの片目が、フロントガラス越しにコバルトブルーの広がりを捉える。この道を上っているなら、それは空かもしれない。下っているなら、それは、さえぎるもののない大西洋だろう。

信じがたいことだが、視界の下で遠くに輝く海水は、熱帯の海水の温度ではない。じつは、この地域の大西洋は冷たいことで悪名高い。以前に仕事で訪れたとき、友人とビーチに行ったことがある。その友人はパイロットでもありカイトサーファーでもある。持ってきた装備のほとんどをホテルに残してきたが、泳ぐためにとりあえずウェットスーツだけは持参していた。私は、父が冷たい水の健康増進効果を信じていて、それが明らかに風邪やインフルエンザに対して有効だったことを思い出し、ニューイングランド育ちなので水温が低かろうが問題ないと冗談を言った。実際、一五分から二〇分ほど泳いでも平気なだけでなく、むしろ活性化していると思い込んでいた。だがそのあと、立ち上がって海から出ようとして倒れた。両足の感覚がほとんどなくなっていたのだ。

レンタカー会社でもらった地図が、半開きのまま私たちのあいだに置かれている。地図の助けを借りても、ケープタウンの地理に慣れるには少し時間がかかる。私が最初にこの都市を見たのは、そう、もちろん地球儀上だ。その縮尺だと、ケープタウンはアフリカの先端にあるように見える。実際には、この都市はアフリカの最南端ではなく、最南端から北西に一六〇〇キロ以上離れたところにある。方向感覚がくるってしまうこともある。〝ケープ〟はアフリカ大陸の南端部全体をさすだけでなく（ケープが名前に含まれる現代の南アフリカの三つの州を合わせると、大ブリテン島の三倍の面積になる）、ケープタウン近くの小さく突き出た部分をさすこともある。実際にそこは、ケープ半島と呼ばれている（この名前は、そのちがいを思い出せないことがあるほどよく似た言葉が対になっているので、私にとってはややこしい）。ケープ半島は街から南へ伸び、岩でできた突端に向かって狭まっていき、「喜望峰」という案内表示で終わる。そこはアフリカの「最南西端」とされているが、それ以上に印象的なのは、ケープポイントの近くにある岩だらけの高台だ。そこは私がいままで見たなかで最も絶景の岬だ。その先には、地球で最も起伏に富む危険な海域があり、そこを越えると南極がある。

だが、ケープタウンの地形はテーブルマウンテンによって単純化されている。都市の大山塊でそれより名高いものや、より写真映えするものを私は知らない。テーブルマウンテンはケープタウンのベストショットにはかならず登場し、都市のアイコンとしても多く使われている。角を曲がるたびに、その威風堂々とした存在感を思い知らされる。一部の裕福な地区が山裾を少し上がったところにあることを除けば、その山は大都市を分割し、道路は水の流れが石を避けるかのように整然とこの山を迂回する。熱烈なバークシャー派は、テーブルマウンテンがグレイロック山よりたった二二メートル高いだけだと言うかもしれない。だが、グレイロックは、すでに三〇〇メートルほど盛り上がった地形からそびえている。それに対してテーブルマウンテンは、海中の山（Hoerikwaggo）というコイ語の名前のとおり、地理の教科書で海抜という概念をイメージするイラストとして使えるぐらい、青い海それ自体から隆起しているように見える。

その頂上は、人気のあるハイキングか、楽に登れるケーブルカーで行くことができる。そこには、ほかにはない涼しい空間が広がっていて、たんに日光浴を楽しむ休暇を想定した服装の旅行者は歓迎されないか、それ以上に危険で衝撃的な出来事が起こりかねない。とりわけ、頂上の名を知らしめているのは、その風だ。吹き抜ける風は、白い霧のテーブルクロスをつくりだし、上昇するにつれて相当に冷やされ、そのなかに含まれる水蒸気が一時的に凝結する。この現象は飛行機の翼でも観察することができるが、通常は温度と湿度が一定の条件を満たす離陸直後に起こる。山頂の風は、ケーブルカーが数時間にわたって運転できないほど強く吹くこともある。かつて、不安に駆られたパイロットが山頂の電話ボックスから上司に連絡し、三三〇人の旅行者をロンドンへ運ぶ時間までに下山できないかもしれないと訴えたことまであった（最終的には間に合った）。

市街地とこの山の向こうに、密度、人種構成、微気候、富、地理的美しさにおいてきわめてバリエーションに富んだ住宅地が混在し、北東から南へ時計回りに広がっている。南東には空港があり、ケープフラッツの町並みもフォールス湾の北一帯に広がっている（この湾の名前は、サメだらけのその海域で、かつて西へ向かう船乗りたちがすでに岬を回り込み、「海の酒場」として知られる都市が提供する休息の地に近づいていると思い込んだことに由来する）。一七〇万人以上のケープトニアン、またはこの大都市圏の人口の三分の一以上が、このケープフラッツに住んでいるという。そのなかには、ケープカラードとして知られる、さまざまな人種が混血したコミュニティ出身者の多くも含まれる。アパルトヘイトという残虐行為のもと、ケープタウンの中心部を白人に確保するため、第六地区などの内部地区の住民がここに強制移住させられた。フラッツは略式の住居が多く（ただし決してそればかりではない）、住居が密集した地域だ。到着時と出発時に飛行機の窓側の席から、最も濃い霧のかかった朝を除けば、ほぼいつでも見られる。国際線の乗客のなかには、フラッツを見るのは上空からだけという人もいる。その一方で、ケープタウン滞在中にフラッツを訪れる人もいる。ほとんどの場合、地元住民がガイドする団体ツアーの一環として行くことになる。

市の歴史的な中心部の西と南には、キャンプス・ベイなどのビーチフロント地区がある。ケープタウン在住のヨリスワ・ドウェインは、二〇一二年のニューヨーク・タイムズ紙のインタビューで、「ここが統合された国だという認識はもてないでしょう」と語り、これらの地区はまだ黒人にとっては受け入れがたいと述べた。高級カフェやレストランが点在し、一部の家はアフリカで最も高価で、曲がりくねった地形に危なげな状態でくっついている。この海岸線を南下すると、一〇〇年前に受刑者の労働によって山腹に切り込まれた道路、チャップマンズ・ピーク・ドライブに到達する。この道路は、通行料金を支払える人に、カリフォルニア州のパシフィック・コースト・ハイウェイの、目もくらむような高所の都市隣接バージョンを提供する。

私とマークはここに到着して間もないため、都市部に近い場所に留まっている。私たちがたどっているのは、明らかに観光客用の道路だとわかるものだ。この道は、私たちの車のような小さくてぴかぴかで清潔なレンタカーで混雑していて、この比類なき立体的な都市風景を上り下りしている。

のちに私たちは、こんな冗談を言い合った。レンタカー会社は地図をぐしゃぐしゃに丸めてから私たちに渡せばよかった。そうすれば、地図に載っている土地の特徴にもっと合っていたのに。また、どちらが上か、どちらの青が空か海かがわかるのは、ゆるやかに下降するハンググライダーが見えたときだけだとも。私たちは停まってサンドイッチを食べたあと、また車を走らせ、サイクリストで混雑する道路わきの駐車スペースまで進んだ。そこから崖の端まで歩いて下をのぞくと、うねる青を陸地が引き裂いて、炸裂する白い稜線に変えている。この高さから見ると、そのすべてがスローモーションのようで、空と同じ静寂が感じられる。

＊＊＊

初夏

私はいま、港に停泊している観光船に乗っている。その昔、この海運都市から船出するのがどんな感じだったのかを、ごく短い時間、いいところだけを抽出した状態で味わうのを待っているのだ。

ここには、ケープタウンのほとんどの場所と同じく、山がそびえている。物体は遠くにあるほど青く見える。その理由の一つは空の青さだ。私たちと、私たちが見ている物体のあいだにある青が、距離が遠いほど多くなるからだ。この現象は、世界じゅうの言語で「青い山々」と呼ばれる山脈が多い謎を解き明かす。また、レオナルド・ダ・ヴィンチは、物体を五倍遠くに見せたいなら「五倍青く」塗ればいいとアドバイスしたという。その理由も説明できる。もちろん、飛行機から見ると、そのはるかな距離によって、離陸から着陸までのあいだに目にするほとんどすべてのものが青みがかって見える。ケープタウンでは、主役は周囲の海であり、ジャン・モリスが指摘するように、この未来都市が設立されてからおよそ二世紀後の一八四〇年代でさえ、内陸まで達するのは「たった一つの舗装道路だけ」だった。そんな都市で、パイロットが船からの視点を追求し、何世紀にもわたって船乗りたちが目にしてきたテーブルマウンテンの変化を眺めるのは、じつに正しいことのような気がする。

エンジンが轟(とどろ)き、船が波止場から離れていく。

ケープタウンに来るのはこれで二〇回めだ。マークと一緒に来たのは、たぶん五回めのときだった。ロベン島行きの船に乗って、マークの故郷であるサウサンプトンの話をした。サウサンプトンでは、ユニオン・キャッスル社の定期船が毎週——「木曜日の午後四時に」——この母なる都市への南下を開始していたという。

これらの船から乗り継ぐ列車は、乗客を北東に運ぶ。ヨハネスブルグ、その金鉱、そして国の行政首都であるプレトリアへ。この列車は、一九三七年に導入されたイギリス・バーミンガム製の車両が鮮やかな大西洋の色に塗られたため、ブルートレインと呼ばれるようになった。ブルートレインはいまでもケープタウンからプレトリアまで運行されている。約三〇時間の旅だ。一方、サウサンプトンとケープタウンを結ぶユニオン・キャッスル社の定期船は、一九七七年に運航を終了した。その原因の一つはボーイング747だ。私はたびたびその飛行機に乗ってヒースローから離陸し、数分後にはマークの故郷の光の上を通過する。

私とマークは、ずいぶん前のその旅で、ロベン島に行くために港までやってきて、山のような輸送コンテナの前を通った。コンテナの多くは使われなくなったあと、市内の別の場所で再利用され、シェルターや小さな店舗、美容院などになる。私たちは島に向かう船に乗った。ロベン島は、ネルソン・マンデラが一九六四年に収監されるまで、何世紀ものあいだ悪名高い刑務所だった。マンデラは自伝『自由への長い道』で、暖房のない軍用機の窓からの眺めを次のように書いている。「まもなく、ケープフラッツの小さなマッチ箱のような家、ダウンタウンの光り輝くタワー、そしてテーブルマウンテンの平らな頂上が見えてきた。それから、テーブル湾の外側、大西洋の深く青い水域に、ロベン島のぼんやりとした輪郭を何とか認めることができた」マンデラは、一九八二年まで一八年にわたってそこに収監され、その後、一九九〇年まで別の刑務所で過ごした。

ロベン島に向かうフェリーの一団にまもなく加わったのは、双胴船の〈クロトア〉だった。もちろん、ほかのロベン島行きフェリーと同じく青色だ。この船は、ケープタウンに関するヨーロッパ人の記録に初めて名前が記載された、一七世紀のコエ族の女性に敬意を表して命名された。その女性の物語の残された断片を知るには、用心しながらその記録に頼らなければならない。クロトアは、ケープタウンを設立したヤン・ファン・リーベックの家で幼いころから働いた。のちにエヴァと名前を改め、通訳と交渉者になり（どの仕事についても賃金の記録は残っていない）、デンマーク人医師と結婚して三人の子どもを授かった。一六六〇年代後半、その夫は奴隷獲得のための探検の途上、マダガスカルで亡くなる。その後の年月で、クロトアは子どもたちを取り上げられ、何度もロベン島に追いやられ、一六七四年に亡くなった。現代では、クロトアは「和平仲介者」や「抵抗の女家長」と呼ばれ、その名をケープタウンの空港につけることも提案されている。

　今日、マークは一緒にいない。私が乗っている船はサウサンプトンに向かっているわけでも、ロベン島に向かっているわけでもなく、わずか数キロ先の地点を目指している。そこで船は旋回し、乗客はケープタウンを背景に写真を撮ることができる。

　陸地の熱が海風に吹き飛ばされるなか、係留されたトロール漁船の前を通過する。ベアトリス・マリン、イザベラ・マリン……。いずれの船も、真っ白な上部構造の下はスカイブルーに塗られている。二〇一〇年のサッカー・ワールドカップのために建設されたスタジアムの未来的な曲線も見える。スタジアムを挟んで、コンブ場の上をカヤックが行き、シグナルヒルがそびえる。そこでは、二世紀以上にわたって正午に海軍の大砲が打ち上げられる。その目的は、これからの危険な旅に備える船が経度を知るために必要な時計の時刻を設定するのを手伝うことだった（同じ理由で、かつては報時球もあった。タイムズスクエアの大晦日を思い出してほしい。船乗りたちはテーブル湾の係留地から、その報時球が落ちるようすを難なく見ることができた）。ケープタウンから遠く離れているときでも、この砲声をそれなりに聞くことができる。ツイッター（現X）のシグナルヒルのアカウントでは、毎日正午に、すべて大文字の「BANG!」という単語が一つ投稿されている。

沖に出るにつれて、船の動きは二次元から変わり、三次元的に激しくなる。船尾にある六色の南アフリカ国旗は、長い台形の青色の部分が波のすぐ上を走り、強まる風のなかではためいている。多くの都市が海岸地帯で発展してきたが、私がこれまで訪れた大都市のなかで、これほど原始の海を身近に感じられる都市はほかにない。一九世紀には、由緒ある保険会社〈ロイズ・オブ・ロンドン〉が、ケープタウンで越冬する船舶の保険を拒否したこともある。現在、南アフリカの長い海岸沿いに沈没した二三〇〇隻以上の難破船のうち、およそ五分の一がテーブル湾に眠っているといわれている。私たちの小さな観光船は、墓地の上を進んでいくのだ。

スピーカーからサックスの音が流れはじめる。ケニー・Gのジャズが、船の反対側から聞こえてくる興奮したようすのドイツ語の会話、おそらくイルカに関する会話と混ざり合う。音楽が変わると水面も変わった。大きくうねってはいるが、白波が立つことはおろか、明らかな境目もない。その代わりに、銀色がかった青い水面はぼんやりとした質感を帯び、まるで、詳細に描かれた浜辺の領域から一定の距離を超えると解像度の低い画像に切り替わる、ゲームのなかのシミュレーションのようだ。

何年かのちに、私は海洋学者の説明を聞いた。それによると、海の最も深い青は浜辺ではめったに見られず、はるかかなたにあるという。そのきわめて美しい色に出会える幸運な人でも、ほとんどは飛行機から見るしかないだろうと、その学者は指摘した。だが、ケープタウンからわずか数キロしか離れていないこの場所でも、私が上空から見たどの青にも匹敵するほど壮麗な青が見える。

何世代にもわたり、科学者にとって、水の青さの原因は空の青さと同じぐらい大きな謎だった。水が青く見えるのは、上空の青さを反射しているにすぎないと考えられた時代もあった。また、そもそも空が青いのは、空気が本来含んでいる水分によるという説もあった。だが、ピーター・ペジックが『青の物理学――空色の謎をめぐる思索』で述べているように、一九世紀にマイケル・ファラデーが計算したところ、空にあるすべての水が凝縮したとしても、地球の上にわずか数センチの層ができるだけだ。浴槽に湯を張るたびにわかるように、その量では水を青くすることはできない。「この水量が、イタリアや世界のほかの地域で見られる青空はもちろんのこと、この国で見られる青空さえもつくりだすのにいかに不十分であるかは、諸君に判断を任せる」とファラデーは書いている。

空の色の説明を補足することで、海の色を説明できる。水は降り注ぐ光を空気より多く吸収する。それでも、空気と同じく水も、青のような波長の短い色は吸収しにくい。そのため、吸収されなかった青は水のもっと深いところに進み、さらに吸収されずに残った青が散乱して私たちの目に戻ってくる。大気科学者のロバート・ピンカスが私に次のように書き送ってくれた。これらはすべて、「水は青い液体だ、または、水は青みがかった色をしていることを複雑に述べたものだ」と。

海の青は世界共通ではない。その理由の一つは、浮遊する粒子や水深、海底の性質、生命体、とくに植物プランクトンなどの影響を受けているからだ。事実、海の色は多様性に富んでいて、科学者は衛星を利用して海の色をモニタリングして研究している。サックスが鳴り響き、アザラシに追われる私たちの船がターンするなか、世界じゅうの沿岸にある大都市の沖を厳密に比較したら、あることが確認できるはずだと、楽しい想像をしてみる。それは私にとっては火を見るよりも明らかだが、ケープタウンの海の青さは、その空の青と同じく匹敵するものがないということだ。

＊＊＊

晩春

ケープタウンの中心部にある公園を歩いている。ここはカンパニーズ・ガーデンと呼ばれていて、かつてはオランダ東インド会社の庭であり、通過する船に供給する食糧が栽培されていた。だが、いくら涼しくて緑が豊かでも、そろそろこの公園を出ようと思う。台座に取り付けられた日時計が、コーヒーを探す時間だと思い出させてくれたからだ。

ケープタウン周辺の景色はかなり雄大なので、その中心にとどまる都市を簡単に忘れてしまう。そして次にその中心街に戻り、高層ビルの巨大な影の下を歩くと、今日のように、短時間ながら気がかりなオジマンディアス的〔シェリーの詩「オジマンディアス」に登場する王に由来し、荒廃と傲慢を象徴する〕感覚を経験する。その感覚とはこうだ。人類がここに、ひいてはあらゆる場所に築き上げたものはすべて、もろくて偶発的なものである。少なくとも、この山や海と比較して見た場合には。もしくは、人間の時間軸ではなく、山や海といった存在の時間軸から見た場合には。私にとっては、ピッツフィールドが永遠に世界の中心だ。その世界の端にこの大都市は位置している。それを忘れることなどできない。そんな街でこんな思いにとらわれていたとしても、それでもこの瞬間は間違いなく日常的なものだ。この場所にいるほかの人たちの瞬間と同じように。私のまわりで、この通りを埋め尽くし、この通りを最もよく知り、日常生活に没頭しつづけているケープトニアンたちの瞬間と同じように。ネクタイを緩めた若い男性数人のグループが、笑いながら仕事についてあれこれ話している。そして、タクシーに乗り込む経営者ふうの女性。通信設備の扉を開き、カラフルでスパゲティのような回線を器用に扱う作業員……。

コーヒーを探す私の旅は、北東に向かって続く。バーグ・ストリートとロングマーケット・ストリートの角に〈ヘヴン〉というカフェが見えてきた。このカフェはゴシック様式の教会に併設されている。イギリスの村の揺るぎない中心的存在とでもいえそうなこの教会は、一九世紀後半に建てられ、現在はアラン・ストーリー牧師が主宰するセントラル・メソジスト・ミッションに属する〔二〇二三年一一月にストーリー牧師は別の進路を選択した〕。ストーリー牧師は良心的兵役拒否をしたことで、アパルトヘイト政権による裁判にかけられた最後の人物として知られる。この教会は、いつも変わらず、太陽と人ごみから逃れられる涼しい隠れ家になっていて、私が最も好きだと思える都市にある、最も好きな建物だ。ここでは、独自の礼拝に加えて、日曜の夕方には同性愛者のための集会が開かれている。数年後にこの教会は、アフリカのほかの地域から来た難民が数カ月にわたって寝泊まりする場所となった。

教会の外には、ゴシック様式の窓の形をした青い看板がたくさんある。そのうちの一つには、「セントラル・メソジスト・ミッションは都市教会です」と書かれている。別の看板には、「あなたは生まれた。愛に包まれ、愛の力で、愛するために」とあり、私は両親が若かったころの宗教的な信念を思い出した。その信念は、二人の前半生のすべてを支配するほど強力だった。そして父の信仰が終わりを迎え、母の信仰が変わっても、その信念のいくらかは私の人生を形づくったかもしれない。また、私が都市というものに希望をもちつづけることにも、両親が思っていた以上の影響を与えてきたのかもしれない。

ミシェル・パストゥローは『青の歴史』で、「一二世紀に青いステンドグラスがつくられるまで、一〇〇〇年ものあいだ、青はキリスト教の礼拝では基本的に使われていなかった」と述べている。とくに、ステンドグラスに使用されるほかの色と比べて経年劣化が緩やかな「シャルトルブルー」と呼ばれる色が作成されるまでは。よく知られているように、のちに青は、聖母マリアのイメージと深く結びつくようになる。とくに、ラピスラズリからつくられる貴重な顔料であるウルトラマリンは、ミケランジェロの予算を超え、フェルメール家を破産させた。ペジックによると、その名前は海の色ではなく顔料の起源をさしていて、通常はアフガニスタンから「海を越えて」きたことを示している。

このセントラル・メソジスト・ミッション教会のなかで最も美しい窓は、一面に半透明の白いガラスの模様がちりばめられている。その窓を縁取る青の色合いは、早朝の空の柔らかいグレーを帯びた色から、ガラスクリーナーの色、それからほぼ海のような深い青にいたる。それを見上げながら、それぞれの色にそれとはっきりわかる名前を付ける任務が与えられたとしたら、自分はどれだけこなせるだろうと考えてみる。昨年、大西洋沖の上空を飛行中、キャビンクルーが私と同僚に、イギリスの高級画材ブランドの薄茶色のサンプルセットをくれた。私たち二人が希望する紅茶の濃さとミルクの量を正確に指定できるようにとのことだった。それを思い出して思わずほほえんだ。それから目を細め、この教会の小さな青い窓の一つが失われていて、石細工で留められた窓ガラスだと私が信じているもう一枚が、実際にはその先にある街の空だという可能性を検討してみた。

＊
＊
＊

冬

灰色の朝、私はキャッスル・オブ・グッドホープ（善き望みの城）に近づいている。その名は一六六六年にオランダ人の建造者によってつけられた。五角形のこの要塞は、その居住者がアフリカの地域社会に加えて近海から遠海までをも支配し、権力を誇示するのに役立った。南アフリカ最古の建物であり、この国で最も古い都市の歴史のなかで、力というものが果たしてきた役割の重要な象徴として残っている。実際に、かつてこの城は、街に近づく船が友好国のものかどうかを識別するため、また街がまだオランダの支配下で安全であることを宣伝するため、あるいは防御の援軍を呼ぶための、烽火（のろし）、旗、大砲の発射などの複雑な通信網の中枢だった。現在でも、この城は南アフリカの国防省によって管理されている。

門の上の小壁（フリーズ）の背景と、城に入るために通り抜けるアーチ型の天井は、澄んだ青色だ。今日は、この城を私がほぼ独り占めしているらしい。青色の粘板岩でできた通路と階段をゆっくりと歩く。それはロベン島で切り出された石で、このくすんだ黄色い壁に映えている。さらに進むと、灰色のユーティリティボックスがあり、その表面には小さな盾の紋章が描かれている。かつてここに本部を置いていた南アフリカ陸軍の司令部のものだろう。そこには、スプリングボック〔南アの動物でトビカモシカとも呼ばれる〕と二本の剣、濃紺の空を背景にしたテーブルマウンテンの姿も描かれている。この都市を思い起こすものとしてはケープタウン大学の紋章に劣らない。ケープタウン大学の紋章は、黒地に、錨や波打つ青い海（意識が飛んでしまいそうな紋章学のビザンティン用語では「波打つ黒色（セーブル）と青色（アズール）で水平に二分割した」と表現される）、大学が西ケープ州と共有している〝グッド・ホープ（Spes Bona）〟という幸先のよいモットーを特徴としている。

ケープタウンを拠点とする作家のノブホンゴ・グソロは、この城を初めて訪れる前に、先祖とのコンタクトを促すと言われるハーブ、インペフォーを燃やし、祈りを捧げた。そして二〇一六年の記事で次のように書いている。「暗い部屋に閉じ込められた殺人や拷問は、壁のなかに浸透し、染みを残した。あなたはそれを感じる」。多くの旅行者が、この歴史について深く考えるために、またはこの国の解放の物語の重要な日付に関連する美術コレクションを見るためにケープタウンの城を訪れる。そのコレクションは城内で一九五二年に初めて一般公開された。一六五二年四月六日にヤン・ファン・リーベックがこの地に到達してから三〇〇年となるのを記念し、アパルトヘイト政府が主催した祭りの一環として企画されたものだった。この祭りに対してボイコットと抗議行動が起こり、アフリカ民族会議と南アフリカ・インド人会議は代わりに「誓いと祈りの国民の日」を呼びかけた。三〇〇年祭からおよそ二カ月半後の一九五二年六月二六日、アパルトヘイトに対する抵抗運動が開始された。ネルソン・マンデラはその指導者の一人だ。

芸術的、文化的現象としての青色の歴史は、そのほかの色の歴史よりあいまいだ。たとえば、ギリシャの陶磁器に青は使われていない。古代ギリシャ人は自分たちの土地の空や海がすばらしい色なのに、海についてそういった描写をすることがほとんどなかったこともあり(「ワインの暗さ」というのが最も有名なホメロスの表現だ)、イギリスの政治学者・古典学者のウィリアム・グラッドストンは、古代ギリシャ人は青が見えなかったと考えた。一方でローマ人は青を、風変わりなことや、大青(タイセイ)を塗った先住民と結びつけていた。

ここケープタウンの城にあるヨーロッパ式の絵画の多くは、一隻の船や多くの船が恐ろしい角度で波に浮かぶ海の風景が描かれている。オランダやイギリスの旗は強風に捕らえられ、船はテーブルマウンテンのふもとにある集落を目指している。ある絵では、この未来の大都市はまだ要塞化された村にすぎず、別の絵では、いまその絵が掲げられているこの城そのものが見える。こうした絵に描かれている空が青一色なのは稀であり、背景の空色を横切るようにうねる山々の雲景が天空部分の大半を占めているのが一般的だ。一方、不吉な予感のする海は、とくに初期の作品では、多くが灰色、黒色、または緑色に塗られている。

のちに私は、ケープタウン大学ミカイリス美術学校の教授であり、アーティストでもあるノムサ・マクフブと話す機会があった。ヨハネスブルグ近くで生まれたマクフブは、金属産業が盛んな地域で育ったが、その地域の空気は大気汚染によって変色していた。マクフブはケープタウンの青い空に関する喜びを私に語ってくれた。とくに、テーブルマウンテンの南に伸びる東西の峠、コンスタンティアネック周辺をハイキングするときにそうした空に出会うという。マクフブはバークシャーの丘陵地帯も知っていた。かつて仕事で、ピッツフィールドの北に位置するウィリアムズタウンに行ったことがあるという。

ケープタウンは美しい場所かもしれないが、非常に不平等な場所でもあるとマクフブは語り、自分の街や国の歴史、いまも続く闘いに関連するアートで使われている青色の例を見せてくれた。教え子の一人であるブーレベズウェ・シワニは国際的に成功したアーティストで、動画、紙、彫刻などさまざまな表現手段を使って活動している。二〇一五年の写真作品「イガガシ(iGagasi)」(コサ語で〝波〟の意)では、ブルーグレーの丘とインディゴの空の下で海に立つ女性が、コサの伝統では癒やしと結びつけられている青と白のロープを手にして、打ち寄せる波に背を預けている。私たちは青を穏やかな色だと考えがちだが、マクフブは私に、それは海からやってきた剝奪と強制移住を示唆するものでもあると語った。

マクフブは、ジョージ・ペンバによる一九七七年の作品「ポリス・レイド(警察の手入れ)」の画像も見せてくれた。ジョージ・ペンバは東ケープで育ち、黒人居住区での生活を記録した。彼は南アフリカの偉大なアーティストの一人として記憶されている。その絵は、黒人居住区の住民四人と、違法な酒が造られているとされる家にちょうど入ってきた二人の警察官を描いている。その居住区では、密造酒が唯一の収入源だという住民もいる。一人の警察官は女性とボトルをめぐって争い、もう一人の警察官は警棒を振り上げている。二人の女性のヘッドスカーフと倒れた椅子の背もたれは青色だ。酒のボトルも、住民の一人のひげも、警察官二人の顔も青い。マクフブは、この部屋の外の世界の青い山と空を指さした。そして、南アフリカのヨーロッパ式の絵画で伝統的に用いられる開かれた視点と、人がいないことの多い風景とは対照的に、この絵において山と空の美しさは、小さな窓と警察官が開けたままにしたドアを通してやっと垣間見ることができると指摘した。

ケープタウンのこの城で、絵画ホールから離れた私はほかの展示にも出会った。それは陶磁器に焦点を当てたものだった。この都市は交易路を発展させ、守るために建設されたが、その同一の交易路をたどって陶磁器が運ばれてきた。展示品の多くは、オランダのデルフト（ケープタウンの空港の真東にある町と同じ名前）の陶器を連想させる青と白の伝統的なデザインだ。また、すでに場所ぼけで混乱状態にあるパイロットにとって、このうえなく途方に暮れてしまいそうなのは、一八世紀前半に中国から輸入された作品だ。それらの作品には、ケープタウンの山々、空、海が描かれているが、それを描いたのは一万キロ以上離れた場所で働いていた中国の職人たちだった。職人はこの都市を見ることはなかった。しかも当然のことながら、自分たちの作品を私が足を止めて眺めるという二一世紀の状況を想像することもなかっただろう。それに、数カ月後には私が珠江（パール・リバー）デルタの空を降下し、香港に向かうことも。

＊＊＊

初夏

ボ・カープの街並みを抜けてハイキングしたので、汗まみれになっている。木に吊るされたブランコは日陰にあり、そよ風に乗って静かに揺れている。心を惹かれ、そこに向かって歩いていくが、墓地に設置されたブランコを私が使ってもいいものだろうか。

眼下に広がるボ・カープはケープタウンの中心部近くにある地区で、ケープマレー民族にとっての歴史的な心臓部といえる。ケープマレー民族は、（多くはオランダ統治下の地域［現在のマレーシアやインドネシアの一部］から奴隷や囚人として）ケープタウンに連れてこられた人々、とくにイスラム教徒の子孫であり、アパルトヘイト政権下では〝カラード〟に分類されるコミュニティの核を形成していた。ボ・カープにジェントリフィケーション〔低所得層の居住地域の再開発による高級化〕の波が押し寄せた現代でも、石畳の通りではマレー語由来の言葉が聞こえてくることがある。この紛れもなく印象的な場所の名前にある〝ボ（Bo）〟は、フランス語の〝ボー（beau）〟の転訛（てんか）で、一七八〇年代前半にフランス軍がケープタウンに短期間駐留した際の名残だろうと、私はずっと思っていた。だが実際には、〝ボ（bo）〟はアフリカーンス語で「上」を意味する。いずれにしても、ボ・カープはシグナルヒルの斜面に位置し、テーブルマウンテンを見渡すことができる。足元には市街地が広がり、その向こうに海も見える。ボ・カープが美しいのは、やはり〝上〟にあるからだ。

チョウの群れが散っていくなか、背の高い草のあいだを歩いてブランコに近づいた。一八〇四年にイスラム教徒はケープ地域で宗教の自由を勝ち取り、一八〇五年には、のちにタナ・バル墓地（マレー語で「新天地」の意）になる土地が割り当てられた。一つには、オランダ政府がイギリスから攻撃を受けた場合に（その懸念は予知したかのように翌年に現実化した）、イスラム教徒からの支持を得たいということもあった。

ケープタウンのイスラム教徒コミュニティの指導者の多くがここに眠っている。政治活動に関する罪を問われ、オランダの植民地から追放された人もいる。ほかには、たとえばトゥアン・グルとして知られるインドネシアの王子は、極東での商業的、帝国主義的な野望をめぐってオランダと対立することの多かったイギリスと共謀した容疑をかけられた。ロベン島に投獄され、釈放されると、南アフリカ初のモスクをドープ・ストリートに設立した。そのモスクは世界が続くかぎりそこにあるだろうと、トゥアン・グルは語った。

ここにはトゥアン・サイード・アロウィの墓もある。アロウィは、ケープ地域で初となる正式なイマーム〔イスラム教の指導者〕だったと記されている。アロウィはイエメンの紅海沿岸のモカ出身で、その地かインドネシアで逮捕され、残りの人生を過ごす場所として「鎖につながれたままケープ地域に追放」された。だが、ロベン島で一一年間の囚人生活を送ったあと、釈放される。アロウィはケープタウンに留まり、警察官となって、奴隷にされた人々の信仰を守る役割を担った。

ケープタウンの多様性と世界規模のルーツを象徴するボ・カープは、この街で最もカラフルな地区でもある。ケープタウンの住民にこの街の青さについて尋ねると、たいてい、海と空の次にボ・カープの家々を挙げる。この地区には、黄、紫、ピンク、赤などの家がある（広く知られているが異論もある説によると、借家の色は白だと決められていたため、解放され、家を購入できるようになった人たちが歓喜して色を塗ったという）。だが、近くで見た場合にはとくに、この街の空と海の色と響き合い、際立たせているのは青色だとわかる。

そのなかでもとりわけ印象的な家がある。その青は深い海の色だ。ドア、窓、シャッター、鉄製のフェンスが白く塗られ、まばゆい太陽の下で輝き、近隣の黄や赤といった明るい色彩の家に囲まれてその青色が際立っている。この青に私はすっかり魅了されて、今日は家の前を何度も通り過ぎ、その魅力を楽しんでいた。でも、怪しまれるかもしれないと思いはじめて、ようやくこの墓地まで進んできた。

墓地のブランコを使うかどうか、まだ決めかねている。逆Y字の錆色のロープにシンプルな木の板がぶら下がったものだ。私はこの街で、朝食から夕食の時刻まで歩きつづけることもある。だから一度、立ち止まってみることにした。

埃っぽい靴を見下ろす。それからまっすぐ上を見る。母はきっと、この空を気に入ったはずだ。写真を撮ろうとしたが、対象物がないためカメラはピントを合わせられないようだ。空の色もカメラの能力を超えているのだろう。母は、私が長距離路線を飛ぶ日がくるとは知らなかった。でも、母がどこにいようと、それは問題ではない。母が私を見守ってくれるなら、どこにいても私を見つけるはずだ。

じっとしていることに耐えられなくなり、その木に向かって歩き、枝の陰でふたたび静かに立ち止まる。下の地区でガレージのドアが開き、防犯アラームが一瞬鳴った。風が強まってきた。墓のあいだの背の高い草むらを吹き抜ける風の音を聞きながら、一瞬、目を閉じる。午後の日差しを受けながらここまで上ってきたあとの、寄せては返す涼しさに生き返る思いだ。

車をロックするピピッという音で現実に戻った。目を開けると、眼下でカップルが家に向かって歩いていて、その手は買い物のレジ袋でふさがっている。一日の仕事を終えたあとや、買い物にきて駐車するには、ここより向かない場所もある。永遠の時を過ごすには、ここよりふさわしくない丘もある。ポケットからスマートフォンを取り出し、今夜のフライトの出発時刻を確認する。そして、この墓地からホテルまでの距離を調べ、ここから下りるときがきたことを知った。

CITY OF SNOW

雪の都市

ロンドン、イスタンブール、ウプサラ、
ニューヨーク、札幌

私は自分の部屋にいる。夏の終わりの午後、一五歳のころのことだ。机の上の窓が開いていて、兄とその友人たちが、わが家の庭や隣の庭で遊んでいる声が聞こえる。少し前、兄が私に「すぐに下りて来い」と叫んでいたが、私はピッツフィールドを通る緯度をたどって、ぐるりと地球儀を回す。ピッツフィールドの緯度はだいたい北緯四二・五度。ピッツフィールドの住民がこの線上のほかの地で暮らす人々と共有しているもののことを、私はまだ知らない。同じ空を満たす星々、昼と黄昏と夜の長さ、この緯度の自転速度を。

旅程を思い描く楽しみなら知っている。ピッツフィールドを通る緯度を東にたどっていくと、大西洋、アンドラ〔フランス、スペイン国境にある小国〕、カスピ海の中心、それからモンゴル南部を横切る。緯度の線は、太平洋の開水域に橋を架ける前に日本の札幌市の近くを通過する。札幌（Sapporo）。いい名前だ。その響きはシベリア（Siberia）に少し似ている。事実として、地球規模の距離感だとシベリアと札幌はそれほど遠くない。だから、札幌の冬もきっと長いだろうと思う。もしかしたら、ピッツフィールドよりずっと雪が多いかもしれない。

ピッツフィールド

一八八八年三月の暴風雪。三日間続き、降雪は一メートルを超えた。その間、雪で立ち往生した列車の車内にカリフォルニアからの旅行者たちが閉じ込められた。吹きだまりの深さは約五メートル。

おそらく私は九歳、兄は一一歳だった。両親は出かけていた。〝バークシャー・ギャング〟の別の家族の家か、めずらしくレストランにでも行ったのかもしれない。まだ夕方だが外が暗いので、秋か冬のことだと思う。

リビングルームのソファで、私と兄は子守り役のラッセルを挟んで座っている。ラッセルは隣の通りに住んでいて、一五歳か一六歳。背が高く、ピッツフィールド高校の紫と白の運動部のジャージーを着ている。この部屋のこの一角は、ガラステーブルの上のランプの厚いシェードのおかげで、日が暮れたあとはいつも黄金色に輝いている。

ラッセルは、私の両親がコンロの上に置いていったものはそれが何であろうが温めて食べさせてくれた。母はラッセルに、寝る前に『ナルニア国物語』シリーズの後半の一冊を読み聞かせるよう頼んでいた。いまのところ、私は『ライオンと魔女』がいちばん好きだ。その最大の魅力は、ルーシーが衣装だんすを通り抜けた先にあるナルニアが冬に閉じ込められていることだ。私はもともと雪がとても好きなので、最初はこの永遠の冬が世界を罰する手段だということがわかっていなかった（クリスマスがないことがヒントにはなる）。ついにナルニアに春が訪れたとき、私は少しがっかりしたと母に打ち明けた。

　リビングルームのソファで、ラッセルは本を開き、母が読みおえたところから読みはじめる。ラッセルは数行読んで黙ると、顔を上げてため息をついた。読み聞かせは得意分野ではないらしい。ファンタジー小説という点が問題なのかもしれない。理由がなんであれ、本の言葉自体にラッセルは困惑しているようだ。数行読み進めたものの、私のほうに顔を向け、次に兄のほうを見て言う。「お前ら、マジでこんなのが好きなのか？」

「母さんが好きなんだよ」と兄が言う。それは事実だ。でも、そこに私はもういない。私はナルニアにいて、つかの間、兄が合流するのを待つ。だが、兄とラッセルの会話が続き、兄がまだリビングルームにいることがわかると、私はいつの間にか、自分だけが見える都市に降る雪のなかを歩いていた。

ロンドン

　一八九一年三月の暴風雪。パブの店主が勤務中の警官にラム酒を提供した事件を調査した判事が双方とも無罪にするほど、雪は首都圏に甚大な被害をもたらした。その後、ケンジントン地区の除雪作業のために増員された作業員は六九六三人。

　ヒースロー空港に向かっている。薄暗い雨のなかハンドルを握り、ウェストウェイと呼ばれる道路を走る。ここ数年は短距離路線を担当していて、空港まで車で行くことが多い。列車やロンドン地下鉄（チューブ）では、大陸行きの始発便に間に合わないからだ。

ロンドンは世界そのものに似ている。そしてピッツフィールドには似ていない。少なくとも一つのはっきりとした点においてそう言える。つまり、知れば知るほど大きく感じられるのだ。それに、白い街(ホワイトシティ)と書かれた標識を目にすると故郷を思い出す。五時間の時差がある故郷は雪に覆われ、はるかに冷える深い夜のなかにある。標識を通り過ぎるころには、あの古い家や、ガレージの張り出し屋根の下に取り付けられたライト、いつも壊れていたガレージの四つの小さな窓も思い浮かぶ。いまあの家に住んでいる人たちは、ライトを夜通しともしているのだろうか。そのライトは故郷のほかの明かりに加わっている。その明かりをかき集めてひとかたまりにすれば、ロンドン中心部からわずか数百メートルの場所の輝きに匹敵するかもしれないとも思う。それから私は、ピッツフィールドのはずれにある野原が雪をかぶり、月明かりに照らされている姿や、その向こうに広がる暗い森の氷点下の静寂を思い描いてみる。

私の印象では、内向的な人は外向的な人より雪を好む傾向がある。おそらく、雪が世界に静寂をもたらすからか、あるいはたんに、閉じこもるための正当な理由になるからだろう。私が雪を好きになったそもそもの理由を考えてみる。それはただ、夜通し大雪が降って学校に行かなくてもよくなり、学校で待ち受けている問題に立ち向かわなくてもよくなったからにすぎない（さらに言えば、ある意味、同じような理由でこんな内向的な性格になったのかもしれないと思うときもある）。

一方、母は外向的だ。母から学んだのは、どんな性格の人でも、年齢を重ねれば雪のせいで日常生活がいっそう困難になりうるということだ。私がマサチューセッツ州からイギリスに移ったあと、吹雪になるたびに母は逐一、詳細を伝えてきて、庭の雪の深さについて定期的に情報を更新してくれるが、母がそうするのは、報告を受け取った私が喜ぶとわかっているからだ。とくにクリスマスがやってくるころには。だがいまでは、母にとって冬は長すぎる。運転するのが難しくなり、雪かきが必要で、道は滑りやすい。友人との予定はキャンセルされ、病院の予約は延期される。近ごろでは母は、春を待ち望みながら私の大好きな季節を過ごしている。

イスタンブール

一六二一年の初め。その冬、住民はボスポラス海峡に張った氷の上を渡り、ヨーロッパとアジアをたやすく行き来できた。雪が降り続いた日数は一六日。

フランスの大西洋沿岸上空、ビルバオ（スペイン）発ロンドン行きのフライトの途上で、機長のマイクと私は意識を東に向け、イスタンブールの空に思いを馳せている。

ヒースローに着陸したあと、私たちは別の飛行機に乗務してイスタンブールに向かう予定だ。このフライトの穏やかなクルーズセグメントで、次の飛行機の燃料をオーダーする。ふだんならイスタンブール行きの燃料量は簡単に決まるが、今夜の予報では〝SN〟という警告が出ている。これは航空業界で使う略語で、雪を意味している。しかも、その前に〝+〟がついている。つまり大雪だ。この組み合わせは、ミネアポリスやモスクワの予報でよく見かける。

イスタンブールの代替空港は、基本的には、ギリシャのクレタ島にあるイラクリオン、ブルガリアの黒海沿岸にあるヴァルナ、内陸の山岳地帯にあるトルコの首都アンカラだ。各地の天候を注意深く調べてから、マイクは燃料量を増やすことを決めた。それによって、イスタンブール上空で一時間の上空待機（ホールド）が可能になり、その後に必要があれば各都市まで飛ぶこともできる。

今回のイスタンブール行きのフライトは、通常より重い重量で離陸するため、パワーをやや高く設定し、滑走路を長めにとる必要がある以外は、ふだんと変わりはない。すぐに巡航高度に達し、私たちは星が輝く冬の空でヨーロッパを横断しながら夕食を楽しんだ。

当時はキャリアの初期で、さまざまな理由からイスタンブールに飛ぶのがとても好きだった。そもそも、かつて「都市の女王」や「すべての都市の頂点に立つ」と呼ばれたこの大都市は、最も厭世的な旅行者にとっても魅力的に映る。また、ヨーロッパ最大の都市（八世紀以上にわたって保持された称号）に返り咲いた事実や、これまでにつけられた名前の数が物語る栄光もある（ビュザンティオンまたはビザンティウム、コンスタンティノープルのほかに、少なくとも半ダースを超える。なかでも最も感動的なのは、新しいローマという意味のノヴァ・ローマだ）。また、私が短距離路線のエアバスA３２０のパイロットだったとき、イスタンブールはフライトするなかで最も遠くにある都市の一つでもあった。だから、子どものころのようにシンプルに考えると、当然ながら、イスタンブールへのフライトは私にとって最も重大なことだったのだ。

およそ二〇分ごとに最新の天候情報をダウンロードするが、いい知らせはない。大雪は予想よりも早まり、強風を伴っている。ブリザードの公的な定義に当てはまる不吉な組み合わせだ。私たちは、このような条件下で着陸する場合に適用する着陸距離、横風、視界制限を計算し、天候が悪化するごとに再計算する。降下を始めてまもなく、水平飛行に移り、ホールディングパターンに入るよう管制官から指示される。それから管制官は、パイロットが絶対に聞きたくない言葉を告げる。「遅延時間未定です」

雪はいまやイラクリオンにも降りはじめている。ギリシャの島の臨海の都市にブリザードが襲来するようすを思い描くのは、かなり難しい。ヴァルナとアンカラの空港はまだ利用可能だ。

イスタンブールやロンドンにいる同僚に連絡をとると、全員がアンカラへの代替着陸(ダイバート)を勧める。マイクは客室乗務員に自身の決定を伝える。一方で私は上昇を開始した。新しくプログラムされたアンカラに向かうルートへとエアバスを導く。この太古から続く集落は、一九二〇年代にケマル・アタテュルクによってトルコの首都になった。一五分後、このフライトで二回めとなる降下を始め、まもなくアンカラに着陸した。ここは標高が高く、滑走路の脇から険しい山々が立ち上がっている。それなのに、冷たい雨が降っているだけだった。

駐機し、エンジンを切る。しばらくして、ずぶぬれになりながらも朗らかな地上スタッフがキャビンの前方ドアをノックした。自宅にいるときに、ロンドンからの電話で連絡を受けたという。どうやら私たちは、アンカラで暮らす家族の静かな夜を邪魔してしまったらしい。

東京からヒースロー経由でイスタンブールに向かう日本人の一団は、最終目的地に到着したと思い込み、立ち上がってもう荷物をまとめている。私の限られた日本語能力で言葉をつなぎ合わせる。伝わればいいなと思いながら。「すみませんが、ここはまだイスタンブールではありません」。その後、私は階段に立ち、北西方向に目を向け、給油車とエプロンの照明の向こうに広がる暗闇を眺める。一一月のピッツフィールドで降るような凍てつく雨が、規定の黒い靴に激しく落ちる。

まもなく、イスタンブールで空港が再開したという情報が入った。自分たちの飛行時間制限を確認したあと、ふたたび離陸し、経路を引き返す。マルマラ海上空で降下するとき、風防に大きな氷のかけらが吹き付けられた。雲から出て進入灯の上にくると、つい先ほど除雪された滑走路にまた雪が積もりはじめている。だが雪は深くない。横風も制限内だ。私たちはほぼ無音で着陸した。エンジン音が跳ね返ってくるほど滑走路に近づくと、音が大きくなる気がするものだが、雪の毛布がターボファンさえも静かにすることを今夜学んだ。

誘導路は滑りやすく、ゲートまでたどり着くのに一時間ほどかかった。ようやく駐機して書類仕事を終え、疲れきった乗客を見送る。入国手続きをすませ、閑散とした空港のハイウェイを滑るように行き来するバスに乗り込む。今夜は雪に慣れた運転手がいい。現代のビザンティウムでなく、ピッツフィールド出身者がいたらいいのにと思う。だがまもなく、海に面した高層ビル内のホテルに無事に到着した。

制服をハンガーにかけ、スマートフォンを充電してパジャマを着るが、眠るまでしばらくかかりそうだ。窓際に座って音楽をかける。ロンドン、ビルバオ、アンカラ、イスタンブール。私とマイクは、一日のうちにこの四つの都市のすべてに降り立った最初の人物にちがいないと思う。嵐の最後の雪のかけらが、渦を巻いてスモークガラスに当たる。私の視線はそれを越えて、ボスポラス海峡へと続く暗い水面と、待機中の船の明かりに向いている。

ピッツフィールド

一九一六年三月初めの暴風雪。その間に馬が引く除雪車が採用された。この嵐は「路面電車の運行スケジュールに著しい影響を与えた」。積もった雪の深さは六一センチ。

カヌー・メドーズ・ワイルドライフ自然保護区の駐車場は、すでに雪が深く積もっていて駐車できない。しかたなくレンタカーを近くの脇道に停める。幼なじみのリッチは、コネチカット州に引っ越すまでこの通りに住んでいた。暖かい車内から渦巻く雪のなかに出て、数軒先にある大きな家に目を向ける。その家が建築中だったころ、リッチの家に泊まっていた私は、リッチとこっそり外に出て、月明かりの下で建築現場に入り、作業員が置いていた砂利の小山に登ったことがあった。いまではきっと、それは地下の洗濯室か娯楽室になっているだろう。

車の屋根からクロスカントリー用のスキーを外す。私は現在、ボストンに住んで働いている。そこではスキー用具の出番はほとんどないため、古いスキー板はピッツフィールドの母の家の地下にあり、私が冬に町に戻ったときだけ持ち出される。ワックスは必要ないタイプだが、雪が積もった道路に落とすと、ファイバーグラスが使われたエッジから括弧の形をした白い吐息が舞い上がる。父が持っていた木製のスキー板や、色とりどりのワックスのコレクションの記憶がよみがえる。ワックスは消臭スティックに似た容器に入っていて、新雪、粉雪、古い雪、べた雪、ざらめ雪など、さまざまな温度や雪の種類に対応したものだった。ピッツフィールドに引っ越してくる前に、バーモント州のバーリントンでスキーをしている両親の写真も思い出す。黄色いジャンパーを着た母はまるで、木製の二枚の板の上に立っていることと、それで前に進もうとしていることと自体がおもしろいとでもいうような笑顔だ（同じような状況で私のお気に入りの写真がもう一枚あるが、そこでは母は少しおびえた表情をしている。数十年後にピッツフィールドで撮影されたものだ。森のなかで母は友人の四輪バギーに座ってバランスをとっている。運転の仕方を教えてもらった直後の一枚だと思う）。

別の車が私のすぐ後ろに停車した。男の人が出てきてスキーを降ろすと、手を振りながら「大荒れですね」と言った。

その人は間違っていない。おそらくすでに二五センチの雪が降り積もり、さらに二〇センチ降るとの予報だ。「でも、慣れたもんでしょう?」とその男性がさらに言う。気づくと、その人は私のレンタカーのナンバープレートを指さしている。ボストンで借りた車にはミネソタ州のナンバーがついていた。その男性はつねにスキーをしているような人に見える。私は知らなかったが、きっとミネソタ州は、そういう人たちのあいだである種の信用を得ているのだろう。

車はレンタカーだし、私はピッツフィールド出身で、じつは数ブロック向こうの家から来たと説明しようとした。でも、その説明は上滑りする。ここの出身なら、どうしてレンタカーに乗っているのか？　だから私はうなずくだけにした。「ええ、大荒れですね」。そして肩の力を少し抜いて、新しく獲得したアイデンティティを断熱層のように身につけてみる。私はストレートで、ミネアポリス近郊の出身。熟練のスキーヤーで、そうだ、かつてはミネソタ州チャンピオンだった。そして私は、ライトグレーのブーツをスキー板のビンディングに留める。

ホームズ・ロードを数十メートル滑って、カヌー・メドーズに入る。雪がどんどん降ってきて前方が見えにくい。でも私は、どこを滑っているかをよくわかっている。この自然保護区は、子ども時代の私にとって原野の象徴だったが、実際の広さは数百ヘクタールほどだ。技術ではなく重力の助けを借りて丘を下り、その裾に広がる森に入る。凍った池を通過し、父と一緒に、兄が出場するスピードスケートの大会を見にいったことを思い出す。大会はポントゥサック湖で行なわれた。「選手は自分たちが安全だって思ってるの？」と私は父に尋ねた。わが家の裏庭のキンギョ池で起きたことを思い出していたのだろう。父が指さす方向には、ザンボニー社製の巨大なアイスリサーフェイサーが、まばゆい白一色の湖の上を戦車のように着実に進んでいる。父は言った。「兄さんもほかの選手もきっと大丈夫だよ」

雪が帽子や手袋の上に積もって固まっている。運動の熱で、顔のむき出しの部分にあたる雪は溶けていく。ランナーズハイよりも爽快なスキーヤーズハイに襲われる。「冬の最高の瞬間だ。

ピッツフィールドの最高の瞬間だ。いま、ここで暮らしていないとしても、今日は故郷にいるんだ」。数メートル先にある枝が雪の重みでしなっている。兄が一緒にいたら、二人とも二〇代になったいまでも、どちらかがふざけて、その雪を相手のむき出しの首に振りかけたかもしれない。枝はついに耐えられる角度を超えた。雪が空中に散って林床に降り注ぎ、大枝は元の高さに戻ってまた雪を集める。

見た目はミネソタ州のスキーヤーらしくても、お気に入りのトレイルを一周した私はもう疲れている。近くには野鳥の観察小屋があり、ベンチに座って周囲の湿地を見渡せる。スキーを外して手すりに立てかけると、遊歩道を数歩進んで小屋に入った。ガラスのない窓の向こうで、湿地は凍結して雪に覆われている。どこにでもあるような、何もなくて見晴らしのいい、青みがかった灰色の原野だ。

振り返って小屋の外を見ると、スキーブーツの足跡はもうほとんど消えている。ほぼ無風で、鳥の姿もない。響いているのは、たくさんの雪の結晶が地面に触れるざわめきと、耳のなかで血液の流れが加速する音だけだ。

からだを動かしたのでまだ呼吸は荒いが、座ってからわずか数分で寒さを感じはじめた。凍てついた湿地を眺めながら震える。すべてが止まりはじめるときのこの反射運動はこうやって始まるのかもしれない。

立ち上がり、足踏みをしてブーツの雪を落とす。小屋の中でブーツを履いているのは違和感がある。ドアやガラスも、暖房もない建物の内部を〝中〟と呼ぶならの話だが……。外に出てスキー板を取りつける。出発する前に振り返ると、扉のない出入口を抜けて粉雪が五〇センチほど吹き込んでいた。動きを止め、将来、パートナーになる誰かと一緒に小屋を修繕するようすを想像する。できるだけ窓を密閉したい。それから、石を探して湿地の端に張った氷を割り、一角を選んで石を囲炉裏の形に並べるのだ。

ウプサラ

〝激しいブリザードの火曜日（Yrvädersitisdagen）〟として知られる吹雪は、スウェーデンで約一〇〇人の死者を出し、とくにウプサラ地方に深刻な被害をもたらした。その日付は、一八五〇年一月二九日。

ストックホルムから北に向かい、ウプサラに到着して列車から降りる。スウェーデンで四番めに大きな都市だ。まだそれほど遅い時間ではない。たぶん午後九時ごろだろう。だがこの時期は、何時間も前に日が暮れている。

何十年も前になるが、おじがベルギーからストックホルムに移住した（その後、おじは市の交通部門で働いた。都市、交通、地図に対する興味に遺伝的要素があることを証明しているかのようだ）。私はパイロットになってから、できるだけここに来るようにしていた。MAD（マドリード・バラハス空港）やTXL（ベルリン・テーゲル空港）行きのフライトを同僚のARN（ストックホルム・アーランダ空港）行きと交換するのだ。

アーランダ空港を好きになるのは簡単だ。親族に会えるからというだけではない。その名前は古代の地名と〝landa〟（上陸する）という動詞を組み合わせたものだが、それぞれの音節がとても滑らかで、意図的に並べられたとは信じられないぐらいだ。それに、空港のVIPラウンジやチャペルで結婚式を挙げることもできる。いとこの一人が自分でそれを証明した（マークは、私がそのプランにこだわるのを恐れたのか、代わりにボーイング747型のケーキの案にはすぐに賛成した）。そのほかにも、この空港は降雪を理由とする閉鎖はしない方針を貫いていて、除雪と除氷の手順はこの北国で予想されるとおり、しっかりしたものになっている。

アーランダは、南にあるストックホルムと北にあるウプサラのほぼ中間地点にある。アーランダに着陸すると、ほとんどの場合、私はコックピットの近くにある洗面所で制服を着替え、自分の荷物を同僚に託してウプサラのクルーホテルに持っていってもらう。それから、流線型の空港鉄道に乗る。行き先はストックホルムだ。ここに初めて仕事で来たときのことを覚えている。ストックホルム中央駅で下車したあと、地下鉄に乗って数駅移動し、並木道を歩き、道を尋ね、もっと狭い通りに入っていく。ある家の番地を探してさまよい、通りを渡って同じ道を少し引き返し、ついにあるアパートにたどり着いた。そこは通り過ぎてきたほかの何十軒となんら変わらない。唯一のちがいは、呼び出しブザーの一つに私の苗字が印字されていることだ。私はいまでも信じられないでいる。階段を上ると、父と瓜ふたつの人が私を待っていて、ハグしてくれることを。そして、温かくておいしい夕食が用意されていて（いつも魚料理）、その人はこれ以上望めないほど最高に笑えるスウェーデン語のレッスンもしてくれる。たとえば、「私の飛行機はどこにある？（Var är mitt flygplan?）」と。

この夜も、このおじ家族のもとを訪れたあと、いつもどおりウプサラに戻った。だが、まだ眠れそうにない。駅を出てホテルから遠ざかった。雪だまりを越え、それぞれの街灯の下に広がる白いプールを通りながらフィリス川（Fyrisån）に向かう。

人口約二三万のウプサラは、都市としては小さいかもしれないが、その地位ははるか昔に確立されている。温度の尺度を考案したアンデルス・セルシウスは、スカンジナビア最古の大学であるウプサラ大学の教授だった。セルシウスの尺度は、アメリカ以外のほぼ世界じゅうで使われている。全世界のパイロットも使っている。信じがたいことだが、その尺度はもともと逆向きに提案されていた。つまり、水が一〇〇度で凍り、零度で沸騰するとしていたのだ。また、ラテン語を元にした種(しゅ)の分類法を体系化したカロルス・リンナエウスも同大学の教授だった(ピッツフィールドを訪れたおじが幼い私に見せてくれた一〇〇クローナ紙幣には、騎士(ナイト)の称号を与えられた貴族〝カール・フォン・リンネ〟として登場していた。同じ額面の紙幣には、のちにグレタ・ガルボが印刷されることになった)。また、ウプサラにはスウェーデン国教会(Svenska Kyrkan)の本部があり、八世紀以上にわたってこの国の宗教上の中心地となってきた。ヴァーサ王朝の始祖であり、スウェーデン独立の父でもあるグスタフ一世(一四九六〜一五六〇年)は、ここウプサラの大聖堂に埋葬されている。

川沿いに伸びる小道に着いて、コートの前を閉じる。こんな凍てつく夜には、セルシウス教授だけでなく、ウプサラの元住民であるオラウス・マグヌスにも脱帽するべきだと感じる。一四九〇年生まれのオラウス・マグヌスは、この地で司教座聖堂参事会員となり、のちにウプサラ最後のカトリック大司教に任命された。ただし、それまでにスウェーデンはルター派の王国となっていたため、遠隔地にいながらその地位に就くも実態は形骸化していて、帰国することはなかった。トレント公会議に参加したオラウス・マグヌスは、ほかの大司教から北方にある故郷について質問された。この対話がのちに、スカンジナビアの歴史などを記述した二二巻におよぶ『北方民族文化誌』につながったと、オラウス・マグヌスは書いている(ラテン語の書名『Historia de Gentibus Septentrionalibus』は、〝北〟を意味するラテン語 septentriones の魅力的な語源を思い出させてくれる。それは北の空で北斗七星（septentriones）を形づくり、私たちの視線を北極星へ導く〝七頭の雄牛〟だ）。この著作は、その後何世紀にもわたって、この地域に対してヨーロッパ人が抱くイメージを方向づけることになった。

オラウス・マグヌスは、亡命先のローマで、雪の結晶について次のように書いた。「どのような芸術家の名前を挙げようとも、その技が及ばぬほど多くの形状や構造が、なぜ、そしてどのようにして、このような柔らかく非常に小さな物体に突如、刻印されるのか。不思議に思うことも忘れてただ驚嘆する」。オラウス・マグヌスの偉大な著作には、たくさんの木版画が掲載されている。そこには、私自身が幼いころから慣れ親しんだ世界そのものが描かれていて印象深い。家のひさしから垂れ下がっているつらら。水面の一部がめずらしく凍っておらず、そこから極寒の大気のなかへと霧が立ち昇るようす。少年の一群は、雪の砦に隠れているもう一方のグループに向かって雪玉を投げつけている。ほかの版画には神話的な要素がある。たとえば、馬に乗った男が氷の上に建てられた宿を発つ。東風（Oriens）が新雪を運んでくる。スキーを着けた狩人がノルウェーへの巡礼路に立つ巨大な石の彫像の下を滑る場面など。また、ウプサラの冬の夜を描いた印象的な一枚では、凍ったフィリス川の上で暗い空に満月が輝くなか、樽、フラゴン（口の細い大瓶）、弓、ナイフ、斧などを扱う商人たちが、氷の上でにぎやかに取引をしている。

それとは別に、冬が好きな人や科学史家が特別な関心を寄せそうな版画がある。左上の隅に霜のついた二枚の窓ガラスが描かれ、左下の隅では、五線譜から飛び出した二分音符の嵐のように雪が空に散っている。版画の右半分には小さな模様がたくさん描かれている。矢印や手、冠の形をしたものや、花や帽子に似た形をしているものもある。サン＝テグジュペリの傑作『星の王子さま』に出てくる王子の髪の突起のようなものや、王子の愛した惑星の空から摘み取られた天体のようなものもある。単独で見たときに私が雪の結晶だとわかるのは、この絵のなかでは先端が六つの星の形だけだ。だが、これは知られているなかで初めての雪の結晶のスケッチであり、約五〇〇〇年前に描かれたものなのだ。

ニューヨーク

二〇〇五年三月八日の嵐。ケネディ空港ではときおり雪が、「不思議なことだが重力に対する抵抗力をもっているようだった。下向きだけでなく上向きや横向きにも降ってきた」という。観測された最高風速は、時速四八マイル（約八〇キロ）。

三月上旬のニューヨーク。これほど激しい冬の嵐が起きる時期は、もうとっくに過ぎている。ボーイング777は動かずじっとしている。客室内は暗く、空席が目立つなかでごく一部の座席の上にまばらに読書灯がついているだけだ。機内は静かで、エアコンのシューシューという音とエンジンのアイドリング音がかすかに聞こえる。誰もが目を閉じている。長いフライトを終えたあとで降機まで遅れているため、きっと疲れているのだろう。私も同じだ。

この朝、出張を終えて、数日ぶりにロンドンの自宅に帰ったところだった。出張の旅はブリュッセルから始まり、エディンバラ、バーゼル、最後にふたたびブリュッセルに飛んだ。ベルギーは父の母国だ。自宅に着くと連絡が入った。父が脳卒中を起こしたという。父と継母が暮らすノースカロライナ州の病院の医師によると、父は助かる見込みがない。病院にできるのは家族が集まるのを待つことだけで、家族の到着後、医師たちは父の生命維持装置を外すという。勤務先の航空会社が急いでこの便の座席を手配してくれた。今夜最後のニューヨーク行きの便だ。ところが、ゲートが雪で塞がれていて駐機できず、機内から出られない。ローリー行きの乗り継ぎ便に遅れてしまう。まもなく、その便がすでにキャンセルされたと知った。今夜、ケネディ空港を発つほぼすべての便と同じだ。暖かいジェット機の客室から雪を眺め、いままで感じたことのない無感覚状態に陥る。この吹雪のおかげで、父は数時間長く生きることになるだろう。

私は飛行機の右側の窓際に座っている。二重ガラスのあいだに霜がついていて、その向こうで嵐が吹き荒れている。クイーンズの風でわずかに揺れるこのジェット機内で、春を感じる温かい午後を思い出す。この便はそれをロンドンに置いてきた。いまとなっては、別の人生、別の世界で起こったことのように思える。

ひたすら待ち続けた。ナルニアの雪の森、通行止めになったピッツフィールドへと続く道路を思い浮かべる。さらには、私の到着と同時に想像上の都市にやってくる冬の嵐を思う。

客室内からエプロンを眺めていると、何かに導かれて、一九八〇年代半ばのある夜に戻っていく。きっと、あのまぶしい幾何学的な立方体のせいだ。それは、背の高い街灯が照らす円錐形の光のなかを雪が通り過ぎるときにつくられる。あの夜、父と私はピッツフィールドのスキー場に車を停めて、いつもどおり兄とその友人たちを待っていた。おそらく午後九時ごろで、暗い車内からは、投光照明を浴びたトレイルは明るすぎてほとんど見えない。父はエンジンをかけた。暖房が音を立てる。兄たちが到着すれば、それぞれのドアが開き、冷たい空気と笑い声とジョークがなだれ込んでくる。しかしそうなる前に、父が、購読している科学雑誌で最近読んだＨＩＶについて説明を始めた。一一歳か一二歳ぐらいの私が、ぶしつけに「それって何？」とでも尋ねたのかもしれない。父は言葉を選んで話した。そうだ、これがいつもの父の話し方だ。そうはいっても、私は座席で凍えながら、父の慎重な口調はその話題を避けるための手段だと確信している。同じく私も避けたい話題だ。それから七年か八年後、ついに父にカミングアウトしたとき、真っ先に思い出したのはこの夜だ。氷と光をたたえた同じ山を前にして、私と父は数分間を分かち合った。そして父は私に言った。「知らなかったよ」

札幌

分類の原則としては、見かけの形ではなく結晶の構造を重視した。雪の結晶の一般的な分類を行なううえで、北海道の地は観察される結晶の種類が豊富であり、非常に好都合であった。
——中谷宇吉郎『雪の結晶——自然と人工(Snow Crystals: Natural and Artificial)』(未邦訳)

ボーディングブリッジに表示された警告によると、通路が滑りやすいらしい。だから慎重に最初の一歩を踏み出す。札幌は日本で五番めの規模の大都市だ。日本で二番めに大きな島、北海道の西部に位置している。

そのほかの表示は、この空港〔正式には新千歳〕と日本最北の大都市がもつ冬の美を捉えている。バックライトで光る七光星は北海道エアポート株式会社のロゴで、その青緑色はこの島の雪と氷を表している。空港駅への案内表示にはロシア語も書かれている。ここは東京よりウラジオストクのほうが近いのだ。ターミナル内のミュージアムには、「新時代の幕開け——北のエアロポリス誕生」という掲示がある。

「北のエアロポリス」とは、猛烈に雪が降る街の空港を適切に描写した表現だ。札幌では通常、少なくとも三日に一度は雪が降る。一二月から三月まで、雪が降らない日はほとんどなく、一月にはほぼ毎日降っている。ここは地球上で最も雪が多い都市ではない（おそらく最も雪が多いのは本州の青森市で、平均年間降雪量は約八メートル）。だが、世界の雪が多い都市ランキングでは、たいてい札幌が最大の都市だ。たとえば、札幌は人口二〇〇万で、ケベックシティの四倍の規模。札幌の平均年間降雪量は約五メートルで、ケベックシティはいずれにしてもそのおよそ三分の二ほどだ。

だから、札幌で冬季オリンピック（一九七二年）が開催され、この街の最も重要なイベントが毎年冬に何百万人もの来場者を迎える雪まつりだということは、当然といえば当然だ。雪まつりでは一〇〇基を超える雪像や氷像が展示され、一部は高さ一五メートルを超える。歴史上最も重要な雪の科学者の一人である中谷宇吉郎も、この街と強いつながりがある。

中谷宇吉郎は一九〇〇年七月四日に石川県で生まれた。石川は本州の日本海側にあり、私が高校生の夏にホームステイをした県でもある。中谷は東京とロンドンで物理学を学び、一九三〇年に札幌で大学の教員になり、それ以降、同地で研究を続けた。中谷は雪を「天から送られた手紙である（letters sent from the sky）」と表現した。中谷が雪に強い興味を抱いたのは、札幌では頻繁に雪が降るからというだけでなく、雪が街に美をもたらすからでもあった。

雪の結晶は、その多様な構造の美しさからもわかるように、たんなる凍った水滴ではない。雪の結晶というのは、液相を経ずに固体になった水蒸気なのだ。つまり雪は、凝縮してそのまま結晶の形になった水蒸気といえる。霜の一種だが、晴れた晩秋の夜に草の葉の上にできるものではなく、空の高いところにある冷たい雲のなかに渦巻く、非常に小さな塵、つまり凍結核を元に形成される。氷の雲のなかで研究することは難しいため、雪が降る条件を実験室で再現することが最善の研究方法だ。これを最初に行なったのが中谷だった。中谷は上空の凍った塵ではなく、ウサギの毛の繊維の上に雪の結晶をつくった。

雪の結晶はそれまで、ヨハネス・ケプラー、ロバート・フック、ルネ・デカルトによって丹念に観察されていたが、中谷宇吉郎はその科学的分類法を考えた。中谷はその分類法を、金字塔となる著作『雪の結晶──自然と人工（Snow Crystals: Natural and Artificial）』に記録している。この本には、私がこれまでに見たなかで最もすばらしい雪の結晶の写真が何百枚も載っている。それは科学の域を超えた芸術作品でもある。中谷はまた、航空機の除氷といった課題や、飛行場の霧を人工的に除去する方法も研究した（のちに娘の中谷芙二子はそれに関連した取り組みに成功し、霧の彫刻を制作して世に知られることとなる）。中谷宇吉郎は、北海道大学の低温科学研究所の創設にもかかわった。研究所のウェブサイトには、雪害科学部門（一九六三年増設）、凍上学部門（一九六四年増設）、降雪物理学部門（一九八一年増設〔ただし一〇年時限のため一九九一年廃止〕）など、ナルニアのような年表が記載されている。

中谷は一九六二年に東京で亡くなった。カリフォルニア工科大学の物理学者で、雪の結晶についての複数の著作があるケネス・リブレヒトは、中谷が遺したものについて明快な言葉で私に語った。中谷は「水蒸気から氷ができる過程という根源的な科学について詳細に考察した」最初の人物だった。現在、中谷の名前は、故郷にある〈中谷宇吉郎　雪の科学館〉や、南極の諸島に冠されている。さらに札幌には、その業績を称える六角形の記念碑が建てられている。雪を愛するすべての人にとって、札幌の街そのものと同じく、この記念碑も聖地の一つだ。

空港ターミナルの窓から外を見ると、駐機しているジェット機のエンジンのファンがゆっくりと回転している。冬の歯車も回っていて、雪がさらに激しく降りはじめる。これから出発する乗客のフライトスケジュールに乱れが生じるかもしれない。だが、札幌のエプロンと滑走路にあるのは、大きな空港のいつもの喧騒だけだ。ここで働く人たちが冬季の運航について世界トップクラスのスキルをもっているのは間違いない。

空港を出て駅に向かう。人混みのなかで、私はあることを思い出した。しょっちゅう飛行機で訪れる東京が地球上で最大の都市なのは確かだが、日本にはほかにも大きな都市がある。それをあまりにも簡単に忘れてしまうのだ。列車に乗り込むとドアが閉まる。すぐに列車は速度を上げて白い原野を走り、雪の重みで垂れ下がるモミの木と、堂々とした白樺の木立を通り抜ける。同じ方向に伸びているほかの線路は、除雪された暗い二本の線以外には特徴がない。

大学の日本語の授業で、会話の演習をしたときか短篇小説を読んだときだったと思うが、〝雪〟が名前によく使われると知ってうれしかった。たとえば、友人のそのまた友人の名前は「みゆき」だ。みゆきは島根で生まれた。本州の南西方向に位置する県で、みゆきが生まれた日には雪が降ったという。その出来事を記念した名前だ。「みゆき」は「深雪」や「美雪」など、意味が異なるさまざまな漢字で書くことができる。みゆきの母親は、表音文字を選ぶことで、複数の種類の雪を思い描けるようにしたのだ。

みゆきは現在、札幌に住んでいる。みゆきの母親は冗談をまじえて、こうなるように名付けたわけではないと言う。私はみゆきに、地球で最も雪の多い都市で生活するのはどんな感じかと聞いてみた。

「私たちは冬の美しさを気に入っています。ここに住んでいる人たちは、自然に対してとても敏感です。雪景色が大好きなのです」と、みゆきは返事を書いてくれた。また、住んでいる街の近くで行なわれる冬の祭りについても説明してくれた。その祭りでは、雪景色のなかにキャンドルが配置される(祭りのウェブサイトには「光と映像が自然と融合する神秘的な森」とある)。もっと遠くにある場所では、凍った湖の上に氷の村が造られ、そこにはコンサートホール、パン屋、教会、それに露天風呂まであるそうだ。みゆきは札幌に現れるクマのこと(ピッツフィールドのダウンタウンにもクマが出ることがある)や、毎年恒例の雪虫の到来についても語る。「秋が深まって雪虫が飛びまわっているのを見ると、まもなく初雪が降るねと言い合います」。収穫してから雪の毛布の下で保管する「越冬キャベツ」のことも教えてくれた。そうすることで甘みが蓄積され、おいしくなるという。

窓の外をほぼ水平に流れていた雪の角度が、列車の減速につれて垂直に戻ってくる。振り返って窓の外を見ると、子どものころ、夜遅くに寝室のブラインドを脇に寄せて、約束された嵐が世界を変えはじめているかどうか確認したことを思い出す。新しい世界では、学校は閉ざされる。そして、私と兄はパンケーキを食べ、雪の積もった庭で一日遊ぶ。家の前の歩道の雪をかいてから、近所の除雪をしてちょっとした小遣い稼ぎもできた。

途中の停車駅で、黄色いヘルメットと視認性の高いベストを身に着けた鉄道会社の作業員が、ホームから雪を押し出している。使われているライムグリーンの大型シャベル(スノーダンプ)は、ニューイングランド地方では見たことのない形だ。すくう部分が大きく、棒のような柄の代わりに特徴的な水平方向の持ち手が付いていて、雪を持ち上げるのではなく、芝刈り機の要領で押す。これは背中に優しいうえに心臓にもいいだろうと、中年らしい視点から気づいた。湿った重い雪、雪かきに励む高齢者、心臓に起こる緊急事態など、バークシャーのあらゆるエピソードがよみがえる。ちなみに、このタイプの大型シャベルは「ママさんダンプ」〔登録商標〕と呼ばれていて、説明書きによると「ママさんも、ダンプトラックのように雪を運ぶことができる」らしい。

列車がふたたび動きはじめる。そして雪が小降りになった。列車のアナウンスは英語でも行なわれるので心配をする必要はないが、その一言一句に耳を傾ける。"The stop after Shin-Sapporo is the Sapporo Terminal（新札幌の次の停車駅は、終点の札幌です）"

これまで、針状結晶は最もめずらしい型の一つだと考えられてきた。この型はヨーロッパとアメリカでは非常に稀なようだ。しかし、北海道では頻繁に観測され、札幌でもひと冬のあいだに平均して四、五回はこの型が降るという。

❄

荷物を下ろし、初めての札幌をゆっくり歩いてみるための寒さ対策を完了すると、もう夕暮れになっていた。街の主要駅と長方形の大通公園のあいだに伸びる通りを南に向かう。長い旅路のあと、この見知らぬ街で、どこを見れば近づいてくる車を確認できるのか、自分の直感が信じられなくなっている。だから、雪が溶けかかった通りを慎重に横断する。

空は雲が厚く、着陸してから雪が止むことなく降り続いているものの、降り方はもうまばらだ。気温は零度より少し低いかもしれないが、とくに寒くはない。吹雪のあと、ついに交通が回復し、歩道も散歩ができるようになったボストンの夜のようだ。帽子を深くかぶり直して襟を立て、ピッツフィールドもボストンも思い出さないように、自分に言い聞かせた。いま私を取り囲んでいるのは、見知らぬ土地だ。すべてを変える雪によって一時的に姿を変えた、なじみの街ではない。
日本語のオノマトペはめまいがするほど豊かで、学びはじめたころはおじけづいた。その難しさは、繰り返しが多いという点で少しは緩和される。たとえば、英語の〝woof woof（ウフウフ）〟のように（ただし、日本語では犬は〝ワンワン〟と鳴く）。雪にまつわるオノマトペも多く、日本文化における雪の重要性を何よりも物語っていると思う。雪は〝しんしん〟と静かに降るか、〝はらはら〟と穏やかな風に乗って降るか（ただし、花びらが落ちるようすのほうに使うという日本人の友人もいる）、今夜のように〝ふわりふわり〟と降ることもある。上空からこの街に向かって、不規則に、でもたいていは円を描いて漂いながら降るそのようすは、「踊っている」と言えるかもしれない。

　暖まろうと思い、小さなカフェに立ち寄る。飲み物を注文し、小さなプラスチックのトレイの上にお札を置く。私はつい忘れてしまうが、日本ではレジ係にお金を手渡す代わりにそうする。空いている席を見つけ、帽子をとり、重いコートのボタンを外すと、ピッツフィールドを思い出す。石油価格が高騰し、もっぱら薪（まき）ストーブで暖を取っていたときのこともよみがえる。そのとき私は、薪を積み上げることに取りつかれ、屋外のほかに地下室にも薪を置いた。地下室では、薪を乾燥させるためにパイプの下に置いた。そのパイプを覆っているアスベストは、ひびが入っていて粉が出る。私と兄はときどき、それに何度も何度も思い切りパンチをして、こう叫んだ。

「七月に雪を降らせよう！」

　薪ストーブに自分で火をつけてもいいと初めて言われたときは、のちに運転免許をとったときよりうれしかった（だが、許可が早すぎたかもしれない。あるときは、火を強くしすぎて薪ストーブの扉の取っ手が焦げはじめたし、薪に火がつかないのでマグカップを持って車庫に行き、芝刈り機の横にある缶からガソリンをなみなみと汲んできて、焚きつけにかけたこともある)。

火をつけたのが自分だとしても、そもそも私は、火のそばに座っているより、裏庭の薪置き場に行って、薪を腕いっぱいに抱えて戻ってくるほうがずっと好きだった。その道中、澄んだ星空と、つねにわずかな明るさがある冬景色のあいだで、家が光を放っている。私は寒さも好きだが、それ以上に、温もっていくときの感覚が大好きなのだと、のちに気づいた。それには冬が必須なのはもちろんだが、私にとっては、自宅に帰ってくるという行為と切り離せない。寒さが厳しい庭で少しのあいだ遊んだあとでも、学校で大変な一日を過ごしたあとでも同じだ。人生の初期に身体の奥深くに刻まれたこの記憶が、ある感覚が生まれる理由を説明してくれるように思う。旅をしているときに、ふいに居心地のよさが異質なかたちで立ち現れてくると、私は歓迎されているように感じ、同時に途方に暮れてしまうのだ。そこにあるのは家庭の温かさだが、それは決して私のものにはならない。

カフェを見まわし、自分がどこにいるかを思い出す。マグカップのコーヒーを飲みおえ、ふたたび外に出る。公園に到達し、さらに東にある〈さっぽろテレビ塔〉に向かう。トロントや東京のものが有名だが、多くの都市の電波塔に展望台がある。突如として生まれた技術的な必要性が眺望という利点も生んだ。大通公園に入り、終わったばかりの雪まつりの残骸が汚れて部分的に溶けている前を通り過ぎる。今年の雪まつりは、おびただしい量の雪を遠方からトラックで運ばなければならなかった。気候危機がいかに深刻かという忘れがたい警告となり、そこから生じる地球規模かつ地域特有の課題について、旅行や観光にかかわるすべての人が意識する機会になった。

見上げると、テレビ塔の金属の柱が降りつづく雪のなかに消えている。雪は、よく知られた子

ども の歌のように〝ごんご〟または〝ごんごん〟としてやむことがない。展望台からどれくらい景色が見えるかはわからない。それでもここにいる以上、チケットを買おう。案内板によると、この塔は「日本夜景遺産に登録され」ている。日本夜景遺産とは『夜景探偵団』の会員有志により創設された」プロジェクトらしい。少しのあいだ想像してみる。元パイロットとして、こんな名前を冠した委員会のメンバーの末端に加わる人生を。担当は議事録の作成だ。夜景の適切な審査基準について長い会議が行なわれる。審査基準には、塔の高さ、街の明るさ、空気の透明度などが含まれる。

ガラス張りのエレベーターに乗り込んだ。私のほかにも一人いたが、それは係員だった。その人は私にお辞儀をすると、英語の自動アナウンスのボタンを押した。〝We hope you enjoy the magnificent views（すばらしい景色をお楽しみください）〟というアナウンスが流れ、エレベーターが上昇しはじめる。照明に照らされた非常階段と、赤い塔の骨組みを通り過ぎていく。この〝エレクター・セット〟〔建築現場の鉄骨などを模した組み立て玩具〕では、吹きつける雪がほぼそのまま建物にあたる。

出口に着くと、もしかしたら管制塔にいるかもしれない。淡い照明、柔らかい声、厚い防音窓の向こうの霞のなかで輝く物体……。ただし、ヒースロー空港には〝テレビ父さん〟はいない。それは、緑の腹巻きをつけた、赤い塔の形のマスコットだ。平日の冬の夜、雪まつりの静かな余韻のなか、この展望台で私と一緒にいるのは、同胞の人類ではなく、テレビ父さんの化身ばかり。この状況のすべてに、ちょっとした違和感が芽生えはじめる。テレビ父さんの偽物に気をつけるよう促す掲示を見たあとはとくに。

窓のほうを向くと、夜と雲、それに激しくなっていく雪のコンビネーションが、整然とした格子状の都市を包んでいく。建物の平らな屋根は、原野のようになだらかな白で、真上から見たら街が完全に消えてしまいそうだ。その呪文が遠くの観覧車によって解かれると、地球の水圏を活性化する循環の一つが頭に浮かんだ。蒸発した水分子が大気中に上昇し、三キロほど上空で結晶を形成し、約一時間後に地表に向かってとんぼ返りするというものだ。水分子は札幌市の公園の端っこにある雪だまりのなかで、春や海へ流れ込むときを待ちながら、冬をしのぐのかもしれない。

図4　雪の結晶の一般分類

Ⅲ　P　板状結晶
1　正規六花
2　三花四花系
3　十二花
4　対称のくずれたもの
5　平板結晶の特殊な集合

❄

寒いが日差しのある朝、散歩に出かけようとしている。
ピッツフィールドの冬がどんどんつらくなると感じるのは、母だけではない。継母は氷の上で転倒して腕を折り、まもなく父と一緒に南のほうに引っ越した。いま私は、慎重に歩きながら、みゆきのことを思い出している。やりとりのなかで、みゆきは札幌の冬の危険性について率直に語ってくれた。「毎冬、よい靴を選び、底がすり減る前に新しい靴を買います」。冬は「歳を重ねるほど厳しさが増す」とみゆきは断言する。札幌に春が訪れるたびに、春を歓迎するみゆきの気持ちは前年よりも大きくなる。「フキノトウなどの春のきざしを見つけると、家族や友達に教えて小さな幸せを共有します」

ピッツフィールドとは異なり、札幌の通りには公共の散布用の砂箱が設置されていて、〝つるつる〟する場合、自分で砂を撒ける。「滑り止めの砂です。ご自由にお使いください」と砂箱に書かれている。気が利くドライバーがスリップ箇所に砂を撒けるように、道路脇バージョンもある。ときおり、歩道や車道にロードヒーティングが設置された場所を通る。雪がないだけでなく、表面が完全に乾燥しているので、そこだとわかる。きちんと積まれた雪を郊外へ運んでいくトラックの姿にも驚いた。そして、日本の伝統的な〝雪吊り〟が取り付けられた木の前を通り過ぎる。中央に一本の棒を立て、そこから下に向かって線が広がる円錐形の仕掛けで、札幌の木を冬の嵐の負担から守るためのものだ。

だが、札幌をもってしても、溜まっている溶けかけの雪を取り除く方法は見つかっていない。それは、雪でふさがれた排水溝の近く、歩道が道路と接する場所に発生し、深さはふくらはぎぐらいになる。通りを横断するには、助走をつけてジャンプするか、脇にある雪のかたまりを乗り越えるか、もっと高いか乾いた場所を見つけるまで歩く必要が何度もあった。それでも、中心部のビジネス街を出て、小さな店と整然とした住宅が混在するエリアに入るころには、靴が濡れていた。ここでは、雪はトラックで運び出されず、積み上げられているようだ。その山は駐車場に並べられていて、屋外の結婚式で使うテントほどの大きさのものもある。ピッツフィールドの家の庭にあった、私の背より高い雪の山を思い出す。子ども時代の最も幸せな光景と音も浮かんでくる。除雪車が放つ夜明け前の奇妙な黄色い光が、明け方にわが家の私道に現れ、私の寝室の天井で踊り、逆走し、同時に巨大な刃が音を立ててこすれ、ささやく。「今日は、学校に行かなくてもいいよ」

札幌がある島の名――北海道――は、一九世紀につけられた。〝北の海の道〟という意味で（その由来はノルウェーの語源として広く考えられているものと驚くほど似ている。また地形も酷似している）、京都と江戸（東京）を結ぶ古代の〝東海道〟になぞらえたものだ。東海道という名は、現在、世界で最も利用客数の多い高速鉄道線（新幹線）につけられている。一方、〝サッポロ〟という言葉は、その地名を冠したビールとして欧米人にはなじみが深いが、この島の先住民族であるアイヌの言葉では〝乾いた長い川〟という意味がある。

アイヌの集落は、この街が建設される前から川沿いに存在していた。その川は現在、豊平川と呼ばれている。その川面が凍っているかどうか見てみたいと思い、地図を確認して、川の北西岸に向かって出発した。

一九世紀中ごろから終わりにかけて、北海道は日本国内の多くの人にとって、資源が豊富だがほかには何もない辺境の地だった。これは、アメリカの西部に対して、何世代にもわたってヨーロッパ系アメリカ人が抱いてきた意識ととても似ている。事実、日本政府はアメリカ西部でいまも続く入植の規模と、それに伴う先住民族コミュニティの強制的な立ち退きについてよく知っていて、北海道の支援のためにわざわざ何十人ものアメリカ人を連れて来た。そのなかには、マサチューセッツ州生まれのホーレス・ケプロンもいた。ケプロンは以前、アメリカ政府によって、南西部のネイティブ・アメリカンとの条約交渉の担当者に指名されたことがあった。ケプロンはアメリカの制度であるホームステッド法を北海道に提案し、札幌でアメリカ式の格子状道路を担当した。現在、大通公園にはケプロンの像がある。

後日、日本の友人であるユカコにアイヌについて尋ねてみると、親切にも図書館に行って何冊か本を調べてくれた。「多くの日本人と同じく」アイヌ文化には特別詳しいわけではないとユカコは言う。アイヌ神話はギリシャ神話に似ているかもしれず、アイヌの神殿は互いに、あるいは人間と、愛しあったり、憎しみあったり、争ったりする神々で満ちあふれているらしい。

神話の一つでは、神々が雪合戦をしている最中に、雪玉が一つ地上に落ちた。世界を造る神は、落ちた雪玉を矢で射抜いた神を人間世界の支配者にすると約束する。多くの神々が挑戦するが、成功したのはアイヌの父として知られるオイナカムイだけだった。別の話では、片方に雪の模様が、もう片方に日の光が描かれた不思議な力を放つ扇子が登場する。ある日、残酷な〝風の姫神〟が平和な村を見て破壊してやろうと思う。彼女が踊りはじめると風が立ち、家や作物、立木を吹き飛ばす。そこに現れた半神のアイヌの英雄が、この扇子を取り出して姫神をあおぐと、猛吹雪が起きて姫神の服を裂き、その肌が傷だらけになる。そして扇子を裏返してあおぐと、姫神の傷口が熱で痛み、もう村が風で破壊されることはなくなった。

アイヌ文学のなかで最もよく知られた作品の一つは、北海道出身の詩人、小熊秀雄による『飛ぶ橇(そり)』だ。アイヌの人々に捧げられた叙事詩であり、現在のロシアのサハリン島を舞台にしている。そこは古くからアイヌのふるさとだった。詩は、その冬初めての雪が降った翌日から始まる。「鳥達はあわただしく空を往復し」、雪はアイヌの人たちに感謝の念をもって迎えられる。冬は「寂しい秋を放逐してくれた新しい／冬の主人」だからだ。さらにこの詩は、「同時に山にはだんだんと熊の数が／少なくなつてくるといふことが／最大の彼等の悲しみであつた」と、官僚主義国家が存在感を増すようすや、月のない夜にアイヌの国の北端にある村の上の斜面で雪崩が生まれる場面を描いている。

「日本化」として知られる同化政策によって、アイヌの文化が失われることになった。それは、多くのネイティブ・アメリカンのコミュニティが受けた苦しみを痛切に思い起こさせる。そうしたことを詳しく知るにつれて、私の故郷が建設された土地に住んでいたモヒカン族の文化で、冬がもつ意味を私はまったく理解していなかったことに気づいた。その後、数千マイルもの隔たりがあるにもかかわらず、アイヌとモヒカンの文化が似ていることに驚いた。最も際立っているのは、雪や星、それから程度の差はあるがクマ崇拝が重要だという点だ。

早朝の日差しが曇り空に取って代わられる。胸まで届くほどの雪の山に沿って、川を目指して歩きつづける。雪は胸よりも高いところもあり、交差点の角ではさらに高くなっている。街の中心から遠ざかるほど、歩道の除雪された部分も狭まる。向こう側から来る人を先に通すために、雪の深いところに何度も足を入れることになる。同じことをほかの人がしてくれると、私はその都度、何度もお辞儀する。そこで思い出した。イギリスの田舎道では、狭い道路でほかのドライバーに道を譲るとき、片手を挙げて合図をする。譲るしか選択肢がない場合もそうだ。アメリカのドライバーは、埃っぽい田舎道ですれちがうとき、車二台が余裕で通行できる道幅でも、片手の人差し指をハンドルから上げて同じように挨拶する。

豊平川に到着すると、雪が降りはじめた。標識によると川沿いに遊歩道があるが、除雪されていないため、交通量の多い道路の端から、流れが速くて暗い川の岸辺まで白一色だ。スキーを借りてくればよかったと思いながら、川に背を向ける。北に向かい、公園だと思われる場所にたどり着いた。積もっている雪の頂点と同じ高さに、かろうじてピクニックテーブルの天板だとわかるものが見えると、やっと確信がもてた。歩きつづけると、車やナルニア風の街灯柱が雪に半分埋まっている。まるで独自の熱源か魔法があるかのような、扉だけに雪がない電話ボックスの前も通り過ぎる。

❄

雪の結晶の観察
……光源として、昼間は空の光を使用し、夜間は電気ランプを使用した。気温が摂氏マイナス一〇度未満の場合、ランプからの熱線を吸収するための装置は必要ない。したがって、ランプの光はそのまま使用できる。結晶のパターン、つまり境界と内部構造について鮮明な画像を得るには、透過光撮影が有益である。

これまでで最も雪深い街歩きを一〇キロあまりして、白い遊歩道を左折し、モエレ沼公園に入る。

この公園は、二〇世紀の日系アメリカ人彫刻家、イサム・ノグチが最後に取り組んだ作品だ。ノグチは、現代主義のアイコニックなガラステーブルと、日本の提灯を手掛けたことでよく知られている（提灯について、ニューヨーク市のクイーンズにあるノグチ美術館のキュレーターは「おそらく地球上で最も普及した彫刻」と語った）。ノグチの大型彫刻とランドスケープ・デザインはアメリカの多くの都市を飾っている。とくにデトロイトにある噴水には、ぜひ訪れてみたいと思っている。ヘイデン・ヘレーラによる伝記『石を聴く――イサム・ノグチの芸術と生涯』によると、その噴水は飛行機好きだったノグチが航空機とジェットエンジンを表現したものとされ、「飛行機の翼と胴体の関係」を思わせる構造になっている。

ノグチは日本で暮らした少年時代に、富士山が見える家に住んでいたことがある。一九三三年、ノグチはニューヨーク市のプロジェクト「プレイマウンテン」を提案した。それは、柵がなく、中央にある丘を登ってそのまま滑ったり、そりで降りたりできる子どもの遊び場だ。ノグチはこの提案について、遠い昔の悲しみと、大人になってから自分のホームになることを夢見たアメリカの大都市とを関連づけて説明している。「プレイマウンテンは、私自身の不幸な子ども時代の記憶に対する反応だ。……これが、私がニューヨークという都市にかかわろうとした理由かもしれない。居場所を得るために」とノグチは述べた。ノグチはこの提案をロバート・モーゼスに提出する。モーゼスは自動車中心のビジョンによってニューヨークを再構築し、二〇世紀のアメリカ全土の都市計画者に影響を与えた人物だ。「モーゼスは大笑いして、私たちを追い出したも同然だった」とノグチは回想している。

結果的にプレイマウンテンは、ここ札幌で、ゴミ処理場を利用して造る公園の一部として建設されることになった。豊平川の三日月湖があるこの場所に、ノグチは魅了された。一九八八年一〇月、ノグチは最後となる訪問をすると、一二月に亡くなった。公園の完成を見ることはなかった。

いま私が曲がった遊歩道は、川を渡る橋へと続き、約四七〇エーカー（約一九〇ヘクタール）の公園（ニューヨーク市にあるセントラルパークの半分ちょっとのサイズ）の中心部へと向かう。まずは、ノグチのガラスのピラミッドを見たい。公園の入口から近いだけでなく、温室のような温もりがあるらしい。ルーブル美術館（ノグチはイオ・ミン・ペイの友人だった）にあるのと同じようなピラミッドのなかは本当に暖かく、誰もいなくてこのうえなく静かだ。リッチだが目立つことが嫌いな財団のオフィスのような雰囲気でもあり、まだオープンしていないスカンジナビアの新空港のような感じもする。実際には、こんなおしゃれな空港を見たことはないが。

ガラス張りの壁の土台は石造りで、それを縁取るように、すっきりとしたフォルムの木製ベンチがいくつか並んでいる。一メートル弱の雪がガラスに圧力をかけているのを見て、広くシェアされている写真を思い出す。よく見かけるのは、ニューヨーク州バッファローのような豪雪地帯の都市のもので、大雪が降った翌朝に玄関のドアを開けると、広がる世界の代わりに特徴のない雪の壁がそこにあるという写真だ。そこで、このガラスのピラミッドの側面の耐荷重を推測してみる。それから、私でさえ多すぎると感じる雪の量にも思いをめぐらせる。

ピラミッドの内部が十分に暖かいので、夏にはどれほど暑くなるのだろうかと思いはじめる。数分後には、独創的で温暖化の防止にも有効な解決策が備わっていることを知った。説明書きによると、毎年、冬に約一七〇〇トンの雪が貯蔵庫に蓄えられ、春と夏にはその雪が溶けた冷水によってピラミッドを冷却する。

階段を上り、静謐な展示室に迷い込むと、ノグチの代名詞となっている提灯が吊るされていた。無色の大地をのぞむガラスの壁を背にしたその輝きは、低い月のような黄色だ。ピラミッドのなかにはレストランもあり、ランファン・キ・レーヴ（夢見る子ども）と名付けられている。

かつてノグチは、「子どもの世界は、新鮮で透明な始まりの世界だろう」と書いている。

ピラミッドから出て、コートのポケットから帽子と手袋を取り出し、プレイマウンテンのふもとに向かって雪道を進む。こんな灰色の日には、プレイマウンテンは雲と区別がつかない。左右対称の斜面が、鉛筆で引いた二本の線のように、かすかに空を走っているだけだ。それに背を向け、もう一つの人工の山であるモエレ山を目指す。標高は約六二メートルで、プレイマウンテンの倍だ。年齢のせいではないと信じたいが、その斜面を見て、私は完全に怖気づいた。ふもとに張ってあるオレンジ色のセーフティネットのせいで、その気持ちが和らぐどころか、むしろ強まっている。明るい色のスノーウェアを着た遠くの小さな人影が、ミニチュアの富士山を加速しながら滑り降りているが、私は雪のなかを重い足取りで進み、注意看板を読んだ。

「ソリ専用コース内には、ジャンプ台、雪だるま等の造形物は作らないでください」

「ご自身やお子様の力量に合わせて、安全に雪遊びをお楽しみください」

　また、園内のほかの場所で雪だるまをつくったとしても、

「その場から離れず、かならずその日のうちに平らな状態に戻してください」

公園を後にし、市街地まで戻る長い道のりに備えてボタンを留めていると、三〇〇円でホットドリンクが飲め、「トイレOK！　ソリ無料！」という看板を掲げたカフェに心をつかまれた。丁寧に雪が取り除かれたテーブルが一つ。その近くに、雪かき用スコップがきちんと立っている。店の外に高さ一メートルもあるコーン入りのアイスクリームがあり、プラスチック製のバニラの渦巻きは雪に覆われた周囲とほとんど区別がつかない。

　私は店内に足を踏み入れた。カフェは狭く、客は私しかいない。レコードプレーヤーからケニー・ロギンスの「デンジャー・ゾーン」が流れている。棚にはLP盤が詰まっていて、アース・ウィンド・アンド・ファイアー、ABBA（アバ）、カーペンターズ、それにクラシックもある。私が座ったカウンター以外のあらゆる表面を小さな物体が占領している。陶器のカボチャ、レースで縁取りされてクリスマスツリーもついている、赤い屋根のニットの家（東京のデパートのクリスマ

ス用のディスプレイで、サンタクロースが十字架に釘で磔（はりつけ）にされたという。作り話なのはほぼ間違いないが、そんな話が頭に浮かんだのもこれが初めてではない）、小さなピエロの絵が何枚か、高級スコッチの箱、アラビアを思わせるティーポットなど。そこで私は、日本にいる背の高い外国人にとってはおなじみの感覚に襲われる。うっかりからだを動かすと、何かが壊れる音を聞く羽目になる気がするのだ。

　遠くの壁に貼られた映画『ローマの休日』のポスターをぼんやりと見つめていると、すり足で歩いてくる音がして、札幌に呼び戻された。カフェの向こう側につながっている民家から、年配の女性が現れて私に挨拶してくれた。注文を聞かれるが、ホットチョコレートはメニューになさそうだ。今日、もうすでに頼んでみたが、なかなかわかってもらえなかった。また挑戦したいとは思わない。代わりに、簡単に注文できるものを選んだ。コーヒーだ。その女性がほほえむと、私の舌はほどけ、たどたどしい日本語で少し話をした。女性の夫がやってくる。その男性の英語は女性よりうまく、私の日本語よりはるかに達者だ。

　その人から出身地を尋ねられた。東京から札幌に来たと答え、さらにニューヨークの近くの出身だと伝える。一万キロ離れたところから見れば、ニューヨークもピッツフィールドと同じようなものだ。男性は、私が東京に住んでいる駐在員で、休暇でここに来ていると思ったようだが、私は訂正しなかった。日本語でも英語でも訂正するのは難しいかもしれないし、私とマークが何十年も東京に住んでいる姿を想像して楽しんでいる部分もあった。私たちは東京で人生を築き、たとえば街の一角にほかのどこよりも詳しくなる。愛着もあって、そこで年齢を重ねることは思い描けないかもしれないが去りたいと思う日が来ることも想像できないような、そんな姿だ。

　東京が好きですか、と私は尋ねた。二人とも笑っている。まるで、それに答えたくないかのようだ。あるいは、世界最大の都市が日本のほかの地域に及ぼす影響があまりに大きすぎて、自分の答えなんてどうでもいいと思っているのかもしれない。その女性は少し沈黙したあとで「東京はここより混雑しているから」と言った。「私たちはこっちのほうが好きなんです」。それから、腕を横にして空間を囲むような仕草をした。きっと北海道を表しているのだろう。北海道には、そこより南の島にある首都とは本質的に真逆の雄大さがある。

私も少し笑った。ほとんど理解できた安堵感からだった。マグカップを両手で包んで温もりを感じていると、女性が私の結婚指輪を見ていることに気づいた。何か聞かれそうな気配がして答えを準備していたが、そこには静寂があるだけだった。それを破ったのは私で、札幌では今夜、雪が降るだろうかと聞いた。女性は急に真剣な表情になり、日本語で「降りますよ」と答えた。接尾辞の「よ」は強調表現だ。間違いなく降るだろう。

男性のほうは、札幌とニューヨークを話題にした。緯度線のことだと思われるジェスチャーをしながら、気候が似ていると言う。ホームタウンのことを日本語でどういうか忘れてしまった。調べてから、ピッツフィールドについて話してみよう。

もっといろいろ二人に話しかけたい。そう思うのはおそらく、私が日本語を習いはじめたころ、ニューイングランド地方で出会った日本生まれの教師たちが、マサチューセッツ州の景色や天候が北海道に似ているとよく口にしていたからだ。スマートフォンの地図でピッツフィールドを表示して、メルヴィルのこと（『白鯨』は日本でもよく知られている）や、ピークォド号のマストが日本の木でつくられていることを話してみてもいい。棚にクラシックのレコードがあるので、ピッツフィールドの隣町で開催されるタングルウッド音楽祭を話題にするのはどうだろう。高校や大学の夏休みに、その町のミュージックショップやビールスタンドで何度か働いたことがある。

小澤征爾がボストン交響楽団の音楽監督を長年務めたこともあって、タングルウッドは日本でもよく知られている。高校時代、音楽祭のアフターパーティーに忍び込んだ私と友人は、コンガを踊る列で、かならず「マエストロ」と呼ぶように指示されていた小澤の数人後ろに並ぶことになった。そんな話もできる。こんな雪の日には、〝バークシャーのおば〟のキャスリーンがピッツフィールドのマントルピースの上に飾っていたノーマン・ロックウェルの複製画を、スマートフォンの画面で見せてもいい。その絵は、近くにあるストックブリッジという町の冬を描いたもので、キャスリーンのクリスマスツリーの光に照らされて、いっそう美しく見えた。

だが、日本語でそんな話はできない。スマートフォンのバッテリー残量もなくなりかけている。私はプラスチック製のミルクピッチャーを持ち上げると、コーヒーに追加のミルクを注いでかき混ぜ、二人の顔を見上げながらうなずいた。ただし、話にはまったくついていけない。男性が話しているのは、歩道や車道に組み込まれているのを私も見たヒーターか何かのことだと思う。それは「便利だ」と男性は言う。「でも高いし、電気代もかかる」

会話がしだいにまばらになっていく。私はもう、知っている単語を使い果たしてしまっていた。客は相変わらず私だけだったので、二人がしていたことを中断させたままなのではないかと心配になってきた。コーヒーを飲みおえ、おかわりを勧められたが遠慮する。二人は、私が市内の中心部からここまで歩いてきたことが信じられないらしく、歩いて帰るつもりだと言うとさらに驚いている。とくに、女性のほうは無謀だと思っているようで、通りの向かいにあるバス停を指さして、そこからバスに乗るべきだと教えてくれる。まずはここで暖かくして待つように言うと、女性は紙を取ってバスの時刻を書き留めた。

私はそのメモを受け取り、二人に精一杯、感謝を伝えた。立ち上がって手袋と帽子、マフラー、バックパックを確認し、寒さのなかを歩いて道路を渡る。座席の半分ほどが埋まったバスが時間どおりに到着すると、乗り込んで座席に身を預ける。バスは札幌市内の中心部に向かって南へと走っていく。雪が降りはじめた。目を閉じると、まどろみの向こうに想像の都市が現れる――

冬の気温がマイナス四度を上回ることはまれで、夜はさらに寒くなる。ヒートアイランド現象の影響下でも、公園は数カ月にわたって乾いた粉雪に覆われる。

早春に溶けかけた雪が溜まりがちな縁石の切り込みに、小さなアーチ型の橋が架かっている。歩行者や、自転車や車椅子に乗った人、ベビーカーを押す人も、簡単に、安全に、濡れないで道路を渡れる。橋をオーダーできるホットラインや、深くて冷たい水たまりの位置情報つきの写真を送るアプリを利用すると、一時間後にはトラックが到着し、臨時の小さな橋を設置してくれる。

かつて、東京の成田空港の英語表記は〝New Tokyo International Airport〟だった。英語としては、〝東京の新しい国際空港（new international airport of Tokyo）〟ではなく、〝新東京の国際空港（international airport of New Tokyo）〟と解釈されやすい。まるで、未来の大都市のビジョンが表れているようだ。

ニューロンドン、ニューヨーク、ニューローマ、ニューエアロポリス気象チャンネルによると、午前零時ごろに嵐がくる。その始まりは、ダウンタウンと諸島に降る雨だ。

一転して、日が暮れると大都市圏全域で雪になる。

二人の兄弟が、それぞれ別の飛行機に乗っている。

飛行機はゆっくりと地上走行（タキシング）する必要がある。

冬季の気象非常事態が宣言されると、一度に使用できる滑走路は二本だけになるからだ。ほかの二本は除雪作業中だ。その後、使用する滑走路が入れ替わり、同じプロセスが繰り返される。

兄弟の両親が到着ロビーで待っている。上にある天窓は、最初は嵐で白く、その後は暗くなる。

ダウンタウンと内陸の島では、最大三〇センチの雪が見込まれている。

空港では、四五センチの予想。

郊外の丘陵地帯では、五〇センチ以上。

そして、すべての学校が休校になる。

CITY OF CIRCLES

円の都市

ロンドン、ローリー、アルビール、
東京、ピッツフィールド

この教会はピッツフィールドの中心街近くにある。〝バークシャーのおば〟であるキャスリーンが朗読台に立ち、原稿を開く。私が三歳のときに「いままでいちばんひどい感謝祭！」という愚痴をこぼした相手だ。

キャスリーン、マーク、私、そのほかの〝バークシャー・ファミリー〟は、二カ月前に亡くなった別の〝おば〟、シーラの追悼式に参加している。バークシャー・イーグル紙に載ったシーラの訃報記事には、「機転が利き、皮肉屋で、炎のような精神をもった女性」とあり、それは私が覚えているシーラそのものだった。シーラの幼い孫娘が私とマークの前に座っている。この小さな子の心にも、シーラとの思い出が残りつづけてほしいと願う。そんなふうに思うのは望みが高すぎるだろうか。

シーラは、一九四〇年にマサチューセッツ州東部で生まれた。修道女になり、ボストンのいくつかの最貧困地区で教育に携わった。その一三年後に修道院を去り、元司祭のジーンと結婚する。二人はボストンで私の両親と出会い、最終的にピッツフィールドに居所を定めた。同じころ、私の両親もボストンを離れ、バーモント州に移り住む。父にピッツフィールドの就職口を紹介したのは、シーラとジーンだ。二人のおかげで私がここで生まれたともいえる。バークシャーでシーラは、公共住宅や教育の分野で働き、詩人で劇作家でもあった（私は子どものころ、自分で書いた短い作品をシーラに見せることがあった。そうするとシーラは、多くの励ましと修正を加えて返してくれた）。シーラ一家は何年間か、ピッツフィールドではなく、近くのウィリアムズタウンに住んでいたこともある。そこは一部が森林になっている農場で、〝バークシャー・ギャング〟の家々のなかでは、イースターのときに大々的にエッグハントをするのにうってつけの場所だった。

キャスリーンの弔辞を聞きながら、私は一二年前のある日のことを思い出した。その日は私の母の追悼式で、シーラの娘が弔辞を述べた。その追悼式もこの教会で行なわれた。バークシャー・ファミリーに、私の両親の世代はほとんどいなくなってしまった。その一方で、休日に集まると、次の世代のテーブルが小さな子どもたちでふたたびにぎわっている。

キャスリーンは静かに語り、次の言葉で弔辞を結んだ。「シーラは、いい友達でした」

キャスリーンは原稿を丁寧に折りたたんで、席に戻った。私たちは数曲の賛美歌で式を締めくくり、みんなで教会のホールに向かう。中央の大きなテーブルに、コーヒーカップ、ミルクや清涼飲料のボトル、ケーキや手づくりクッキーの皿がたくさん並べられている。私はシーラの娘たちをハグして、彼女たちの母親のことがどれほど恋しいかを伝えた。感謝祭に参加するために、私とマークが初めて一緒にバークシャーに来たときのことも話題になった。その年、バークシャー・ギャングは、ポントゥーサック湖の東岸の丘にあるシーラの小さな家に集まった。この集まりでいつもかならずボードゲームをしていたわけではないが、その年は「ピクショナリー」というボードゲームでマークとシーラがチームを組んだ。感謝祭のディナーが終わると、どこかの時点でシーラが窓辺に立って、風が吹きすさぶ湖の灰色の水面を指さし、「氷が厚くなったらすぐに、漁師の色とりどりのテントがたくさん並ぶよ」と言った。

バークシャー・ギャングの三世代、約二五人のメンバーに加えて、シーラのそのほかの友人や親戚数十人が別れを告げるために訪れている。私のほうは見覚えがない人ばかりだが、子どものころの私を覚えている人が多い。何人かは私がパイロットなのを聞き知っていて、仕事が好きか、最近どこに飛んだかなどと声をかけてくれる。両親のようすを尋ねる人もいたが、何年も前に亡くなったことをたいていの人が知っていて、自分たちが私の両親といつ、どんなふうに知り合ったかを教えてくれる。

会食が始まってからおよそ三〇分後、ある男性が私とマークに近づいてくる。その人は、私が自分のことを覚えていないだろうと言った。そのとおりだし、名前を聞いても思い出せない。私はその男性をマークに紹介した。その人はマークの手を力強く握って笑顔で挨拶すると涙を流しはじめたので、私はびっくりした。

その男性は、私がときどき参加していた青少年団体にかかわっていたと説明した。三〇年前、その会合がこの教会の上の階で開催された。その場で、カードに無記名で書かれた質問を読み上げて答えたのが彼だったのだ。そのとき彼はやはり、それが私の質問だと知っていた。当時の私にとっては恐ろしい事実だった。「ゲイでなくなる方法はありますか？」という質問だったからだ。

「あの日のことが頭から離れなかった」と、その男性は私たちに告げ、ほおの涙をぬぐい、首を左右に振りながら言った。「また会えてよかった。会えてうれしいんだ」

ロンドン

私は二二歳。人生で初めてイギリスで迎える朝だ。バスがヒースロー空港を出発する。「ロンドン・オービタル」と書かれたM25モーターウェイの標識が見える。「オービタル」とは何なのか、全然わからない。形容詞ではなく名詞として使われるのを聞いたことがなかった。

バスは高速道路に乗り、まずは北方向へと進んでいく。なるほど。バスはまだ見えない首都を時計回りに周回しているのだ。

私はいま、元祖バークシャー地方、つまり連合王国のバークシャーから遠くない場所にいる。そのことに安心感を抱く一方で、違和感もある。その名前がここでどれくらい異なる発音をされているのかを、私はまだ知らないからだ。そして、その地方にある大きな町の一つ、スラウ出身の誰かと長く続く友情を築きはじめる日がすぐに来ることも、そのときはまだ知らなかった。唯一確かなのは、近いうちに元祖バークシャーを訪れ、それを故郷の〝ギャング〟に報告するのが楽しみだという思いだった。

エンジンの回転数が上がり、バスの運転手が車線を変更する。道路上にかかる標識が、ほかの都市に向かう道路を示している。バーミンガム、オックスフォード。標識が瞬く間に後ろへと流れる。前方に〝北方面（THE NORTH）〟という標識がある。そんな表現で用が足りるほど小さな島に自分がいることに気づく。さらに、その島のどのあたりに着陸したのかもはっきりとわかってくる。

私の知るかぎり、いまのところバスと道路は、バークシャーと「北方面」から離れようとしている。私たちは軌道（オービット）上にいるようだ。すべての青い標識がそう示している。

まわりを見ると、ほかの乗客全員が見知らぬ人で、ほとんどがうたた寝をしている。M25が囲んでいるのは、グレーター・ロンドンに郊外の地域をいくらか足した範囲だ。私にとっては、今朝、飛行機の窓から少しだけ見えたもの以外は謎に包まれている。私は、〝M25の内側（inside the M25）〟というのが、この大都市の感性と影響を簡潔に表す言葉だとはまだ知らない。この表現は、米国政府（ワシントン）の視点を簡約した〝環状道路の内側（inside the Beltway）〟と同じだ。ロンドンには、さらに内側に別の環状道路がある。その北環状道路や南環状道路を私が越える日は、まだ先だ。数年後に私は、パイロットになり短距離路線を担当する。先輩パイロットたちは、ヒースロー空港に最も早い時間に出勤するのを敬遠する。そこで新人の私が、夜明け前に空港へと車を走らせることになる。そのとき通るのがその環状道路だ。

この地に到着したばかりの私は、石炭税の柱がいまでも残っていて、すぐ近くにあることも知らない。その柱は、かつて、ロンドンのまわりに完全な輪を形づくって並び、首都の力を誇示していた。まずは課税権、そしてその税金によって、低地にそびえ立つこの大都市に多くの橋を建設する力だ。その地点のテムズ川には、まだ橋が必要かもしれない。私はいま、大学院に通うためにここにいる。数年後に同じ空港からバスに乗り、同じ道路の弧線をたどりながら、ついにパイロットになるときが来たと心を決めることになるが、私はまだそれを知らない。

アメリカの都市に慣れている私は知らなかったが、ロンドン中心部を貫く都市間鉄道は多くない。その代わりに、線路は不完全な放射線を描くか、折れたスポークのように広がり、その終端は各駅の混雑したロビーにつながっている。それぞれの駅も、全体で円を描くような位置にある。また、市街地を通る高速道路は一本もない。高速道路は街に近付きすぎてばらばらになり、一般道に姿を変えて終わる。Ａ１と呼ばれる道路は国内最長で、一部がローマ時代に起源をもつ。この道路はロンドン・オービタルを垂直に横断し、南東方向に伸びて、この都市最古の地区にいたる。そのＡ１沿いにある町役場で、いまから一五年後に、パートナーとなる人と指輪を交換することも、私はまだまったく知らない。

ふたたび、窓の下を走る車を見る。車は一分ごとに増えていく。そうだ、いまは朝で、これはラッシュアワーなのだ。それからまた前を向く。私の視線は運転手の頭を越え、フロントガラスを通過して車線を追う。その線が描くカーブを見てみたかったからだ。

ローリー

暗い松林が翼の前縁の下に流れ、次に後方に現れたときには、わずかに大きくなり、輪郭もやや鮮明になっている。さらに下降を続けると、光が視界に散乱する。オフィス地区、多くの車が行き交う道路、空港の境界フェンス、滑走路……。

私の父と継母はもう、私が育ったピッツフィールドの古い家には住んでいない。継母が氷の上で転倒したため、二人はピッツフィールドより暖かい場所を探すことにしたのだ。気候や人の温かさ、高水準の医療、地域に大学が多く文化活動が盛んなことなどから、ノースカロライナ州のローリーを選んだ。二人は、私がイギリスに引っ越したあと、ローリー近郊の町に移り住んだ。

二人がピッツフィールドを去る前、私は自分が育った家に戻った。これが最後の訪問になる。私は、子ども時代の持ち物の一部を数ブロック離れた母の小さな家の屋根裏に移した。飛行機の模型、学校時代のノートや教科書、地図や都市の絵、もうライトがつかない地球儀が残った。そして、それらを処分した。

この家で過ごす最後の日の午後、寝室に一人で数分間、立っていた。それから持ち物をキッチンまで下ろし、父と継母に鍵を返した。家の後ろ側、以前に私がたばこを吸っていた窓の下には、五歳か六歳のころに植えたモミの木が育っていた。その細い葉に触れながら別れを言い、心の中で謝罪を伝えた。何年にもわたって木に熱い灰を落としたこと、そしていま去ることを。

父と継母がピッツフィールドのバス停まで送ってくれた。バス停にはほとんど人がいない。バスに乗って高速道路を走り、ボストンに到着する。これからイギリスに戻る。ヒースロー空港の朝に、そしていままでは見慣れてきた道路を走るバスに。そうやって、ついに学生寮にたどり着く。玄関をくぐると感謝の念が湧いてきた。ここは新しくできた友人であふれている。

それから数カ月後、ローリーに降り立った。初めての訪問だ。

飛行機が動きを止め、シートベルトのサインが消える。目に映るエプロンはほかの空港と同じだ。立ち上がり、バックパックを背負った。

父と継母がゲートで私を待っている。父が老いたように見えて、胸を打たれた。立体駐車場に向かいながら、初めて来たこの空港のすべてを把握しようとする。二人は手慣れたようすで駐車券を処理している。暑さについて気楽に交わされる話は、二人のあいだだけで通じる冗談のように聞こえる。そのようすに驚き、私はちょっと傷つきもした。

この訪問について、私の心中が穏やかではないことを父はわかっている。私にとって親の離婚は簡単に割り切れるものではなかったし、育った家が売りに出されることが、離婚やその他のことに対する一種の区切りとなったことも、父はわかっている。

私は父に、想像上の都市について話したことはないが、父は私が都市に対して愛情のようなものを抱いていることも知っている。私が地図や、地図の上を移動するのが好きなことも、父はよくわかっている。父からキーを渡され、ミニバンの運転席に乗り込む。車体は青緑色で、小さなベルギー国旗のステッカーが貼られているため、私たちはみんな、その車を「ミニバンホーナッカー」と呼ぶ。あの世のフランデレンで、豪華な料理が並ぶテーブルを囲みながら私たちを見下ろす先祖たちが、それをおもしろがってくれたらいいなと思う。父が隣に座り、継母は私たちの後ろ、ミニバンホーナッカーの中列に座った。父の指示とローリーを示す最初の標識に従って、空港の駐車場から車を出す。

　ドライブしながら、父と交通の便について話した。ローリーの空港から飛行機で行ける場所は多く、ロンドンへの直行便まであるらしい。父が挙げていく目的地の名前に耳を澄ませる。新しい家の近くの線路を全米鉄道旅客公社（アムトラック）のニューヨーク‐マイアミ便が通るという。父が教えてくれる１４７、40、64という道路番号は、私にはなじみがないが、ここでは最も重要な道路だ。後日、その道路の一つをたどってダーラムに行こうと父が提案した。父と継母の見立てによると、そこに私が気に入りそうな植物園や教会があるらしい。それから、二人のお気に入りの一つだというレストランでランチを食べるのはどうかと誘われた。

　父の案内で二人の新しい家に向かいながら、誰も氷で滑ることのない都市を想像する。その都市では、誰かが滑る前に歩道は完璧に除雪され、塩や砂が撒かれる。

　誰もがたやすく新しいスタートを切ることができる都市を想像してみる。

　交通渋滞がまったくない都市を想像してみる。

　私たちは、ローリーの内環状線と外環状線を示す最初の標識まで来た。私がこの標識をおもしろがると考えていた父は、私から尋ねられるのを待てない。父が、それらが別々の道路ではなく、同じ環状道路の内側の車線と外側の車線をさすのだと説明しはじめると、中列シートの真ん中で継母がほほえんだ。

つまり、内環状線は街に対して時計回りに、外環状線は反時計回りに伸びていると父が言う。父によると、それによって生じる混乱は住民のあいだでよく知られたジョークになっていて、観光客や新しい住民は完全に混乱してしまうらしい。とくに、車が左側を走る国から来た人にとっては、標識の意味が逆になるからだ。

それから何年かのちに父が亡くなったあと、この慣例が廃止され、ローリーの内環状線と外環状線を示す標識がすべて撤去されたことを知ることになる。だがこの時点では、その描写は一見すると混乱をきたすかもしれないが、その正確性は言葉の使用に厳格な人には受けがよいだろうという点で、私と父の意見が一致した。ひたすら曲がりつづける道路では、東西南北を示す表示は正確さを欠く。内と外の表示は、その問題を巧妙に解決しているからだ。

アルビール

ボーイング747は、ティグリス川の流れとほぼ平行に飛んでいる。川は、砂漠と、不規則に広がる黄褐色のバグダッドの街を大きな曲線を描きながら通り抜けている。その曲線の最初の一つを太陽が照らし、その光が次の曲線へと移っていくにつれ、川は黒色とまばゆい光のあいだを行ったり来たりする。

バグダッドはまず、七六〇年代に建設された〝ラウンドシティ〟として出現した。この円形都市の計画は、七六二年にアッバース朝のカリフ、アル・マンスールが自身の新しい首都のかたちをはっきりとイメージできるように、最初は灰を使って、次に綿の実に油をつけて燃やした火によって大地に描かれた。計画では四つの門があり、それぞれの門から四つの大通りが街の中心に向かって伸び、兵器庫、宝物庫、通信局などの建物がモスクと宮殿を囲んでいた。

建設からわずか半世紀後に、バグダッドは地球上で最大級の都市になった。活気あるいくつもの交易路にまたがり、ティグリス川の両岸に位置していたため、世界でおそらく最も繁栄した港へと成長した。その都市は、アル・マンスールが望んだような「世界のウォーターフロント」にとどまらず、九世紀の地理学者アル・ヤクービの言葉を借りれば「宇宙の交差点」だった。

ラウンドシティの痕跡はない。だが、バグダッド上空を飛行するとき、私はときどき、南アメリカの人類学者のことを考える。学者たちは、プロペラ式の軽飛行機でジャングルの上を何度も低空飛行し、ついには失われた集落の輪郭を発見する。ラウンドシティも、現代のバグダッドの広がりのなかに同じような痕跡を残し、航空時代の初期になってふたたび姿を現した可能性もあったかもしれない。どうしてもそう想像してしまう。

私がバグダッドを初めて目にしたのは一〇年以上前だ。それは747の訓練を終えたあとの最初の定期便だった。バーレーンからロンドンに向かう夜遅い便で、巡航高度に達してまもなく、航空図でORBIというコードが付けられた空港に近づいていることに気づいた。バグダッドの円形に関係する過去を思うと、このコードを〝円〟や〝円盤〟を意味するラテン語と関連づけたくなるが、もちろん偶然の一致にすぎない。〝O〟は中東の大部分と南アジアの一部を示すのに使われ、〝R〟はイラク（この位置に〝I〟があればイラン）を表す。〝BI〟はおそらくバグダッド国際（インターナショナル）空港のことだろう。

それから何年もたったいま、この晴れた明るい冬の朝に、バグダッド上空を越えてしばらくすると眼下に別の街が現れた。長距離飛行の経験が長くなった私にとっても、まだ見たことのない街だ。ほとんど起伏のない平野のような場所にあり、北には茶色の低い丘が波立つ海のように並んでいる。この丘の向こうのさらに北には、そびえ立つ尾根が平行に連なり、その峰は雪をかぶっている。

この街の名は、アルビール。ナビゲーションスクリーン上では空港を示す円でマークされていないため、航空図で計算してわかった。あとで気づいたが、アルビールの標高はピッツフィールドと同じぐらい。ピッツフィールドには存在したことのない建物がアルビールの中心部にそびえている。要塞だ。

アルビールのほぼ円形の要塞を支えているその墳丘（テル）は、さらに少なくとも四つの暗い同心円状の輪に囲まれている。おそらく道路だと思うが、高高度からは壁のようにくっきりと見える。その円環が縁取るこの都市の景観は、この高さから見ると、密集した建物の表面が点字を形づくっているかのようだ。だが最も魅力的なのは、輪のなかにある要塞や建物ではなく、円環そのものだ。丁寧に食器が並べられた同じような形のテーブルや、ロイスのことを思い出す。ロイスは両親の友人で、ひと夏のあいだ私たちと一緒に住んでいた。その夏、私と兄は、両親から離婚するつもりだと聞かされた。ロイスがピッツフィールドから遠く離れて以降、彼女は私にとって最も誠実な文通相手だった。ときおりロイスは、楕円形に書いた手紙を送ってきた。紙を縦に置いて、左上の隅から書きはじめ、何度も紙を回転させながらスペースがなくなるか、途中で言葉が尽きるまで書く。

ロンドン

青い医療用マスクの位置を直してから、列車のドアに向かってスーツケースの車輪を巧みに操る。パディントン行きの列車にはほとんど乗客がいない。ヒースロー空港に向かっている。そこで大量の貨物を載せたマイアミ行きの飛行機に乗る。乗客は十数人にも満たない。キャビンのいくつかのセクションにはまったく乗客がいないが、すべての座席に未開封のブランケットとヘッドセットが丁寧に置かれている。

新型コロナ感染症のパンデミックから数ヵ月のあいだ、私はどこにも飛ばなかった。

この期間に、何人もの友人が新型コロナウイルスに感染し、高齢の親戚が一人亡くなった。早期退職した同僚もいる。また、世界じゅうの旅行・観光業界で働く人や、ほかの分野で働く多くの人が自宅待機や失職を経験した。最近になって航空業界に入った人たちも例外ではない。結果的に、私が飛ぶのは通常のスケジュールのおよそ半分ほどになった。なかには、キャビンは空っぽだが、下部の貨物室には貨物が満載されたフライトもある。ペット、手紙が詰まった袋。金(きん)やパレットに積まれた紙幣は、世界の金融システムがまだ完全なバーチャルにはなっていないことを思い知らされる量だった。それから、スコットランド産の何十トンものサケ。そして医療用品。同僚と私は、貨物搭載目録に添付されたその技術説明書を、興味津々に、なおかつ新しいかたちの誇りも交えながら「診断プローブ」「試薬」「腐敗しやすい貨物——抗体」……と互いに読み聞かせた。その一方で、私が以前に操縦していたボーイング747は引退し、787など別の型の航空機が登場し、パイロットとして戻ることはないと思っていた都市に飛びはじめた。たとえば、何度かサンフランシスコに飛び、ふたたびヘンリーを探す機会に恵まれて、チラシを配って歩いたこともあった。

この地下鉄の車内で、染みのついたプラスチック製の仕切りの横に座り、膝のあいだにスーツケースを置いてバランスをとる。その位置が決まると、向かい側の窓を見る。窓の上にリアン・オサリバンの詩がプリントされている。そのなかで最も美しい何行かを心に留める。「その街の騒音はあまりにも／大きくなって、一日がとても速く燃え尽きる」「せめて一度は、記憶にふさわしい言葉を想像しよう／それは私たちの身体が朽ちても生き、循環(サークル)し／すべてを燃やす」。このサークル・ラインの車内でそれを見つけたのは、たんなる偶然なのだろうか、それとも意識して選ばれたのだろうか。

目を閉じて、島で唯一の新しい街を想像しようとする。だが、うまくいかないので、いくつもの環状線がある街を想像する。その環状線は同心円ではなく、いわば歯車のように嚙み合うだけでもない。むしろ、ベン図に描かれた集合のように交差し、それぞれが都市の歴史的な中核で部分的に重なり合い、その場所を囲む。きっと、重なり合う部分の形はベン図の中心部ほど完璧ではなく、不均等で非対称だが、それが交通システムのロゴを発想する元になったかもしれない。そんなことを考えながら、目を開け、ふたたび詩を読む。

東京

スティーヴンに別れの挨拶をした。スティーヴンはマークの旧友で、六月のあいだ私と同じく東京にいると知り、うれしかった。これからスティーヴンには、わざわざ太平洋の向こう側からやってくるほど重要な会議がある。私にはない。それに、私には帰るまでまだ数日ある。だから、まだ行ったことのない美術館を訪れたり、長時間のランニングに出かけたりといった、やるべきだと思うことを無理やり自分に課す必要はない。そんなことは明日でもできる。

その代わりに駅に行き、自動販売機で甘いアイスコーヒーを二缶買い、いったん立ち止まる。混雑した二つの階段のどちらかを選ばなければならない。どうでもいいことなので決断が余計に難しくなる。右手の階段を選び、線路に挟まれた島式のホームに上っていく。明るい緑色と輝く銀色で塗られた電車が、昼前の雨に濡れながらそこに待機している。私が乗り込んだ直後、音楽が止まってドアが閉まった。

都市の中心部を向いている。だが、電車が出発しようとしているこの駅自体が、ほとんど都市のようだ。一日当たり約三五〇万人、ロンドンの人口の約三分の一を超える数の人がここ新宿を通過する。新宿（新しい宿場）という名の由来は、日本古来の街道網上に設置された休憩所の一つだ。この駅周辺の二〇〇以上ある出入口のどこで会うかを指定せずに、たんにこの駅で誰かに会おうと言うと、それ自体が冗談になる。このおもしろさは、地球上で最も混雑した駅でも、どうにかすれば互いを見つけ出せると決めてかかっているところにある。

高校時代、金沢で暮らす日本人家庭にホームステイに行く途中で、初めて東京を通過した。その次には、大学時代の夏に、都心の一角の永田町で働いた。ラッシュアワーの電車に乗って通勤し、仕事のあとは同僚と出かけた。そのころ、大人の世界と世界最大の都市の両方を自分に合うかどうか試しているような感覚がよくあった。大学院を修了し、ボストンで働いていたときには、それまでの訪問や大学の講義で身につけた中途半端な日本語のおかげで、たびたび日本への長期出張を担当した。

その出張の一つで、昼休みにオフィスを出たとき、レコードショップに寄った。ソロピアノのアルバムを買ったが、知らないアーティストの作品だ。店員がそのアーティストの曲が大好きで、私も気に入るはずだと薦めてくれたからだ。オフィスに戻り、同僚たちと長くて遅い夕食に出かけ、やっと戻ったホテルは、この巨大な駅からそれほど遠くない。

すぐには寝なかった。パイロットを養成するプログラムへの参加を志望していたので、入学試験用の勉強をしたかったのだ。ある試験では、画面に表示される計算（たとえば2,356＋789＝3,045）を見て、できるだけ速く「正」または「誤」をクリックする。私は買ってきたCDをかけ、コンピューターで自作した表計算バージョンの課題で練習を始めた。飽きると立ち上がり、雨で濡れた窓に向かって歩く。そのとき、少し泣いてしまった。子どものとき以来、久しぶりだった。

理由はわからなかった。いまもわからない。悲しくはなかった。ピアノの美しさのせいだったのかもしれない。それとも、あることにあらためて気づかされたからだろうか。きっかけは、最近経験したビジネスディナーか（親切な人たちと囲んだものだったが、疲れが残っていた）、ハンガーに丁寧に掛けてあったスーツが目に入ったからか（見たところ、私よりもはるかに仕事の日々を乗り越える準備が整っていた）、ホテルの窓から見えるリアルな東京の静かに雨に濡れる高層ビルの景色か（子どものころに想像した東京とは対照的だ）。どちらにしても、私は気づいたのだ。完全に大人になってしまったことに。それだけでなく、どこかの時点で大人への移行が起きたのに、その目印になる瞬間もないことに。そこにはただ、何かをしたり、しなかったりする時間と日々があっただけだ。それは、子ども時代に過ぎ去った時間や日々と同じようなもので、大人になってからめぐってきた時間や日々もとくに代わり映えはしない。

パイロットになってからは、長らく東京に戻ることはなかった。ロンドンを拠点とする短距離便のパイロットは、そんなに遠くには飛ばないからだ。７４７の操縦を学ぶ夢を抱いていたころ、東京は再会を最も楽しみにしていた都市だった。いざ訓練を終えると、できるかぎり頻繁に東京に来られるようにした。だが、747の日本への運航が停止され、ふたたび数年が過ぎた。そして787の訓練を受け、その一機を飛ばして昨日、ここに到着したのだ。だからこの都市は遠い親戚、いや、もしかしたら不定期に会う大叔母のような存在かもしれない。いつ会っても、最大の変化が大叔母に起きたのか、私自身に起きたのか、まったく判断がつかないというような。

西からの雨が強まり、左側の車窓に吹き付けるが、電車はそれをものともせず新宿駅を順調に出発する。

東京は、日本の本州の太平洋側に位置し、日本アルプスの東側、東京湾の北西に広がっている。首都圏の人口は三七〇〇万人を超え、ニューヨーク都市圏の約二倍、パリ都市圏の約三倍だ。

正式な都市名は「東京都」で、「とうきょうと」と発音する。それは〝東京という大都会〟(the Tokyo Metropolis) を意味する。

この正式な名前を目を閉じて繰り返す。これ以上にいい名前を私は想像できない。

それでも試してみたが、その試みは次の駅を告げるアナウンスで中断された。

新大久保——新しい大きな窪地

マゼランの死後、その遠征隊の生き残りを指揮してスペインに帰還したのは、ファン・セバスティアン・エルカーノだ。カール五世(神聖ローマ皇帝)は、世界一周を果たした最初の人物として、エルカーノに紋章を授けた。紋章に記されていた言葉は、〝あなたが初めて私を一周した(Primus circumdedisti me)〟だった。だが、それ以上に心を揺さぶられるものが私にはある。

地球儀だけでなく、そこに描かれた大都市を夢見てすっかり魅了されている人なら、おそらく誰でも同じだろう。それは、〝山手線〟という路線名と、東京の路線図の中心にあるその路線の形だ。

山手線は東京の中心部を環状に走る地上鉄道で、三〇あまりの駅が並び、一周は約四〇キロに及ぶ。山手線と、山手線が走るこの都市の規模を表す最も端的な指標は、利用者数が多い世界の駅トップ一〇のうち六つが山手線の通る駅だということだ（二〇一三年の統計）。

次の駅は、地球上で一〇番めに利用者数が多い駅で、その駅名はリズムのいい音節からなっている。

高田馬場――高田の乗馬場（高田は高いところにある田）

山手線の駅を出発するとき、事前に録音されたアナウンスで「外回り」という日本語を耳にする。それを聞いて私は、遠く離れたローリーの環状道路を表す言葉のおもしろさを思い出した。〝外〟という漢字は、〝人〟という漢字と組み合わされ〝ガイジン〟と発音されると、外国人という意味の言葉になる。この国において〝外人〟は、その立場にかかわる特権と制約の、魅力的だがときにはいら立たしくも思えるものを混ぜて凝縮した言葉だ。

日本では、車と同じく列車も左側通行と決まっている。だから、〝外回り〟が時計回りになる。山手線で自分が乗っている電車が外回りでないなら、それは〝内回り〟の電車だ。〝内回り〟は内側の円のことをいい、電車は反時計回りに進む。〝内〟は、家を意味する言葉と同じ発音だが、異なる意味をもつ。つまり、私と同じくあなたの日本語能力にも限界がある場合、この二つの方向をそのまま「外国回り」と「家回り」と勘違いしてしまうかもしれない。

今日、私は東京を時計回りに旅するほうを選んだ。その選択は正しいと言えるかもしれない。山手線の電車は、ヨークをいまでも囲んでいる城壁の上を大股で歩く人のように、都市を一周するのに約一時間かかるからだ。

山手線のどちら回りに乗るかという問題は、村上春樹の短篇小説「中国行きのスロウ・ボート」でも重要な部分だ。この物語では、若い男性が新宿のディスコに女性を連れて行き、フィリピン人のバンドがカバーするカルロス・サンタナの曲で踊る。ディスコのあと、とくにあてもなく二人は散歩をする。新宿駅で解散し、それぞれ反対方向の山手線に乗る。それは東京の典型的な別れの場面かもしれない。男性は電車に乗って帰っていく途中で、デートの相手に間違った電車を教えて乗せてしまったことに思いいたる。女性がすぐにそのミスに気づいたなら、きっと逆戻りし、厳格な門限に間に合うかもしれないと男性は考える。だが同時に、「彼女は逆回りの電車に乗りつづけるタイプだから」とも思う（その後、女性は自分と別れるつもりだったのかもしれないと、遅ればせながら悟ったようだ）。

私の友人のメイは、東京育ち。山手線について最初の質問をしたとき、メイは笑い、友人になって以来、私の前で初めて歌をうたった。それは家電量販店のCMソングで、その旋律は『リパブリック讃歌』として私が知っている曲とだいたい一致している。だが、ここでは鉄道路線の讃歌になっていて、こう始まる。「まあるい、緑の、山の手線……」。続いて、その家電量販店チェーンの新宿駅近くにある旗艦店へと導かれる。メイは歌いおわると、この街とその入り組んだ交通網には、東京都民でさえも混乱することがあると言った。だが山手線のおかげで、それが完全な円形に簡略化された場合はとくに、どんな地図上でも自分がどこにいるかが簡単にわかる。

たとえ、それが心のなかの東京だとしても。なぜなら、自分だけの緑の円がいつでも手元にあるのだから。

メイによると、山手線のもう一つの特徴は、都心を横切るのではなく、囲んでいるという点だ。そのため、沿線には住宅地が並び、メイの友人も多くが山手線を通学に利用していた。子どもたちは自宅への最短経路を知ってはいるが、放課後になると、友人ともっと一緒にいたくなり、反対方向の電車に乗ってほしいと友人の説得を試みることもよくあったという。

これから向かう駅は――

目白――白い目

この駅では、別の路線に乗り換えることはできない。それはめずらしいことだ。山手線のほとんどの駅では、地下鉄や、場合によってはいくつものほかの路線に乗り換えられる。

日々繰り返される通勤は憂鬱感と関連があるらしい。山手線でそうした憂鬱感が少し増すとしたら、乗り換え地点の多さゆえだ。子どものころに友人と山手線に乗ったメイの楽しい思い出とは対照的に、日本の別の友人であるユカコは、大人になってからときどき、山手線が悲しみを呼び起こすことがあると言った。友人と夕食に行ったり、夜に出かけたりするときはたいてい、職場から集合場所に個別に直行する。帰る時間になると、友人の多くが山手線に乗り、さまざまな駅で降りて、自宅へと続いていく路線に乗り換える。

そんな夜に、友人たちと一緒に電車に乗り、弧を描きながら自分たちの街を運ばれていくうちに、仲間の数はしだいに減っていく。だから、山手線は自分にとって少しセンチメンタルなものだとユカコは言う。「山手線に乗ると別れを思い出します」

次の駅は、世界で三番めに利用者が多い駅――

池袋――袋の形の池

仕事で初めて日本に来たのは、パイロットになる前だった。東京で暮らす多くの人と同じように、電車や地下鉄で居眠りする方法がいとも簡単に身についたので、自分でも驚いた。そしていま、この曇り空の下、昼前の時間に雨をかきわけて進む電車のなかで、私はそれを実践している。

大塚――土を盛った大きな墓

そして、

巣鴨――カモの巣

さらには、

駒込――馬の群れ

起きて目をこすりながら、電光掲示板に表示された駅名の漢字を見つめる。私にはどれもわからない。

日本語は、私が学んだなかで最も難しい言語だ。私にとってはいまだに複雑で、とくにその表記体系は実際の性質を覆い隠すことがある。たとえば、御茶ノ水という駅名は、私にとってはその見た目も音も、いままでの人生で出会ったどんなものよりも異質だ。だが、その言葉に含まれている二つの名詞、〝お茶〟と〝水〟は、日本語学習者が最初に学ぶ単語である。つまりこの地名は、〝ティーウォーター〟のような意味なのだ（それがロンドンにある地区名でないことが、私にはなかなか理解できない）。

山手線の駅名の多くは、それほど複雑ではない。いくつかの駅名には「田」という漢字が含まれているか、「田」が一部にある、もっと複雑な漢字が使われている。この漢字は、なんとなくだが形が似ているものを表している。それは〝田んぼ〟だ。東京の主要な二つの空港、羽田と成田に共通する二つめの漢字もこの〝田〟だ。この電車が次に到着する駅は、山手線の最北端に位置する。その最初の漢字も同じだ。

田端――田んぼの端

作家の室生犀星は田端で暮らしていた。その家は、山手線の線路から数百メートルのところにあった。犀星は一八八九年、金沢生まれ。そこは私が日本で最初の夏を過ごした都市でもある。犀星の作品を読むと、彼は自分が暮らす茫洋（ぼうよう）とした匿名性の高い巨大都市で、より平穏で緑豊かな場所にある生家をよく思い出していたように感じられる。かつて東京で暮らしていた文芸翻訳家の連東孝子は、室生犀星の詩の多くを英語に翻訳しているが、そのなかに山手線が登場する詩はない。いまからおよそ一年後、私は彼女と連絡をとり、『星より来れる者』という犀星の本にある「土手」という詩を翻訳してもらえないかと頼むことになる。

ときどき隙間には山の手の電車が通る
あかるい窓、
ちらつく白いきもの、
女の乗客のふくれた膝、
シグナルが一つ、青く震へてゐる

「山手線は特別です」と、連東はメールの返信で同意する。山手線が「描く円は、東京の最も重要な地域やスポットをつなぎ、抱きしめているかのようです。……どこに行っても、なぜか結局、山手線で移動することになります」。連東は、この路線の名前についても説明してくれた。直訳すると〝山の手（the hand of the mountain）〟だが、より正確な翻訳としては〝高台の方向（the direction of the heights）〟だという。元々、この名前は〝江戸（一八六八年まで東京はそう呼ばれていた）の台地〟をさし、そこには寺院や武家屋敷があった。「庶民が住んでいた街中とは対照的な場所で、その名前にはいまでも上品な響きが残っています」

毎週、約二八〇〇万人もの人が山手線を利用する。ロンドンの地下鉄全体の利用者より多い。ラッシュアワーの時間帯には約五〇本の電車がこの都市を回っている。ピーク時には毎分、各駅からいずれかの方向に電車が発車するため、窓から外を見ると、東京の景色が見えるのと同じぐらいの確率で、反対方向に回っていく電車を見かけることになる。そのほかの時間帯には、自分の電車が別の線路を走る電車と並び、しばらくのあいだ二つは同じ速度で進むが、やがて線路が別れて横向きに落ちるように街を通り抜けていく。

次に到着するのは——

西日暮里——西の日暮らしの里

この名前は、その地で飽きることなくどれくらい長く滞在できるかをさすと言われている。〝日〟という漢字は、私が最初に学んだ漢字だ。〝太陽〟や〝一日〟という意味がある。いちばん印象的なのは〝日本〟という表記だ。

山手線に慣れてきたころ、私は父に冗談を言った。混雑がもっとひどくなったら、鉄道会社は、それぞれの方向に一本につながった電車を用意すればいいと。もちろん、実際の山手線の電車はこの都市を囲むことができるほど長くはないが、それでもかなりのものだ。車両の全長は約二二〇メートル。それに対して、この駅から次の駅までの距離は約五〇〇メートルだ。この円の最短区間であり、電車二本分の長さと大きくちがわない。確かに、すぐに次の駅に到着した。

日暮里——日暮らしの里

地球上にはつねに、最も離れた距離にありながら温度と気圧が同じ二つの対蹠地(たいしょち)、つまり真裏に位置する二つの点が存在するというのが、位相幾何学(トポロジー)の真理だ。それは、ある関数が、気温や気圧といった気象現象と同じく連続的に変化するなら、ある点から別の点へ、そのあいだに存在する値を飛び越えて移動することはできないという前提から導き出された結論だ。

それを念頭に置いて、山手線のドッペルゲンガーというアイデアをもとに一連の物語を想像するのが、私は好きだ。この首都のなかで一日に一度、たとえば正午に、別々の電車に乗っている二人が、山手線が描く円の上でちょうど正反対の位置に来た瞬間、午後の予定についての思考が交差して、自分では考えつかなかったことが頭に浮かんだり、それぞれの過去で同時に発生した出来事の思い出が突然よみがえったり、出会ったことのない誰かのイメージが浮かんだりする。対になる二人の名前を物語のタイトルにしてもいい。それとも、各駅の名前にちなんだタイトルをつけて三〇個ほどの物語にすれば、一ヵ月の長さとも同じになる。その物語は、とくに情感にあふれた名前をもつこの駅から始まるだろう。

鶯谷――ウグイスの谷

ウグイスは、日本文学のなかで強い存在感を放っている。かつてはペットとして人気があり、その美しい鳴き声は仏陀の言葉をまねしているといわれている。床板の張り方にもその名が使われている。板の上を歩くとウグイスの鳴き声のような音がするため、侵入者の接近がわかるのだ。また、何世紀にもわたって、その糞は美容クリームの成分として使われてきた。山手線の車両やブランドカラーで使われている色は「黄緑6号」または「ウグイス色」と呼ばれる。紛らわしいが、実際のウグイスの色はもっとオリーブ色に近い。それでも、ウグイスは春、つまり明るい新緑の季節を告げる鳥だ。ところで、東京を旅する人が鳥のさえずりと木陰のベンチを探しているなら、うってつけの緑豊かな公園が次の駅の近くにある。

上野――上の野原

この駅は、山手線のほぼ最東端に位置する。付近にある京成上野駅は成田空港への玄関口としてにぎわっている。そのため上野は、多くの外国人が東京で最初に足を踏み入れる地域ということになる。空港がある成田市からも一部の電車が上野まで達する。成田市には毎晩、何百人ものクルーが宿泊する。私もパイロットの一人として頻繁に滞在し、ほかのクルーと同じく、タイミングが悪すぎて朝食なのか夕食なのかもわからない食事を狭い路地で探し求める。そうやって私たちは、ほとんどの人たちが眠っている、ごく日本的な都市のなかに、かりそめの国際的な夜の街を独自に形成している。

電車は次の駅へと走りつづける。

御徒町――歩兵の町

ここではかつて、馬に乗ることが許されない下級武士が長屋住まいをしていた。指輪に手を触れてみる。マークは私を、東京への旅行に連れて来てくれたことがある。短い動画を撮ってマークに見せたいと思うが、私のカメラは都市の姿を捉えるのに難儀して、雨粒が広がった窓ばかり写そうとする。フォーカスが二つのあいだを揺れ動くうちに、電車は次の駅に到着した。

秋葉原――秋葉神社の野原

車内の液晶表示に視線を向ける。次の駅へとつながっているデジタル版の線路が描く、滑らかで理想的な曲線に見ほれる。

目を閉じる。来週、マークと一緒にピッツフィールドに旅行する。一緒に歩く予定の森は、ひんやりとして誰もいない。それでもその森は、私が生まれ育った都市の範囲内にしっかりとある。そこから振り返る東京は、子どものころ、故郷で孤独や恥ずかしさを感じたときに心を落ち着かせてくれた想像の都市ほどの現実感もないだろう。

目を開けると、電車が川を渡り、やがて次の駅に到着する。

神田——神の田んぼ

神田川は東に流れて隅田川に合流する。東京で働いていた夏、滞在していたアパートは隅田川に面する場所にあった。最も蒸し暑いころの夕方には、川岸を歩いたり、立ち止まってたばこを吸いながら、多くの屋形船が通り過ぎるのを見たりしていた。船員が、川岸にいる見るからに外国人の私に手を振るので、軽く頭を下げて手を振り返した。どの船も、船体に〝丸〟という漢字が書かれている。あとで日本人の友人が教えてくれた。それは円を意味する言葉で、船の名前に使われる接尾辞でもあるという。その二つがどうつながるのか、自分にもわからないと、友人は戸惑いながら言った（一説によると、かつて船は、円の防御力で囲まれている城と同じものだと考えられていたという。別の説では、人間に船の作り方を教えた白童丸という神の守護を得るために、いまでもその神にちなんだ名前が船に付けられているというものだ）。

山手線や都内の移動で、数字に強い人は、駅に振られている番号を手掛かりにできる。次の駅は、

東京——東の都

駅番号は01番。

駅番号は時計回りに進むにつれて減少していたが、ここでリセットされる。右回りの進行方向で次に到着する駅の番号は30。駅名は——

有楽町——楽しみがたくさんある町

その次の駅の番号は29。わかりやすい名前で、広く知られている駅だ。

新橋——新しい橋

山手線の最初の区間は、一八八五年に開通した。当初、その線路は列車のためだけでなく、歩行者にとっても便利な通り道になっていた（一九一三年のある日、作家の志賀直哉は家に帰る途中、線路を歩くことにした。そのあと何が起こったかは、短篇小説「城の崎にて」の冒頭に書いてある。「山の手線の電車に蹴飛ばされて怪我をした、その後養生に、一人で但馬の城崎温泉へ出掛けた」）。

この環状線がようやく完成したのは、一九二五年。実際の姿は円ではないが、地図上では印象的な円形に描かれることが多い。上空から見ると、線路は矢じりのような形か、雨のしずくを逆さにしたように北側は幅広く、南に行くにしたがって狭まっていく。いま、私たちが進んでいる方向だ。

浜松町——海岸の松の町

この駅の近くには、二つの有名な庭園や、東京湾の埋め立て地がある。この駅名の最後の漢字である〝町〟は、その左側に田んぼという意味の〝田〟が入っている。次の駅の最後の漢字も同じ〝町〟だ。この浜松町では「ちょう」と発音するのに、次の駅名では「まち」と発音するのが興味深い。

日本の漢字の多くには複数の読み方がある。漢字そのものと一部の発音は中国から伝来したものだが〔日本でつくられた漢字もある〕、日本語独自の言葉にも使われている。一般的には、漢字がもつ意味にしたがって使われるが、複数の意味をもつ漢字もあるし、漢字のもつ音だけを考慮して使われることもある。日本語では音節文字も使われる。音節文字は一つの音節を符号化するものだ。駅に表示された地名の漢字の上に、この音節文字が小さなフォントで添えられているのをよく見かける。漢字の読み方はバリエーションに富んでいるため、これは誰にとっても役立つガイドになる。有名な場所の名前であっても、漢字を学習する途上にいる外国人や子どもたちにとっては、とくに役に立つ。

日本語における中国由来の文字の使われ方について、満足のいく英語での例を見つけるのは難しい。絵文字の普及が助けになる。数学もそうだ。プラス記号（＋）を例にとってみよう。この記号には明らかな意味があるが、それは私たちが考えるほど厳密ではない。また、このたとえをするうえで重要なのは、その記号が置かれた場所によって異なる発音をすると、私たちが知っていることだ。たとえば、「7＋8」では「プラス」と読むが、〝Jones＋Associates（ジョーンズ・アンド・アソシエイツ）〟といった建築会社のおしゃれなブランド表示では〝アンド〟と発音する。化学の授業では、教師が黒板に〝＋ve〟と書くと、生徒はすぐにそれが〝ポジティブ〟と発音されるのだと学ぶ。

日本語は、文字だけでなく一部の発音も中国から借用しているため、次のように考えてみることもできる（繰り返しになるが、完璧なたとえ話は存在しない）。ノルマン人は英語に対して大きな影響を与えたフランス語の語彙だけでなく、まったく異なる表記法も残した。この表記法はその後、多くの英語の単語を書くために採用され、改良された。また、私たちが使っている英語の文字体系が最初に標準化されたのは、ほかでもない古代ローマで、その文字のなかに〝📕〟も含まれているとイメージしてみよう。たとえば、〝that 📕 is old〟（その📕は古い）とある場合、📕を〝book〟（本）と読むとする（この例ではbookのルーツがゲルマン語であることは無視する）。だが、〝She is studying to be a 📕 ian〟（彼女は📕ianになるために勉強している）とある場合は、📕のラテン語の発音バージョン、つまり〝librarian〟（司書）と読まなければならない。私たちはこういうことをごくあたりまえに行なっているが、自分たちの言葉や文字体系に宿る歴史の深さがつねに頭のなかにあるわけではない。

電車は進み、次の駅に到着する。

田町――田んぼの町

数分前に、人気のドーナツチェーン店〈ミスタードーナツ〉の近くを通過した。私にとっては、もうやめたほうがいいぐらい頻繁に訪れる場所だ。方向転換して元の道を引き返そうかと考える。ある思い出が脳裏をよぎったからだ。私が自転車で通りを行ったり来たりできるようになったら、無限にドーナツを買おうと父が約束してくれた。そして、父のオフィスの近くにあった〈ダンキンドーナツ〉のカウンターに誇らしい気持ちで父と一緒に座り、ボストンクリームを一つ、あっという間に平らげ、次にもう一つ。そして父が少し心配そうな顔をしはじめたころ、三つめを食べおえた。

反時計回りに走る電車のなかにいる何人かの顔を見て、まだ開業していない駅を通り過ぎたときには、ドーナツのことをすでに忘れていた。

高輪（たかなわ）ゲートウェイ――高い輪のゲートウェイ

ここは山手線で最も新しい駅で、唯一、駅名に英語から借用した語（gateway）を含む駅でもある。この地域は東京への歴史的な玄関口だった。高輪という地名には、「環」あるいは「円」を意味する漢字が含まれている。これは偶然だ。この地名は山手線の駅の建設より前から存在する。だがこの漢字は、パンを数えるときの〝斤（loave）〟や紙を数えるときの〝枚（sheet）〟のように、車輪を数えるときの語としても使われる点はとくに興味深い。

家族ぐるみの友人で、かつて文字を楕円形に並べた手紙を送ってくれたロイスは、手紙と封筒にテントウムシの絵をスタンプするのが好きだった。日本のほとんどの駅と同じく、山手線の各駅にもスタンプがあって、専用の冊子にスタンプして集めてまわることもできる。次の駅は、世界で九番めに利用者が多い駅――

品川――品物の川

この駅のスタンプには、一九世紀の画家、歌川広重の木版画が使われている〔二〇二三年現在は別のものに変更されている〕。歌川広重は、江戸（いまの東京）から京都までのいにしえの幹線道路、東海道にある五三の宿場を描いたことで知られている。このにぎやかな鉄道駅は、日本で最も由緒ある街道の最初の宿場町にちなんで名付けられた。

次は――

大崎――大きな岬

山手線の南端の駅だ〔池袋とともに山手線の始発・終着駅でもある〕。

完全に円形の鉄道路線は運行が難しい。どこかに遅れがあると輪の全体に影響しがちだ。いったん電車を空（から）にして、運転手の交代、清掃、修理、再配置を行なうのに都合がよい場所もない。ロンドンに初めて住んだとき、サークルラインは当てにならないと思った。いまではかなり慣れたが、それは偶然ではない。もう円形ではないのだ。つまり、乗ったとしてもロンドンを周回しつづけることはかなわない。これは世界初の環状線の一つとして、驚くべき運命だと思う。さて、次に停まる駅は――

五反田——五反の田んぼ

ここでの〝反〟は面積の単位をさす。一反はおよそ一〇〇〇平方メートルだ。

モスクワには地下鉄コルツェヴァヤ線がある。英語では〝Circle Line〟（サークルライン、環状線）になり、この路線を地図上で示す場合の茶色は、スターリンのコーヒーカップが図面に残した輪を表しているといわれる。また、ほとんどの区間で地上を走るモスクワ中央環状線もある。さらに三番めの路線、ボルシャヤ・コルツェヴァヤ線が建設中だ。これは世界最長の環状線になる予定で、〝大サークルライン〟という意味のふさわしい名前がつけられている。だが、そのタイトルを保持できるのは、パリの15号線が完成するまでだろう。北京には二つの環状線があり、その一つは、取り壊された明代の城壁跡のルートをたどる。ベルリンにはリングバーン（ベルリン環状線）があり、山手線の着想の源になった。だが、私が見たなかでは、東京の環状線のスケールは群を抜いている。歴史が長く、圧倒的に混雑しているほか、線路は地上を走るだけでなく、多くの区間で高架になっているため、都市を一周しながらじっくり景色を眺めることができる。また、私が今日しているように、旅の始まりに車両の片側に吹き付けていた雨がいまでは反対側に吹き付けるのを、ただ観察することもできる。私たちが近づいている駅は——

目黒——黒い目

うとうとしていたら、めずらしく電車が揺れて目を覚ました。そのおかげで、次の駅まで車窓を眺める時間があった。

恵比寿——長寿の恵み（漁民の神、福の神）

少しのあいだ、ふたたび目を閉じる。さらに延長して数秒。そこで、まもなく次の駅に到着するというアナウンスが入る。世界で二番めに利用者が多い駅だ。

渋谷——渋い谷（エレガントな表現だと、落ち着いた谷、優雅な谷）

ここは友人のメイがお気に入りの駅でもある。メイは、この駅の界隈で楽しむショッピングだけでなく、駅自体のにぎわいも好きらしい。

原宿——野原の宿場

ここは東京で最古の木造駅舎が残っていることで有名だ。ただし、まもなく建て替えが予定されている〔二〇二〇年に解体され、今後復元の予定がある〕。また、天皇家の人たちが近くの明治神宮に参拝するために使用する専用のホームがあることでも知られている。次の駅は——

代々木——代々の木

この駅は山手線で最も高いところにある。その駅名は私の一番のお気に入りだ。二番目の文字〝々〟は、前の文字が繰り返されることを示すためだけに使われる。つまりその木は、人の世代が移りかわってもそこに立っていることを意味している。

まもなく出発地点に戻る。電車から降りる準備を始めるが、たしか自動改札は通れないはずだ。発着地点が同じ旅程の料金を正しく計算できないことがあるからだ。その代わりに私は窓口に行って、つたない日本語で自分がしたことを係員に説明する必要がある。係員はキーをいくつか叩き、プリペイドカードに簡単な処理をして改札を通してくれる。笑顔を見せてくれるときもあるが、驚かれることはまずない。こんなことをする人が私だけではないのは確かだ。次の駅のアナウンスが聞こえてきた。

新宿――新しい宿場

一周まわって完全な円だと証明された。

日本全国で、電車のドアが開いているときに〝発車メロディ〟というものが鳴りはじめることがある。音楽が止まると、まもなくドアが閉まるのだとわかる。通勤客に過度なストレスを与えることなく、先を急がせるためのアイデアだ。鉄道版の椅子取りゲームである。

山手線のほとんどの駅で、独自のメロディが鳴る。しかも、時計回りと反時計回りで別々のメロディが設定されている駅も多い。そうしたメロディは、人気のある歌を元にしていたり、各駅周辺の音楽的な遺産のほかに、マンガのキャラクターなどの文化的な要素を取り込んだりもしている。メロディの曲名は、スペイン語の「Cielo Estrellado（シエロ・エストレジャード）」（星空）、英語の「Dance On（ダンス・オン）」（踊る）、日本語の「春」など、国際色豊かだ。ここ新宿でもドアが開き、やがてメロディが流れはじめる。私もそれに促されてついに電車を降り、ほかの人たちが乗り込んだ。そのメロディは英語の曲名「Twilight（トワイライト）」でよく知られている。

〝交通アート〟を形づくるこうした駅の音楽と、都市のあちこちで演奏される音楽の輪は、どちらも覚えやすくて人気がある。山手線の各駅の曲が鳴る着信メロディや目覚まし時計を購入することもできる。私にはどちらもあまり必要ない。だが、最後にそのメロディを聞いた電車や、にぎやかな駅、その都市を離れ、世界じゅうを飛びまわってから家に帰って数日がたち、起床してシャワーを浴びたりコーヒーを淹れたりするときに、ふとそのメロディを口ずさんでいる自分に気づく。やはり、私にも必要かもしれない。

ピッツフィールド

シンディから、私とマーク宛てにメッセージが届いた。「ブルーベリー・パイ？　イチゴとルバーブのパイ？　それとも両方？」

シンディはその後のメッセージで、両方ともオーガニックだと伝えてきた。シンディは夫のダンと一緒に裏庭でブルーベリー、イチゴ、ルバーブを育て、それらを使ってパイを一から手づくりしている。「手間は掛かりません」とシンディ。「一種類ずつ冷凍庫にあるので、すぐに用意できます。バニラアイスクリームもあるので、パイ・ア・ラ・モードにもできます」

ブルーベリー？　それともイチゴとルバーブ？

子どものころ、自宅の裏庭の一角に小さなイチゴ畑があった。私が育ったその家は、いまではシンディとダンの家だ。私の家族は、カボチャやトウモロコシもつくっていた。夏の終わりに街のあちこちで見かけるぐらい、トウモロコシの茎は簡単に伸びるのに、信じがたいことに結局、わが家のトウモロコシは食卓に上ることはなかった。背の高いヒマワリも育てた。自分の重さでうつむくほどその顔は大きかった。ニンジンもつくっていたような気がする。ルバーブはなかったのは確実だ。だが、通りを進んだところにいる隣人が庭で育てていて、食べても安全な部分を教えてくれたことがある。古老の知恵のようなものだ。私たちはそうした知識をきちんと覚えておくために進化してきたのだろう。

「ブルーベリー」。私とマークの意見が一致した。「ピッツフィールドのダウンタウンのカフェでサンドイッチを買っていきます」と返信する。「一二時半から一時のあいだに来てください」とシンディ。天気もよさそうだ。庭で食べるのもいいかもしれない。

その家を買った家族について継母は多少知っていて、私が訪問したいと言ったとき、問題ないと思うと何度も言っていた。あの家に戻るというアイデアは気に入ったが、実行する気配もなく長い時間がたった。実際は、そこまでいい考えだとは思っていなかったのかもしれない。

最近になって、私はまたあの家の部屋を見てみたいと思うようになった。継母は現在の持ち主の名前は知っているものの、メールアドレスや電話番号は知らない。連絡の取りようがないと思った。でも……と気づいた。住所なら知っている。何十年かぶりに、私は昔の自宅の住所を封筒に書いた。

一週間ほどたってシンディがメールをくれたとき、私はダラスだったか、ロサンゼルスだったかにいた。「いつでも来てください。日曜日の朝はミサに行くので、その時間以外ならいつでも。

次にこちらに来られるときはぜひ。ダンと一緒に楽しみにしています。子どもたちは家を出て、いまは私たちだけです。昔のあなたの庭で、ポピーとアイビーという名前のニワトリを飼っています」

私とマークは約束したサンドイッチを買って、かつての自宅に向かっている。遅れないように気を遣って早めに出発し、一つ隣の通りに駐車して窓を開けた。

鳥のさえずりが聞こえ、芝刈り機の音が響き、一〇歳か一二歳ぐらいの子どもたちの一団が大騒ぎしながら自転車で通り過ぎる。一五分後、ふたたび車を動かし、かつての自宅に向かう。通りに車を駐め、サンドイッチと、きらきらしたギフトバッグに入ったボトルを手に取る。そのボトルは店のなかで唯一、特別なシーンを想定した飾りつけをせずにラックに置いてあった。

二人で通用口に向かった。私の家族は出入りの際にほとんどその通用口を使っていた。だが、マークは正面玄関に行くべきかもしれないと言う。考えてみれば、私たちはゲストだ。私たちが進路を変える前に、家の横で、シンディとその夫、昔の隣人が私たちを出迎えてくれているのが目に入った。

家の横側にあるポーチは変わっていないようだ。驚いたことに、昔の隣人も変わっていない。実年齢より二〇歳は若く見える。隣人のことはよく知っていたが、私にとってシンディとその夫は初対面だ。それに、その三人はお互いを知っているが、誰もマークを知らない。温かいがぎこちない紹介をしあったあと、シンディとダンは私たちをキッチンに案内してくれた。

家のなかに入って、靴を脱ぐために屈み込み、上を向いてあたりを見まわしてみる。冷蔵庫の位置がちがうし、コンロも変わっている。カウンターも。暗い色をした窓枠の木材と、暖房器具に付けられた格子の楕円形の穴だけが、私が以前ここにいたことを保証してくれる。

「私たちがしたんですよ」と、シンディはキッチン全体を手で示しながら話した。「すごくいいですね」と答えたが、それは私の正直な気持ちだ。キッチンは前より活気があり、活躍の機会が多くて使い込まれている感じがする。木の質感が増して白が少なくなった。私の記憶のなかのカウンターには何も置かれていない。実際はそこまでではなかったかもしれないが、いまでは以前より多くの紙の束や装飾品、キッチン道具がある。それに私の記憶では、キッチンの南側の壁には何もなかったが、いまはシェーカー様式の木の絵が掛かっている。

シンディから、キッチンはもともと二つの部屋だったのではないかと尋ねられた。「そうです」と答えたが、自信をもってそう答えられるのは、いまでは私と兄だけになった。その事実に気づいて戸惑いを隠せない。以前は小さな書斎があり、作りつけの銃の保管庫とデスクがあった。そのデスクのなかに、父は請求書を入れた蛇腹式のファイルを保管していた。父が作業をすると、ブーン、カチカチと音を立てるプリンタ式電卓もあった。一九八〇年代には、近隣の家庭の多くがキッチンを広げ、電子レンジをそこに加えていた。両親は、わが家ではどうするかと議論した。問題は費用だったと思う。最終的に父が同意し、壁が壊されることになった。

スイングドアを通ってダイニングルームに入る。まるで、〝バークシャー・ギャング〟がここで何度も祝ってきたクリスマス、感謝祭、誕生日のどれか一つのために、思い出が集結したかのようだ。コーナーに据え付けられた陶器の飾り棚の上段には、ガラス製のグラス類が、下段には酒がある。それは変わっていない。私は、両親が留守のあいだに、兄が友人たちと開いたパーティーのことをシンディとその夫に話した。兄たちは両親の酒を飲み、ボトルのなかに正確に水を加え、中身の量が変わらないようにしていたのだ。

窓際にあった低いキャビネットはなくなっていた。父はそのなかに葉巻をしまっていたが、たまでも吸ったことが実際にあっただろうか？　古いテーブルもないし、椅子も消えている。その椅子はもともと、一脚を私が壊してしまい、その残骸を兄と一緒にのこぎりで切って処分したあと、五脚が残っていたのだった。本棚も消えている。そこには、私がともに多くの時間を過ごした百科事典や地図帳があった。ときどき私は、野菜を食べきるまでテーブルを離れてはいけないと言われた。キノコ類がいちばん苦労する食べ物だったが、それはいまも同じだ。当時は、両親がキッチンに戻るのを待ってから、野菜を本棚の上に放り投げた。その野菜をあとで回収するのだが、一度、それを忘れてしまったことがあった。両親は、乾燥したソースの輪のなかで、縮んでミイラ化した野菜を見つけた。母も父も怒ろうとするものの、どちらも笑ってしまっていた。

確かに、ここはあのころと同じ部屋だ。

部屋から出たものの、ドアノブから目を離せない。一時間前には言い表す言葉が見つからなかったが、いまでは以前のように、ほっとするようななじみ深さを覚える。この身長の何分の一かだったら、ドアノブは目の前にあるだろう。廊下の壁紙はグレーがかった白で、水平方向に型押し模様が入っている。それは変わっていない。その壁紙を貼る前、私と兄は壁に落書きをしてもいいと言われた。そういう日のことを子どもは決して忘れない。何を書いたのかは忘れてしまったが。

シンディに促され、小さな玄関ホールにつながるドアを開けた。そのドアにはかつて、母が不気味な刺しゅう飾りのサンタクロースを吊るしていた。毎年一二月の朝、私がうっかり電灯をつけずに一階に下りてくると、そのサンタクロースは濡れた石炭のように光る目で見つめ、私をぎょっとさせた。玄関ホールをのぞきこんで、かつて文通相手からの手紙が置いてあった場所を見てみる（香港のリリー――フライトで頻繁に故郷の島の近くに行く。シドニーのエマ――パイロットになって初めてオーストラリアに飛んだときに訪ねた）。床には、普通のタイルのなかに、城の輪郭がシンプルに描かれたタイルがいくつかある。この小さな装飾は、この家のすべてのドアノブと同じく見慣れたものだったが、教えてもらわなければ思い出せなかったと思う。もう一本、シェーカー様式の木が南側の壁をほぼ埋め尽くしていた。薄緑の葉に、オレンジ色と濃い緑色の円で巧みに描かれている。シンディが自分で描いたという。じつは母はピッツフィールドの西端に保存されているシェーカー教徒の村をよく訪れていたので、きっと気に入ったと思う、とシンディに伝えた。

左に曲がってリビングルームに入る。私が熱心にたきぎをくべつづけた薪ストーブはなかったが、暖炉はそのまま残っていて、丁寧に秋の飾り付けがしてある。両側にカボチャがあり、レンガの上に置かれたガラス瓶のなかで香り付きのキャンドルが燃えている。マントルピースには、写真、ひょうたん、振り子時計がある。リビングルームの反対側にある観音開きの扉に目がいく。私はシンディに語りかけた。その扉の向こうにある部屋は、家に客が滞在しているときと、父が再婚したあとの数年間は私の寝室だった。それ以前は、母がクライアントに言語療法を行なう部屋だった。クライアントの多くは脳卒中を患った年配の男性で、その人たちの発話の問題は、自分より何倍もひどいと私は思っていた。セッション中、私と兄はテレビを見ることも、近くの部屋で大声で話すことも禁止されていた。

一五分後には、全員で家の外に出て、ガレージの内壁の一つにあるロックバンド〈KISS〉のロゴの写真を撮る。兄が悪友たちと一緒に一九八〇年代のどこかの時点で描いたものだ。けっこういい出来だ。マークも同意する。そして私はその写真を兄とその妻に送信する。隣人は、私と兄を初めて見かけて不安に駆られた日のことを笑いながら話してくれた。うちの隣の家を買って家族で引っ越してきたとき、私と兄は、ガソリンに浸して火を点けたテニスボールを、ホッケーのスティックを使って私道で転がして遊んでいたらしい。そんな話のあと、みんなで裏庭に向かい、テーブルを囲んで笑い声をあげながら食事をする。そのかたわらでは、ニワトリがテーブルのまわりの草をつついている。シンディの高齢の犬が私の足に頭を乗せてくつろぐ。薪置き場がなくなっていて、引っ越してきたときに植えた小さなモミの木もない。「病気になったの」とシンディが教えてくれた。冬が訪れるたびに、母が野鳥のために脂身を吊るしていた野生のリンゴの木もなくなっている。芝生の上のわずかに識別できる窪みを視線でたどる。それは、小さなキンギョ池の跡だ。池に張った氷が割れて私が落ちたその春に、両親が埋めてしまった。ときどきテーブルから顔を上げて家の裏側を見ると、半秒ほどのあいだ、その光景が他人のものとは思えない。かつてのように見慣れた景色だ。私と兄は木の葉や雪で遊び、両親は家のなかで食事の支度をしていて、まもなく私たちを呼ぶはずだ。

だがいまは、廊下に戻った。階段に椅子が渡してある。

「犬が上がらないようにしているの」と、シンディがほほえみながら言う。「あなたを止めるためではないのよ。上に行ってみる?」。マークが私を見る。どうしたいのか自分でもわからない。私は廊下を歩いてそこから離れかけるが、立ち止まった。「では、もしよければ、昔の自分の部屋をちょっと見てもいいですか?」

シンディは笑って、どの部屋か全然わからないし、好きな場所に自由に行っていいと言う。私は階段を上がりはじめる。手すりは二階の廊下と平行についている。その手すりを支えている四角い子柱の硬い角に触れる。子柱は、手すりに近づくにつれて丸く細くなる。昔、階段を上るときにその段数を数えていたことを思い出す。そしていま、また数えてみる。

階段を上がってすぐの部屋は、クローゼットぐらいの大きさの裁縫部屋だった。そこには意外にも、母がミシンを置いていた。やがて時代は移り変わり、わが家に初めてのコンピューターがやってくる。私はこの部屋でたくさんの宿題をこなすかたわら、初期のフライトシミュレーターでも遊んだ。あれはたぶん一九八五年のことだ。学校で、バンドについて話題にしているほかの子たちの輪に入るために、努力してポップスを聴いていた。ドアをしっかり閉めて、ラジオのチャンネルを地元の放送局に合わせる。すると、そこに父が入ってきてこう尋ねた。「何を聴いてるんだ？」。いま思えば、父はたんなる好奇心で質問しただけだ。私らしくない行動だったから。ところが、私は振り向いて叫んだ。「ラジオを聴いてるんだよ！」。父は、黙ったまま当惑のまなざしで私を見つめると、そっとドアを閉めた。一九八六年の別の日には、別のラジオを聴いていた。短波用のラジオで、父が芝生の上空を通してガレージまで引いてくれたワイヤーに接続してある。ノイズに包まれたイギリス訛りの英語が、海を渡って聞こえてくる。当時の私はまだ知る由もなかった。その後、BBCワールドサービスの語りかけてくる声が生まれる都市で、いつか暮らすことや、747を何百回も着陸させること、そしてある男性と結婚することを。その人はいま、私の近くで、ドアのフレームに体を預けている。あのときのアナウンサーは、ロンドンではなくニューヨークについて話していた。輝くスカイラインと、「いかにもアメリカ的な演出」と形容した、港の花火について。「自由の女神が一〇〇歳になりました」

廊下に沿った隣の部屋が、私の部屋だった。かつての自分の寝室をのぞきこむと、信じられないぐらい小さい。家のほかの場所は、そんなふうに感じなかったのに。思い出はいま、驚いた鳥たちのように舞い上がり、私とマークが立っている狭い入口のまわりを旋回し、分散する。この小さな部屋は、そのすべての記憶を抱えることができるのだろうか。ハロウィンで吸血鬼の仮装をしている兄と私。八月の暑い午後、寝込んでいる私。通りからほかの子どもたちの叫び声がすると、じめじめしたベッドから出て窓際に向かう。下ろされているブラインドにさえぎられた夏の光が、ほつれた端に沿って差し込んでくる。一人で飛行機を組み立てている私。高校時代の大晦日の私。父はそのうち私の継母になる人と外出している。だから、付き合っているともいえる間柄の大学生が遊びにきている。ポントゥーサック湖で初めて一緒にドライブをした彼だ。デスクで地図を作成し、想像の都市の最新の名前を書き留める私。その名前はその後も変わることがない。そして、数ヵ月のあいだ、ロイスと一緒に暮らした私。ロイスは私の部屋で寝ていて、私は階下で寝ている。両親が離婚を決意した夏だ。ロイスが両腕を広げながら、私に向かってこの木製の床を歩いてくる。離婚を告げられた直後だと、私の表情が語っていたからだ。

私とマークは部屋に入ると立ち止まり、あたりを見まわす。長居は禁物だと、自分に言い聞かせる。図々しいぞ。部屋はチクタクと音を立てる。ここには何もない。でもすべてがある。悲しむべきなのだろう。だが、とくに悲しくはないと気づいて驚く。両親がこの家で一緒に住んでいたのは、いまから三〇年前。私がここに立つのは、およそ四半世紀ぶりだ。いま、私はマークと一緒にいる。兄は元気で、自分の家族と一緒に自宅にいる。継母と私は仲がいい。暖かく、さっぱりとした日だ。シンディとダンが、裏庭にテーブルを用意している。

すべてがある。だが何もない。光る地球儀の輝きを思い出そうとしてみる。そっと回転させて静かに止めたら、どの半球がこの部屋のほうを向くだろうか。

心のなかで、物を並べなおしてみる。このベッドがあるところには、私のドレッサーがあった。その本棚の場所には、私のベッドがあった。デスクの位置は、私のものも同じく窓際だった。その上でよく描いていた地図のことをまた思い出し、マークのほうを振り返ってみる。マークの子ども時代の家ははるか遠く、イギリスの南海岸にある。付き合いはじめのころ、初めてここに連れてくる前に、マークに贈り物をつくって渡したことを思い出す。それは架空の都市の地下鉄マップで、それまでに一緒に行った場所がすべて駅になっていた。

部屋は人を覚えているだろうか？　一度覚えた人を忘れることができるだろうか？　私の目に、ぼんやりとした〝P〟の文字が見えてくる。故郷のこの街と、私の高校を表す〝P〟が、掲示板に鋲で留められている。レッドソックスのマグカップ。『スター・ウォーズ』のポスター。そこには飛行機のまぶしいコックピットのポスターを貼っていたこともある。ここは子どもの部屋なのに、とてもきれいで整然としている。本棚にきちんと並べられた教科書を見て、ふたたび理解する。そうだ、見たことがある。これは家を離れた人の部屋だ。

夕食だよ、と私を呼ぶ母か父の声が聞こえる。ノックをせずに乱入してくる兄の笑い声も響く。スヌーピーのぬいぐるみの姿を思い浮かべようとする。その鼻は、ある晩、ナイトライトに落ちて焦げ、母が布を当てて直してくれた。次に思い描くのは、あの飛行機たちだ。私の想像力がドレッサーの上につくりあげた滑走路で、まるで離陸するかのように持ち上げて水平に動かすまでは、微動もしない飛行機たち。開いている窓に目をやると、鳥のさえずりとそよ風が入ってくる。冬の夜を思い出そうとする。どんな夏の日より好きだった。強風に乗った雪が二重窓の外側に叩きつけると、内側の窓ガラスから霜の峰が立ち上がる。視線を落とし、窓枠にはめ込まれた金属製の取っ手や、低い位置にあるラジエーターの、同じく見慣れたダイヤルを見る。

まばたきをして、自分の街を想像しようとする。そこにある何かに手を伸ばす。高速で走る電車のぼんやりとした光が、減速するにつれて丸い窓の列へと分解していく。港の上空には、最長の橋が架かっている。そこに吊るされた灰色のケーブルの下には、新しく引かれた車線が見える。

新しいタワーは未完成で、その骨組みの半分は闇のなかにある。

　もう一度まばたきをする。そこにあるのは、部屋と、開いた窓からのそよ風、廊下から聞こえてくるシンディ、ダン、私の昔の隣人が交わす会話のざわめきだけだ。一分が過ぎる。そして、もう一分。

　窓のほうを向く。ふたたび外に視線を移し、庭に咲きほこる花を見渡す。視線はガレージへ、それを越えて東へ。天気が次に向かう場所を追う。ドアのほうを振り返り、マークを見る。その手を取ると、マークはかすかな笑みを浮かべて言った。「そろそろ行こうか」

謝辞

章ごとにまとめた注釈で言及した人たちに加えて、下記のみなさんに感謝の意を表したい。

クノップフ社の編集者、ダン・フランクとトム・ポルド、そしてチャットー&ウィンダス社のクララ・ファーマーには、本書の長い執筆期間中、つねに励ましと温かいサポートをいただいたことに深く感謝したい。ダン・フランクは二〇二一年五月に他界した。私は、ダンにお世話になり、もう会えないことを心から寂しく思っている多くの作家、読者、同僚の一人にすぎない。シャーロット・ハンフリーとアマンダ・ウォーターズにも、そのすばらしい仕事ぶりに感謝の言葉を伝えたい。カレン・トンプソンとサリー・サージェントには細部へのあくなきこだわりに、スティーヴン・パーカーとタイラー・コムリー、アンナ・ナイトン、ペギー・サムディィには本書のデザインおよび制作を手際よく進めてくれたことにお礼を述べたい。そしてもちろん、本書が読者の目にとまるよう尽力してくれた広報担当のジャスミン・マーシュとジェシー・スパイヴィーにも感謝したい。

また、何年も前に私に声をかけてくれたピーターズ・フレイザー&ダンロップ社のキャロライン・マイケルにも、心からの感謝の気持ちを伝えたい。彼女とその同僚のティム・バインディングが本書を刊行まで導いてくれた。また、レベッカ・ウェアマウス、キム・メリジャ、ローズ・ブラウン、ローリー・ロバートソンにもお礼を述べたい。ハリエット・パウニーは、ときに冷徹な提案をしてくれるとともに、往々にして簡潔な表現のほうがより豊かであるという教訓を与えてくれた。そして「行きすぎた事実」という言葉を生み出し（同時にそれを効果的に使って）助言をしてくれた。明敏なヒラリー・マクレランは、私が本文から切り捨てられないと思った事柄を丹念にチェックし、たとえばレアとダチョウのちがいを丁寧に教えてくれた。ピッツフィールドとバークシャーで私に協力してくれた全員にもお礼を言いたい。とくに、バークシャー・アテネウムのアン＝マリー・ハリスとバークシャー郡歴史協会のエリン・ハントは、同僚の方々とともに多大な協力をしてくれた。

ジェズ、ボンバー、セブ、キャット、ニール、デイブ！、アドリアン、アダム、キルスティン、クリス、バルビール、リンゼイ・ボーイ、リンゼイ・ガール、モー、ヘイリー、カーウィン、ジェームズといった〈ＡＰ２１１〉の仲間たちには、飛行機の型式等のリスト作成を通じて、かれこれ二〇年も続いている友情に感謝したい。また、私の同僚のアリスター・ブリッジャーとアンソニー・ケインには、本書の執筆プロジェクトに対する親切なサポートにお礼を述べたい。ともに働いているフライトクルー、キャビンクルー、空港グランドスタッフには、ロンドンであろうと、フライトデッキであろうと、到着地の街中であろうと、楽しく仕事を続けさせてくれていることに心から感謝している。パイロットは引退するときに、結局のところ最もすばらしかったのは仕事でかかわった人たちだ、と言うそうだ。飛行機と街が大好きな私もきっと、引退が決まったら同じように思うはずだ。

アンジャリ、ローラ、サイラス、そして文章を書くことが何より刺激的なことだと思い出させてくれたソフィーに感謝する。本書執筆中、方向性に迷いが生じたとき、ドリュー・タグリアブとピーター・カタパノは繊細かつ有益なアドバイスをしてくれた。また、シータ・シータラマン、ヘレン・ヤナコプロス、エレノア・オキーフ、ジェイミー・キャッシュ、テレア・レヴェック、ジム・シウロ、ジョーダン・ターキット、メレディス・ハワード、ワコ・タワ、ジョージ・グリーンスタイン、アドリアン・キャンベル＝スミス、ジュリアン・バラット、ザリール・ダダチャンジ、ジェイソン・ヴァンホーナッカー、アニカ・ヴァンホーナッカー、ナンシー・ヴァンホーナッカー、そしてもちろん、リッチとシンディーとダンにも感謝の気持ちを伝えたい。

　家族、友人、そのほかにも多くの人たちが、ここ三年あまりのあいだ、時間をかけて本書の草稿に目を通してくれた。本書刊行までに彼らが費やしてくれた時間と労力には、感謝してもしきれない。スティーヴン・ヒリオンは、その鋭敏な知性と、都市のことや執筆に関連する問題についての率直かつ温かな指摘をしてくれたことに感謝する。ピッツフィールド出身の旧友であるアレック・マクギリスは、多忙をきわめるなか本書のために時間を割いてくれた。トム・ツェルナーは、一緒にロサンゼルスの街を散策しながら、現実と想像の両方の都市について思慮深い考えをシェアしてくれた。デシラ・ランディシは、私が都市に愛着を抱いていることに理解を示し、都市についてどう書けばいいのかを助言してくれた。アレン・ドゥ・ボトンには、その寛大さとすばらしい著作に感謝したい。レオ・ミラニにはヒースロー空港から始まった友情と助力に、そしてセバスチャン・ストウフスには、パイロットと友人の両方の視点から注意深く草稿を読んでくれたことにお礼を述べたい。キルン・カプールは、初期の段階から草稿を読んで助言してくれた（しかも一度でなく、次の草稿、さらに次の草稿、そのまた次の草稿……と何度も読んでくれた）。私たちの友情と二人で旅をした経験はかけがえがない。心から感謝している。

最後に、両親、ジェイソン、ロイス、ナンシー、そしてキャスリーンやスーをはじめとするバークシャー・ファミリーの全員に、心からの愛と感謝の気持ちを伝えたい。彼らはつねに、私の人生において最大の恵みの一部となっている。そして何よりもマークに感謝したい。このうえない喜びをもたらしてくれるだけでなく、その多大な励ましとすばらしい助言に、執筆と日々の生活の両面でおおいに助けられている。

訳者あとがき

マサチューセッツ州ピッツフィールド。米国東部の大都市ボストンから西へ一八〇キロほどのところに位置する内陸部の都市で、同州西端のバークシャー郡で最も大きな街だ。人口は四万三〇〇〇人ほど。もともとはモヒカン族が暮らしていた土地で、山や森や湖など豊かな自然に囲まれ、市内には野生動物保護区もある。一九世紀半ばには、ハーマン・メルヴィル（一八一九～一八九一年）が郊外の農場「アローヘッド」で、書斎の窓から州内最高峰のグレイロック山の山容を眺めつつ、代表作『白鯨』を執筆したことでも知られる。一方で二〇世紀半ばには、ゼネラル・エレクトリック社の工場から排出された有害物質でフーサトニック川とその流域が汚染され、大規模な除染作業の舞台ともなった。

本書の旅は、著者の生まれ故郷のこの街から始まる。「（この）小さな都市から始まった旅を記録しておきたい。子どものころに想像していたより千倍も魅力的な、実在する多くの都市への旅を。そしてそれを書きながら、自分自身についてありのままを伝えたい。それは簡単なことではないかもしれない。でも、かつてはどうしてもそこから出たかった故郷のピッツフィールドになぜ深い愛着を感じるのかを理解するには、それが唯一の方法なのだ」（本書一八ページ）

本書は、二〇二二年にイギリスで刊行された *Imagine A City: A Pilot Sees the World*（Chatto & Windus）の全訳である。エアライン・パイロットで作家のマーク・ヴァンホーナッカーが、ピッツフィールドを起点にして記した旅行記（トラベローグ）であり、回想録（メモワール）であり、都市や家族の歴史を記述した書でもある。

著者のヴァンホーナッカーは一九七四年生まれ。小さなころから空や飛行機が大好きで、架空の都市を空想して時間を過ごすのを楽しみとしていた（「悲しいときや心配事があるときに、私は空想の都市に出かける」）。高校時代にはサマー・ホームステイ・プログラムで日本に滞在したこともあり、大学では日本語の授業を受けていたという。

マサチューセッツ州のアマースト大学を卒業後、イギリスに渡ってケンブリッジ大学大学院に進学（東アフリカ史を専攻）したが、パイロットになる夢を追うために退学し、ボストンでの会社員生活を経て念願のパイロットになった。

その後はロンドンを拠点に、ブリティッシュ・エアウェイズのパイロットとして、長年にわたり世界じゅうを飛びまわる生活を送ってきた。最初はエアバスのナローボディ機で短距離路線を担当し、その後は大型ジェット旅客機ボーイング747、さらには長距離用中型ワイドボディ機ボーイング787でフライトを担当してきた。ロンドン－東京間のフライトも積極的に引き受けている。

同時に、『ニューヨーク・タイムズ』や『フィナンシャル・タイムズ』、オンラインメディア『スレート』などに記事を寄せている。著書に『グッド・フライト、グッド・ナイト――パイロットが誘う最高の空旅』（ハヤカワ文庫NF、二〇一八年）、*How to Land a Plane*（Quercus、二〇二〇年、未邦訳）があり、本書は三作めの著書にあたる。

日本でも翻訳刊行された『グッド・フライト、グッド・ナイト』は、パイロットが空の旅をつづる書として、『エコノミスト』の年間ベスト・ブックに選ばれるなどベストセラーとなり、日本でも新聞書評などで取り上げられ、話題となって版を重ねている。同書をすでに読まれた方もおられるのではないだろうか。

『グッド・フライト、グッド・ナイト』がおもに空の旅に焦点を絞って書かれていたのに対し、本作『グッド・フライト、グッド・シティ』では「都市」に焦点が当てられている。

アブダビ、ミルトン・キーンズ、ブラジリア、キーラー、シェナンドア、ジッダ、ファーゴ、マラッカ、ペトロポリス、ケープタウン、ウプサラ、ローリー、アルビール……本書の目次には、なんとも旅情をそそられる魅力的な都市名が並んでいる。ロンドン、サンフランシスコ、香港、東京……といった聞き慣れた都市名もある。

ヴァンホーナッカーの旅の最大の特徴は、パイロットとして世界各地の都市間を頻繁に飛びまわるとともに、同じ都市に短時間ながら繰り返し滞在することにある。「数えきれないほど」訪れる都市もあるという。

「こうして毎年、繰り返し都市を訪れていると、不思議なことに都市同士が親密な関係をもちはじめる。実際にいくつかの都市では、この親密さがとても強く感じられ、錯覚を起こしそうになる。自分はここで生まれたわけではない、ここは私の土地ではないと、自分に言い聞かせなければならない事態によく陥るのだ」（本書二〇ページ）

「標識の都市」「門の都市」「詩の都市」「空の都市」……都市を軸とした本書の章立てもじつに興味深い。そこでは著者独自の視点で都市について語られている。

たとえば「標識の都市」の章では、ヴァンホーナッカーは各種の「標識」に注目する。カリフォルニア州のデスバレー近くに位置するキーラーという街（二〇二〇年の人口は七一人）を訪れたときの記述（一一三ページ以降）に登場する、「ロサンゼルスの方向を指し示す最初の標識」もそのうちの一つだ。

じつは、それがどんな標識なのか気になって、私もグーグルマップ上で同地を訪れてみた。「谷の西側、シエラネバダ山脈の東の端を走る国道３９５号線との合流点」の手前にある、緑色の道路標識だ。気になる方はウェブブラウザで以下のＵＲＬを入力していただければ、私が見た風景と同じ画像が映し出され、周辺のようすも確認できるはずだ（https://maps.app.goo.gl/c8TSwfQRuZhRMZ2s5）。著者の旅をなぞるそんな楽しみ方ができるのも、私にとってはこの本を読む大きな楽しみの一つだった。

「都市」に加えて、本書のもう一つの軸になっているのは、「家族」の歴史と絆をめぐる物語だ。ベルギー出身で元神父の父親と、ペンシルベニア州の炭鉱地域にある小さな町出身の母親を中心に、濃密に編まれるファミリーの物語。

「私の両親はどちらも数年前に他界した。それでも、私とマークはバークシャーとピッツフィールドをよく訪れる。少なくともそこには『バークシャー・ギャング（バークシャーの仲間たち）』がいるからだ。私が育ったファミリーのあいだでは、自分たちをそう呼んでいる」（五〇ページ）。

その物語は、バークシャーとピッツフィールド周辺だけに留まらない。スウェーデンのウプサラ（三四八ページ）や、ブラジルの都市ブラジリアの北東一一〇〇キロほどのところにあるサルヴァドールという街（八七ページ）など、ファミリーの物語は世界各地で展開される。

こうして本書では、空の旅、都市の旅、ファミリーをめぐる旅が全篇を通して織りなされる。

ヴァンホーナッカーの旅の記録を読んでいると、ついつい旅心がそそられる。飛行機の旅、どこかの見知らぬ街への旅、自分の家族の来し方をたどる旅……。

そういえば、東京の下町で生まれ育った私が初めての海外に出かけたのは、いまから三〇年以上前、二〇代のときの旅だった。バックパックを背負い、できるだけ節約するため、まずは夜行列車で東京から大垣へ、そこから電車を乗り継いで神戸に到着した。そして神戸港で日中国際フェリーの「鑑真号」に乗船すると、最初の目的地である上海に向かった。たしか当時の運賃は一万八〇〇〇円ほどだったのではないか（二等の和室にごろ寝する客室）。所要時間は五〇時間ぐらいだったと記憶している。

波に揺られながらの海上での長旅のあと、ユーラシア大陸の陸地を初めて目にしたときの驚きは忘れられない。長江（揚子江）をさかのぼり、ようやく下船すると、あたりまえのことだが、文字どおり「異国」の風景が目の前に広がっていた――。

その後は大陸を陸路で西へ西へと進み、標高約五〇〇〇メートルのクンジュラブ峠をバスで越え、国境を越えてパキスタンへ。結局、その旅は一年ほど続いた。

そのあとも、長い年月のあいだに国内外でさまざまな旅を経験した。そうした旅（すっかり忘れていたものも含めて）が、本書を翻訳しながらゆっくりと記憶の底からよみがえってきた。

都市のにおい、空気の濃密さ（あるいは薄さ）、モンスーンの雨の音、圧倒的な湿気、雑踏の喧噪、見知らぬ食べもの、異国の人たちの笑顔、動物の鳴き声、未知の土地に一人でいる恐怖感と喜び……。そして、長期間の旅をすることにともなう家族との関係性。

この本は、形式的にはマーク・ヴァンホーナッカーの私的な旅の記録だが、生まれ育った土地や訪れたことのある街、出会ってきた人など、読む者の心にさまざまなものを呼び起こす一冊でもあるように思う。旅することが大好きで、異国の文化にとくに心惹かれる者の一人として、本書の翻訳にかかわれたことは大きな喜びだった。

さらに記憶をさかのぼると、私の旅は、小学校の低学年のとき、自転車に乗って、日常生活のごく限られた範囲からほんの一歩踏み出すことから始まった。本書の著者と同じく、私自身も自分の故郷に複雑な思いを抱いている。これを機に、自分の来し方を振り返り、行く末に思いを馳せてみたい。

読者のみなさんにも、自分なりのかたちで少しでも本書を楽しんでいただけたら、訳者としてそれ以上に嬉しいことはない。

本書の翻訳は、共訳者の三浦生紗子さんとともに、楽しみながら、同時に苦労しながら作業を行なった。そして、早川書房書籍編集部の石川大我さん、同校閲課の岩本奈未さん、校正者の清水晃さんにたいへんお世話になった。心からお礼を述べたい。また、本書の制作や販売にかかわられたすべての方に感謝の気持ちを伝えたい。さらに、私が所属する翻訳会社リベルのスタッフ全員にもその協力に感謝したい。

なお、本文中で各種書籍から翻訳引用がなされている箇所については、注記のあるものを除いて、既訳書も参考にしながら訳者の二人が独自に訳したものであることを付記しておく。

最後に、この本を手にとってくださった読者の皆さんに、心からお礼を申し上げます。

二〇二四年六月

関根光宏

原　注

読者のみなさんへ

本書に登場する人物のうち５人については、本人からの要望にしたがって、あるいは本人と連絡がとれなかったため名前を変えた。また、経歴の細部に手を加えた人も一人いる。それ以外は、本書全体を通して私の経験をできるだけ正確に記述するよう努めた。しかし場合によっては、あらためて詳細なメモをとったり、過去のメモを確認したりするために、印象に残った散策地や博物館を再訪したりもした。そうした再訪（あるいは２度め、３度めの訪問）によって初めて気づいたこともある。

LGBTQ＋の若者や、そうした人をサポートする人たちに対して、助言や居場所を提供する団体がたくさんある。〈PFLAG〉（pflag.org）と〈トレヴァー・プロジェクト〉（thetrevorproject.org）は、とくにアメリカで暮らす人にとってすばらしいスタート地点となる。〈ストーンウォール〉（stonewall.org.uk）は、イギリス国内の情報を多数提供している。オンラインのビデオチャンネル〈イット・ゲッツ・ベター・プロジェクト〉（itgetsbetter.org）もおすすめだ。

旅行者として都市部やそれ以外の地域のコミュニティをどのように支援したらいいのかという点については、単純には答えられない。経験を積んだ旅行者であっても、ロンリープラネット社から最近（2020年）刊行された*The Sustainable Travel Handbook*は、旅行前に読む手引きとして役立つ。もちろん、旅行中や旅行後は、現地の人たちのアドバイスに耳を傾けるのがいちばんだ。同書は、環境にやさしいかたちで旅行をするためのガイドライン――それは航空業界や旅行・観光業界で働く人の関心事でもある――に加えて、バイオ燃料やカーボンオフセットといった問題も取り上げている。

最終章のロンドン（私はマスクを着用して移動した）を除けば、本書執筆のベースとなった旅を終えたのは、新型コロナ感染症のパンデミックによって航空業界が様変わりする直前の2020年２月のことである（大部分の旅はそれ以前に行なわれた）。パンデミックが都市に与える長期的な影響を調査・研究することは、都市学者、建築家、都市計画の専門家、各分野で指導的立場にある人たちにとって、今後、長い年月をかけて取り組むべき問題であることは間違いない。都市部におけるパンデミックと気候変動の影響に関心のある人には、ブルームバークの〈CityLab〉（bloomberg.com/citylab）を勧めたい。

とくに断りのないかぎり、本書ではイギリスで使われている測定単位を使用した〔邦訳にあたっては日本の読者向けに単位換算をした箇所もある〕。

ピッツフィールドの観光については、市のウェブサイト（lovepittsfield.com および cityofpittsfield.org）や、バークシャー郡を訪れる人向けのウェブサイト（berkshires.org）——そのモットーは「人生が呼んでいる」だ——で詳しい情報を得られる。

私が参照した情報源についての案内役となり、読者のみなさんがさらなる読書を進めるうえでの指針となるよう、以下に章ごとの注釈と参考文献リストを付した。

事実関係や解釈に関して、確認に協力してくれたすべての人に深く感謝したい。もちろん、文章についての最終的な責任は私自身にある。

読者のみなさんからの便りはいつでも歓迎したい。とくに、みなさんの好きな都市について書かれたお勧めの本があれば、ぜひ教えてほしい。私への連絡はウェブサイト（markvanhoenacker.com）を通して可能になっている。

記憶の都市

章扉のイラストは、ピッツフィールドのニレの木をモチーフにしている。

コールリッジの「夜のように、土地から土地へ」は、「The Rime of the Ancient Mariner」〔邦訳：「古老の舟乗り」『対訳コウルリッジ詩集』上島建吉編、岩波書店、2002年ほか〕から引用した。

私がパイロットになろうと決心をしたいきさつについては、前作 *Skyfaring: A Journey with a Pilot*〔邦訳：『グッド・フライト、グッド・ナイト——パイロットが誘う最高の空旅』早川書房〕で詳しく触れている。

国連のデータは、*World Urbanization Prospects: The 2018 Revision* と、それをもとにまとめられた報告書 *The World's Cities in 2018* を参照した。その報告書の最初のページには「都市とは何か」という見出しがあり、定義の異なる〝都市〟と〝都市圏〟の人口を比較する難しさについて書かれている。

父の自伝は家族と〝バークシャー・ギャング〟のために印刷された。いずれ多くの人に読んでもらえるようなかたちにしたい。

ローマについてのジュゼッペ・ガリバルディの言葉には、イタリア語版と英語版のいくつかのバージョンがあるが、どれも趣旨は変わらない。

始まりの都市

ウィリアム・カーロス・ウィリアムズの「一人一人の人間はそれぞれが都市だ……」という言葉は、*Paterson* の序文から引用した。それに先立つ著者の言葉のなかでウィリアムズは、パターソンという街を選んだ理由について、「私は故郷に近い何か、知りうる何かを欲していた」と記している。

キプリングの「ボンベイ市に捧げる」には複数のバージョンがある。本書では *Collected Verse of Rudyard Kipling* から引用した。

「あなたがたは世の光である……」という有名な一節について、私が最初に知ったのはどの翻訳版によるものなのかは定かではない。本書での引用は『ジュネーブ聖書』の1599年版による。ジョン・ウィンスロップは同聖書を参照して説教を準備したと思われる。たとえば、*The New England Quarterly* 所収のアブラム・C・ヴァン・エンゲンによる論文「Origins and Last Farewells: Bible Wars, Textual Form, and the Making of American History」を参照されたい。

ジョセフ・スミスの「広場がこのように設置されたら……」は、私の手元にある *History of the Church of Jesus Christ of Latter-Day Saints* の第1巻など、さまざまな資料に掲載されている。チャーチ・ヒストリアンズ・プレスのウェブサイト（josephsmithpapers.org）では、この引用部が「When（いつ）」でなく「Where（どこ）」で始まっている。

「メンフィス、ベナレス、エルサレム、ローマ、メッカ」は、リチャード・フランシス・バートンの著書 *The City of the Saints* において、第1章「Why I Went to Great Salt Lake City」の最初の段落で言及されている。同章は次の一文から始まる。「極西部地域（ファーウエスト）を訪れることなくアンクル・サミュエルの土地を旅するのは、言ってみれば、デンマーク王子の役どころが省略された『ハムレット』を観るようなものだ」

ブリガム・ヤングの伝説的な言葉をどのバージョンから引用すればいいか悩んだ。というのもとくに、「This is the place（ここがその場所だ）」という言いまわしが最も知られているからだ。一方、シンシア・ファースとジェフリー・カールストロムの *The History of Emigration Canyon: Gateway to Salt Lake Valley*（54ページ）のような文献では、ブリガム・ヤングの言葉の最初のバージョンが「十分だ。ここが私たちに適した場所だ。前進しつづけよう」と記録されている。

ベネディクト・アンダーソンによる「新しい」都市名についての考察は、*Imagined Communities: Reflections on the Origin and Spread of Nationalism* の第11章を参照。2020年の秋に本書を執筆しているとき、ニューヨーク・タイムズ紙の「Thanksgiving in a Strange Land」という署名入り記事（2020年11月24日付）のなかで、私は「いままででいちばんひどい感謝祭」について言及した。

ローマと世界についてのオウィディウスの発言は、たとえば *The Classical World* 所収のミシェル・ローリー「Rome: City and Empire」のなかで言及されている。「ローマ人以外の土地は、決められた境界線の内側において与えられる。ローマという都市の拡大と世界の拡大は重なり合う」

パートナーのマークとともにローマを訪れ、街のあちこちで「SPQR」という表記を実際に見たことによって、私はメアリー・ビアード著 *SPQR: A History of Ancient Rome* と出会った。同書のすばらしさはひと言では表現しきれない。リウィウスの引用は、*The Early History of Rome: Books I - V of the Ab Urbe Condita*（英語版

を翻訳したのはB・O・フォスター）による。

野球に関するピッツフィールドの条例については、2004年5月18日付のボルティモア・サン紙に掲載された、アレック・マクギリスの「Hometown Home Run」という記事に詳しい。

ピッツフィールドの歴史に関して、私はとくに *The History of Pittsfield, (Berkshire County,) Massachusetts, from the Year 1734 to the Year 1800* という膨大な文献を参照した。全4巻からなり、続刊はそれぞれ1800年から1876年、1876年から1916年、1916年から1955年をカバーしている。郷土史家の話によると、同書の内容は情報としてはおおむね信頼できるが、ネイティブ・アメリカンの記述についてはとくに批判的な目で見る必要があるという。100万ボルトの稲妻については、*The History of Pittsfield* (1916-1955) の8ページに記載されている。ブスケット・スキー場でナイトスキーが楽しまれるようになったいきさつについては、バークシャー郡歴史協会の2016年版 *Pittsfield* に詳しい。また同書には、クラレンス・ブスケットがロープトウ〔スキーヤーを山側に運ぶ設備〕のグリップを「発明し、特許権を取得した」とも記されている。

オランダの地図制作者によるバークシャー地方とバーモント州の記述は、*The History of Pittsfield*（1734-1800）の15ページに掲載されている。私が高校時代に使っていたアメリカ合衆国史の教科書におけるネイティブ・アメリカンに関する記述は、1991年10月16日付のバークシャー・イーグル紙に寄稿した手紙「PHS Text Doesn't Measure Up」に記されている。

マサチューセッツ州議会による「プーントゥーサックにおける入植地の所有者」という記述は、*The History of Pittsfield*（1734-1800）の91ページに記載がある。また、このモヒカン族の地名の英語訳は同書16ページに、ウィリアム・ピットの「フランスとの戦争を精力的に……」というくだりは同書132ページを参照した。

市制が施行された朝に降った雪についての記述「天からの恵み」は、1891年1月8日付のバークシャー・カウンティ・イーグル紙の1面に掲載された記事「Our New City」から引用した。バーカー判事の演説は〈バークシャー・アテネウム〉で入手可能な *Proceedings of Inauguration of City Government – January 5, 1891* に記録されている。「私たちは故地にいる……」は同書5ページ、「古い秩序は過去のものに……」は9ページ、「立地や景色の美しさ……」は14ページ、「ローマが美の玉座に……」は14〜15ページにそれぞれ記載がある。

「母なる威厳」「父なる落ち着き」「1000本のキャンドルに匹敵する」という表現は、〈バークシャー・アテネウム〉に保管されている市制施行記念式典に関する記事を集めたスクラップブックのなかで見つけた「The Inaugural Ball」という記事から引用した。その切り抜きには手書きで「Evening Journal」と記されているが、おそらくそれが刊行物の名称だと思われる。その記事は次のように始まっている。

「1891年1月5日（月曜）は、ピッツフィールドにとってまさに記念すべき一日となった」

リウィウスの「神聖なものを人間的なものと……」は、前述したB・O・フォスターによる英訳版の4ページから引用した。ミセス・セス・ジェーンズとオオカミに関する記述は、*The History of Pittsfield*（1734-1800）の脚注（140ページ）にある。「アメリカ独立革命に関するピッツフィールドの記録」は同書の477ページから始まる。ノアディアはサラ・デミングの息子であり、ベンジャミン・デミングとジョン・デミングについてはサラとの関係は確認できなかった。

サラ・デミングの大理石のモニュメントは、ウィリアムズ・ストリート（独立戦争以前はホナサダ・ストリートとして知られていた）の〈イースト・パート・セメタリー〉にある。*The History of Pittsfield*（1734-1800）には、その埋葬地は「1752年に彼女が居を構えた場所の近く」にあり、モニュメントの東面には「独立革命の母、イスラエルの母」と刻まれているとの記録がある（同書86～87ページの脚注）。現在、その銘文は西を向いている。

〈バークシャー・アテネウム〉の郷土史・系譜部門所属のアン＝マリー・ハリスは、この章だけでなく、本書全体の執筆に協力してくれた。私を温かく迎えて案内してくれただけでなく、それから数カ月のあいだ、私からの数十の質問にメールで答えてくれた。心から感謝の意を表したい。子どものころの私や家族にとって大切な存在だった図書館でふたたび多くの時間を過ごすことができたのは、とてもうれしい経験だった。それに、〈ダンキンドーナツ〉ですぐにスナックを食べたり休憩したりできることも思い出せた。

夢の都市

ニューヨーク・タイムズ紙の2015年12月26日付の記事「The Unopened Letter」で、私はフライトスクール在籍中に母から手紙が届いた話について書いた。その後、多くの読者から便りをいただき、紛失した手紙がのちに見つかったという話をたくさん聞いて心を動かされた。

カール・ユングの言葉は*Memories, Dreams, Reflections*の197ページと198ページから引用した。リヴァプールのマシュー・ストリートにはユングの胸像があり、次のように刻まれている。「リヴァプールは人生のたまり場（プール）だ」「C・G・ユング 1927」

父の言葉のさまざまな引用は、父が遺した盾やその裏に書かれた言葉、さらには自伝から引用した。ブラジルの路上で果物を探すためのアプリ名は、その名も〈Fruit Map〉。クラリッセ・リスペクトルの「雲のために計算された空間」は、1970年6月20日付のジョルナル・ド・ブラジル紙に掲載された「Nos primeiros começos de Brasília」による。その記事はマリア・カテリーナ・ピンチェルレの

「Chronicles as Memorials: The Brasília of Clarice Lispector (and the Temporary Disappearance of the Invisible)」において参照されている。

ジェイムズ・ホルストンは、*The Modernist City: An Anthropological Critique of Brasília* のなかで、ブラジリアの人口密度は、都市が建設された当時、1平方キロメートルあたり一人以下だったと述べている。ちなみに2018年、世界で最も人口密度の低い国の一つであるモンゴルの人口密度は、1平方キロメートルあたり2人だった。

クビチェックの「内陸化を通じた統一」は、*The Modernist City* の18ページに記されている。キャロライン・S・トーシェのクビチェックに関する記述は、「Mystics, Modernists, and Constructions of Brasilia」の48ページを参照した。また、ホルストンの引用「実際に建設された最も完全な例」は、彼の著書の31ページから引用した。オスカー・ニーマイヤーの「サン゠テグジュペリの大聖堂」は *The Curves of Time: The Memoirs of Oscar Niemeyer* の109ページに記載がある。

私の父がサルヴァドールに赴任した最初の数日間で飛行機から街を視察した際の描写は、次のようなものだった。

> これらの貧しい地区には、通りの名前はなかった。地図も見つからなかったので、私は飛行場に赴き、すぐにパイロットを見つけた。2500フィート上空から近隣の写真を撮るためだ。……そうして撮影した写真によって、家を一軒一軒数えることができた。1平方マイル（約2.6平方キロ）あたり5500軒ほどの家があったので、私はすぐに、その人口を2万3000人と見積もった。製図技師が土地を図面に書き込むと、開発業者がすぐに宅地として売りさばいたため、週ごとに泥の小屋が増えていった。人々はおもに州都から数十キロ以内の町からやってきていて、友人同士が近くで暮らせるよう、出身の町ごとに集まって居を構えた。

ホルストンの「モダニストが理想的なものだと考えた新技術……」は、私とホルストンのあいだで交わされた私信から引用した。ユーリ・ガガーリンの「地球ではなく別の惑星に立っている」は、トーシェの56ページからの引用である。2011年9月17日付のインディペンデント紙に掲載された無署名のAFP配信記事「Landmark Anniversary for Brasilia Leaves Architect "Sad"」では、少し異なる訳文が掲載されている（ちなみに、ブラジリアの最初の「i」の発音は英語では省かれることが多い）。

ドン・ボスコの夢の抜粋（英訳）は、ホルストンの著書の16ページに掲載されている。その全文と別の翻訳は、〈Don Bosco Salesian Portal〉(donboscosalesianportal.org）というウェブサイト上で読めるエウジェーニオ・セリアの「The Biographical Memoirs of Saint John Bosco」を参照されたい。

ブラジリアが「希望の首都」であるという記述は、たとえばグスターヴォ・リンス・リベイラ著 *O Capital da Esperança* で読める。また英語でも、アレックス・シュマトフがニューヨーカー誌に寄稿した「The Capital of Hope」という論考（1980年10月26日）で読むことができる。

ジェイムズ・ホルストンには、すばらしい書物を書いてくれただけでなく、私のブラジリア訪問前後の調査に時間を割いてくれたことや、私信の一部の引用を許可してくれたことに感謝したい。エドゥアルドには、私と兄に対する生涯変わらない愛情と、私たちの父親について話を聞かせてくれたことに心から感謝の気持ちを伝えたい。フェルナンドには、ヴィヴィアンを紹介してくれたことにお礼を述べたい。そしてもちろん、ヴィヴィアンには、見ず知らずの人物を数日にわたって気さくに案内してくれた寛大さに、特別な感謝の意を表したい。ヴィヴィアンとフェルナンドは、アンドレア・ブロットと同じく事実関係の確認を手伝ってくれた。さらには、レベッカ・エルドレッジ、ジョナサン・ラックマン、ダン・マクニコル、リヴァプール・ジョン・レノン空港のロビン・チューダー、WGBHのカレン・カリアーニ、ポール・グロンダール、そしてドン・ボスコ・サレジオ会（イギリス）のウェブサイト（salesians.org.uk）を通じて連絡をとったジェイムズ・ガードナーにも感謝したい。

標識の都市

ロサンゼルスの最初の呼称については、いまだに議論が続いている。たとえば、2005年3月26日付のロサンゼルス・タイムズ紙に掲載されたボブ・プールの記事「City of Angels' First Name Still Bedevils Historians」を参照。本書で採用したのは、レミ・ナドー著 *Los Angeles: From Mission to Modern City* の7ページに記載されているものであり、私のお気に入りだ。

ミゲル・コスタンソの「自分たちの現在位置を確かめる……」は、デイヴィッド・キペン著 *Dear Los Angeles* の22ページに引用されている。ロサンゼルスの空気を「昔のエジプト」と対比した旅行者というのはE・D・ホルトンであり、その1880年の発言が同書の65、66ページに掲載されている。エレノア・ルーズベルトの言葉は1946年3月23日の彼女のコラム「My Day」から引用した。同コラムは〈Eleanor Roosevelt Papers Project〉（erpapers.columbian.gwu.edu）からアクセスできる。

ロサンゼルスは「海から遠く離れているので、ビジネスの中心地にはなれないだろう」というニューヨークの新聞記事は、ナドーの著作の83ページに記載されているニューヨーク・トリビューン紙からの引用による。ただし私は、同記事の原文も日付もまだ見つけられていない。ちなみに、ロサンゼルスは1909年にサン・ペドロという港町を併合した。

私はいつも、「シティ」や「ザ・シティ」と記された道路標識に心を惹かれる。したがって、トーマス・F・マデン著 *Istanbul: City of Majesty at the Crossroads of the World* のなかで、〝イスタンブール〟とはギリシャ語の“σ τ η ν Π ό λ η”（「街（シティ）へ」の意）のトルコ語読みにすぎないと記されているのを読んだ私が、いかに興奮したかを理解してもらえると思う。

ボストンを「アメリカのアテネ」と表現することはよく見られる。たとえば、トーマス・H・オコナー著 *The Athens of America: Boston, 1825 - 1845* を参照。「宇宙の中心」は、かつてピッツフィールドで暮らしていたオリバー・ウェンデル・ホームズ・シニアが 1858 年にアトランティック・マンスリー誌に発表したエッセイに由来する。そのなかでホームズは、「ボストン州庁舎は太陽系の中心（ハブ）だ」と書いている（エドガー・B・ハーウィック 3 世による WGBH の 2017 年 8 月 30 日のレポート「From ‘Beantown’ to ‘The Hub,’ How Did Boston Earn Its Nicknames?」参照）。実際のところ、ピッツフィールドにおけるホームズのかつての隣人たちは、当時のボストンをどう見ていたのだろうか。

『チアーズ』シーズン 1 の第 16 話のタイトルは「The Boys in the Bar」。ディサイダー誌の 2017 年 3 月 28 日の記事「That Gay Episode: How Sam Malone Showed Acceptance Is Macho on ‘Cheers’」でブレット・ホワイトが書いているように、この番組の脚本家たちはニューヨーク・タイムズ誌が（1995 年 6 月 1 日の死亡記事で）「同性愛を最初に公的に認めたメジャー・リーガー」と評したグレン・バークの話に触発された。

フレイジャー・クレインは、『チアーズ』シーズン 6 の第 19 話「Airport V」で、バークシャーを愛する不安げな飛行機乗りたちに手を貸している。

古代ローマの黄金の里程標（ミリアリウム・アウレウム）が正確にどのような機能を果たしていたのかは、私にはまだわからない。サミュエル・ボール・プラトナーの *A Topographical Dictionary of Ancient Rome* には、「その上には帝国の主要な都市名とローマからの距離が刻まれていたが、そうした距離はミリアリウムそのものからではなく、セルウィウス城壁の門から計算されていた」とある。それに対して、J・A・クラマーの *A Geographical and Historical Description of Ancient Italy* では、ミリアリウムとは「ファロ・ロマーノ内のその地点から都市のいくつかの門までの距離だけが考慮されていた」とされている。

カリフォルニア州アンボイのスローガン〝まだ死んでいないゴーストタウン〟は、コミュニティのウェブサイト（visitamboy.com）に記載されている。一度は訪れてみることをお勧めする。ルート 66 沿いのエル・ランチョ・モービル・ホーム・パークの前には、カリフォルニア州ダゲットの街の方角を示す標識がある。「ロサンゼルスでキャンプ中」の植物学者はウィリアム・H・ブリュワーであり、キペンの著書の 440 ページと 441 ページで引用されている。ナドーの「エジプトから脱出し

たあとの乳と蜜の……」は、その著書 *Los Angels: From Mission to Modern City* の162ページから引用した。

マルホランドの有名な発言「いますぐこの水を手に入れる必要がある」には、いくつかのバージョンがある。本書では、マーガレット・レスリー・デイヴィスによるマルホランドとロサンゼルスの起源に関するすばらしい研究書、*Rivers in the Desert: William Mulholland and the Inventing of Los Angeles* の第３章から引用した。また、2015年12月18日付のロサンゼルス・レヴュー・オブ・ブックスに掲載されたエッセイ「Just Subtract Water: The Los Angeles River and a Robert Moses with the Soul of a Jane Jacobs」では、ジョセフ・ジョバンニーニが次のように記している。「If you don't get the water, you won't need it.（水を手に入れられないのであれば、水は必要ないということだ）」（ジョバンニーニはまた、ロサンゼルスの物語とその水をめぐる争いを語るに際して映画『チャイナタウン』が果たした役割についても触れている）。マルホランドの言葉としてさらによく知られている「さあ、水を飲もう」は、デイヴィスの著書の第７章を参照。

市から遠く離れた地に「ここからロサンゼルス」という標識を設置した話と、デイヴィッド・キペンの「ヒマラヤまでトレッキングしたとしても……」は、その著書の序文xvページにある。

ナドーの「都市の建設に貢献した属州」は、ナドーの著書の180ページを参照。ウォーレス・ステグナーの「無の空間につくられた片持ち梁」は、1993年4月18日付のオレゴニアン紙に掲載されたエド・マドリードによるインタビューを参照。ボウリングのボールとトランポリンの例は、ピッツフィールド高校の物理学の授業でギルバート先生から教えられた。2020年11月23日にオンタリオ州物理教師協会のウェブサイト（oapt.ca）に掲載された興味深い記事「General Relativity: Beyond the Bowling Ball and the Trampoline」などでも紹介されている。

タマラの都市についての引用「注目すべきものが視界に入ることは……」は、イタロ・カルヴィーノの *Invisible Cities* の「Cities & Signs 1」という章を参照。『交通制御機器類統一の手引き』からの引用は、アメリカ運輸省連邦道路庁のウェブサイト（mutcd.fhwa.dot.gov）で公開されている2009年版（改訂第一版と改訂第二版を含む）による。「交通管制装置は、その効果を……」はセクション１Ａの２、第２節から、「標識に描かれた矢印は……」はセクション２Ｄの８、第18節から、「側面の縁から文字までの間隔は……」もセクション２Ｅの15、第２節からそれぞれ引用した。また「個別の照明が設置されていない道路標識の背景は……」は、セクション２Ｅの６、第１節に記載されている。

「都市のなかの偉大な都市」は、2002年９月２日、ロジャー・Ｍ・マホーニー枢機卿が〈天使のマリア大聖堂〉で行なった説教中の言葉であり、以前は同大聖堂のウェブサイト（olacathedral.org）で読むことができた。

目標地（コントロール・シティ）に関する私の質問に辛抱強く答えてくれた、全米州高速道路協会のボブ・カレン、ジャミーラ・ヘイズ、トニー・ドーシー、マサチューセッツ州運輸局のクリステン・ペヌッチ、アリゾナ州運輸局のジョン・ブロツキー、植物の同定に協力してくれたカリフォルニア自生植物協会（cnps.org）の元職員リブ・オキーフ、写真家で植物学者でもあるスティーヴン・イングラム（ingramphoto.com）に感謝したい。オーエンズ・バレーの気象パターンについて解説してくれたジェイムズ・D・ドイルにもお礼を述べたい。そのほかにも、親切に手引きをしてくれたトゥーン・ヴァンホーナッカー、ピーター・シュラグ、アンドレアス・ザンカー、ディーター・ムイヤールト、トン・ユベルマンスにも感謝の気持ちを伝えたい。

眺望の都市

高校生のとき、ピッツフィールド高校で昼休みに校外に出る権利が3年生と4年生だけに与えられていたことを、私は明確に知っていたわけではない。何人かのクラスメートに聞いてみたが、私と同じ認識だった。「シェナンドア」という曲は、ときに「オー、シェナンドア」というタイトルで呼ばれることもある。〈ミセスT〉のピエロギは、アメリカ国内のスーパーマーケットの冷凍食品コーナーで販売されている（mrstspierogies.com）。

〈高層ビル・都市居住評議会〉（同評議会は「持続可能な垂直方向の都市化の推進」というモットーをウェブサイト上で掲げている）の高層ビルに関する統計資料は概略にすぎない。そのため、彼らがウェブサイト（ctbuh.org）で発表する統計資料にどのような変化が見られるかを、ときどきチェックするのも楽しい。超高層ビルのランキングトップ100のなかでは、非西洋諸国の都市にある高層ビルの比率が高まっている。じつをいうと、階数とビルの高さの関係はまちまちだ。その2つのあいだの関係は、ビルによってフロア間の高さが異なることだけでなく、ロビーや屋上設備、クラウン（王冠）によっても左右される。たとえば、150メートル前後の現代的なオフィスビルは35階建てかもしれないが、同じ高さのホテルは45階建ての可能性もある。

都市の橋の数に関する統計については、潜在的な問題（たとえば鉄道の上に通常の道路が架けられている場合、ブルックリン橋と同じカテゴリーに分類すべきなのか）があるだけでなく、情報をアップデートするのが難しいという問題もある。たとえば、2017年5月5日に〈ハインツ・ヒストリー・センター〉によってオンライン上に投稿された「Pittsburgh: The City of Bridges」によると、ピッツバーグの橋の数は446である。一方、最も自然に思い浮かぶ、川を渡るという意味では、2006年9月13日に〈WTAE-TV〉が発表した「Just How Many Bridges Are There in Pittsburgh?」によると、ピッツバーグには「3つの川を渡る29以上の橋がある」ことになる。ブリタニカ百科事典のウェブサイトでは、ヴェネツィアにある運河を

渡る橋（ポンティ）のおおよその数は「400 程度」とされている。ニューヨーク市の橋の数は一般に 2000 を超えるとされている。2017 年 11 月 1 日付のテレグラフ紙の記事「25 Record-Breaking Cities: Highest, Cheapest, Oldest and Most Crowded」によると、ハンブルクの橋の数は 2300。マサチューセッツ運輸局のデータベースでは、ピッツフィールドにおけるあらゆる種類の橋の数の合計は 64 とされている。

グランドビュー通りにあるカトリック教会〈セント・メアリー・オブ・ザ・マウント〉で、私は次のように言われたことがある。「私たちと、この教会が道標となり守護者となっている鉄鋼の街、ピッツフィールドのために祈ってください」

ピッツフィールドの〈マハンナ・コブル・トレイル〉は、バークシャー自然資源協議会によって管理されている。私は、2020 年 10 月 2 日付のニューヨーク・タイムズ紙に寄稿した「Leaf Peeping Is Not Canceled: 6 Drives and Hikes to Try This Fall」のなかで、そのトレイルについて書いた。メルヴィルは *Pierre; or, The Ambiguities* という小説を「Greylock's Most Excellent Majesty（グレイロックの最高の存在）」に捧げている。フーサトニック川の環境汚染および保全に関しては、バークシャー・イーグル紙が詳細に報じている。その点については「川の都市」の原注も参照されたい。ピッツフィールドのダウンタウンにある私のお気に入りのカフェは〈Dottie's Coffee Lounge〉（dottiescoffeelounge.com）。そこから通りを渡ったところには「最高のフライドポテトを提供」する〈Lantern〉（thelanternbarandgrill.com）という店がある。世界一おいしいアップルサイダー・ドーナツは、リッチモンドの〈Bartlett's Apple Orchard and Farm Market〉（bartlettsorchard.com）で購入できる。

この章の執筆にあたっては、ピッツバーグ市の公式ウェブサイト（pittsburghpa.gov）、ピッツバーグ・マガジン誌（pittsburghmagazine.com）とピッツバーグ・ポスト・ガゼット紙（post-gazette.com）のウェブサイトを何度も参照した。

アンドリュー・ポパリスとマシュー・ポパリスは、親切にもシェナンドアの思い出を語ってくれた。バークシャー自然資源協議会（bnrc.org）のジェニー・ハンセルとマライア・オーマン、マサチューセッツ・オーデュボン協会（massaudubon.org）のベッキー・クッシング・ゴップには、本章で触れたピッツフィールドの情報に関してさまざまな助言をいただいたことに、そしてバークシャーのためにすばらしい仕事を続けてくれていることに心から感謝したい。〈高層ビル・都市居住協議会〉のショーン・ウルシーニは、高層ビルの階数と高さを関連づける方法について助言してくれた。ジム・チウッロには、父との長い友情と、父のオフィスについて書くにあたってのアドバイスに心から感謝したい。本章の執筆に際しては、そのほかにもロブ・クーン、ジョン・ミルバーグ、マーガレット・マッキオウン、エレン・オコネルの助力に感謝の意を表したい。

門の都市

章扉のイラストは、ブリュッセルにあるサンカントネール門の三連アーチをモチーフにしている。

カルヴィーノの「内と外を……」は、*Invisible Cities* の「Cities & Signs 3」から引用した。『グッド・フライト、グッド・ナイト――パイロットが誘う最高の空旅』の最終章で、私はブランデンブルクやカシミールなどの門の名前に対する愛情について述べた。ここに挙げたペット・ショップ・ボーイズの曲は「キングズ・クロス」だ。私はロンドンに引っ越してから、その曲は地下鉄のキングズ・クロス・セント・パンクラス駅の火災のあとに書かれたものだと思い込んでいたが、のちに、曲のリリースはその悲惨な火事の２カ月前だったことを知った。フィンランド駅は「ウェスト・エンド・ガールズ」に登場する。

アウランガーバードを〝門の都市〟と表現することは広く行なわれている。たとえば、アウランガーバード地区の観光部門のウェブサイト（aurangabad.gov.in）でも確認できる。フレモントが英語話者にゴールデン・ゲートのギリシャ語名"Chrysopylae"を使わせるつもりだったというアイデアは、私にとって魅力的だ。エルヴィン・G・グッデは *California Place Names: The Origin and Etymology of Current Geographical Names* のなかで、「フレモントは、その入口について、ギリシャ語の名前を定着させると決意していたようだ」と述べている。私の父の言葉は、ヘンリーを探す過程について父が書いた短い文章から抜粋した。

この章のジッダに関する部分は、本書の執筆にあたって最も難しい箇所だった。その理由の一部は、この街に関する英語の情報源が少ないことや、本文で述べているように、多くの門が移設、再建、改名されたことによる。とくに頼りにしたのは次の３つの資料だ。一つめはアンジェロ・ペッシェの *Jiddah: Portrait of an Arabian City* で、複数の歴史家がその信頼性を私に保証している。文章はわかりやすく、優れた写真が数多く掲載されているため、この都市の歴史についてもっと知りたいと思う人には強くお勧めする。２つめはユネスコのさまざまな文書であり、*Historic Jeddah, the Gate to Makkah: Nomination Document for the Inscription on the World Heritage List,* Volume 1 も含まれる。なお、以下では同書を「UN」と略記する（ジッダがサウジアラビアの都市で最初に世界遺産に登録されたことは驚くに値しない）。３つめはウルリケ・フライタグの *A History of Jeddah: The Gate to Mecca in the Nineteenth and Twentieth Centuries* で、非常に有用だった。同書はここに挙げた３つの資料のなかで最も新しい（2020 年）。

巡礼者が初めて飛行機で到着した年について、ペッシェは著書の 131 ページで 1938 年としているが、フライタグは 227 ページで「1936 年にエジプト航空が巡礼者をジッダに運んだ」としている。ジッダの名前について、さまざまなスペルの豊

富な例がペッシェのxiiiページに掲載されている。アル＝バクリなどのほかの項目についても同じ段落から引用した。ペッシェの「よく言っても漁師の小村」という記述は3ページにあり、「信者たちも加わるよう」は61ページから引用した。ジッダの城壁の状態に関する報告はカールステン・ニーブールによるものであり、ジェイムズ・バカンの*Jeddah: Old and New*から引用した。私は「コーニッシュ」という言葉がアラビアで使われてきた歴史について詳しく知りたいと思っている。

「紅海の花嫁」という表現は、たとえば、ローリング・M・ダンフォース著*Crossing the Kingdom: Portraits of Saudi Arabia*の第6章のタイトルに登場する。また、「領事の町」はペッシェの135ページにあり、「領事館の町」はUNの73ページに、「メッカへの門」はUNのなかで頻繁に登場する。イブン・ジュバイルが海路でジッダに到着したときの描写は、ロス・E・ダンの*The Adventures of Ibn Battuta*の第6章にある。イブン・バットゥータがジッダに滞在したときの詳細、たとえば指輪にまつわる話のフル・バージョンなどにページを割けなかったことは残念だ。イブン・バットゥータはメッカで物乞いに指輪を与えた。ジッダに到着したあと、バットゥータのもとに「少年に手を引かれる盲目の物乞い」がやってきて挨拶し、彼の名前を呼んだが、「私はその男と親しいわけでもなく、その男自身も私のことを知らなかった」という。盲目の物乞いはバットゥータの手を取り、指輪がないことを探り当てた。バットゥータはメッカを出る際に、その指輪を手放したと語った。盲目の物乞いがバットゥータに告げる。「戻って、指輪を探しなさい。その指輪に刻まれている名前には、大きな秘密が隠されている」。神秘を感じたバットゥータはこう結論づけた。「その男が何者だったのか、それを最もよく知っているのは神だ」（イブン・バットゥータ著*The Travels of Ibn Battuta*第2巻第7章より）。

アル・マクディシの「非常に暑い」という言葉は、UNの68ページに記載されている。ニコラウス・クザーヌスの言葉は、ヴィルヘルム・シュミット＝ビッゲマンによる*Philosophia Perennis: Historical Outlines of Western Spirituality in Ancient, Medieval and Early Modern Thought*の19ページにある。ナースィル・ホスローの「東のマッカに……」は、UNの77ページに記載されている。3つの門のことを書いた無名の奴隷に関する記述は、ペッシェの著書の31ページにあり、リチャード・ハクライトによって記録されている（*Criticism*誌収録のエミリー・C・バーテルスによる「Imperialist Beginnings: Richard Hakluyt and the Construction of Africa」を参照）。

「あなたはすでに……」は、ライラ・アル＝ジュハニの小説*Barren Paradise*からの引用であり、*Beyond the Dunes: An Anthology of Modern Saudi Literature*の297ページに収録されている。ジョン・ウィンスロップの「丘の上の町」という言葉は、彼の説教「A Modell of Christian Charity, Written on Boarde the Arrabella, on the

Attlantick Ocean, 1630」の39ページにあり、ニューヨーク歴史協会のウェブサイトで閲覧できる。この説教はマークの故郷であるサウサンプトンのホーリー・ルッド教会で行なわれたものだと私は思っていたが、ダニエル・T・ロジャーズは*As a City on a Hill: The Story of America's Most Famous Lay Sermon*の18～19ページで、この言葉にはもっと複雑な物語があることを示唆している。

ヘンリー・ルークによる、ジッダのコーヒーハウスに関する「つねに満員の」「庶民はそこで……」という記述は、ペッシェの著書の36ページから引用した。カフェの壁に掲示されていた雑誌の記事は、*L'Illustration*の1926年6月12日号、606～607ページにある。11世紀の訪問者で「植物がまったくない」と指摘したのはホスローであり、*Jeddah: Old and New*の8ページに記載されている。「この土地は何一つ生み出さない」と記述した16世紀の旅行者はルドヴィコ・ディ・ヴァルテマであり、*The Travels of Ludovico Di Varthema in Egypt, Syria, Arabia Deserta and Arabia Felix, in Persia, India, and Ethiopia, A.D. 1503 to 1508*の53ページを参照。「木の隣の家」に宛てた私の手紙は、3カ月かかって戻ってきた。その手紙にはアラビア語のスタンプが押され、英語で「サウジポスト、メッカ地域、住所不備」と記載されていた。ジャン・モリスのすばらしい「住宅の並ぶどの地区でも……」は、*Thinking Again: A Diary*の「Day 17」から引用した。

ジッダとその門に関する私の質問に対して、惜しみなく、忍耐強く対応してくれたウルリケ・フライタグに感謝の意を表したい。また、著書の刊行に先んじてその地図を共有してくれたことにも感謝している。ジッダや、はるか遠くの地から親切にも協力してくれたアリ・イブラヒム、サミール・イブラヒム、さらには〈ネットワーク・レール〉のクリス・デンハムのほか、ジェン・レサー、ピーター・キャロル、ディーター・モイヤートにも感謝を伝えたい。

詩の都市

R・パルタサラティによる「デリーの黄昏」の翻訳は、ポエトリー誌の2006年4月号の8ページに掲載されている。

イングランド兄弟はバイエルン生まれだと書きたかった。しかし、モーゼズについては確かだが、ルイスについては確認できなかった。私の手元にある絵はがきでは、〈イングランド・ブラザーズ〉は「バークシャー中心部の〝大〟都市型デパート」と形容されている。この絵はがきはマサチューセッツ州ノースアダムズのクラウン・スペシャリティ広告会社が発売したものであり、1972年に著作権が登録された。「イングランド・ブラザーズあってのノース・ストリート」というスローガンは、たとえば2019年1月25日付のバークシャー・イーグル紙で、ジェニファー・ユベルドーによる記事「Escalator Rides, Robert the Talking Reindeer and Other Things That Made England Brothers Special」に登場する。〝イングランズ

（England's）〟と呼ぶべきか、〝イングランド・ブラザーズ（England Brothers）〟と呼ぶべきかという問題については、前者は象徴的なブルーの箱に書かれ、後者は店舗のノース・ストリート側のファサードに表示されていた。私たち〝バークシャー・ギャング〟の面々は、どちらを頻繁に使用したかについて強固な意見をもっているが、その意見は割れている。

モリス・シャフの「ピッツフィールドに贈る言葉　町制から市制への移行に寄せて」は、バークシャー学術協会（Berkshire Athenaeum）の *Proceedings of Inauguration of City Government - 5 January 1891* の64ページに記載されていて、そこでの日付は1890年12月30日とされている。この詩はバークシャー・カウンティ・イーグル紙の式典の記事（1891年1月8日付）にも記載されている。

メルヴィルの「雪で地面が……」は、バークシャー地方でよく知られている。たとえば、2019年7月22日にニューヨーカー誌に掲載されたジル・ルポールの「Herman Melville at Home」にも記載されている。カイロの勝者の門に関するメルヴィルの記述は、*Clarel: A Poem and Pilgrimage in the Holy Land*（*Complete Poems* 所収。〔邦訳：ハーマン・メルヴィル『クラレル――聖地における詩と巡礼』須山静夫訳、南雲堂、1999年〕の第2部第11篇にあり、「アテネに近づくと……」は「The Apparition」と題する詩から、また「断崖を冠する……」は「Pontoosuc」という詩から引用した。これらはすべて *Herman Melville: Complete Poems* に含まれていて、（同書の「Note on the Texts」で言及されているように）メルヴィルは「未収録の詩『Pontoosuc』の題名の最後に"e"をつけるつもりはなかった」。

ピッツフィールドの「ポントゥーサック・タウンシップ」という語は、たとえば *The History of Pittsfield*（1734-1800）の88ページと89ページのあいだの「Plan of 1752」に見られる。

ボブ・シーバーがエリザベス・ビショップに送った言葉にはいくつかのバージョンがある。「地獄へ行け、エリザベス」は、ブレット・C・ミリアーによる伝記 *Elizabeth Bishop: Life and the Memory of It* を参照した。また、オリバー・ウェンデル・ホームズ・シニアの「死の天使よ！　……」は、*The Complete Poetical Works of Oliver Wendell Holmes* の「Dedication of the Pittsfield Cemetery」から引用した（ホームズと、都市をテーマにした彼の詩に関していえば、ピッツフィールドは厳罰を免れた。たとえば「シカゴは詩人にとって耳障りな音だ。／慰めになることが一つ。シンシナティはもっと酷い」という一節が、ホームズの「Welcome to the Chicago Commercial Club」にある）。

ヘンリー・ワズワース・ロングフェローの「The Old Clock on the Stairs」という詩は、〈ポエトリー・ファウンデーション〉のウェブサイト（poetryfoundation.org）で閲覧できる。

アン・セクストンの「仕事が大成功した友人へ」という詩の一節「帆よりも大き

く……」は、*Anne Sexton: The Complete Poems* の53ページにある。また、“hegira”の定義は同書の481ページに、「マーシー・ストリート45番地」という詩の「一生をかけてもその通りは見つからない」は483ページにある。「夢はすべて確かなものになった」は、ピーター・ガブリエルの曲「マーシー・ストリート」から引用した。カルヴィーノの「子どものころにはそういうこともあった……」は、パリ・レヴュー誌の1992年秋号掲載のウィリアム・ウィーバーとダミアン・ペティグリューによるインタビュー「Italo Calvino, The Art of Fiction No. 130」から引用した。

母は私に、ウェンデル・ベリーの本を何冊かプレゼントしてくれた。私にとっていちばんの宝物は *Collected Poems of Wendell Berry, 1957–1982* であり、そのなかに母は次のようなメッセージを書き込んでいる。「ウェンデル・ベリーは私のお気に入りの詩人の一人です。その詩をあなたも楽しんでくれると思います。母より愛をこめて。1993年クリスマス」。ベリーの「経験そのもの、現代という経験そのもの……」は *What I Stand On: The Collected Essays of Wendell Berry, 1969–2017* から引用したが、私が最初にその言葉を読んだのは、2019年5月20日付のニューヨーク・タイムズ紙に掲載されたドワイト・ガーナーによる記事「In Wendell Berry's Essays, a Little Earnestness Goes a Long Way」だった。

「デリーTMA……」ほか、インディラ・ガンディー国際空港の運用情報について参考にした情報は、インド空港局の航空情報管理オフィスのウェブサイト（aim-india.aai.aero）にある電子航空路誌（eAIP）のパート3、“VIDP/Delhi”セクションにある。ただし、機内文書では、ここに記載したようにすべて大文字の略語がおもに使用されている。

ミール・タキー・ミールの詩「デリーの街路は……」は、サイフ・マフムードの著書 *Beloved Delhi: A Mughal City and Her Greatest Poets* の「Mir Taqi Mir」という章の冒頭に登場する。同書はデリーの詩の伝統を知りたい人にお勧めの一冊だ（別の資料では、ミール・タキー・ミールの生年を1723年としているものもあった）。アミール・ホスローの詩「純粋なる楽園の双子……」は、*In the Bazaar of Love: The Selected Poetry of Amir Khusrau* の「まえがき」から引用した。「クリシュナは……」は、ラメシュ・メノン訳 *The Mahabharata: A Modern Rendering* の第1巻第55章から引用した。ウピンダー・シンの「女神ヤムナーは……」は、*Delhi: Ancient History* の11ページに記載されている。

サロージニー・ナーイドゥの詩の一節「帝都！　……」は、詩集 *The Broken Wing: Songs of Love, Death & Destiny, 1915 - 1916* の「Imperial Delhi」から引用した。ジャワハルラール・ネルーの「いくつもの側面をもつ……」は、1958年12月6日にデリー大学の集会で行なわれた演説における発言であり、*Jawaharlal Nehru: Selected Speeches* の第4巻に収録されている。キルン・カプールの詩「ニューデリー、到着」は、*Visiting Indira Gandhi's Palmist* の94ページを参照。

デリーを「詩人の街」とする表現は広く見られる。たとえば、ブックレビュー誌インド版の2019年1月号に掲載されたニキル・クマールの「Resurrecting the City of Poets」など。また「韻文の街」については、ザ・ヒンドゥー紙（2018年11月3日付）のマーズ・ビン・ビラルの記事「Beloved Delhi – A Mughal City and Her Greatest Poets Review: The City of Verse」にある。クシュワント・シンの「ほかのどの大都市よりも……」は、*City Improbable: An Anthology of Writings on Delhi* の xi ページから引用した。イブン・バットゥータの「美と力が一体と……」は、ロス・E・ダンの *The Adventures of Ibn Battuta: A Muslim Traveler of the Fourteenth Century* の第9章「Delhi」に記されている。

デリーをアテネと比較した「その不朽の価値をもつ……」という表現は、*City Improbable* の281ページ、ルクミニ・バーヤ・ナイルによる「City of Walls, City of Gates」を参照。「インドのローマ」は、ゴードン・リズリー・ハーンの *The Seven Cities of Delhi* の第1章から引用した。パーシヴァル・スピアの「デリーの歴史は……」は、*Delhi: A Historical Sketch* からの引用。いまでは「オールドデリー」と呼ばれている地域を「現デリー」としている記述は、1902年に刊行されたH・C・ファンショー著 *Delhi: Past and Present* の図版一覧などに見られる。

「都市のなかの都市」は、たとえば、デリーのフマーユーンの墓の外側にあるインド考古調査局の表示に見られる。パトワント・シンの「多くの伝説的な……」は、彼が1971年2月25日に行なった講演「The Ninth Delhi」における発言であり、*Journal of the Royal Society of Arts* に収録されている。エドウィン・ラッチェンスを「歴史的価値をもつような建物を造ることを夢見ていた」と描写したのはジャグモハンであり、その著書 *Triumphs and Tragedies of Ninth Delhi* に記述がある。ハーディング男爵の「思い起こす価値のある地名（A name to conjure with）」は広く記録されている。たとえば、2016年1月20日にザ・ヒンドゥー紙に掲載されたズィヤー・ウス・サラームによる記事「Where Life Comes a Full Circle」にも登場する。「ローマのように永遠の都として建設されなければならない」は、ジョージ・バードウッドの言葉であり、トリストラム・ハント著 *Cities of Empire: The British Colonies and the Creation of the Urban World* に記されている。

デリーに関する慣用句や表現は魅力的だが、複数のデリーの人たちの手を借りても、私のような外国人が説明を試みるのは手強い挑戦だった。ゾウクの名前のないバージョンである「いったい誰が……」は、オリジナルを日常に取り入れたものだ。「どちらも慣用句として使用できるが、口語ではゾウクの名前を省略する」と私の友人が述べている。「デリーはまだ遠い」にまつわる物語には、いくつかのバリエーションがある。インデルが亡くなる少し前に私に語った、1947年に出会ってから記憶に残りつづけているという「デリーはもう遠くない」という歌詞を含む曲について、私も、私とやりとりしてくれた人たちも特定することはできなかった（だ

が、1957年の映画に『Ab Dilli Dur Nahin（デリーはもう遠くない）』というタイトルのものがあるほか、2003年にはラスキン・ボンドによる *Delhi Is Not Far*（デリーは遠くない）という小説も刊行されている）。この歌について何か知っている人がいれば、ぜひ教えてほしい。

「都市の文化的、知識的な風景を支配した」は、サイフ・マフムードの著書 *Beloved Delhi* に寄せられたラクシャンダ・ジャリルによる序文を参照。クシュワント・シンの「礼儀正しい話し方と……」は、*City Improbable* の xiv ページから引用した。詩人の体重分の貴金属や宝石という驚きの慣習は、ハディ・ハサンの *Mughal Poetry: Its Cultural and Historical Value* に記載されている。サイフ・マフムードの「ウルドゥー語の詩は……」と「依然としてこの言語で……」は、ファルキの言葉とともにサイフ・マフムード著 *Beloved Delhi* の「まえがき」に記されている。

アキール・カティアールの「逃げ込める場所……」と「自分自身を縛っている……」は、ザ・ヒンドゥー紙に2020年3月2日に掲載されたシバーニ・カウルによるインタビュー「Akhil Katyal's City of Poems」に記されている。カティアールの「ある人にとっては非情」と「デリーで出会う……」は、2018年4月15日付のインディアン・エクスプレス紙に掲載された「'Delhi Is Capable of Its Moments of Liberation': Akhil Katyal on Being a Queer Poet and His Undying Love for the Capital」から引用した。カティアールのワークショップに関する記述「都市が詩人をつくるのか……」は、2018年11月16日にジャガーノートのブログ（juggernaut.in）で発表された「Recap: Poetry and the City with Akhil Katyal」から引用した。

ガーリブの「世界は肉体であり、デリーはその魂だ」という表現にはいくつかのバージョンがある。本書で採用したバージョンは、2017年12月27日付のヒンドゥスタン・タイムズ紙に掲載された、グラム・ジーラニによる「Remembering Mirza Ghalib as He Turns 220:'The World Is the Body, Delhi Its Soul'」から引用した。また、「ガーリブはデリーであり、デリーはガーリブである（Ghalib is Delhi and Delhi Is Ghalib!）」と題したフィロズ・バクート・アーメドによる記事が、2016年2月15日付で〈Ummid.com〉に掲載されている。ガーリブの「例の砦のなかでは……」は、パヴァン・K・ヴァルマによる魅力的な伝記 *Ghalib: The Man, the Times* の第1章から引用した。

「進め、デリーへ」というスローガンは、1943年8月25日にスバス・チャンドラ・ボースが行なった演説の一部であり、たとえばヒュー・トイの *The Springing Tiger: A Study of the Indian National Army and of Netaji Subhas Chandra Bose* の付録に記載されている（その後、1945年5月21日の演説で、ボースは「ローマにいたる道と同じく、デリーにいたる道は多い」と述べている）。ネルーの「私たちは歴史的な瞬間に……」は、たとえばギャネーシュ・クダイシャとタン・タイ・ヨンによる *The Aftermath of Partition in South Asia* の59ページに掲載された演説にある。

ケネス・コークの詩「一本の列車が別の列車を隠すかもしれない（One Train May Hide Another）」は、*The Collected Poems of Kenneth Koch* に収録されている。オクタビオ・パスの「薔薇色の高き炎」は、*The Collected Poems of Octavio Paz：1957-1987* 所収の「The Mausoleum of Humayun」から引用した。

この章ではとくに、多くの人の協力に頼った。ラグー・カルナード、アキール・カティアールは、デリーやその詩人たち、諺に関して、毎週のように私から届く質問すべてに親切かつ丁寧に対応してくれた。心から感謝の気持ちを伝えたい。また、ユニバーシティ・カレッジ・ロンドンのソフィア・プサッラは、カルヴィーノの *Invisible Cities* について私と話し合うために時間を割いてくれた。サイフ・マフムード、R・パルタサラティ、ラナ・サフヴィ、ポエトリー誌のアンヘル・ゴンサレス、スキッドモア・カレッジのテレサ・ニッカーボッカー、アナンド・ヴィヴェック・タネジャ、リンダ・グレイ・セクストン、バークシャー郡歴史協会のエリン・ハントと同僚のみなさんにも感謝の意を表したい。また、私の親しい友人二人の父、インデル・カプールとドン・マクギリスは、デリーとピッツフィールドそれぞれの詩について道標となってくれた。二人のご冥福を心からお祈りする。

川の都市

“Housatonic”の翻訳はバリエーションに富む。*Dictionary of American-Indian Place and Proper Names in New England: With Many Interpretations, Etc* の“Housatonic”の項では、「フーサトニック川、バークシャー。〝山を越える〞」とされている。また、“Westenhook”という語は、テキサス大学アーリントン校のオンラインで利用可能な地図コレクション *Map of the Boundary between Massachusetts & New York: Showing the Ancient Colonial and Provincial Grants and Settlements* に登場する。「静まることのない水の民」という表現は、モヒカン族ストックブリッジ・マンシー共同体のウェブサイト（mohican.com）に掲載されている。

『あなたのまちの独立記念日パレード』は、（少なくとも）1989年から1994年までピッツフィールドから中継された。広く引用されているオリバー・ウェンデル・ホームズ・シニアの言葉「フーサトニック川は最高の酒だ」に関する根拠は薄い。J・E・A・スミス著 *The Poet Among the Hills: Oliver Wendell Holmes in Berkshire* の98ページで、ホームズが「酒のなかでいちばんうまいのはフーサトニック川だという、地元の由緒あるダジャレをおもしろがった」というのが唯一のものだ（スミスはさらに、ホームズがイギリスのケンブリッジへの旅行中に、ケム川と、カヌー・メドーズのフーサトニック川の川幅を比較したことを記録している）。

参照したのは、カーリー・サイモンの曲「Let the River Run」。ピッツフィールドに関する私のコラム「The Brooklyn of the Berkshires」が、2010年9月11日にフィナンシャル・タイムズ紙に掲載された。コラムの最後から２番めの段落で、私は

ピッツフィールドがときどき「バークシャーのブルックリン」と形容されることに触れ、最終段落ではその比較の必要性とメリットに対する懐疑的な意見を表明した。ただし、その最終段落は最後の瞬間に削除された。その理由は、編集者が気に入らなかったか、あるいはその長さによるのかもしれない。その結果、実際に公開されたコラムが「バークシャーのブルックリン」という異名を支持しているように見え、いまではウィキペディアのピッツフィールドの項目にまで書かれていて、私のコラムへのリンクがそのソースとして貼られている。

マラッカ海峡を通過する船が世界の貿易に占める割合を正確に特定するのは難しい。「3分の1」というのが比較的一般的な回答だ。たとえば、エコノミスト誌の姉妹誌である『1843』で2015年9月に公開された「Whose Sea Is It Anyway?」にも記載されている。

〈マラッカマックス〉は一つのカテゴリーであり、標準化または規制された上限ではないという興味深い知識を得た。マラッカ海峡の最浅部は25メートルだ。ニューカッスル大学のポール・ストットの情報によると、竜骨の下側に最低でも1メートル、できれば2メートルの余裕があるのが理想だという。

トメ・ピレスの言葉は以下のように記録されている。「食道」という表現は*Maritime Asia*内のマイケル・G・ヴァンによる「When the World Came to Southeast Asia: Malacca and the Global Economy」にある。「マラッカほど大きな商港……」は*The Suma Oriental of Tomé Pires, Books 1–5*の74ページに、「マラッカの君主は……」は同75ページにある。

マラッカに関する部分で触れた、動物の形をした錫製の通貨や絵画は、スタダイスという建物内にある歴史民族誌博物館に展示されている。「BRITISH EMPIRE」と刻印されたタイプライターは、ババ・ニョニャ・ヘリテージ・ミュージアムにある。マラッカ川の写真はマレーシア王立関税局博物館で展示されている。

ソウルの清渓川の特徴について、たとえば次のように書かれている。2005年9月27日に『Herald POP』に掲載されたパク・インホによる「清渓川の奇跡が始まる……23兆ウォンの経済効果を期待」では「奇跡」。「オアシス」の例としては、2015年9月29日に韓経誌に掲載されたカン・キョンミンによる「清渓川再生10周年……市の〝文化のオアシス〟へ」がある。2016年5月25日にガーディアン誌に掲載されたコリン・マーシャルによる「Story of cities #50: The Reclaimed Stream Bringing Life to the Heart of Seoul」には、「流水がポンプで送り込まれ、コースに沿って流される人工的な噴水のようなもの」というパク・ウンソンの発言が載せられている。チェ・ビョンソンの発言「巨大なコンクリートの水槽」は、2012年2月27日付のハンギョレ紙に掲載されたクォン・ヒョクチョルによる「『コンクリートの水槽』――清渓川の誤った再生は正されるのか」に記されている。安藤忠雄による称賛（「改修された清渓川を歩くのは感動的だった……」）は、2007年11月15

日付のハンギョレ紙に掲載されたノ・ヒョンソクの記事「〝環境建築家〟安藤忠雄が清渓川を慈しむ？」を参照。

Google マップでカルガリーを見ると、「Elbow River Traverse」と記載された歩行者専用橋の南東側に、マウンティ（王立カナダ騎馬警察の警察官）の像が立っている。

この章の執筆に際し、多くの人に支えてもらった。まず、ヘザー・ブリューグルの惜しみない協力と費やしてくれた時間に心から感謝したい。近い将来、バークシャー地方またはウィスコンシン州で会えることを楽しみにしている。また、ブリューグルの後任としてモヒカン族ストックブリッジ・マンシー共同体の文化担当ディレクターを務めるモニーク・ティンダールにも、深く感謝している。調査と翻訳のサポートに尽力し、私の質問に迅速に対応してくれたカン・S・ジュンホにも心からの感謝の意を伝えたい。カルガリー大学の林正貴は熱意あふれる助言をしてくれた。将来、カルガリーを訪れたときには、彼が提案してくれたボウ湖への旅を実行したいと思っている。また、ダグラス・ジャウ、レナ・シッパー、グレイス・ムーン、ポール・ストット、そして韓国観光公社にもお礼を述べたい。

空（エア）の都市

『SKYbrary』（skybrary.aero）には、ホット・アンド・ハイのフライトに関する包括的な解説が載せられている。それによると、気候変動によって今後、そのような条件がオペレーションに与える影響をパイロットはよりいっそう考慮する必要が生じるとある。エリザベス・ビショップに関する引用「寝室の内外に……」と「高度に非実用的」は、たとえば 1994 年 3 月 28 日にニューヨーカー誌に掲載されたエリザベス・ビショップとアリス・クインによる「The Art of Losing」にある。パラシオ・デ・クリスタルのかつての使われ方については、帝国博物館年鑑第 19 巻に記載されていて、博物館のウェブサイトから入手できる（museuimperial.museus.gov.br）。

タレブ・アルレファイの「私が知っていた……」と「赤みがかったサフラン色……」は、*The Shadow of the Sun* の 108 ページに掲載されている。

クレイグ・ルーミスの短篇小説からの引用は、*The Salmiya Collection: Stories of the Life and Times of Modern Kuwait* の以下のページにある。「薄い紅茶」（74 ページ）、「バタースコッチ」（156 ページ）、「くすんだバニラ」（184 ページ）、「まだ砂と埃の向こうにある赤い気配」（198 ページ）。

ザーラ・フリースの「車が走るあいだは……」は、*Kuwait Was My Home* の 11 ページに掲載されている。

アラン・ヴィリアーズの *Sons of Sindbad* は、ペルシャ湾岸の航海の伝統について書かれたものであり、私がこれまで読んだ本のなかで最もすばらしい作品の一つ

だ。同書を読んだときほどすぐに、それまで何も知らなかった世界に対して窓が開いたような感覚にとらわれたことは記憶にない。「模範都市」は359ページ、「世界で最も興味深い……」は308ページを参照。

昔のクウェートに関するルイス・スカダーの「奇妙に長くて狭い」という描写は、ファラ・アル＝ナキブ著*Kuwait Transformed: A History of Oil and Urban Life*の85ページに記載がある。

シャイフがヴィリアーズにラクダでクウェートを去るように伝えた話は*Sons of Sindbad*の312ページ、「その真珠の如き輝き……」は359ページ、「若い未婚の男たち……」は322ページを参照。エレノア・カルヴァリーの「二月の夜、風が砂漠の……」は、その魅力的な著書*My Arabian Days and Nights: A Medical Missionary in Old Kuwait*の110ページに記されている。フレヤ・スタークの「計り知れない、幸福な孤独」は、スタークの著書*Baghdad Sketches: Journeys Through Iraq*の123ページにある。スタークのこの表現はペルシャ湾岸のことをさしているが、その孤独には、彼女が立っている土地と、その瞬間にすでに見えていた町の周辺の両方が含まれているにちがいない。

ウェブサイト『Birds of Kuwait』（kuwaitbirds.org）のリストは参考になる。そこには400種以上が掲載されている。イギリスでは何種の鳥が見られるのかという疑問を追うのは楽しかった。イギリス王立鳥類保護協会のオンライン鳥類目録（rspb.org）には406種が記載されている。同協会のアンナ・フィーニーは、イギリスでは272種が繁殖しているが、627種が目撃されていると教えてくれた。「イギリス国内の鳥類の数字の取り扱いには少し注意が必要です。おっしゃるとおり、渡り鳥やごくたまに通り過ぎる鳥が原因です」。627種という数字には、「たとえば、これまでに1羽しか目撃されていないマユグロアホウドリも含まれて」いるという。

ナジュマ・エドリースの詩「黒いスズメ」は、*The Echo of Kuwaiti Creativity: A Collection of Translated Kuwaiti Poetry*の113ページから、ガニマ・ザイド・アル・ハーブの詩「昏睡の檻から脱する」は102ページから始まる。バークレー・ラウンケルの「地平線は……」は*Through Wahhabiland on Camelback*の68ページに、フレヤ・スタークの「目の前に水が……」は*Baghdad Sketches*の127ページに掲載されている。

アルレファイの「たちの悪い細かい砂埃があらゆる方向から……」は、*The Shadow of the Sun*の109ページにある。ヴァイオレット・ディクソンの「私はそれを山火事だと……」「それは奇妙な……」は、アラムコ・ワールド誌の1972年11月・12月号のウィリアム・トレーシーによるインタビューを参照。「三月から……」は、クウェート国際空港の空港運用情報のページに掲載されている。インペリアル・エアウェイズの機長の話は、ヴァイオレット・ディクソン著*Forty Years in Kuwait*の122～123ページに記されている。「時期によっては……」は、クウェ

ート民間航空総局気象部のウェブサイト（met.gov.kw）で見ることができる。

ウィリアム・ギフォード・パルグレイブの「クウェートの船乗りは……」は、*Narrative of a Year's Journey Through Central and Eastern Arabia, 1862 - 1863* 第２巻の386ページに掲載されている。H・R・P・ディクソンの「少年は泳げるようになると……」は、*Kuwait and Her Neighbors* の38ページにある。最初に紹介した海洋博物館はアル・ハシェミ海洋博物館、その次のものは海事博物館だ。真珠採りと海底の泉の驚くべき物語は、サイフ・マルズーク・アル＝シャムランの魅惑的な著書 *Pearling in the Arabian Gulf: A Kuwaiti Memoir* の103～104ページで語られている。

ラウンケルの「生育不良のギョリュウの茂みを除けば」は、*Through Wahhabiland on Camelback* の51ページに記載がある。「スリランカからザンベジ川まで」というのは、サイフ・マルズーク・アル＝シャムランの翻訳者であるピーター・クラークが *Pearling in the Arabian Gulf* 序文の12ページに記した言葉である。ヴァイオレット・ディクソンの「リズミカルな歌は……」は、*Forty Years in Kuwait* の82ページに記載がある。アリ・ビン・ナスル・アル＝ネジディの「命のための命の」は、ヴィリアーズによって *Sons of Sindbad* の310ページに記録されている。

バーミンガム大学のソフィア・ヴァザルーは、タレブ・アルレファイの *The Shadow of the Sun* からの引用の翻訳とリサーチに協力してくれたほか、いくつもの疑問に対して辛抱強くサポートしてくれた。感謝の意を表したい。ペトロポリスの節に関するリサーチと翻訳に協力してくれたアンドレア・ブロットにも感謝している。また、マイク・ポープは、世界のどの場所よりも記憶に残るダウンルートの一日を経験させてくれた。ペトロポリスに関する考察をくれたハーバート・S・クライン、航空機の性能について有益な考察を提供してくれたロビン・エヴァンズとダグ・ウッド、鳥を数えるのを手伝ってくれたアンナ・フィーニーにも心から感謝する。

青の都市

冒頭のエピグラフは、ウィリアム・カーロス・ウィリアムズによる *Paterson* の第２巻第２部から引用した。

この章のさまざまな箇所（とくに空の色と海の色に関する説明部分）は、2019年９月20日にフィナンシャル・タイムズ紙に掲載された私の記事「From Sea to Sky – A Pilot's Life in Shades of Blue」からの抜粋、または多少の改変を加えたものだ。

ピーター・ペジック著 *Sky in a Bottle* には、空の色の起源を追求する魅力的な記述がある。また、同書と同じぐらい、私はゲッツ・ヘッペの *Why the Sky Is Blue: Discovering the Color of Life* とミシェル・パストゥローの *Blue: The History of a Color*

に頼った。

航空障害灯は、点滅する白色の場合もある。私の知識では、夜間は赤色の光、昼間は点滅する白色の光が最も効果的とされている。地球の太古の空の色に関する記述は、ヘッペの著作の272ページから始まる。

ここで私が触れたトム・ウェイツの曲は「Blue Valentine」。ヴァージニア・ウルフの海と空の魅力的な等価性の引用については、その著書 *To the Lighthouse* の第3部第7章（私の電子書籍版ではなぜか第8章）から引用した。最も人気のある色に関するデータは、ユーガブ・アメリカ（YouGovAmerica）に2015年5月12日に掲載された記事「Why Is Blue the World's Favorite Color?」に基づく。南アフリカ人の好きな色に関するデータを見つけることはできなかった。

ソシュールに関して私が得た知識の多くは、ペジックの *Sky in a Bottle* による。ソシュールに関する引用は同書の60ページにある。ロマン主義における青い花というモチーフは、私の理解の範囲では、ノヴァーリスによる1802年の小説 *Heinrich von Ofterdingen* に端を発する。私はペネロピ・フィッツジェラルドの1995年の小説 *The Blue Flower* を通じてそれを知った。私がゲーテの青に関する記述に最初に出会ったのは、アトランティック誌に2012年8月17日に掲載されたマリア・ポポーワによる記事「19th-Century Insight into the Psychology of Color and Emotion」だった。

ハーマン・メルヴィルの引用「山々の重なり合う支脈が、その山腹の青に浸っている」は、*Moby-Dick* 第1章の6番めの段落に登場する。同書には「ソコー川の谷」という言葉があり、それはニューイングランド地方の北東部にある川だと思われる。この小説を書く合間にメルヴィルがバークシャーの丘を見上げていたと想像しても、無理のある話ではないだろう。

ケープタウンの〝母なる都市〟という別称にはさまざまな説があるが、最もわかりやすい説は、一般的にこの街が南アフリカで最初の都市だとされているというものだ（「海の酒場」は説明不要だろう）。

ハンス・ノイバーガーの1970年の論文「Climate in Art」では、1万2000点以上の絵画を調査し、絵画からわかるそれぞれの土地の気候について明らかにしている。

考古学者のジェイソン・オートンに関する記述は、オートンと私のメールによるやりとりに基づいている。オートンの共著論文「An Unusual Pre-Colonial Burial from Bloubergstrand, Table Bay, South Africa」は、*The South African Archaeological Bulletin* に掲載されている。

世界の人口のうち、ケープタウンより北に住んでいる人の割合を計算する作業は、最初は煩雑だったが、のちに楽になった。まず、世界じゅうの人口からケープタウンと同じ緯度上のすべての国の人口を差し引き、その後、それらの国のなかで明らかにケープタウンより北に位置する都市の人口をあらためて加えた。最終的には、

コロンビア大学の国際地球科学情報ネットワークのスザーナ・B・アダモが、ユーザーが選択した地理的な領域の人口情報を提供するオンラインツール（sedac.ciesin.columbia.edu/mapping/popest/pes-v3/）を紹介してくれた。地球上で人が住んでいる場所にどれほど偏りがあるかを探ることは非常に魅力的だった。

ブラッドリー・リンクの論文「The Aeromobile Tourist Gaze: Understanding Tourism 'From Above'」は、2017年に *Tourism Geographies* に掲載された。また、ジョージ・バーナード・ショーに関する記述は、1932年1月25日にケープ・タイムズ紙に掲載された。

ケープタウンが長距離観光に依存していることは、訪問者にとっては明白だ。また、世界旅行ツーリズム協議会の *City Travel & Tourism Impact 2019* などの報告書にも記載されている。

都市生活が環境にやさしいという考え方は、常識では理解しがたいかもしれないが、それなりの支持を得ているらしい。たとえば、2012年4月19日にブルームバーグのウェブサイトに掲載されたリチャード・フロリダの記事「Why Bigger Cities Are Greener」を参照。別の視点を知りたい場合は、2016年8月21日にサイエンティフィック・アメリカン誌のウェブサイトに掲載された「The Myth of the Sustainable City」などがある。

ケープタウンの最近のグリーン・エコノミーに関する取り組みの一部は、〈グリーンケープ〉のウェブサイト（greencape.co.za）で見ることができる。エコノミスト・インテリジェンス・ユニットによるグリーンシティ・インデックスでは、ケープタウンはアフリカの主要都市の一つにランクされている。旅行者の視点では、ツアーレーン社が、持続可能な旅行ができるアフリカの都市としてケープタウンを（ナイロビに次いで）2位にしている。

南極海に対する私の意識は、ジョイ・マッキャンの *Wild Sea* によってかなり豊かになった。グレイロック山の高さは通常、3491フィートとされている（たとえばマウント・グレイロック州立保護区の公式ウェブサイト）。ただし、3489フィートとするケースもときおり見られる。

ケープフラッツの人口に関する数字は見つけにくい。2011年の国勢調査データに基づくケープフラッツ計画地区の文書によると、人口は約58万3000人。多くの人がケープフラッツの一部だと考えている地域、ミッチェルズプレイン／カイリチャ計画地区の同様の数字は111万3000人。これらを合計すると169万6000人になる。2011年のこの都市圏の人口は、国連の世界人口推計によると369万8000人だった（2021年には471万人に増加した）。

遠くの物体をより青く描くというレオナルド・ダ・ヴィンチの言葉は、H・アンナ・スー編 *Leonardo's Notebooks: Writing and Art of the Great Master* に記されている。

毎週「木曜日の午後4時に」は、ユニオン・キャッスル社の定期船の描写でよく

見られる。たとえば、イアン・コラードの *The Port of Southampton* を参照。私は最初の著書『グッド・フライト、グッド・ナイト』でユニオン・キャッスルの歴史を一部紹介した。

ネルソン・マンデラによる上空から見たケープタウンとロベン島の描写は、彼の自伝 *Long Walk to Freedom: The Autobiography of Nelson Mandela* の第8部第59章にある（クリスマスにこの本をプレゼントしてくれた継母に感謝する）。

クロトアについての「和平仲介者」という表現は、メール・アンド・ガーディアン誌のウェブサイトに2016年9月5日に掲載されたノブホンゴ・グソロ「The History of Van Riebeek's Slave Krotoa Unearthed from the Masters' View」に記されている。また、「抵抗の女家長」という表現は、ケープ・タイムズ紙のオンライン版に2019年8月30日に掲載された、「Special Role of Krotoa, Khoi Matriarch of Resistance」という記事のタイトルに見られる。ケープタウンの空港名をクロトアに変えるという提案に関する情報は、2018年6月5日のAP通信の記事「What's in a Name? Cape Town Airport Debate Gets Heated」にある。

シグナルヒルの大砲のツイッター（現X）のアカウント名は「@Signal_Hill_Gun」。ケープタウンから伸びる唯一の舗装道路に関するジャン・モリスの言葉は、たぐいまれなパックス・ブリタニカ三部作の最初の巻 *Heaven's Command* の32～33ページにある。テーブル湾で遭難した船の数や、ケープタウンで越冬する船に保険をかけないというロイズの決定に関する情報は、ケープタウンのイジコ海事センターの展示物にあった。

マイケル・ファラデーの言葉は、ピーター・ペジックの *Sky in a Bottle* から引用した。海の色に関する科学的調査についての情報は〈oceancolor.gsfc.nasa.gov〉などを参照。

カンパニーズ・ガーデンで、母がかなり前にくれたデイヴィッド・フェルドマンの著書 *Why Do Clocks Run Clockwise?* を思い出し、そこにある日時計の影が南半球では当然の反時計回りに動くのを感じられるまで、じっと見ていようと決意した。だが、コーヒーへの欲求に負けた。

パストゥローの言葉は *Blue: The History of a Color* の34ページに、また、ギリシャの陶磁器に青がないことに関する記述は25ページにある。ウルトラマリンの翻訳は、ペジックの *Sky in a Bottle* の25ページにある。

キャッスル・オブ・グッドホープの歓迎の看板などにある紋章では、現代のアフリカーンス語の“Kasteel”ではなく、古いオランダ語の“Casteel”が使われている。城を通信網の中枢とした私の表現は、城内の博物館の展示に基づく。

ノブホンゴ・グソロが城を訪れた際の描写は、上述したメール・アンド・ガーディアンの記事にある。

ブーレベズウェ・シワニの2015年のすばらしい写真「iGagasi」やその他の作品

は、彼女のウェブサイト（buhlebezwesiwani.com）で見ることができる。

トゥアン・グルの伝記部分は、アウワル・モスクのウェブサイトと、*Religion in Southern Africa* に掲載されたゲリー・ルッベの「Tuan Guru: Prince, Prisoner, Pioneer」に基づく。トゥアン・サイード・アロウィの伝記部分は墓地の表示を元にした。「鎖につながれたままケープ地域に追放」という情報もそこに含まれている。

上記の参考元に加えて、私は頻繁に、サウス・アフリカ・ヒストリー・オンライン（sahistory.org.za）、ナショナル・ジオグラフィック、BBCサイエンス・フォーカス・マガジン（sciencefocus.com）、およびBBCのウェブサイトを閲覧した。世界で最も魅力的な国の一つの通史を知るには、高い評価を得ているレナード・トンプソンの *A History of South Africa* をお勧めする。

ブラッドリー・リンクとノムサ・マクフブの導き、助力、そして私からの多くの質問に忍耐強く対応してくれたことに心から感謝している。ブーレベズウェ・シワニ、アンドリュー・フラワーズ、スザンヌ・ラング、ポール・ボーシャン、スザーナ・B・アダモ、ジェイソン・オートンにも感謝を伝えたい。とくにロバート・ピンカスには、私のフィナンシャル・タイムズ紙の記事と、その記事を元にしたこの章の空と海の色に関する説明について、詳細なフィードバックを寄せてくれたことに感謝している。

雪の都市

イスタンブールに関する部分は、私がモノクル・エスカピスト誌の2015年夏号に寄稿した記事「Four Cities in a Day」から抜粋した。

イスタンブールに対する「すべての都市の頂点に立つ」という表現は、マイケル・クロンドルの *The Taste of Conquest: The Rise and Fall of the Three Great Cities of Spice* というスパイス貿易に関する本に登場する。「都市の女王」という描写は、トーマス・F・マデンの驚異的な本、*Istanbul: City of Majesty at the Crossroads of the World* の序文にある。そのなかで名前がいくつか挙げられている。ビュザンティオン、ノヴァ・ローマ、アントニニアーナ、コンスタンティノープル、都市の女王、ミクラガルド、ツァリグラード、スタンブール、イスランブル、幸福の門、そしておそらく何にもましてこの街のすべてを語るふさわしい呼び名は“the City”だ。私とのやりとりでマデン博士は、イスタンブールがこれまで1000年にわたり、つねにというわけではないもののヨーロッパ最大の都市でありつづけたと強調した。

「路面電車の運行スケジュールに著しい影響を与えた」という引用箇所は、1916年3月9日のバークシャー・イブニング・イーグル紙の2面に掲載されている。最近のローカル記事には、1916年の積雪について20インチ（約50センチ）としている場合もあるが、当時、翌日の同紙2面では24インチ（約60センチ）に更新さ

れている。カヌー・メドーズ・ワイルドライフ自然保護区は、私が世界でいちばん気に入っている場所だ。その維持管理は、マサチューセッツ・オーデュボン協会（massaudubon.org）の有料会員の会費によって支えられている。

“Yrväderstisdagen” の翻訳は、もどかしくもあり、魅力的でもあった。この単語について、スウェーデン人の親戚や知人から、さまざまな提案があった。いくつかを挙げると、「つむじ風の火曜日」「クレイジーな天気の火曜日」「目がまわる天気の火曜日」「ブリザードの火曜日」など。いとこの一人から寄せられたアドバイスによると、ほとんどのスウェーデン人はこの単語から強風と横殴りの雪をイメージするが、人について野生的だとか、旋風のように慌ただしいと形容するのにも使えるという。オラウス・マグヌスについて、「どのような芸術家の名前を挙げようとも……」の箇所は、アンティオック・レビュー誌に掲載されたバーバラ・シェホルムによる「‘Things to Be Marveled at Rather than Examined’: Olaus Magnus and ‘A Description of the Northern Peoples’」から引用した。

この章の文章の一部は、2013年1月26日にニューヨーク・タイムズ紙に掲載された私のコラム「Enjoying Snow, While We Still Have It」から抜粋した。そのコラムでは、冬のアウトドア活動の愛好家の視点から気候変動問題に力を入れている非営利団体〈プロテクト・アワー・ウインターズ〉（protectourwinters.org）について触れている。

父の死の前夜、ニューヨークの雪の場面の「不思議なことだが……横向きにも降ってきた」という箇所と、ケネディ空港の最大風速に関する情報は、2005年3月9日にニューヨーク・タイムズ紙に掲載された記事「In Wind, Snow, Cold and Frustration, a Dangerous Storm」から引用した。

中谷宇吉郎の *Snow Crystals: Natural and Artificial* の内容を共有できることが、とても嬉しい。同書の価値を高めている豊富な写真を本書に収められなかったことが残念だ。雪が好きな人への贈り物として、私は同書を強くお勧めする。札幌に関する4つのサブセクションのエピグラフとして引用した箇所は、それぞれ306ページ、54ページ、80ページ、7ページにある。「天から送られた手紙」という表現は、「Ukichiro Nakaya – 1900–1962」という文献を含め、さまざまな参考資料に登場する。英語版では “letters” の代わりに “hieroglyphs”（象形文字）を使用するものもあるが、私の理解では、一般的に参照される日本語版では文字の種類という意味の語ではなく、文字による通信という意味の語が使われている。

私が知るかぎり、北海道エアポート株式会社の雪の結晶のようなシンボルマークは、道旗、ひいては北極星を元にデザインされている。現時点の同社のウェブサイトによると、7つの先端は北海道内の7つの空港もさしている。「新時代の幕開け——北のエアロポリス誕生」という表示は〈エアポートヒストリーミュージアム〉内にある。

地球上で最も雪が多い都市のリストには問題がある。元になっている統計が最新のものとは限らないこと、またリストによっては、雪は多いものの街としては大きくないところが多数を占めていることの2つの理由がある。それはともかく、青森は調査方法を問わず多くのリストでトップに立っているし、札幌が入っていないリストには出会ったことがない。

ママさんダンプの画像はインターネット上で見られる。「ママさんも、ダンプトラックのように雪を運ぶことができる」というフレーズもある。雪吊りは札幌だけでなく、私が夏にホームステイをした金沢など、ほかの地域でも多く見ることができる。

マサチューセッツ州と北海道の強い結びつき（マサチューセッツ・北海道協会が〝1990年から姉妹、1876年から友人〟と表現している）の一例は、ウィリアム・S・クラークが築いたものだ。クラークは1826年にアッシュフィールドで生まれた。ピッツフィールドから東に約30マイル（約50キロ）のところにある小さな集落で、現在でもその人口は2000人未満。クラークは、のちにマサチューセッツ大学となる学校の発展を主導した。19世紀後半に日本政府はクラークを札幌に招聘し、将来の北海道大学を創設する。同大学には、のちに雪について先駆的な研究を行なうことになる中谷宇吉郎が在籍した。

「神々の雪合戦」として知られる物語は、工藤梅次郎による『アイヌ民話』に収録されている。不思議な力を放つ扇子の物語は「コタンコロカムイの妹神さま」と題され、浅井亨によって『アイヌのユーカラ――神々と人間の物語』に記録されている。また、小熊秀雄の『飛ぶ橇――アイヌ民族の為めに』は、デイヴィッド・G・グッドマンによって英訳された（*Long, Long Autumn Nights: Selected Poems of Oguma Hideo, 1901–1940*）。引用はそれぞれ、同書の84ページ、86ページ、96ページにある。

クイーンズにあるノグチ美術館のキュレーターによる「おそらく地球上で最も普及した彫刻」という言葉は、『アーキテクチュラル・ダイジェスト』のウェブサイトに2017年6月18日に掲載された「Why Isamu Noguchi's Lanterns Are So Beloved」という記事で引用されている。

この章では、題名も見事なヘイデン・ヘレーラの著作 *Listening to Stone: The Art and Life of Isamu Noguchi* に大いに助けられた。ノグチの「航空機とジェットエンジン」に関する引用は、同書の第46章に記録されている。「飛行機の翼と胴体の関係」は同じ章の注釈5に、「モーゼスは大笑いして……」は第16章に、「子どもの世界……」は第41章に記録されている。

「プレイマウンテンは、私自身の……」という言葉は、ポッドキャスト〈99% Invisible〉のプレイマウンテンに関するオンライン記事の「Episode 351」から引用した。リアン・ペイは、ノグチなどのアーティストと両親との友情について語って

いて、クリスティーズのウェブサイトに2019年8月27日付で掲載された「Christie's to Offer the Collection of Eileen and I.M. Pei」というプレスリリースに記載されている。また、〈curbed.com〉のアレクサンドラ・ランゲによる記事「A Journey to Isamu Noguchi's Last Work」も参考にした。

サンタクロース、十字架、デパートのショーウインドウの話は、日本で暮らす外国人のあいだで広く知られている。その話は、1999年10月23日に〈snopes.com〉で公開された「Santa Hung on a Cross in Japan?」という記事で〝伝説〟（つまり〝事実上証明不能〟）と評されている。

メルヴィルの*Moby-Dick*第16章には、ピークォド号の日本の要素が記述されている。「船のマストは、元のマストが嵐で海中に失われたため、日本の海岸のどこかで切ってきたものだ。そのマストは、ケルンの三王の脊椎のような堅さで立っている」。また、キャスリーンがマントルピースの上に飾っていたノーマン・ロックウェルの絵は、広く愛されている「Home for Christmas」という作品だ。

本章の執筆にあたっては、ジャパンタイムズ（japantimes.co.jp）、サウスチャイナ・モーニング・ポスト（scmp.com）のほか、以下のウェブサイトを繰り返し参照した。イサム・ノグチ財団・庭園美術館（noguchi.org）、ウプサラ大学（uu.se）、ジャパンガイド・ドットコム（Japan-guide.com）、スウェーデン国教会（svenskakyrkan.se）、スウェダヴィア・エアポーツ（swedavia.com）、大英博物館（britishmuseum.org）、北海道大学低温科学研究所（lowtem.hokudai.ac.jp）。

札幌のセクションの調査と翻訳において、岡本由香子とリサ・ホフマン゠クロダが協力してくれた。2人の細心の注意と配慮にとても感謝している。また、初対面の人物に親切にしてくれた、チバミユキにもお礼を言いたい。いつか再会できることを願っている。ウプサラのセクションでは、調査と翻訳に協力してくれたナタリー・エルストレム、雪に関するすばらしい知識と書物を提供してくれたケネス・リブレヒトにも感謝している。また、ディドリック・ヴァンホーナッカー、エワ・セーデルパルム、ナディン・ウィレムズ、ジェニー・グレーザー、モーガン・ジャイルズ、ピーター・ギブズ、エドゥアルド・エンゲルス、メイ・シバタ、ドリュー・タグリアビュー、ジョージ・グリーンスタイン、ジョン・ビラセノール、レナート・ウェルン、エドワード・ルー、ケヴィン・カーにも感謝の意を表したい。

円の都市

シーラ・バリーの訃報記事は、2018年3月31日付のバークシャー・イーグル紙に掲載された。

ロンドン周辺の石炭税の柱について、『ノース・ミムズ・ヒストリー・プロジェクト』のウェブサイト（northmymmshistory.uk）ですばらしい地図が閲覧できる。また、ロバート・トゥムズの優れた著作*The English and Their History*の序文で、ロ

ンディニウムの位置が「テムズ川で橋を架けられる最低水位の地点」と描写されているのが印象的だった。現代のA1は、ローマ時代のアーミン街道やグレート・ノース・ロードに関連しているが、それだけではない。イズリントン地区のアッパー・ストリートもA1の一部だ。

バグダッドの歴史について、私が最も頼った資料はジャスティン・マロッツィの *Baghdad: City of Peace, City of Blood*。同書のなかで、アル・ヤクービがこの街を「宇宙の交差点」と形容した記述を見つけた。また、バグダッドが「世界のウォーターフロント」になることをアル・マンスールが望んだという箇所は、リンカーン・ペインのすばらしい著書 *The Sea and Civilization: A Maritime History of the World* から引用した。ペインは、バグダッドが建国からわずか50年後に、中国を除いた世界最大の都市に成長したことも指摘している。空港コード“ORBI”の“BI”の正確な由来を確認することはできなかったが、“Baghdad International”（バグダッド国際空港）は間違いなさそうだ。2003年にイラク戦争が始まったあと、以前のコード（ORBS）と名前（サダム国際空港）が現在のものに変更されたようだ。

この章のロンドンの節の二つめに登場する文章の一部は、2021年11月11日にフィナンシャル・タイムズ紙に掲載された私の記事「A Pilot's Rapturous Return to Transatlantic Flight」を改変したものだ。リアン・オサリバンのすばらしい詩「Note」は〈地下鉄の詩〉のウェブサイト（poemsontheunderground.org/note）で閲覧できる。列車内にもまだあるかもしれない。この詩はオサリバンの著書 *A Quarter of an Hour* に収録されている。

山手線が結ぶ地名の意味を必要最小限の英語で置き換えることは、私にとって魅力的な挑戦だった。私の日本語能力は限られているし、多くの地名の由来には諸説がある。また、完璧な要約がほぼ不可能な文化的コンテキストのなかでのみ意味をなす地名もあり、一部の文字はその意味を無視して音だけを意識して使われている。そのため、文字どおりの翻訳は問題があるといっても過言ではない。

前述したように、境界の定義が異なる都市や大都市圏の人口を比較するのは難しい。だが、国連による報告書 *The World's Cities in 2018* によると、東京の人口は3750万人で、2030年までにデリーが東京を抜いて世界最大の都市になると指摘している。

世界一周を成し遂げた最初の人物は、マゼランの船団の乗組員だったヨーロッパ人ではなく（マゼラン自身はフィリピンで殺された）、奴隷として知られているエンリケという男性だった可能性がある。エンリケは、マゼランが1511年にマラッカで獲得し、西回りでヨーロッパに連れていき、1519年の西回りの遠征に同行させた人物だ。エンリケは東南アジア（といってもまだマラッカよりも東）でマゼランの乗組員と袂を分かち、彼の物語の記録はそこで終わっている。

私が言及した、世界で最も混雑している鉄道駅のリストは、2013年に日本のさ

まざまな出版物に掲載された（たとえばジャパン・トゥデイの2013年2月6日付の記事）。このリストは広く共有され、2018年にいたってもブルームバーグ等の信頼性の高い情報源がまだそれを参照していた。ただし、公共交通機関に対するパンデミックの影響はさておき、そのリストが古くなっているのは確かだ。もっと最近のリストや、自分でリストを作成できるような完全なデータも見つけられなかったが、もし最新のリストがあるなら、もっと多くの中国の駅がランクインするのは確実だろう。私は北京などの鉄道ターミナルをよく訪れるが、それらは東京の多くの駅と同じぐらい大きく、混雑しているように見える。

新宿駅近くの家電量販店はヨドバシカメラだ。その耳に残るCMソングはYouTubeで簡単に見つけられる。

「土手」は室生犀星の著書『星より来れる者』から引用した（室生犀星は「山の手線」という詩も書いている）。

土手

田端の奥にガードがある
そこのふた側になつてゐる土手が
このごろ眞青になつて深い草むらをつくつた
あさはきつと歩きにゆく
仕事にくたびれた午後も
晩食の濟んだあとでも歩く

ふしぎに晩は向つ側の土手が、
くらみをもつてどつしりと臥てゐる
こちらの土手も長く暗く
深い谷間を想像させる
向う側の人家の屋根、
屋根をかこむ樹、
樹にちらつく美しい星、
そして緑から吹き出たやうな
そよそよした爽やかな風がからだをなでる

ときどき隙間には山の手の電車が通る
あかるい窓、
ちらつく白いきもの、
女の乗客のふくれた膝、

シグナルが一つ、青く震へてゐる

どんなに疲れたときでも
この土手にくるとさつぱりする
誰も晩はあるかない
風ばかりが囁やく——。

日本語を学び始めたころ、英語には日本語の漢字の役割に直接対応するものがないように思えて衝撃を受けた。どんなたとえにも問題があるが、それでも何かにたとえようという努力は魅力的だ。ラテン語と英語の関係を、中国語と日本語の関係と比較するのは一般的だが、英語にはギリシャ語由来の単語もある（もちろん、その一部はラテン語を経由して私たちに伝わっている）。

山手線の発車メロディはオンラインで聴くことができる（たとえば〈eki.weebly.com/yamanote-line.html〉など）。

この章では、とくにBBCとジャパンタイムズ（japantimes.co.jp）のウェブサイトを参考にした。また、イギリス政府観光庁（visitbritain.com）、WRAL-TV（wral.com）、ジャパン・ビジター（Japan Visitor）（japanvisitor.com）、ライブ・ジャパン（Live Japan）（livejapan.com）で見つけた情報も利用した。

郭沙千子は、最初に室生犀星の作品を私に紹介してくれた。また、彼女の惜しみない協力のなかで、山手線に関連する歴史や物語について視点の異なる洞察を提供してくれた。また、室生犀星の作品を翻訳してくれたほか、彼の生涯に関する研究についても教えてくれた連東孝子にも感謝している。彼女の親切な協力によって、室生犀星の作品が英語圏の多くの読者に届くことを願う。リサ・ホフマン＝クロダには、事実確認と、私の地名の翻訳に対する質問について忍耐強く対応してくれたことにとても感謝している。山手線に関する思い出を共有してくれた芝田明と岡本由香子にも感謝の気持ちを伝えたい。モスクワのさまざまな環状線について、私の説明を親切に手伝ってくれたイリヤ・バーマンにも感謝している。また、この章の執筆において貴重な支援を提供してくれたデブ・ケアンズ、ワコ・タワ、ケヴィン・カー、ジャレット・ウォーカーにもお礼を伝えたい。

シンディとダンへの感謝の気持ちは言葉では言い尽くせない。私たちを受け入れてくれた二人は、温かく、思いやりに満ちていた。二人と知り合えて本当に嬉しい。

参考文献

Addis, Ferdinand. *The Eternal City: A History of Rome*. Pegasus Books, 2018.

al-Hazimi Mansour, and Salma Khandra Jayyusi and Ezzat Khattab. *Beyond the Dunes: An Anthology of Modern Saudi Literature*. Palgrave Macmillan, 2006.〔邦訳：『砂丘を越えて――現代サウディ文学選集』中田考監修、伊藤真恵訳、日本サウディアラビア協会、2009年〕

Al-Hijji, Yacoub Yusuf. *Kuwait and the Sea: A Brief Social and Economic History*. Arabian Publishing, 2010.

Al-Nakib, Farah. *Kuwait Transformed: A History of Oil and Urban Life*. Stanford University Press, 2016.

Al-Sanousi, Haifa. *The Echo of Kuwaiti Creativity: A Collection of Translated Kuwaiti Poetry*. Center for Research and Studies on Kuwait, 2006.

Al-Shamlan, Saif Marzooq. *Pearling in the Arabian Gulf: A Kuwaiti Memoir*. London Center for Arabic Studies, 2000.

Alharbi, Thamer Hamdan. "The Development of Housing in Jeddah: Changes in Built Form from the Traditional to the Modern", PhD thesis, Newcastle University, 1989.

Ali, Agha Shahid. *The Half-Inch Himalayas*. Wesleyan University Press, 2011.

Allawi, Ali A. *Faisal I of Iraq*. Yale University Press, 2014.

Allison, Mary Bruins. *Doctor Mary in Arabia: Memoirs*. University of Texas Press, 2010.

Almino, João. *The Five Seasons of Love*. Host Publications, 2008.

Alrefai, Taleb. *Zill al-shams* (*The Shadow of the Sun*). Dar Al-Shuruq, 2012.

Alshehri, Atef, and Mercedes Corbell. "Al-Balad, The Historic Core of Jeddah: A Time Travelogue", *Once Upon Design: New Routes for Arabian Heritage*, exhibition catalogue, 2016, 17-28.

Anderson, Benedict. *Imagined Communities: Reflections on the Origin and Spread of Nationalism*. Verso, 2006.〔邦訳：ベネディクト・アンダーソン『定本　想像の共同体――ナショナリズムの起源と流行』白石隆、白石さや訳、書籍工房早山、2007年ほか〕

Anderson, Robert Thomas. *Denmark: Success of a Developing Nation*. Schenkman Publishing, 1975.

Angst, Gabriel Freitas. *Brasília Travel Guide: English Edition*. Formigas Viajantes, 2020.

Annual Reports of the Officers of the Berkshire Athenaeum and Museum. Berkshire Athenaeum and Museum, 1903.

Anthony, John Duke, and John A. Hearty. “Eastern Arabian States: Kuwait, Bahrain, Qatar, the United Arab Emirates, and Oman”. *The Government and Politics of the Middle East and North Africa*, edited by David E. Long and Bernard Reich. Westview, 2002, 129-63.

Arkeonews. https://arkeonews.net/bosphorus-was-frozen-people-crossed-by-walking/. Accessed September 20, 2021.

Asai, Tōru. ‘The Younger Sister of Kotan-kor-kamuy’. *Ainu Yukar: The Stories of Gods and the Ainu*. Chikumashobo Ltd., 1987.〔浅井亨『アイヌのユーカラ――神々と人間の物語』筑摩書房、1987 年〕

Baan, Iwan et al., editors. *Brasilia-Chandigarh: Living with Modernity*. Prestel Publishing, 2010.

Banham, Reyner. *Los Angeles: The Architecture of Four Ecologies*. University of California Press, 2009.

Bartels, Emily C. “Imperialist Beginnings: Richard Hakluyt and the Construction of Africa”. *Criticism*, vol. 34, no. 4, 1992, 517-38.

BBC Science Focus Magazine. https://www.sciencefocus.com/space/what-colour-is-the-sky-on-an-exoplanet/. Accessed September 14, 2021.

Beal, Sophia. *The Art of Brasília: 2000-2019*. Springer International Publishing, 2020.

Beard, Mary. *SPQR: A History of Ancient Rome*. Liveright, 2015.〔邦訳：メアリー・ビアード『SPQR ローマ帝国史Ⅰ――共和政の時代』『SPQR ローマ帝国史Ⅱ――皇帝の時代』宮崎真紀訳、亜紀書房、2018 年〕

Berkshire County Historical Society. *Pittsfield*. Arcadia, 2016.

Berkshire Natural Resources Council. https://www.bnrc.org/land-trusts-role-expanding-narrative-mohican-homelands/?blm_aid=24641. Accessed August.16, 2021.

Berry, Wendell. *Collected Poems of Wendell Berry, 1957-1982*. North Point Press, 1985.

――. *What I Stand On: The Collected Essays of Wendell Berry, 1969-2017*. Library of America, 2019.

The Bible, New King James Version. Thomas Nelson, 2005.

The Bible, 1599 Geneva Version. https://www.biblegateway.com/. Accessed May 1, 2021.

Bidwell House Museum. https://www.bidwellhousemuseum.org/blog/2020/06/16/the-last-skirmish-of-king-philips-war-1676-part-ii/. Accessed August 16, 2021.

Bloom, Harold, editor. *John Steinbeck's 'The Grapes of Wrath'*. Chelsea House, 2009.

Boltwood, Edward. *The History of Pittsfield, Massachusetts: From the Year 1876 to the Year 1916*. City of Pittsfield, 1916.

Bose, Subhas Chandra. *Famous Speeches and Letters of Subhas Chandra Bose*. Lion Press, 1946.

Boston Public Library. https://www.bpl.org/news/mckim-building-125th-anniversary/. Accessed June 5, 2021.

Boston: An Old City with New Opportunities. Boston Chamber of Commerce, Bureau of Commercial and Industrial Affairs, 1922.

Breese, Gerald. "Delhi-New Delhi: Capital for Conquerors and Country". *Ekistics*, vol. 39, no. 232, 1975, 181-84.

Bruchac, Margaret, and Peter Thomas. "Locating 'Wissatinnewag' in John Pynchon's Letter of 1663". *Historical Journal of Massachusetts*, vol. 34, no. 1, Winter 2006.

Buchan, James. *Jeddah, Old and New*. Stacey International, 1991.

Buhlebezwe Siwani. https://www.buhlebezwesiwani.com/igagasi-2015-1. Accessed August 31, 2021.

Bulkeley, Morgan. *Berkshire Stories*. Lindisfarne Books, 2004.

Burton, Isabel, and William Henry Wilkins. *The Romance of Isabel, Lady Burton: The Story of Her Life*. New York, 1897.

Burton, Richard Francis. *The City of the Saints: And Across the Rocky Mountains to California*. New York, 1862.

——. *Personal Narrative of a Pilgrimage to Mecca and Medina*. Leipzig, 1874.

Calgary River Valleys. https://calgaryrivervalleys.org/wp-content/uploads/2021/12/Get-to-Know-the-Bow-River-second-edition-2014.pdf.

California Historic Route 66 Association. https://www.route66ca.org/. Accessed June 5, 2021.

Calverley, Eleanor. *My Arabian Days and Nights: a Medical Missionary in Old Kuwait.* Crowell, 1958.

Calvino, Italo. *Invisible Cities*. Houghton Mifflin Harcourt, 2013.〔邦訳：イタロ・カルヴィーノ『見えない都市』米川良夫訳、河出書房新社、2003 年〕

Carlstrom, Jeffrey, and Cynthia Furse. *The History of Emigration Canyon: Gateway to Salt Lake Valley*. Lulu, 2019.

Cathedral of Our Lady of the Angels. http://www.olacathedral.org/cathedral/about/homily1.html. Accessed June 6, 2021.〔リンク切れ〕

Ceria, Eugenio. *The Biographical Memoirs of Saint John Bosco*. Volume 16. Salesiana

Publishers, 1995.

Cheonggyecheon Museum. https://museum.seoul.go.kr/eng/about/cheongGyeMuse.jsp. Accessed August 17, 2021.

Christie's. https://www.christies.com/about-us/press-archive/details?PressReleaseID=9465&lid=1. Accessed October 19, 2021.

City of Boston. https://www.boston.gov/departments/tourism-sports-and-entertainment/symbols-city-boston#:~:text=the%20motto%2C%20%E2%80%9CSICUT%20PATRIBUS%2C,1822.%E2%80%9D. Accessed June 3, 2021.

City of Pittsburgh, Pennsylvania. https://pittsburghpa.gov/pittsburgh/flag-seal. Accessed May 26, 2021.

Cleveland, Harold Irwin. "Fifty-Five Years in Business". *Magazine of Business* 1906, 455-66.

Collard, Ian. *The Port of Southampton*. Amberley Publishing, 2019.

Corne, Lucy, et al. *Lonely Planet Cape Town & the Garden Route*. Lonely Planet Global Limited, 2018.

Cortesao, Armando, editor. *The Suma Oriental of Tomé Pires, Books 1-5*. Asian Educational Services, 2005.

"CPI Profile - Jeddah". Ministry of Municipal and Rural Affairs and United Nations Human Settlements Programme, 2019.

Cramer, J. A. *A Geographical and Historical Description of Ancient Italy*. Clarendan, 1826.

Crowley, Thomas. *Fractured Forest, Quartzite City: A History of Delhi and Its Ridge*. Sage Publications, 2020.

Crus, Paulo J. S., editor. *Structures and Architecture - Bridging the Gap and Crossing Borders: Proceedings of the Fourth International Conference on Structures and Architecture*. CRC Press, 2019.

Curbed. https://archive.curbed.com/2016/12/1/13778884/noguchi-playground-moerenuma-japan. Accessed September 2, 2021.

Dalrymple, William. *City of Djinns: A Year in Delhi*. Penguin, 2003.〔邦訳：ウィリアム・ダルリンプル『聖霊の街デリー――北インド十二か月』柴田裕之訳、凱風社、1996年〕

——. *The Last Mughal: The Fall of Delhi, 1857*. Bloomsbury, 2009.

Danforth, Loring M. *Crossing the Kingdom: Portraits of Saudi Arabia*. University of California Press, 2016.

Daoud, Hazim S. *Flora of Kuwait*. Volume 1. Taylor & Francis, 2013.

Davis, Margaret Leslie. *Rivers in the Desert: William Mulholland and the Inventing of Los Angeles*. Open Road Media, 2014.

Dayton Aviation Heritage. https://www.nps.gov/daav/learn/historyculture/index.htm. Accessed May 26, 2021.

Delbanco, Andrew. *Melville: His World and Work*. Knopf Doubleday, 2013.

Dickson, H. R. P. *The Arab of the Desert: A Glimpse into Badawin Life in Kuwait and Saudi Arabia*. Taylor & Francis, 2015.

——. *Kuwait and Her Neighbours*. Allen & Unwin, 1956.

Dickson, Violet. *Forty Years in Kuwait*. Allen & Unwin, 1978.

Dinesen, Isak. *Seven Gothic Tales*. Vintage International, 1991.〔邦訳：イサク・ディネセン『ピサへの道　七つのゴシック物語1』『夢みる人びと　七つのゴシック物語2』横山貞子訳、白水社、2013年〕

District Aurangabad. https://aurangabad.gov.in/history/. Accessed July 2, 2021.

"Djeddah — La Ville de la Grand'mere". *L'Illustration*, June 12, 1926.

Douglas-Lithgow, Robert Alexander. *Dictionary of American-Indian Place and Proper Names in New England*. Salem Press, 1909.

Dowall, David E., and Paavo Monkkonen. "Consequences of the 'Plano Piloto': The Urban Development and Land Markets of Brasília", *Urban Studies*, vol. 44, no. 10, 2007, 1871-87.

Drew, Bernard A., and Ronald Latham. *Literary Luminaries of the Berkshires: From Herman Melville to Patricia Highsmith*. Arcadia Publishing, 2015.

Dunn, Ross E. *The Adventures of Ibn Battuta: A Muslim Traveler of the Fourteenth Century*. University of California Press, 2012.

East Village. https://www.evexperience.com/blog/2019/9/19/behind-the-masks-katie-greens-bridge-installation. Accessed August 17, 2021.

Edwards, Brian et al., editors. *Courtyard Housing: Past, Present and Future*. Taylor & Francis, 2006.

1843. https://www.economist.com/1843/2015/09/30/whose-sea-is-it-anyway. Accessed October 18, 2021.

Eleanor Roosevelt Papers Project. https://www2.gwu.edu/~erpapers/myday/displaydoc.cfm?_y=1946&_f=md000294. Accessed June 3, 2021.

Emblidge, David. *Southern New England*. Stackpole Books, 2012.

Environmental Protection Agency. https://www.epa.gov/ge-housatonic/cleaning-housatonic. Accessed August 16, 2021.

Facey, William, and Gillian Grant. *Kuwait by the First Photographers*. I. B. Tauris, 1999.

Fanshawe, H. C. *Delhi: Past and Present*. John Murray, 1902.

Feldman, David. *Why Do Clocks Run Clockwise? An Imponderables Book*. Harper-

Collins, 2005.〔邦訳：デイヴィッド・フェルドマン『アメリカン・トリヴィア――知っていても役に立たない知識コレクション』秋元薫訳、朝日出版社、1991 年〕

Fireman, Janet R., and Manuel P. Servin. "Miguel Costansó: California's Forgotten Founder", *California Historical Society Quarterly*, vol. 49, no. 1, March 1970, 3-19.

Fitzgerald, Penelope. *The Blue Flower*. Flamingo, 1995.

Flood, Finbarr Barry, and Gulru Necipoglu. *A Companion to Islamic Art and Architecture*. Wiley, 2017.

Florida Department of Transportation. https://www.fdot.gov/docs/default-source/traffic/trafficservices/pdfs/Pres-control_city.pdf. Accessed June 5, 2021.〔リンク切れ〕

Foreign Affairs. https://www.foreignaffairs.com/reviews/capsule-review/2007-11-01/last-mughal-fall-dynasty-delhi-1857-indian-summer-secret-history. Accessed August 9, 2021.

Forster, E. M. *Howards End*. Penguin, 2007.

Fort Calgary.（2004 年春、The Confluence Historic Site & Parkland に施設刷新. https://www.theconfluence.ca.）

Fortescue, John William. *Narrative of the Visit to India of Their Majesties, King George V. and Queen Mary: And of the Coronation Durbar Held at Delhi, 12th December, 1911*. Macmillan, 1912.

Fraser, Valerie. *Building the New World: Studies in the Modern Architecture of Latin America, 1930-1960*. Verso, 2000.

Frazier, Patrick. *The Mohicans of Stockbridge*. University of Nebraska Press, 1994.

Freeth, Zahra Dickson. *Kuwait Was My Home*. Allen & Unwin, 1956.

Freitag, Ulrike. *A History of Jeddah: The Gate to Mecca in the Nineteenth and Twentieth Centuries*. Cambridge University Press, 2020.

Frémont, John Charles. *Geographical Memoir Upon Upper California, in Illustration of His Map of Oregon and California*. Wendell and Benthuysen, 1848.

Gladding, Effie Price. *Across the Continent by the Lincoln Highway*. Good Press, 2019.

Globo. http://especiais.santosdumont.eptv.g1.globo.com/onde-tudo-terminou/amorte/NOT,0,0,1278057,Uma+historia+cheia+de+misterio.aspx. Accessed September 5, 2021.

Grondahl, Paul. *Mayor Corning: Albany Icon, Albany Enigma*. State University of New York Press, 2007.

Gudde, Erwin Gustav. *California Place Names: The Origin and Etymology of Current Geographical Names*. University of California Press, 1960.

Gupta, Narayani, editor. *The Delhi Omnibus*. Oxford University Press, 2002.

Gyeongbokgung Palace. http://www.royalpalace.go.kr:8080/html/eng_gbg/data/

data_01.jsp. Accessed August 17, 2021.〔リンク切れ〕

Handbook of Rio de Janeiro. Rio de Janeiro, 1887.

Hasan, Hadi. *Mughal Poetry: Its Cultural and Historical Value*. Aakar Books, 2008.

Hearn, Gordon Risley. *The Seven Cities of Delhi*. W. Thacker & Company, 1906.

Heinly, Burt A., "The Los Angeles Aqueduct: Causes of Low Cost and Rapidity of Construction". *Architect and Engineer*, vol. XIX, no. 3, January 1910.

Heinz History Center. https://www.heinzhistorycenter.org/blog/western-pennsylvania-history/pittsburgh-the-city-of-bridges. Accessed September 4, 2021.

Herrera, Hayden. *Listening to Stone: The Art and Life of Isamu Noguchi*. Farrar, Straus and Giroux, 2015.〔邦訳：ヘイデン・ヘレーラ『石を聴く――イサム・ノグチの芸術と生涯』北代美和子訳、みすず書房、2018 年〕

Higashi, Akira. 'Ukichiro Nakaya –1900-1962'. *Journal of Glaciology*, vol. 4, no.33, 1962, 378-80.

"Historic Jeddah: Gate to Makkah". Saudi Commission for Tourism and Antiquities, January 2013.

"History of Pittsfield". City of Pittsfield, https://www.cityofpittsfield.org/residents/history_of_pittsfield/index.php. Accessed May 14, 2021.

Hitchman, Francis. *Richard F. Burton: His Early, Private and Public Life; with an Account of His Travels and Explorations*. London, 1887.

Hoeppe, Götz. *Why the Sky Is Blue: Discovering the Color of Life*. Translated by John Stewart. Princeton University Press, 2007.

Holmes, Oliver Wendell. *The Complete Poetical Works of Oliver Wendell Holmes*. London, 1852.

Holston, James. *The Modernist City: An Anthropological Critique of Brasília*. University of Chicago Press, 1989.

Homer. *The Iliad*. Penguin Classics, 1991.〔邦訳：ホメーロス『イーリアス』上・下、呉茂一訳、平凡社、2003 年ほか〕

Honig, Edwin. "Review: The City of Man". *Poetry*, vol. 69, no. 5, February 1947, 277-84.

Honjo, Masahiko, editor. *Urbanization and Regional Development, Vol. 6*. United Nations Centre for Regional Development, 1981.

Hornsey Historical Society. https://hornseyhistorical.org.uk/brief-history-highgate/. Accessed July 2, 2021.

Housatonic Heritage https://housatonicheritage.org/heritage-programs/native-american-heritage-trail/. Accessed May 13, 2021.

House of Representatives. https://www.govtrack.us/congress/bills/110/hres1050.

Accessed August 16, 2021.

House, Renée. *Patterns and Portraits: Women in the History of the Reformed Church in America*. Eerdmans, 1999.

Hunt, Tristram. *Cities of Empire: The British Colonies and the Creation of the Urban World*. Henry Holt and Company, 2014.

Ibn Battuta. *The Travels of Ibn Battuta, A.D. 1325-1354*. Volume 2. Taylor & Francis, 2017.〔邦訳：イブン・バットゥータ『大旅行記』全8巻、家島彦一訳、平凡社、1996～2002年〕

Ice. British Glaciological Society, International Glaciological Society, Issues 32-43, 1970.

Investigation of Congested Areas. US Government Printing Office, 1943.

"Islamic Culture". *Hyperbad Quarterly Review*, Islamic Culture Board, 1971.

Jagmohan. *Triumphs and Tragedies of Ninth Delhi*. Allied Publishers, 2015.

Jain, Meenakshi. *The India They Saw*, Vol. 2. Ocean Books, 2011.

James, Harold, and Kevin O'Rourke. "Italy and the First Age of Globalization, 1861-1940". Quaderni di Storia Economica (Economic History Working Papers), 2011.

Janin, Hunt. *The Pursuit of Learning in the Islamic World, 610-2003*. McFarland Publishers, 2006.

Jawaharlal Nehru: Selected Speeches Volume 4, *1957-1963*. Publications Division, Ministry of Information & Broadcasting, 1996.

Jeddah 68/69: The First and Only Definitive Introduction to Jeddah, Saudi Arabia's Most Modern and Varied City. University Press of Arabia, 1968.

Johnson, David A., and Richard Watson. *New Delhi: The Last Imperial City*. Palgrave Macmillan, 2016.

Johnson, Rob. *Outnumbered, Outgunned, Undeterred: Twenty Battles Against All Odds*. Thames & Hudson, 2011.

Judy: The London Serio-Comic Journal. April 8, 1891.

Jung, C. G. *Memories, Dreams, Reflections*. Knopf Doubleday, 1963〔邦訳：カール・グスタフ・ユング『ユング自伝――思い出・夢・思想』1・2、ヤッフェ編、河合隼雄、藤縄昭、出井淑子訳、みすず書房、1972～1973年〕

Jütte, Daniel. "Entering a City: On a Lost Early Modern Practice". *Urban History*, vol. 41, no. 2, 2014, 204-27.

Kang, Kyung-min. "10 Year Anniversary of Cheonggyecheon Restoration... Becoming a 'Cultural Oasis' of the City". *Hankyung* (Seoul), September 29, 2015, https://www.hankyung.com/society/article/2015092935361. Accessed September 2, 2021.

Kapur, Kirun. *Visiting Indira Gandhi's Palmist*. Elixir Press, 2015.

Karan, Pradyumna. *Japan in the 21st Century: Environment, Economy, and Society*. Press of Kentucky, 2010.

Kaul, H. K., editor. *Historic Delhi: An Anthology*. Oxford University Press, 1985.

KCRW. https://www.kcrw.com/music/articles/anne-sextons-original-poem-45-mercy-street-the-genesis-of-peter-gabriels-mercy-street. Accessed August 7, 2021.

Keane, John Fryer. *My Journey to Medinah: Describing a Pilgrimage to Medinah*. London, 1881.

Khusrau, Amir. *In the Bazaar of Love: The Selected Poetry of Amir Khusrau*. Translated by Paul E. Losensky and Sunil Sharma. Penguin, 2011.

Kim, Eyun Jennifer. "The Historical Landscape: Evoking the Past in a Landscape for the Future in the Cheonggyecheon Reconstruction in South Korea". *Humanities*, vol. 9, no. 3, 2020.

Kipen, David. *Dear Los Angeles: The City in Diaries and Letters, 1542 to 2018*. Random House, 2019.

Kipling, Rudyard. *Collected Verse of Rudyard Kipling*. Doubleday, Page & Company, 1916.

Koehler, Robert. *Hangeul: Korea's Unique Alphabet*. Seoul Selection, 2010.

Kramer, J. A. *A Geographical and Historical Description of Ancient Italy*. Oxford, 1826.

Krondl, Michael. *The Taste of Conquest: The Rise and Fall of the Three Great Cities of Spice*. Ballantine Books, 2008.〔邦訳：マイケル・クロンドル『スパイス三都物語――ヴェネツィア・リスボン・アムステルダムの興亡の歴史』木村高子、田畑あや子、稲垣みどり訳、原書房、2018年〕

Kudō, Umejirō. "The Divine Snowball Fight". *Ainu Folk Tales*. Kudō Shoten, 1926.〔工藤梅次郎『アイヌ民話』工藤書店、1926年〕

Kumar, Nikhil. 'Resurrecting the City of Poets'. *Book Review* (India). January 2019, vol. 43, no. 1.

Kwon, Hyuk-cheol. " 'Concrete Fish Tank' Cheonggyecheon's Wrongful Restoration Will Be Repaired". *Hankyoreh* (Seoul), February 27, 2012, https://www.hani.co.kr/arti/area/area_general/520891.html. Accessed September 2, 2021.

Landscape Performance Series. https://www.landscapeperformance.org/case-study-briefs/cheonggyecheon-stream-restoration. Accessed August 17, 2021.

Leavitt, David. *The Lost Language of Cranes*. Bloomsbury, 2014.〔邦訳：デイヴィッド・レーヴィット『失われしクレーンの言葉』森田義信訳、角川書店、1993年〕

Le Corbusier. *The City of Tomorrow and Its Planning*. Dover Publications,. 2013.〔邦

訳：ル・コルビュジェ『ユルバニスム』樋口清訳、鹿島出版会、1967年〕

Libbrecht, Kenneth, and Rachel Wing. *The Snowflake: Winter's Frozen Artistry*. Voyageur Press, 2015.

Lilly, Lambert. *The History of New England, Illustrated by Tales, Sketches, and Anecdotes*. Boston, 1844.

Livy. *The Early History of Rome: Books I-V of the Ab Urbe Condita*. B. O. Foster, translator. Barnes & Noble, 2005.〔邦訳：リーウィウス『ローマ建国史』上・下、鈴木一州訳、岩波書店、2007年ほか〕

Lloyd, Margaret Glynne. *William Carlos Williams's 'Paterson': A Critical Reappraisal*. Fairleigh Dickinson University Press, 1980.

Loh, Andrew. *Malacca Reminiscences*. Partridge Publishing, 2015.

Loomis, Craig. *The Salmiya Collection: Stories of the Life and Times of Modern Kuwait*. Syracuse University Press, 2013.

"The Los Angeles Aqueduct, 1913-1988: A 75th Anniversary Tribute". *Southern California Quarterly*, vol. 70, no. 3, 1988, 329-54.

Lowrie, Michèle. "Rome: City and Empire". *The Classical World*. vol. 97, no. 1, 2003, 57-68.

Lubbe, Gerrie. "Tuan Guru: Prince, Prisoner, Pioneer". *Religion in Southern Africa*, 1986, vol. 7, no. 1, 25-35.

Madden, Thomas F. *Istanbul: City of Majesty at the Crossroads of the World*. Penguin, 2017.

Magnus, Olaus. *A Description of the Northern Peoples, 1555*. Edited by P. G. Foote. Taylor & Francis, 2018.

Mahmood, Saif. *Beloved Delhi: A Mughal City and Her Greatest Poets*. Speaking Tiger Books, 2018.

Mail & Guardian. https://mg.co.za/article/2016-09-05-00-the-history-of-vanriebeeks-slave-krotoa-unearthed-from-the-slave-masters-view/. Accessed October 19, 2021.〔リンク切れ〕

Mandela, Nelson. *Long Walk to Freedom: The Autobiography of Nelson Mandela*. Little, Brown, 2013.〔邦訳：ネルソン・マンデラ『自由への長い道――ネルソン・マンデラ自伝』上・下、東江一紀訳、NHK出版、1996年〕

Mann, Emily. "In Defence of the City: The Gates of London and Temple Bar in the Seventeenth Century". *Architectural History*, vol. 49, 2006, 75-99.

Manzo, Clemmy. *The Rough Guide to Brazil*. Apa Publications, 2014.

Marozzi, Justin. *Baghdad: City of Peace, City of Blood*. Penguin, 2014.

——. *Islamic Empires: The Cities That Shaped Civilization –From Mecca to Dubai*.

Pegasus Books, 2020.
Mason, Michele M. *Dominant Narratives of Colonial Hokkaido and Imperial Japan: Envisioning the Periphery and the Modern Nation-State*. Palgrave Macmillan, 2012.
McCann, Joy. *Wild Sea: A History of the Southern Ocean*. University of Chicago Press, 2019.
Melville, Herman. *Herman Melville: Complete Poems*. Library of America, 2019.
——. *Redburn, White-Jacket, Moby-Dick*. Library of America, 1983.〔邦訳：ハーマン・メルヴィル『白鯨』上・中・下、八木敏雄訳、岩波書店、2004 年ほか。なお、他の 2 篇に関しては、『レッドバーン』（メルヴィル全集第 5 巻)、『白いジャケツ』（メルヴィル全集第 6 巻）坂下昇訳、国書刊行会、1982 年がある〕
Menon, Ramesh. *The Mahabharata: A Modern Rendering*. iUniverse, 2006.〔邦訳：『マハーバーラタ（原典訳)』1 ～ 8 巻、上村勝彦訳、筑摩書房、2002～2005 年。全 11 巻予定が訳者急逝により 8 巻途中で未完〕
Merewether, E. M. "Inscriptions in St. Paul's Church, Malacca". *Journal of the Straits Branch of the Royal Asiatic Society*. no. 34, 1900, 1-21.
Miller, Sam. *Delhi: Adventures in a Megacity*. St. Martin's Publishing, 2010.
Millier, Brett C. *Elizabeth Bishop: Life and the Memory of It*. University of California Press, 1995.
Ministério da Educação e Saúde. https://museuimperial.museus.gov.br/wp-content/uploads/2020/09/1958-Vol.-19.pdf. Accessed September 5, 2021.
Molotch, Harvey, and Davide Ponzini. *The New Arab Urban: Gulf Cities of Wealth, Ambition, and Distress*. NYU Press, 2019.
More, Thomas. *Utopia*. Penguin Books, 2012.〔邦訳：トマス・モア『ユートピア』平井正穂訳、岩波書店、1957 年ほか〕
Morris, Jan. *Heaven's Command*. Faber & Faber, 2010.〔邦訳：ジャン・モリス『ヘブンズ・コマンド——大英帝国の興隆』上・下、椋田直子訳、講談社、2008 年〕
——. *Thinking Again: A Diary*. Liveright, 2021.
Mulholland, Catherine. *William Mulholland and the Rise of Los Angeles*. University of California Press, 2000.
MultiRio. http://www.multirio.rj.gov.br/index.php/assista/tv/14149-museu-aeroespacial. Accessed September 5, 2021.
Murakami, Haruki. *The Elephant Vanishes: Stories*. Knopf Doubleday, 2010.〔村上春樹『象の消滅——短篇選集 1980-1991』新潮社、2005 年〕
Murō, Saisei. "Earthen Banks" and "The Yamanote Line". *Those Who Came from Stars*. Daitokaku, 1922. Privately translated by Takako Lento.〔室生犀星『室生犀星全集第 2 巻』新潮社、1965 年ほか〕

Nadeau, Remi A. *Los Angeles: From Mission to Modern City*. Longmans, Green, 1960.

Naidu, Sarojini. *The Broken Wing: Songs of Love, Death & Destiny, 1915-1916*. William Heinemann, 1917.

Nakaya, Ukichirō. *Snow Crystals: Natural and Artificial*. Harvard University Press, 1954.

Naravane, Vishwanath S. *Sarojini Naidu: An Introduction to Her Life, Work and Poetry*. Orient Longman, 1996.

National Catholic Register. https://www.ncregister.com/blog/why-don-bosco-is-the-patron-saint-of-magicians. Accessed June 1, 2021.

National Geologic Map Database, US Geological Survey, https://ngmdb.usgs.gov/topoview/viewer/#14/40.8210/-76.2015. Accessed May 17, 2021.

National Museum of Korea. https://www.museum.go.kr/site/eng/relic/represent/view?relicId=4325. Accessed July 2, 2021.

Nawani, Smarika. "The Portuguese in Archipelago Southeast Asia (1511-1666)". *Proceedings of the Indian History Congress*, vol. 74, 2013, 703-8.

Neaverson, Peter, and Marilyn Palmer. *Industry in the Landscape, 1700-1900*. Taylor & Francis, 2002.

Niemeyer, Oscar, and Izabel Murat Burbridge. *The Curves of Time: The Memoirs of Oscar Niemeyer*. Phaidon Press, 2000.

Netton, Ian Richard, editor. *Encyclopedia of Islamic Civilization and Religion*. Taylor & Francis, 2013.

Neuberger, Hans. "Climate in Art". *Weather*, vol. XXV, 1970, 46-66.

New-York Historical Society. https://digitalcollections.nyhistory.org/islandora/object/islandora%3A108209#page/1/mode/2up. Accessed September 4, 2021.

99% Invisible. https://99percentinvisible.org/episode/play-mountain/. Accessed August 31, 2021.

Noh, Hyung-suk. "Tadao Ando, an 'Environmental Architect', Cherishes Cheonggyecheon?" *Hankyoreh* (Seoul), November 15, 2007, https://h21.hani.co.kr/arti/society/society_general/21151.html. Accessed September 2, 2021.

Norwich, John Julius. *Four Princes: Henry VIII, Francis I, Charles V, Suleiman the Magnificent and the Obsessions That Forged Modern Europe*. John Murray, 2016.

Novalis. *Heinrich von Ofterdingen*. 1802.〔邦訳：ノヴァーリス『青い花』青山隆夫訳、岩波書店、1989年〕

O'Connor, Thomas H. *The Athens of America: Boston, 1825-1845*. University of Massachusetts Press, 2006.

Oguma, Hideo. *Long, Long Autumn Nights: Selected Poems of Oguma Hideo, 1901-*

1940. Translated by David G. Goodman. University of Michigan, 1989.〔小熊秀雄『小熊秀雄全集新版第 1 巻、第 3 巻』創樹社、1990-1991 年〕

Orcutt, Samuel. *The Indians of the Housatonic and Naugatuck Valleys*. Hartford, Conn., 1882.

The Oregonian. https://www.oregonlive.com/oregonianextra/2007/07/wallace_stegner_the_heart_of_t.html. Accessed June 5, 2021.

Orton, Jayson, et al. "An Unusual Pre-Colonial Burial from Bloubergstrand, Table Bay, South Africa". *South African Archaeological Bulletin*, vol. 70, no. 201, 2015, 106-12.

Osborne, Caroline, and Lone Mouritsen. *The Rough Guide to Copenhagen*. Rough Guides Limited, 2010.

O'Sullivan, Leanne. *A Quarter of an Hour*. Bloodaxe Books, 2018.

Ovenden, Mark. *Metro Maps of the World*. Capital Transport Publishing, 2003.

Ovenden, Mark, and Maxwell Roberts. *Airline Maps: A Century of Art and Design*. Particular Books, 2019.

Paine, Lincoln. *The Sea and Civilization: A Maritime History of the World*. Vintage, 2015.

Palgrave, William Gifford. *Narrative of a Year's Journey Through Central and Eastern Arabia, 1862-1863*. London, 1866.〔邦訳：前嶋信次『アラビアに魅せられた人びと』パルグレーヴ原著、中央公論社、1993 年〕

Parini, Jay. *The Passages of H.M.: A Novel of Herman Melville*. Doubleday, 2011.

Parish and Ward Church of St. Botolph Without Bishopsgate, https://botolph.org.uk/who-was-st-botolph/. Accessed July 2, 2021.

Park, In-ho. 'Miracle of Cheonggyecheon Begins ... Expecting 23 Trillion KRW Economic Impacts'. *Herald POP* (Seoul), September 27, 2005, https://news.naver.com/main/read.naver?mode=LSD&mid=sec&sid1=102&oid=112&aid=0000017095. Accessed September 2, 2021.

Parliamentary Papers. Volume 59, H.M. Stationery Office, United Kingdom, 1862.

Pastoureau, Michel. *Blue: The History of a Color*. Translated by Mark Cruse. Princeton University Press, 2001.〔邦訳：ミシェル・パストゥロー『青の歴史』松村恵理、松村剛訳、筑摩書房、2005 年〕

Paz, Octavio. *The Collected Poems of Octavio Paz, 1957-1987*. New Directions, 1991.

Pesce, Angelo. *Jiddah: Portrait of an Arabian City*. Falcon Press, 1974.

Pesic, Peter. *Sky in a Bottle*. MIT Press, 2005.〔邦訳：ピーター・ペジック『青の物理学——空色の謎をめぐる思索』青木薫訳、岩波書店、2011 年〕

Pet Shop Boys. https://www.petshopboys.co.uk/lyrics/kings-cross. Accessed July 2, 2021.

——. https://www.petshopboys.co.uk/lyrics/west-end-girls. Accessed May 25, 2021.

Peterson, Mark. *The City-State of Boston: The Rise and Fall of an Atlantic Power, 1630-1865*. Princeton University Press, 2020.

Philippopoulos-Mihalopoulos, Andreas, editor. *Law and the City*. Taylor & Francis, 2007.

Pincherle, Maria. “Crônicas Como Memoriais: A Brasília de Clarice Lispector (e o temporário desaparecimento do invisível)”. *Revista da Anpoll*, vol. 51, 2020, 11-15.

Pittsburgh History & Landmarks Foundation, https://www.phlf.org/dragons/teachers/docs/William_pitt_city_seal_project.pdf. Accessed May 26, 2021.

Pittsfield Cemetery. https://www.pittsfieldcemetery.com/about-us/. Accessed August.6, 2021.

Platner, Samuel Ball. *A Topographical Dictionary of Ancient Rome*. Cambridge University Press, 2015.

Plat of the City of Zion, Circa Early June. https://www.josephsmithpapers.org/paper-summary/plat-of-the-city-of-zion-circa-early-june-25-june-1833/1. Accessed March 17, 2021.

Proceedings of Inauguration of City Government. Pittsfield, Massachusetts, January 5, 1891.

Rabbat, Nasser O. *The Citadel of Cairo: A New Interpretation of Royal Mamluk Architecture*. E. J. Brill, 1995.

Ramadan, Ashraf, et al. “Total SO_2 Emissions from Power Stations and Evaluation of Their Impact in Kuwait Using a Gaussian Plume Dispersion Model”. *American Journal of Environmental Sciences*, January 2008, vol. 4, no. 1, 1-12.

Raunkiær, Barclay. *Through Wahhabiland on Camelback*. Routledge & K. Paul, 1969.

Regan, Bob. *The Bridges of Pittsburgh*. Local History Company, 2006.

Ribeiro, Gustavo Lins. *O Capital Da Esperança: A Experiência Dos Trabalhadores Na Construção De Brasília*. UNB, 2008.

Rink, Bradley. “The Aeromobile Tourist Gaze: Understanding Tourism ‘From Above’ ”. *Tourism Geographies*, vol. 19, 2017, 878-96.

Rodgers, Daniel T. *As a City on a Hill: The Story of America’s Most Famous Lay Sermon*. Princeton University Press, 2018.

Rooke, Henry. *Travels to the Coast of Arabia Felix: And from Thence by the Red-Sea and Egypt, to Europe*. London, 1784.

Rush, Alan. *Al-Sabah: History & Genealogy of Kuwait’s Ruling Family, 1752-1987*. Ithaca Press, 1987.

Saint- Exupéry, Antoine de. *The Little Prince*. Translated by Richard Howard. Mariner, 2000.〔邦訳：サン＝テグジュペリ『星の王子さま』内藤濯訳、岩波書店、2000年ほか〕

Schmidt-Biggemann, Wilhelm. *Philosophia Perennis: Historical Outlines of Western Spirituality in Ancient, Medieval and Early Modern Thought*. Springer, 2004.

Schuyler, George Washington. *Colonial New York: Philip Schuyler and His Family*. New York, 1885.

Schwartz, Lloyd, and Robert Giroux, editors. *Elizabeth Bishop: Poems, Prose, and Letters*. Library of America, 2008.

SCVTV. https://scvhistory.com/scvhistory/costanso-diary.htm. Accessed June 3, 2021.

Sexton, Anne. *Anne Sexton: The Complete Poems*. Open Road Media, 2016.

Sharma, Ajai. *The Culinary Epic of Jeddah: The Tale of an Arabian Gateway*. Notion Press, 2018.

Sharma, S. R. *Ahwal-e-Mir: Life, Times and Poetry of Mir-Taqi-Mir*. Partridge Publishing, 2014.

Shiga, Naoya. Lane Dunlop, translator. "At Kinosaki", *Prairie Schooner* 56, no. 1, 1982, 47-54.〔志賀直哉「城の崎にて」（『小僧の神様・城の崎にて』新潮社、2005年所収）〕

Simon, Carly. "Let the River Run". 1988.

Singh, Kushwant, editor. *City Improbable: An Anthology of Writings on Delhi*. Penguin, 2010.

Singh, Patwant. "The Ninth Delhi". *Journal of the Royal Society of Arts*, vol. 119, no. 5179, 1971, 461-75.

Singh, Upinder, editor. *Delhi: Ancient History*. Social Science Press, 2006.

Sjoholm, Barbara. " 'Things to Be Marveled at Rather than Examined': Olaus Magnus and 'A Description of the Northern Peoples' ". *Antioch Review*, vol. 62, no.2, 2004, 245-54.

Skidmore, Thomas E. *Brazil: Five Centuries of Change*. Oxford University Press, 2010.

Sklair, Leslie. *The Icon Project: Architecture, Cities, and Capitalist Globalization*. Oxford University Press, 2017.

Smith, J. E. A. *The History of Pittsfield, (Berkshire County,) Massachusetts, from the Year 1734 to the Year 1800*. Boston, 1869.

——. *The History of Pittsfield, (Berkshire County,) Massachusetts, from the Year 1800 to the Year 1876*. Springfield, 1876.

——. *The Poet Among the Hills: Oliver Wendell Holmes in Berkshire*. Pittsfield, Mass.,

1895.

Smith, Joseph, and Smith, Heman C. *History of the Church of Jesus Christ of Latter Day Saints*. Lamoni, Iowa, 1897.

Smith, Richard Norton. *On His Own Terms: A Life of Nelson Rockefeller*. Random House, 2014.

Soucek, Gayle. *Marshall Field's: The Store That Helped Build Chicago*. Arcadia Publishing, 2013.

Springer, Carolyn. "Textual Geography: The Role of the Reader in 'Invisible Cities' ". *Modern Language Studies*, vol. 15, no. 4, Autumn 1985, 289-99.

Stamp, Gavin. "The Rise and Fall and Rise of Edwin Lutyens". *Architecture Review*, November 19, 1981.

Stark, Freya. *Baghdad Sketches: Journeys Through Iraq*. I. B. Tauris, 2011.

Starr, Kevin. *Golden Gate: The Life and Times of America's Greatest Bridge*. Bloomsbury, 2010.

——. *Material Dreams: Southern California Through the 1920s*. Oxford University Press, 1991.

Steinbeck, John. *The Grapes of Wrath*. Penguin Books, 2006.〔邦訳：ジョン・スタインベック『怒りの葡萄』上・下、伏見威蕃訳、新潮社、2015年ほか〕

Stephen, Carr. *The Archaeology and Monumental Remains of Delhi*. Simla, 1876.

Stierli, Martino. "Building No Place: Oscar Niemeyer and the Utopias of Brasília", *Journal of Architectural Education*, vol. 67, no. 1, March 2013, 8-16.

Stockbridge-Munsee Community. https://www.mohican.com/brief-history/.

Suh, H. Anna, editor. *Leonardo's Notebooks: Writing and Art of the Great Master*. Running Press, 2013.〔邦訳：レオナルド・ダ・ヴィンチ著、H・アンナ・スー編『レオナルド・ダ・ヴィンチ——天才の素描と手稿』森田義之監訳、小林もり子訳、西村書店、2012年〕

Swanton, John Reed. *The Indian Tribes of North America*. Genealogical Publishing Company, 2003.

Tan, Tai Yong, and Gyanesh Kudaisya. *The Aftermath of Partition in South Asia*. Taylor & Francis, 2004.

Tauxe, Caroline S. "Mystics, Modernists, and Constructions of Brasilia". *Ecumene*, vol. 3, no. 1, 1996, 43-61.

Thompson, Leonard. *A History of South Africa*. Fourth edition, revised and updated by Lynn Berat. Yale University Press, 2014.〔邦訳：レナード・トンプソン『南アフリカの歴史 最新版』宮本正興、吉國恒雄、峯陽一、鶴見直城訳、明石書店、2009年。底本は原書第3版〕

Thornes, John E. *John Constable's Skies: A Fusion of Art and Science*. University of Birmingham, University Press, 1999.

Tombs, Robert. *The English and Their History*. Knopf Doubleday, 2015.

Toye, Hugh. *The Springing Tiger: A Study of the Indian National Army and of Netaji Subhas Chandra Bose*. Allied Publishers, 2009.

Tracy, William. "A Talk with Violet Dickson". *Aramco World*, November/December 1972.

Trevelyan, George Macaulay. *Garibaldi's Defence of the Roman Catholic Republic*. T. Nelson, 1920.

Ummid. https://www.ummid.com/news/2016/February/15.02.2016/ghalib-is-delhi-and-delhi-is-ghalib.html. Accessed September 4, 2021.

UNESCO City of Design. http://www.unesco.org/new/fileadmin/MULTIMEDIA/HQ/CLT/images/CNN_Seoul_Application_Annex.pdf. Accessed August 17, 2021.〔リンク切れ〕

United Nations. https://digitallibrary.un.org/record/3799524

University of Texas at Arlington. https://texashistory.unt.edu/ark:/67531/metapth231670/m1/1/. Accessed September 5, 2021.

USC Dornsife. https://dornsife.usc.edu/uscseagrant/5-why-we-have-two-major-seaports-in-san-pedro-bay/. Accessed June 5, 2021.

US Department of Transportation, Federal Highway Administration. https://www.fhwa.dot.gov/infrastructure/longest.cfm. Accessed June 3, 2021.

US Department of Transportation, Federal Highway Administration. *Manual on Uniform Traffic Control Devices*. Revised edition, 2012.

Van Engen, Abram C. "Origins and Last Farewells: Bible Wars, Textual Form, and the Making of American History", *The New England Quarterly*, vol. 86, no. 4, 2013, 543-92.

Vanhoenacker, Mark. *Skyfaring: A Journey with a Pilot*. Knopf Doubleday, 2015.〔邦訳：マーク・ヴァンホーナッカー『グッド・フライト、グッド・ナイト――パイロットが誘う最高の空旅』岡本由香子訳、早川書房、2016年〕

——. "Four Cities in a Day". *The Monocle Escapist*, Summer 2015.

Vann, Michael G. "When the World Came to Southeast Asia: Malacca and the Global Economy". *Maritime Asia*, vol. 19, no. 2, Fall 2014.

Varma, Pavan K. *Ghalib: The Man, the Times*. Penguin Group, 2008.

Varthema, Lodovico de. *The Travels of Ludovico Di Varthema in Egypt, Syria, Arabia Deserta and Arabia Felix, in Persia, India, and Ethiopia, A.D. 1503 to 1508*. London, 1863.

Vatican News. https://www.vaticannews.va/en/saints/10/12/our-lady-of-aparecida.html. Accessed June 1, 2021.

Villiers, Alan. *Sons of Sindbad: An Account of Sailing with the Arabs*. Hodder & Stoughton, 1940.

WBUR. https://www.wbur.org/radioboston/2016/06/29/ge-and-pittsfield. Accessed August 16, 2021.

Waits, Tom. http://www.tomwaits.com/songs/song/114/Rubys_Arms/. Accessed August 31, 2021.

WCVB. https://www.wcvb.com/article/boston-s-iconic-hancock-tower-renamed/8225046. Accessed May 25, 2021.

Weaver, William, and Damien Pettigrew. "Italo Calvino: The Art of Fiction No.130". *Paris Review*, no. 124, Fall 1992.

Werner, Morris Robert. *Brigham Young*. Harcourt, Brace, 1925.

White, Sam. *The Climate of Rebellion in the Early Modern Ottoman Empire*. Cambridge University Press, 2011.

Willard, Charles Dwight. *The Herald's History of Los Angeles City*. Kingsley-Barnes & Neuner Company, 1901.

Williams, William Carlos. *Paterson*. Revised Edition. New Directions, 1995.〔邦訳：ウィリアム・カーロス・ウィリアムズ『パターソン』沢崎順之助訳、思潮社、1994年ほか〕

Willison, George Findlay. *The History of Pittsfield, Massachusetts, 1916-1955*. City of Pittsfield, 1957.

Wilson, Ben. *Metropolis: A History of the City, Humankind's Greatest Invention*. Knopf Doubleday, 2020.〔邦訳：ベン・ウィルソン『メトロポリス興亡史――ウルク、バビロンからローマ、バグダッド、ニューヨーク、東京そしてラゴスまで』森夏樹訳、青土社、2023年〕

Wilson, Richard Guy. *Re-Creating the American Past: Essays on the Colonial Revival*. University of Virginia Press, 2006.

Wolf, Burkhardt. *Sea Fortune: Literature and Navigation*. De Gruyter, 2020.

Woodruff, David, and Gayle Woodruff. *Tales Along El Camino Sierra*. El Camino Sierra Publishing, 2019.

Woolf, Virginia. *To the Lighthouse*. Harcourt, 1981.〔邦訳：ヴァージニア・ウルフ『灯台へ』御輿哲也訳、岩波書店、2004年ほか〕

World Travel & Tourism Council. https://wttc.org/Portals/0/Documents/Reports/2019/City%20Travel%20and%20Tourism%20Impact%20Extended%20Report%20Dec%202019.pdf?ver=2021-02-25-201322-440. Accessed August 31, 2021.

World Urbanization Prospects: The 2018 Revision. United Nations, Department of

Economic and Social Affairs, Population Division, 2018.

WTAE. https://www.wtae.com/article/just-how-many-bridges-are-there-in-pittsburgh/7424896. Accessed September 6, 2021.

Wyler, Marcus. "The Development of the Brazilian Constitution (1891-1946)". *Journal of Comparative Legislation and International Law*, vol. 31, no. 3/4, 1949, 53-60.

Yavuz, Vural, et al. 'The Frozen Bosphorus and Its Paleoclimatic Implications Based on a Summary of the Historical Data', 2007.

YouGovAmerica. https://today.yougov.com/international/articles/12335-why-blue-worlds-favorite-color?redirect_from=%2Ftopics%2Finternational%2Farticles-reports%2F2015%2F05%2F12%2Fwhy-blue-worlds-favorite-color.

グッド・フライト、グッド・シティ
パイロットと巡る魅惑の都市

2024年7月20日　初版印刷
2024年7月25日　初版発行

*

著　者　マーク・ヴァンホーナッカー
訳　者　関根光宏（せきねみつひろ）
　　　　三浦生紗子（みうらいさこ）
発行者　早川　浩

*

印刷所　株式会社亨有堂印刷所
製本所　大口製本印刷株式会社

*

発行所　株式会社　早川書房
東京都千代田区神田多町2－2
電話　03-3252-3111
振替　00160-3-47799
https://www.hayakawa-online.co.jp
定価はカバーに表示してあります
ISBN978-4-15-210347-5　C0026
Printed and bound in Japan
乱丁・落丁本は小社制作部宛お送り下さい。
送料小社負担にてお取りかえいたします。

Skyfaring

グッド・フライト、グッド・ナイト

——パイロットが誘う最高の空旅

マーク・ヴァンホーナッカー
岡本由香子訳
ハヤカワ文庫ＮＦ

高度三万フィートから見下ろす絶景、精密、かつダイナミックなジェット機の神秘、空を愛する同僚たちとの邂逅……雲の上は、信じられないほどの感動に満ちている。ボーイング７４７の現役パイロットが空と飛行機について語る、多くのメディアで年間ベストブックに選出された極上のエッセイ。解説／眞鍋かをり